Disney

365 cuentos

Una historia para cada día

LIBROS Disney

101 Dálmatas está basada en el libro *The Hundred and One Dalmatians* de Dodie Smith, publicado por The Viking Press.

Personajes de *Winnie the Pooh* basados en los libros *Winnie the Pooh* escritos por A. A. Milne y E. H. Shepard.

La película *Tiana y el sapo* copyright © 2009 Disney. Inspirada parcialmente en el libro *The Frog and the Princess*, de E. D. Baker; copyright © 2002 por Bloomsbury Publishing, Inc.

© de esta edición: Editorial Planeta, S. A., 2016
Avda. Diagonal, 662-664, 08034 Barcelona (España)
www.planetadelibrosinfantilyjuvenil.com
www.planetadelibros.com
Primera edición: abril de 2016
Cuarta impresión: febrero de 2021
ISBN: 978-84-9951-735-3
Depósito legal: B. 22.535-2015
Impreso en España

Enero
1

Día de Año Nuevo

Era el primer día del nuevo año, y Pongo y Perdita paseaban con sus amos, Roger y Anita. La niebla matutina empezaba a disiparse, y el ambiente era despejado y frío.

—Ay, Pongo —suspiró Perdita, feliz—. ¡Qué año tan maravilloso hemos pasado! Podemos estar agradecidos por nuestros quince cachorritos.

—Sí, querida, y por todo lo que nos espera este año.

—¿Te puedes creer que ayer estuvieron despiertos hasta medianoche para celebrar la llegada del año nuevo? —se quejó Perdita—. ¡Y seguían despiertos cuando nosotros nos fuimos! Espero que no agoten a la pobre Nanny.

—Sí, lo de anoche en casa fue una verdadera fiesta —coincidió Pongo—. Y Lucky se habría pasado toda la noche viendo la televisión si le hubiésemos dejado.

—Deberíamos volver a casa ya —dijo Perdita—. Me da miedo que Cruella de Vil vuelva mientras estamos fuera. Me aterra la forma en la que mira a nuestros cachorros.

—Supongo que sí —dijo Pongo—. Pero estoy seguro de que Nanny los está cuidando bien.

Pongo y Perdita tiraron suavemente de sus correas para que Roger y Anita supieran que era hora de irse. Los cuatros se dirigieron a casa mientras otra suave llovizna empezaba a caer.

—¡Nanny! ¡Niños! ¡Ya estamos en casa! —gritó Roger mientras él y Anita se quitaban las botas llenas de barro y Pongo y Perdita se limpiaban las patas en la alfombrilla del vestíbulo. Pero nadie contestó.

—¡Pongo! —exclamó Perdita con creciente pánico—. ¿Dónde están los cachorros?

Pongo subió rápidamente por las escaleras y empezó a buscar por las habitaciones, una a una. Perdita fue a mirar en la cocina. Roger y Anita intercambiaron unas miradas de preocupación, pero intentaron mantener la calma.

Pongo se dirigió apresuradamente a la sala de estar para reunirse con Perdita, que estaba a punto de llorar.

—¡Ay, Pongo! —balbuceaba—. ¿Dónde estarán?

—Tranquila, querida —dijo Pongo con las orejas levantadas, prestando atención.

Los dos perros permanecieron en silencio. Entonces los dos oyeron que del sofá provenía un pequeño ronquido. Allí, acurrucados entre los cojines, los cachorros dormían profundamente.

—¡He encontrado a Nanny! —gritó Roger—. ¡Se había quedado dormida en la silla!

Perdita estaba ocupada contando a los cachorros dormidos.

—... 12, 13, 14... ¡Ay, no! ¡Falta uno!

Pero Pongo trotó hasta la habitación contigua.

—¡Aquí está, querida! —gritó—. Es Lucky, por supuesto. Está viendo la fiesta de Año Nuevo en la televisión.

Enero

2

Andy se ha hecho mayor

Se estaba produciendo un asalto a un tren y el *sheriff* Woody tenía que ponerse a trabajar enseguida. En la parte superior del tren en movimiento, el vaquero se enfrentó a Bart el Tuerto, pero éste tiró a Woody del tren y huyó en un coche que conducían los Aliens. Por fortuna, la valiente vaquera Jessie, que galopaba junto al tren con Perdigón, sujetó a Woody. El tren se precipitó por un acantilado, pero Buzz Lightyear lo levantó y lo puso a salvo. La batalla entre los buenos y los malos continuó hasta que el maléfico Dr. Chuleta de Cerdo arrinconó a Woody y su banda.

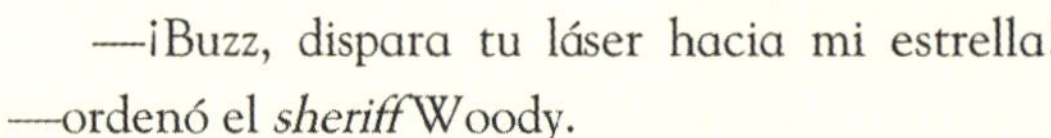

—¡Buzz, dispara tu láser hacia mi estrella! —ordenó el *sheriff* Woody.

El láser de Buzz rebotó en la estrella y alcanzó la nave del Dr. Chuleta de Cerdo.

¡Pum! Los malos fueron derrotados. Otra trepidante aventura para los juguetes en la habitación de Andy.

Con Andy, los juguetes sentían que todo era posible. Podían ser villanos que tratan de dominar el mundo o los héroes que lo salvan. Durante años, los juguetes hacían cualquier cosa que Andy se imaginara. Les encantaba pasar cada día con él y todos estaban de acuerdo en que ser querido por un niño, por su niño, y que éste jugara con ellos, era la mejor sensación del mundo.

Pero con los años, los juguetes pasaban cada vez más tiempo en el baúl, y pocas veces los sacaba. Así que los juguetes decidieron pasar a la acción.

—Bien, chicos, sólo tenemos una oportunidad —dijo Woody, reuniéndolos a todos.

El sargento y dos de sus hombres entraron en la habitación de Andy arrastrando un teléfono móvil tras ellos.

—¡Misión cumplida! —declaró el sargento.

—¡Haz la llamada! —ordenó Woody.

Jessie marcó unos números en un teléfono inalámbrico. Los otros juguetes estaban muy nerviosos. El teléfono móvil empezó a sonar.

—Tal como lo ensayamos, chicos —indicó Woody.

Buscando el sonido del teléfono, Andy entró en la habitación y miró a su alrededor. Se acercó al baúl de los juguetes, levantó la tapa, metió la mano y rebuscó en el interior. Al final, encontró el teléfono móvil entre los brazos de Rex.

—¿Diga? —dijo Andy al teléfono—. ¿Hola…? ¿Hay alguien ahí? —Pero nadie contestó.

—¡Molly, no entres en mi habitación! —gritó, colgando el teléfono.

—¡No he estado en tu habitación! —gritó su hermana.

Andy entornó los ojos, miró a Rex durante un momento, luego dejó caer al dinosaurio de nuevo en el baúl y cerró la tapa.

Los juguetes estaban decepcionados. Ya sabían la verdad: Andy era un adolescente y no quería jugar más con ellos.

Enero
3

En la Central

Un día nació una niña llamada Riley. En aquel instante, la primera Emoción de Riley, Alegría, apareció en el panel de control de la Central en la mente de Riley.

Alegría vio a los padres de Riley en una pantalla en sus primeros parpadeos de vida.

—Hola, Riley —oyó Alegría que decía mamá.

Alegría tocó la Consola y Riley sonrió alegremente.

En la Central, una esfera dorada de memoria apareció de repente rodando por el suelo hacia Alegría, que se agachó a recogerla.

La esfera representaba el momento de la primera sonrisa de Riley. Era dorada porque el recuerdo era feliz. Alegría se volvió y almacenó la esfera en un estante vacío de la parte trasera de la Central.

Volvió a la Consola, que estaba cubierta de botones y palancas con los que podía controlar los sentimientos y reacciones de Riley. Justo entonces, Alegría notó que había alguien a su lado.

—Soy Tristeza —dijo la recién llegada.

Tristeza tocó a la Consola y la Riley bebé empezó a llorar.

—¿Me dejas…? —preguntó Alegría, y tocó algunos botones—. A ver si arreglo esto, gracias.

Mientras Riley crecía, tres nuevas Emociones se unieron a Alegría y Tristeza: Miedo, Ira y Asco. Cada Emoción ayudaba a Riley a su propia manera.

Alegría era la líder del grupo y todo lo que quería era que Riley fuese feliz.

Miedo ayudaba a mantener a Riley a salvo. Trabajaba duro para alejar a la niña de los peligros potenciales.

Asco protegía a Riley de las cosas que tenían mal aspecto, o que olían o sabían mal. Como el brócoli, ¡puaj!

Ira se encargaba de que las cosas fueran justas para Riley. La mayoría de las rabietas de Riley pasaban cuando Ira estaba en el panel de control.

Y por último estaba Tristeza. Su trabajo no era tan evidente como el de las otras Emociones de Riley. De hecho, Alegría no estaba muy segura de por qué Tristeza estaba allí.

Con el tiempo, las estanterías de la Central se llenaron gradualmente de esferas de recuerdos de colores, azules para los tristes, moradas para los de miedo, rojas para los enfados y verdes para los asquerosos. Pero en su mayoría, los estantes estaban llenos de felices recuerdos dorados. Al tiempo que las estanterías se llenaban, las esferas de recuerdos más viejos eran succionadas por tubos y llevados a otra zona de la mente de Riley, llamada Memoria a Largo Plazo, donde se almacenaban hasta que Riley necesitara recordarlos de nuevo.

Juntas, las Cinco Emociones tomaban decisiones importantes para Riley y, con Alegría al mando la mayor parte del tiempo, todo era perfecto.

Riley era una niña feliz y contenta. Alegría estaba segura de que no existía ningún motivo por el que aquello pudiera cambiar.

Enero 4

La historia de Marlin

—P. Sherman, calle Wallaby, 42, Sídney. P. Sherman, calle Wallaby, 42, Sídney.

Dory seguía murmurando la dirección. Ella y Marlin buscaban al hijo perdido del pez payaso, Nemo. Acababan de escapar de un rape rabioso y ahora intentaban encontrar a alguien que pudiera darles indicaciones para llegar a Sídney. Allí era donde estaba Nemo, probablemente.

— P. Sherman, calle Wallaby, 42, Sídney. P. Sherman, calle Wallaby, 42, Sídney —continuó repitiendo Dory.

Marlin ya había memorizado la dirección y creía que se volvería loco si la oía una vez más.

—¡Dory! —dijo con un suspiro—. Sé que sólo quieres ayudar, pero ¿tienes que seguir hablando?

—Me encanta hablar —dijo Dory—. Se me da muy bien. Mmm... ¿De qué estábamos hablando?

—¡Sólo quiero encontrar a Nemo! —dijo Marlin.

—Eso es, Chico —dijo Dory.

—Una vez, Nemo y yo... —empezó Marlin.

—Continúa —dijo Dory—. ¿Va a ser emocionante?

—Sí, es una historia emocionante —dijo Marlin, aliviado por haber conseguido que dejara de recitar la dirección—. Bueno —empezó Marlin—, una vez llevé a Nemo al otro lado del arrecife, a visitar a un pariente mío al que se consideraba, en su día, el nadador más rápido de todos los peces payaso. Pero cuando fuimos a visitarlo, se había hecho muy mayor.

—¿Cuándo llega lo bueno? —dijo Dory bostezando.

—Estaba a punto de contarlo —dijo Marlin con un suspiro—. Bueno, pues, de camino a casa, adivina con qué nos tropezamos.

—¿Con qué? —preguntó Dory.

—¡Con una medusa enorme! Estaba merodeando por el agua y nos cerraba el paso entre dos grandes matas de posidonias.

—Ajá... —dijo Dory. Parecía que intentaba recordar algo—. P. Sherman... —murmuró muy bajito.

—Por un momento, creí que no lo contábamos —dijo Marlin—. Pero entonces... una tortuga de mar enorme nadó hacia nosotros y engulló a la medusa de un bocado.

—¿Le diste las gracias a la tortuga? —preguntó Dory, que parecía haber vuelto a la historia.

—Pues no... —respondió Marlin—. Me daba miedo que nos comiera a nosotros también, así que Nemo y yo seguimos nuestro camino. Pero, desde entonces, me fascinan las tortugas marinas. Y espero no tener que encontrarme nunca más con una medusa.

—¡Oye, yo también tengo una historia! —dijo Dory emocionada—. Ocurrió en la calle Wallaby, 42, Sídney. En P. Sherman. Pues bien, en P. Sherman, calle Wallaby, 42, Sídney, había un... mmm... pez y... bueno...

Marlin gruñó y siguió nadando.

Enero
5

Disney EL REY LEÓN

Cobardicas

—¡Nala! ¿Estás despierta? —susurró Simba.

—Sí —susurró también Nala, saliendo de la oscura cueva donde dormía con su madre—. ¿Qué haces aquí? Vas a meternos en un lío, otra vez.

Simba y Nala habían salido a explorar el Cementerio de Elefantes prohibido, donde las hienas les habían acorralado, y el padre de Simba, Mufasa, los había rescatado.

—Vamos. —Simba silbó—. Sígueme.

Poco después los dos cachorros se encontraban en la oscura sabana cerca de la base de la Roca del Rey.

—Bien, ¿qué es lo que quieres? —preguntó Nala.

—Sólo quería asegurarme de que no seguías asustada —dijo Simba.

Nala frunció el ceño.

—¡¿Asustada?! —exclamó—. ¡Yo no era la que estaba asustada!

—¿Qué? —gritó Simba—. ¿Insinúas que era yo el asustado? Porque a mí no me asustan unas cuantas hienas estúpidas. No me habría asustado aunque nos hubiésemos topado con diez hienas.

—Pues yo no me habría asustado aunque nos hubiésemos encontrado a veinte hienas y a un búfalo de agua enfadado —dijo Nala.

—¿Ah, sí? —dijo Simba—. Pues yo no me habría asustado ni de treinta hienas, un búfalo de agua y un...

—¡¿Cálao furioso?! —graznó una nueva voz desde la oscuridad.

—¡Aaah! —gritaron Simba y Nala brincando. Un pájaro de vivos colores salió de entre las sombras. Era Zazú, el fiel consejero de Mufasa.

—¡Nos has asustado! —gritó Simba.

—Yo no me he asustado —dijo Nala, indignada.

—¡Ni yo! —añadió Simba, rápidamente.

Zazú los observó a ambos por encima de su largo pico.

—¿Ah, no? Pues ¿de quién serían esos gritos? —dijo con ironía.

—Nos has sobresaltado, eso es todo —masculló Nala.

Zazú se ahuecó las plumas.

—Escuchadme los dos —dijo—, no tenéis que avergonzaros de admitir que estáis asustados. Ni el rey Mufasa negaría que estaba aterrado cuando se enteró de que habíais desaparecido. Y si él puede admitirlo, un par de cachorros flacuchos como vosotros también puede hacerlo, ¿verdad?

—Supongo —dijo Simba mientras Nala se encogía de hombros.

—Todos nos asustamos —siguió Zazú—. Lo que cuenta es cómo reaccionas ante el miedo. Ahí es cuando demuestras tu verdadera valentía. ¿Entendido?

—Entendido —dijeron Simba y Nala.

—Bien.

Zazú emprendió su camino hacia la Roca del Rey. El sol estaba saliendo y era hora de desayunar.

—Ahora volved a casa cuanto antes... si no queréis que os dé un susto de verdad.

Enero
6

Campanilla ha nacido

Un día de invierno en Londres, un bebé rio por primera vez. Aquella risa flotó en el aire en dirección a un lejano lugar donde alcanzaría su destino, que era convertirse en un hada, como todas las primeras risas. Voló hacia la segunda estrella a la derecha y la atravesó en una explosión de luz. Al otro lado se encontraba... ¡Nunca Jamás!

La risa flotó hasta un lugar mágico en el corazón de la isla. Era la Hondonada de las Hadas, el hogar de aquellos pequeños y maravillosos seres. Vidia, el hada que volaba más rápido de todas, llevó a la recién llegada al Árbol del Polvo de Hadas. Allí, Terence, el guardián, la espolvoreó con un poco de polvo y la risa tomó la forma de una pequeña hada.

Clarion, la reina de las hadas, ayudó a la recién llegada a desplegar sus dos finas alas. La nueva hada batió sus alas y se dio cuenta de que podía volar.

La reina Clarion agitó la mano y varias setas brotaron alrededor del Pozo de Polvo de Hadas, cual pequeños pedestales. Inmediatamente, las hadas aletearon hacia ellas para posar diferentes objetos sobre cada una. Rosetta, un hada de jardín, trajo una flor. Silvermist, un hada de agua, llevó una gota de agua. Iridessa, un hada de luz, colocó una esfera de luz en su pedestal.

—Te ayudarán a encontrar tu don —explicó la reina a la nueva hada.

La joven posó la mano tímidamente en una bonita flor y su brillo se desvaneció de golpe. Trató de tocar la gota de agua, pero ésta también se desvaneció. El hada continuó paseando sin tocar nada más, tenía miedo de errar de nuevo, pero entonces ocurrió algo asombroso. Cuando pasó al lado de un martillo, éste empezó a brillar. Entonces, se elevó en su pedestal y voló hacia ella.

—Nunca había visto a uno brillar tanto —dijo Silvermist.

Vidia frunció el ceño. Ella tenía uno de los talentos más fuertes y especiales de la Hondonada de las Hadas, y no quería que nadie le hiciera sombra.

—Hadas tintineadoras—las llamó la reina—. ¡Dad la bienvenida al nuevo miembro de vuestro gremio: Campanilla!

Clank, un duende muy grandote, y Bobble, otro duende con gafas, se acercaron a felicitar a Campanilla. Entonces se la llevaron para mostrarle la Hondonada de las Hadas desde el aire. El cambio de estación estaba al caer y todos se preparaban para ello.

Finalmente, el trío aterrizó en el Rincón de las Tintineadoras. Campanilla miró a su alrededor y vio a las hadas arreglando y fabricando todo tipo de objetos útiles e increíbles. Supo entonces que le gustaría vivir allí y estaba entusiasmada por descubrir su talento único.

Enero
7

Disney Princesas
La Cenicienta

Un nuevo amiguito

Hacía una semana que la madrastra de Cenicienta la había obligado a dejar su habitación para trasladarse al ático de la vieja casa donde vivían, pero Cenicienta todavía no se había acostumbrado a sus nuevos aposentos. Era una pequeña estancia fría, vacía y solitaria. Cenicienta sólo tenía la compañía de un ratoncito asustadizo que había visto entrando y saliendo apresuradamente de un agujero en una esquina del cuarto.

Siempre había tenido cariño a los animales y los ratones no eran una excepción. Pero ¿cómo podía hacerle saber a su pequeño compañero que no tenía por qué tenerle miedo?

«Seguro que tiene frío y hambre», pensó Cenicienta.

Así que, un día, a la hora de cenar, Cenicienta escondió un trocito de queso en el bolsillo de su delantal. Esa noche, cuando hubo terminado todas las tareas, corrió a su habitación, sacó su cesta de coser y usó unos retales que tenía para hacerle al ratoncito algo de ropa: una camiseta y un gorro rojos, una chaquetita naranja y un par de zapatillas marrones.

—Un trajecito para mi amiguito —dijo.

Cenicienta llevó la ropa al agujero donde se escondía el ratón y se arrodilló delante de él. Sacó el queso de su bolsillo y lo colocó, junto con la ropa, en la palma abierta de su mano. Entonces apoyó el dorso en el suelo delante del agujero.

—¡Hola! —lo llamó.

Un ratoncito asomó su cabecita con cautela por el agujero y olisqueó el aire. Al ver el queso, saltó del agujero a la mano de Cenicienta. Se paró y la miró con curiosidad

—Adelante —dijo amablemente—. Son un regalo para ti.

El ratoncito parecía compenderla y, aunque asustado, correteó por la palma de la joven, cogió el queso y la ropa y se apresuró a volver a su agujero.

Cenicienta se rio por lo bajo y esperó con paciencia durante unos minutos de rodillas frente al agujero.

—¿Y bien? —dijo después de un rato—. ¡Déjame ver cómo te queda!

Tímidamente, el ratón salió con su nuevo atuendo y Cenicienta aplaudió.

—¡Perfecto! —dijo—. ¿Te gusta?

El ratoncito asintió, dio un respingo, como si una idea le hubiese venido a la mente, y volvió a meterse tras la pared. Cenicienta frunció el ceño. ¿Lo habría asustado?

Pero sus preocupaciones se disiparon cuando el ratón volvió a aparecer con varios ratones más, que le seguían con timidez.

—¡Más amiguitos! —Se alegró Cenicienta. Corrió a coger su cesta de costura, encantada de haber encontrado el calor de la amistad en aquel desván tan frío.

Enero 8

Visita nocturna

No era fácil leer con un brazo roto. Solo en su habitación, el pequeño Carl intentaba pasar una página sin soltar la linterna.

De repente, oyó una ligera fricción y un globo azul hizo su entrada por las cortinas de su habitación.

—¡Au! —se quejó Carl, cuando su escayola golpeó la mesita de noche.

Una carita feliz, enmarcada por una pelambrera pelirroja, apareció por la ventana y Carl dejó escapar otro gritito.

—¡Soy yo! ¡Pensé que necesitarías animarte un poco! —susurró Ellie, su nueva amiga, antes de saltar al interior de la habitación desde la ventana.

Se deslizó rápidamente bajo la sábana que Carl había convertido en una tienda de campaña.

—¡Mira! —dijo ella, enseñándole un pequeño bloc de notas—. Voy a mostrarte algo que nunca le he enseñado a nadie. ¡Júrame que no se lo contarás a nadie! ¡Júramelo!

Carl lo hizo y Ellie abrió el libro. En la primera página había una foto pegada del explorador Charles Muntz.

—¡Es mi libro de aventuras! Cuando sea mayor, seré una exploradora como él e iré a Sudamérica, a las Cataratas Paraíso.

Carl observó con admiración la foto de las preciosas cataratas, en las que Ellie había dibujado la casa donde se habían conocido aquella misma tarde.

—Obviamente, será complicado mover la casa del club hasta allí —dijo Ellie, que se había percatado de que Carl la miraba con sorpresa.

El chico no dijo ni una palabra, pero no pudo evitar mirar la estantería donde tenía su colección de aeronaves en miniatura, que incluía el modelo del *Espíritu de la Aventura*, de Muntz, y Ellie lo comprendió al momento.

—¡Claro! ¡Ya está! —gritó—. ¡Tú nos llevarás en tu dirigible! ¡Júrame que nos llevarás! ¡Haz una cruz con el corazón!

Carl lo prometió. No veía ninguna razón para no hacerlo. Ellie era una auténtica aventurera.

—Nos vemos mañana, ¿vale? —dijo levantándose del suelo—. No eres demasiado hablador, ¿lo sabías? —añadió riendo antes de saltar por la ventana y desaparecer en la noche.

—¡Vaya! —murmuró Carl, totalmente impresionado por su nueva amiga. Esos diez minutos en compañía de Ellie fueron una de las mayores aventuras de su vida.

Esa noche, mientras dormía, soñó con una casita colorida en la cima de las Cataratas Paraíso.

Enero
9

Princesas
Tiana y el Sapo

Un beso de cuento de hadas

Érase una vez, en Nueva Orleans, dos jovencitas llamadas Tiana y Charlotte que, por improbable que pareciera, eran amigas.

Charlotte creía en los cuentos de hadas y en pedir deseos a las estrellas, pero Tiana sabía que pedir deseos sólo servía si trabajaba duro para hacer realidad sus sueños.

Una noche, Tiana fue a visitarla con su madre, Eudora, que trabajaba como modista para la familia de Charlotte.

A Tiana le encantaba ir a visitar a Charlotte a su gran casa y lo hacía tan a menudo como podía.

Aquella noche su madre estaba cosiendo un nuevo vestido mientras les contaba un cuento de hadas sobre un príncipe al que habían convertido en sapo, la historia favorita de Charlotte.

—... y la hermosa princesa estaba tan conmovida por las súplicas desesperadas del pobre sapo que se inclinó hacia delante...

—¡Ésta es mi parte favorita! —le susurró Charlotte a Tiana al oído.

—... se lo acercó a los labios y entonces...

—¡Sí, hazlo, princesa! —susurró Charlotte muy bajito.

«¡No, no lo hagas!», pensó Tiana, asqueada.

—¡Mua! Besó al baboso sapo, que se convirtió en un príncipe encantador. Se casaron y vivieron felices para siempre —dijo Eudora con una sonrisa.

—¡Hurra! —exclamó Charlotte—. ¡Por favor, cuéntanos la historia otra vez!

—Lo siento, pero es tarde —dijo Eudora con voz amable—. Tenemos que irnos a casa.

Mientras Eudora recogía sus útiles de costura, Tiana le dijo a Charlotte:

—¡Yo no besaría a un sapo por nada del mundo, nunca, nunca, nunca y requetenunca lo besaría!

Charlotte cogió una careta de sapo y la puso en la cabeza de su gato. El gatito intentó huir, pero Charlotte lo levantó hacia Tiana diciendo:

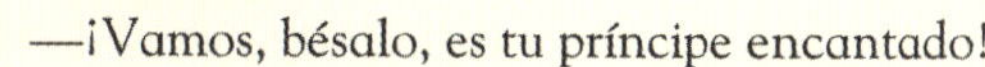

—¡Vamos, bésalo, es tu príncipe encantado!

—¡Puaj! ¡Ni hablar! —protestó Tiana.

—¿De verdad? —preguntó Charlotte, sorprendida.

—¡Yo besaría a cien sapos si así pudiera casarme con un príncipe y ser una princesa! —dijo Charlotte, y le plantó un beso en la nariz al gato, que saltó horrorizado.

—¡A la rana le da asco la princesa! —gritó Tiana, riendo—. ¡Vas a tener que practicar más tus besos de cuento de hadas, Lottie!

Y las dos niñas rodaron por el suelo de la risa. No tenían ni idea de las aventuras que les deparaba el futuro.

Enero
10

El castillo

En un tranquilo pueblecito vivían un excéntrico inventor llamado Maurice y su preciosa hija, Bella.

Gastón, un fuerte y apuesto joven que también vivía en el pueblo, había decidido que quería convertir a Bella en su esposa.

—Después de todo —le dijo a su amigo Lefou, una tarde mientras bebían en la taberna—, ella es la chica más guapa del pueblo.

A la mañana siguiente, Gastón fue a casa de Bella. Estaba seguro de que la joven aceptaría casarse con él, pero cuando le pidió la mano Bella le rechazó sin ni siquiera pensarlo un segundo. Ella sabía que nunca podría casarse con alguien tan arrogante y engreído como Gastón.

Al día siguiente, el viejo Maurice salió a probar su último invento. Pero al caer la noche, se perdió y tuvo que buscar refugio en un castillo. En el pueblo se decía que una bestia enorme vivía en el castillo, pero Maurice necesitaba cobijo desesperadamente, así que llamó a la puerta.

Unos sirvientes que habían sido hechizados y eran muy simpáticos dieron la bienvenida al hombre mayor, entre ellos un candelabro llamado Lumiere, un reloj de pared llamado Din Don, una tetera a la que llamaban señora Potts y su hijo Chip, una tacita.

Bestia, el señor del castillo, se puso furioso cuando descubrió al extraño en su casa y encerró a Maurice en las mazmorras.

Cuando el caballo de Maurice volvió solo a casa aquella noche, Bella montó en él y salió deprisa para buscar a su padre. Al final, decidió buscar en el castillo.

—¡Oh, papá! —lloró Bella cuando encontró a Maurice acurrucado en la fría mazmorra—. ¡Tenemos que salir de aquí!

Bella se giró al sentir el peligro. Era Bestia, que venía hacia ella gruñendo muy fuerte.

—Por favor, deja que se vaya mi padre —suplicó la muchacha Bestia—. Cógeme a mí en su lugar.

Bestia aceptó el trato. Sacó a Maurice de la celda y lo envió de vuelta al pueblo. Entonces Bestia le enseñó a Bella cuál sería su habitación.

—Puedes ir a cualquier lugar del castillo —le dijo—, excepto al ala oeste. ¡Ésa está prohibida!

Los sirvientes hechizados veían lo triste que estaba Bella, así que prepararon un maravilloso banquete para ella e intentaron alegrarla cantando y bailando.

Bella intentó divertirse, pero en lo más profundo de su interior aún se sentía sola y añoraba mucho a su padre. Se preguntaba si volvería a ver su casa alguna vez.

Enero
11

La Dama y el VAGABUNDO

Espaguetis con albóndigas

Golfo acababa de escapar del lacero de nuevo. Le había enseñado a aquel perrero quién mandaba. El olfato de Golfo había advertido leña ardiendo en las chimeneas y comida al fuego. Su estómago, de repente, rugió de hambre. Escapar del perrero siempre le abría el apetito.

Pero ¿adónde podría ir a cenar esa noche? Los lunes solía parar en el Schultzes a tomar escalope vienés, los martes tomaba ternera y col en O'Briens, pero lo que de verdad le apetecía eran unos espaguetis con albóndigas.

Así pues, Golfo se dirigió al restaurante de Tony y arañó la puerta trasera, como de costumbre.

—¡Ya voy, ya voy! —gritó Tony. Apareció por la puerta secándose las manos con un trapo y fingió no ver a Golfo, como hacía siempre—. ¿No hay nadie? —gritó Tony—. ¡Debe de ser el Día de los Inocentes! —Fingió pararse a pensar durante un momento—. ¡Ah, no, no es día veintiocho y ni siquiera es diciembre! ¡Es enero!

Golfo ya no lo aguantaba más. Estaba hambriento y ladró.

—¡Ah, eres tú, Bundo, amigo mío! —dijo Tony. Golfo, también conocido como Seductor, saltó arriba y abajo—. Tengo tu cena, tranquilo, ahora te la traigo.

Golfo se sentó y miró a su alrededor al abarrotado callejón. Eso era vida.

Entonces el chef apareció con un plato lleno de pasta. Y no le había puesto dos, sino tres albóndigas. Aquella era una noche especial.

Tony se quedó hablando con Golfo mientras comía, contándole su día, que le habían entregado tarde el pescado, el cliente que se había quejado de que la salsa de tomate llevaba mucho ajo, el viaje que él y su mujer planeaban hacer en breve...

Golfo terminó de comer y le dio al plato un último lametón. Quedó reluciente.

—Esto me recuerda que... —dijo Tony— hay algo que de lo que quiero hablarte. Es hora de que sientes cabeza y te busques una esposa.

Golfo miró al hombretón horrorizado y empezó a alejarse por el callejón.

Tony se rio tan fuerte que su cara se agitó.

—¡Adiós, Bundo! —gritó—. Pero ¡recuerda mis palabras: un día de estos conocerás a una perrita a la que no podrás resistirte! Y cuando lo hagas, tengo una buena idea: ¡tráela a Tony's para una cena romántica!

Golfo ladró dándole las gracias al cocinero. Paseó por la manzana, moviendo la cabeza. Él era libre y no llevaba collar. ¿Sentar cabeza? Eso no pasaría nunca.

Enero
12

Disney Peter Pan

El cuento de Nunca Jamás

En una noche fría de invierno, John y Michael no podían dormir, así que se metieron en la cama de su hermana mayor, Wendy.

—¡Va, venga, Wendy, cuéntanos un cuento! —dijo Michael.

—¡Sí, por favor, uno de Peter Pan! —pidió John.

—Por supuesto —dijo Wendy—, ¿os he contado cuando Peter Pan se burló del malvado Capitán Garfio?

—Sí —dijo Michael—. Pero ¡queremos oírlo otra vez!

Wendy rio y empezó su historia.

—Bien, una noche, el Capitán Garfio atracó su barco en una cala secreta cerca de la isla de Nunca Jamás. Él y sus hombres remaron hacia la orilla en silencio, en un intento por descubrir el escondite de Peter Pan y los Niños Perdidos. El Capitán Garfio odiaba a Peter Pan porque el chico le había cortado la mano en un duelo y se la había dado de comer a un cocodrilo enorme. Y, por su culpa, aquel cocodrilo estaba decidido a comerse lo que quedaba de él. Sin embargo, por suerte para el Capitán Garfio, este cocodrilo también se había tragado un reloj, por lo que siempre alertaba al pirata de su presencia con el sonido del tictac.

—Por suerte para Peter Pan —continuó Wendy—, su querida amiga Campanilla se había enterado previamente del malvado plan del Capitán Garfio, así que voló hasta Peter y le advirtió de que el pirata estaba en camino.

—¡Ja, ja! —rio Peter Pan—. Bueno, entonces tendremos que prepararnos para hacerle frente.

Encontró un reloj justo como el que el cocodrilo se había tragado. Silbó fuerte para que se oyera por todo el bosque y un grupo de monos amigos suyos aparecieron.

—¡Tomad, un nuevo juguete! —gritó Peter, y les lanzó el reloj—. ¡Ahora, escondeos! Y él y los Niños Perdidos se apresuraron también a sus propios escondites.

—Cuando Garfio desembarcó, lo primero que oyó fue el tictac del reloj. ¡Parecía que el sonido venía hacia él de todas partes! Los monos se lo estaban pasando en grande lanzándose el reloj unos a otros mientras se acercaban a Garfio con sigilo. Aterrorizados, Garfio y su tripulación corrieron hacia el bote y remaron como locos de vuelta al barco.

Justo entonces, los padres de los niños entraron a la habitación para comprobar que los tres estaban bien.

—¿No les estarás contando más cuentos sobre Peter Pan, verdad, Wendy? —preguntó su padre.

—¡Peter Pan existe, padre! —gritaron los niños—. ¡Lo sabemos!

Cuando los padres les dieron a sus hijos un beso de buenas noches, no se dieron cuenta de que un chico vestido de verde estaba agazapado tras la ventana de la habitación. Había estado escuchando el cuento, y volvería de nuevo, pronto.

Enero 13

Winnie the Pooh

Pooh, di «aaah»

—Christopher Robin dice que es hora de que me haga una revisión animal —dijo Pooh.

—¿Una revisión? —gritó Piglet—. ¡Po... po... pobre Pooh, estás malito!

—¿Malito? —preguntó Pooh—. No, estoy bien. Aunque la verdad es que la barriguita me hace ruidos.

—Iré contigo —dijo Piglet—. Te resultará más ameno si vamos los dos.

Y, así, Pooh y Piglet subieron por la escalera a casa de Búho.

—Christopher Robin, ¿por qué necesito hacerme una revisión animal? —preguntó Pooh cuando llegaron a casa de Búho.

—Osito tontorrón —dijo Christopher Robin—. No es una revisión animal, es una revisión anual. Tenemos que comprobar que estás sano y fuerte. Y Búho te pondrá una vacuna especial para que estés bien.

La barriga de Pooh gruñó.

—No pasa nada —dijo Christopher Robin—. Sólo dolerá un momentito, y la medicina de la vacuna te protegerá de paperas, sarampiones y cosas de ésas.

Conejo llamó a Pooh para entrar en la consulta de Búho. Piglet le deseó buena suerte. Cuando Pooh y Christopher Robin entraron, Búho se sorprendió al verles.

—¡Vaya, pero si es Winnie the Pooh! —exclamó—. Magnífico día para una revisión médica, ¿verdad? Bueno, ¿cómo te sientes?

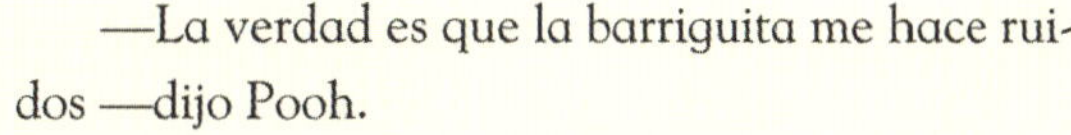

—La verdad es que la barriguita me hace ruidos —dijo Pooh.

Búho le palpó la barriguita, luego el cuello y por debajo de los brazos, y todo parecía parecía estar bien. Pooh estaba contento. Entonces Búho sacó un pequeño martillo de goma de su maletín.

—Vamos a comprobar tus reflejos —dijo.

—¿Qué es un reflejo? —preguntó Pooh.

Búho le dio un golpecito en la rodilla a Pooh y su pierna dio una pequeña patada.

—¡Vaya! Hazlo otra vez —dijo Pooh—. ¡Qué divertido!

Búho golpeó la otra rodilla de Pooh y la otra pierna dio también una patada. Esto hizo que no se asustara cuando Búho le dijo:

—Siéntate en el regazo de Christopher Robin, es hora de ponerte la vacuna.

—Sé que sólo me dolerá un momento y me protegerá de panteras y champiñones —dijo Pooh con valentía.

—Son paperas y sarampiones, Pooh —dijo Búho.

Piglet entró y se sentó al lado de Pooh mientras le ponían la vacuna. Cuando Búho terminó, Conejo entró con una tirita.

—¡Vaya! —dijo Piglet—. ¡No has llorado!

—Una revisión anual no es nada para un osito tan valiente como Pooh —dijo Christopher Robin.

«Ése soy yo», pensó Pooh con una sonrisa.

Enero 14

Disney Princesas La Sirenita

El gran día de Sebastián

Era el gran día de Sebastián. Como compositor de la corte del rey Tritón, había estado trabajando muy duro en una nueva pieza musical y esa noche iba a dirigir la orquesta real mientras tocaba su canción delante de todo el reino por primera vez. Por fin iba a ser apreciado su gran talento, pensó Sebastián.

Aquella tarde, preparando el concierto, Sebastián revisó todos los detalles: perfeccionó las posiciones de las sillas de los músicos en el escenario, preparó copias extra de las partituras por si algún músico se las olvidaba e, incluso, lavó y planchó su pajarita.

Entonces, justo antes de que se levantara el telón, los músicos empezaron a colocarse en sus sitios. La música llenó el aire cuando el pez trompeta y la concha afinaron sus instrumentos.

Benny el pulpo, el baterista de la orquesta, fue el último en llegar.

—¡Sebastián! —exclamó, precipitándose hacia el director—. ¡No puedo tocar esta noche!

Sebastián miró a Benny escandalizado.

—¿Qué estás diciendo? ¡Tienes que tocar!

—No lo entiendes —le contestó Benny—, no puedo. Me he echado la siesta esta tarde, me he dormido sobre mis tentáculos y ahora los tengo entumecidos. ¡No puedo sujetar las baquetas!

La gravedad de la situación pilló a Sebastián por sorpresa.

—¿Qué voy a hacer? —exclamó, mirando a los músicos—. Mi composición está hecha para ocho tambores. Benny tiene ocho tentáculos, uno para cada tambor. ¿Dónde voy a encontrar suficientes manos para ocupar su lugar?

Justo en ese momento, Ariel y sus seis hermanas nadaron entre bastidores para desearle suerte.

—¡Ariel! —gritó Sebastián—. ¡Me alegro de verte! —Y explicó el problema a Ariel y sus hermanas—. ¿Podríais ayudarme tocando cada una un tambor en el concierto? —preguntó.

—¡Pues claro! —respondieron las sirenas.

Sebastián respiró aliviado.

—Vale, tenemos siete percusionistas. ¡Sólo necesitamos uno más!

Todos los músicos miraban a Sebastián.

—¿Yo? —dijo—. ¡Yo soy el compositor y el director! Éste es el día en el que se reconocerá mi talento. No puedo esconderme en la sección de la percusión. ¡Tengo que estar al frente y en el centro!

Pero, como seguro imagináis, cuando se abrió el telón unos minutos después, Sebastián estaba a la percusión. Su día como protagonista tendría que esperar. Mientras tocaba, encogía los hombros y sonreía.

—Ya sabes lo que dicen —le susurró a Ariel, que tocaba a su lado.

—¿El espectáculo debe continuar? —respondió Ariel.

—No —dijo Sebastián—, un verdadero genio nunca recibe el reconocimiento que merece mientras vive.

Disney 101 Dálmatas

Pongo lleva el ritmo

—No sé qué vamos a hacer —dijo Roger Radcliffe a su mujer, Anita—. Tenemos todos estos cachorritos a los que alimentar, y ¡no tengo ni una canción para vender!

—No te preocupes —le dijo Anita—, estoy segura de que pronto te vendrá la inspiración.

—¡Me alegro de que estés tan segura! —dijo Roger—. Porque lo único que tengo es un montón de papeles —concluyó señalando la papelera rebosante.

—No te rindas —dijo Anita—. Sé que puedes hacerlo.

Cuando Anita se fue, Pongo vio a su amo moviéndose de un lado a otro frente a su piano.

—Pongo, viejo amigo, debo de haber escrito diez canciones en diez días, pero son todas horribles —dijo Roger, señalando la papelera—. ¿Qué voy a hacer?

Pongo quería ayudar a su amo, pero no sabía cómo.

Esa noche, Pongo habló con Perdita sobre el dilema de Roger. Se sentaron en medio de la sala de estar, rodeados por los cachorros.

—Roger ya ha escrito diez canciones —explicó Pongo—. Cree que no son lo suficientemente buenas para venderlas, pero yo sé que lo son, le he oído tocarlas, y si tu amo es compositor de canciones desarrollas un buen oído para los éxitos. Las canciones están arriba, arrugadas y amontonadas en la papelera.

Perdita sabía en qué estaba pensando.

—¿Sabes la dirección de la discográfica? —preguntó.

Pongo asintió.

—He ido de paseo con Roger allí docenas de veces.

—Creo que deberías intentarlo —dijo Perdita.

Después de que Roger y Anita se fueran a dormir, Pongo entró sin hacer ruido en el estudio y recogió las partituras de la papelera; salió a hurtadillas de la casa y llevó las composiciones a la discográfica. Pongo pasó todas las páginas de partituras por debajo de la puerta y corrió de vuelta a casa.

Al día siguiente, sonó el teléfono y Roger contestó.

—¿Qué? —dijo Roger al auricular—. Pero ¿qué…? ¿Cómo has…? Sí, ya veo. Bueno, gracias. ¡Gracias!

Anita se acercó rápidamente.

—¿Quién era?

—Eran de la discográfica —dijo Roger—. Me han comprado diez canciones.

—¡Diez canciones! —gritó Anita—. Creía que no tenías ni una para vender.

Roger se rascó la cabeza, confundido.

—Creía que no las tenía.

—Y ¿qué ha pasado? —preguntó Anita.

Perdita miró a Pongo y ladró. Su marido también sabía llevar el ritmo... hasta la casa discográfica para la que trabajaba Roger.

Enero
16

Disney Princesas
Enredados

Érase una vez una flor

Érase una vez, en una tierra muy lejana, una gota de luz solar que cayó del cielo y que se transformó en una flor dorada mágica con poderes especiales de curación.

La única persona que conocía la ubicación de la flor era una mujer vanidosa y egoísta llamada Madre Gothel.

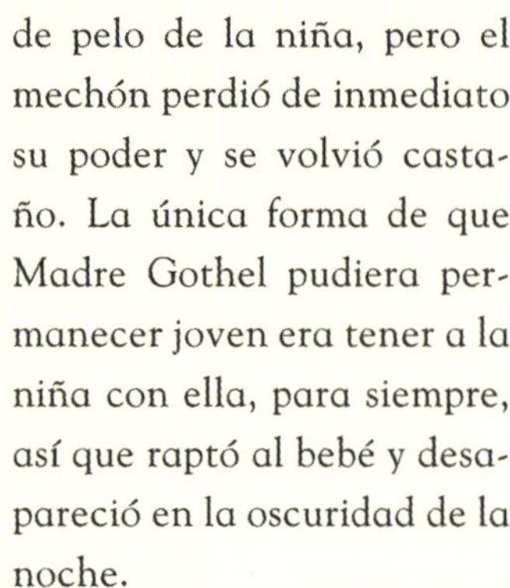

Madre Gothel mantuvo la flor en secreto y la utilizó para mantenerse joven y bella.

Pasaron los siglos, y un glorioso reino fue construido cerca del lugar donde había crecido la flor. La siempre joven Madre Gothel observaba desde las sombras, protegiendo a su preciada planta de la gente del reino.

Un día, la amada reina cayó muy enferma. Todos en el reino quisieron ayudar, habían oído historias sobre una flor mágica con poderes de curación.

Un hombre de la guardia real encontró la flor y la llevó a palacio bajo la mirada horrorizada de Madre Gothel.

La reina bebió una poción elaborada con la planta y se curó al instante. No mucho después, dio a luz a una hermosa niña.

Para celebrar el nacimiento de la princesa, los reyes y los habitantes del reino lanzaron al cielo miles de farolillos luminosos.

Una noche, la vieja y vengativa Madre Gothel entró en el cuarto del bebé, acarició el pelo de la niña, cantó suavemente y se volvió joven de nuevo. La flor mágica vivía en el pelo de la princesa.

Madre Gothel cortó con avaricia un mechón de pelo de la niña, pero el mechón perdió de inmediato su poder y se volvió castaño. La única forma de que Madre Gothel pudiera permanecer joven era tener a la niña con ella, para siempre, así que raptó al bebé y desapareció en la oscuridad de la noche.

Los habitantes del reino la buscaron, pero nadie pudo encontrar a la princesa.

Los reyes estaban destrozados. Pero mantenían la esperanza de que algún día su hija volvería con ellos. Cada año, por su cumpleaños, lanzaban miles de farolillos al cielo, esperando que su luz guiara a la princesa a su casa.

Pero Madre Gothel crio a la princesa en una alta torre que se encontraba escondida en medio del valle. La llamó Rapunzel y le hizo creer que era hija suya. Quería a la niña sólo por su pelo y trataba a la pequeña como una preciada posesión.

¿Podría Rapunzel volver algún día al reino al que pertenecía?

Enero
17

Winnie the Pooh

Cuento de invierno

Un brillante y soleado día de enero, Winnie the Pooh caminaba fatigosamente por el Bosque de los Cien Acres. Iba a visitar a su buen amigo Piglet, que estaba resfriado y no podía salir de la cama. Durante la noche había nevado mucho, y los bosques estaban cubiertos por una hermosa y suave nieve.

—Pobre Piglet —dijo Pooh en un suspiro—. ¡Qué pena que no pueda salir a jugar con la nieve!

Sus botas crujieron durante unos pasos más y entonces al osito con cerebro de mosquito se le ocurrió una idea maravillosa.

—¡Ya lo tengo! —exclamó—. ¡Le llevaré un poco de nieve a Piglet!

Cogió un poco de nieve, formó una bola y la metió en su bolsillo. E hizo otra y otra. Enseguida consiguió tener tres bolas de nieve en cada bolsillo y otra en la cabeza, bajo su sombrero. Se apresuró a llegar a casa de Piglet. Cuando casi había llegado se encontró con Tigger, Conejo, Rito e Ígor, que iban en dirección contraria.

—¡Hola, Pooh! —le llamó Rito—. ¡Ven con nosotros a hacer un muñeco de nieve!

—Lo siento, pero no puedo —dijo Pooh en tono triste—. Estoy llevándole unas bolas de nieve a Piglet, porque está malito en la cama, resfriado —les dijo adiós y siguió su camino.

Piglet estaba malito de verdad, pero se puso muy contento al ver a su amigo.

—¡Hola, Pooh! —dijo con voz resfriada—. Be alegro de vebte. ¡Achís!

—Pobre Piglet —dijo Pooh—. Voy a prepararte un té.

Acababa de poner a hervir el agua cuando una gran gota helada le rodó desde la cabeza, por la frente, hasta la nariz. Esto le recordó algo.

—¡Te he traído un regalo, Piglet! —gritó, quitándose el sombrero.

Pero allí debajo no había nada. Desconcertado, Pooh corrió hacia su abrigo, que había colgado en una percha cerca de la puerta. No había ninguna bola de nieve en ningún bolsillo. Pero sí había un gran charco de agua en el suelo bajo la chaqueta de Pooh.

—¡No lo entiendo! —dijo Pooh, rascándose la cabeza—. Te había traído bolas de nieve, pero han desaparecido.

—Oh, gue... gue... guerido —dijo Piglet en un suspiro—. Gracias pod pensad en mí. Ojalá pudieda salir a jugad. ¿Puedes apadtad las codtinas pada que pueda ved la nieve?

Pooh dio un salto e hizo lo que su amigo le pidió. Los dos contuvieron la respiración cuando miraron afuera.

Allí, justo bajo la ventana de Piglet, Tigger, Conejo, Ígor y Rito habían hecho un precioso muñeco de nieve sólo para Piglet.

—¡Los abigos son badavillosos! —dijo Piglet feliz—. ¡Achís!

Un cuento para dormir

Era hora de irse a la cama en la cabaña del bosque. Blancanieves dio un beso de buenas noches a cada enanito y los metió en la cama.

—¡Espera, espera! —gritó Feliz antes de que ella apagara la vela—. Por favor, ¡cuéntanos un cuento!

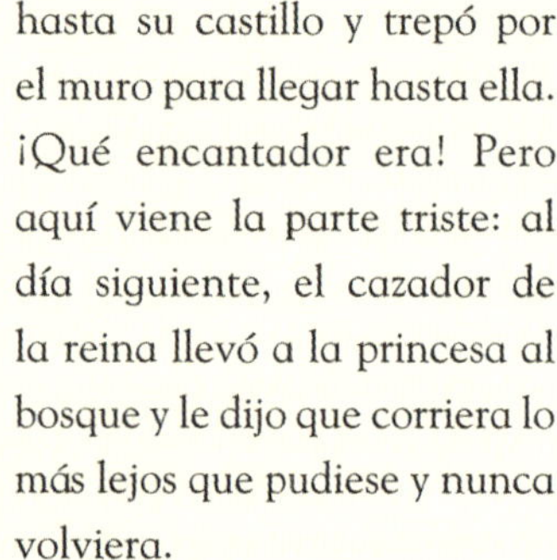

—Está bien —dijo Blancanieves, sonriendo. Se sentó a los pies de las camas y empezó—. Había una vez una princesita feliz, o más bien, una princesita casi feliz, por culpa de una persona: su madrastra, la reina.

—¡Bah! —dijo Gruñón en tono de burla.

Blancanieves suspiró.

—No importaba lo que hiciera la princesa, no importaba lo duro que trabajara o lo buena que intentara ser, la reina hacía todo lo posible para ponerla triste.

—¡Pobre princesa! —murmuró Tímido.

—Ah, pero no te preocupes —le aseguró Blancanieves—. La princesa era casi feliz. Descubrió que si silbaba y cantaba mientras trabajaba, la faena pasaba volando y su humor mejoraba. Y todos los días soñaba despierta, ya que creía que si deseaba algo lo suficiente, se haría realidad.

—Y ¿qué... qué... ¡achís!... qué deseaba? —preguntó Mocoso.

—Bueno —empezó Blancanieves—, por ejemplo, deseaba que un príncipe apuesto y encantador la encontrara y se la llevara lejos. Y entonces, un día, el príncipe la encontró.

—¡¿De verdad?! —exclamaron los enanitos.

—Sí —continuó Blancanieves—. Cabalgó hasta su castillo y trepó por el muro para llegar hasta ella. ¡Qué encantador era! Pero aquí viene la parte triste: al día siguiente, el cazador de la reina llevó a la princesa al bosque y le dijo que corriera lo más lejos que pudiese y nunca volviera.

—Y ¿lo hizo? —preguntó Dormilón, bostezando.

—Sí —respondió Blancanieves—. Corrió hasta que no pudo correr más lejos. Y sólo entonces se dio cuenta de lo perdida y sola que estaba, sin ningún amigo en este mundo ni ningún sitio al que ir.

—¡Pobre princesa! —susurró Tímido.

—Eso es lo que pensó también la princesa —dijo Blancanieves—. Durante un momento. Después, descubrió que no estaba sola del todo. Había ardillas, ciervos, conejos y pájaros, todas las criaturas del bosque estaban allí para ayudarla. La llevaron a la cabaña más bonita que jamás había visto, y conoció a los amigos más fieles que una princesa pudiera tener.

—Y ¿qué pasó luego? —preguntó Gruñón.

—Pues que vivieron felices para siempre, ¡por supuesto! —respondió Blancanieves—. ¿Qué os creíais?

Enero
19

Disney Bambi

La carrera

—Buenos días, joven príncipe —dijo Tambor a Bambi un bonito día de invierno.

—Buenos días, Tambor.

—Tengo una gran idea, Bambi. Hagamos una carrera —dijo Tambor—. Empecemos desde aquí —dijo dibujando una línea en la tierra—. Y el primero que llegue a aquel pino grande, gana la carrera.

—Pero... es una tontería hacer una carrera entre nosotros —le dijo Bambi a su amigo.

—¿Por qué? —preguntó Tambor, confundido.

—Porque venceré yo —aseguró el cervatillo.

—¿Cómo estás tan seguro? —le retó Tambor, sacando pecho.

—Porque soy más grande y rápido que tú —explicó Bambi.

—Si estás tan seguro de que vas a ganar —dijo Tambor—, ¿por qué tienes miedo de correr?

Bambi hizo una pausa para pensar sobre lo que acababa de decirle. No quería herir los sentimientos del conejito.

—Vale —dijo al fin—. ¡Corramos!

—¡Estupendo! —gritó Tambor—. ¿Preparado?

—¡Preparado!

—De acuerdo —dijo Tambor, agachándose.

Bambi también se agachó.

—En sus marcas. Listos. ¡Ya!

Los dos salieron tan rápido como pudieron. Bambi, con sus grandes y largas piernas, a

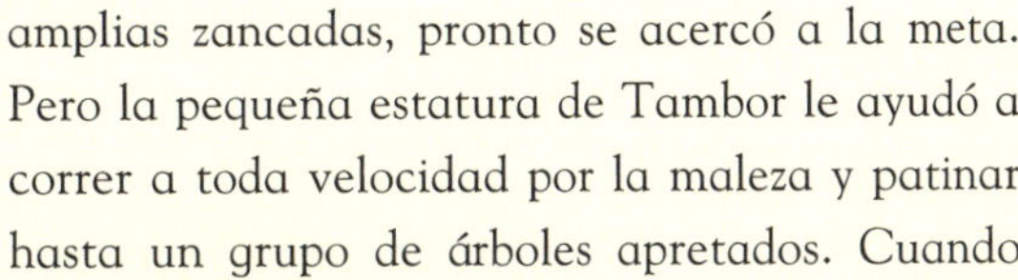

amplias zancadas, pronto se acercó a la meta. Pero la pequeña estatura de Tambor le ayudó a correr a toda velocidad por la maleza y patinar hasta un grupo de árboles apretados. Cuando Bambi miró atrás, vio que su amigo le estaba pisando los talones. El conejo aprovechó la oportunidad para saltar y adelantar a Bambi. El cervatillo paró para saltar por encima de un árbol que se había caído y bloqueaba el camino. Tambor pasó por debajo, adelantó a su amigo y se puso en cabeza.

Bambi daba zancadas cada vez más largas y corría cada vez más rápido. Pronto pasó a Tambor, pero en su ansia por ir tan rápido como pudiese, se enredó en un arbusto. Mientras Bambi luchaba por liberarse, Tambor volvió a adelantarlo.

Estaban muy cerca del gran pino. Bambi corría tan rápido como podía, saltando troncos y arbustos. Tambor saltaba tan rápido como sus piernas de conejo le permitían, esquivando cualquier obstáculo que estuviera en su camino. Cuando cruzaron la línea de meta, estaban a la misma altura.

—¿Has visto? —dijo Tambor, jadeando—. Los pequeñitos pueden seguirte el ritmo.

—¡Tienes toda la razón! —dijo Bambi, también jadeando.

Y los dos amigos, ambos ganadores, se sentaron juntos a recuperar el aliento.

Enero 20

Disney Princesas
La Cenicienta

La zapatilla perdida

—¡Qué maravillosa mañana! —exclamó Cenicienta mientras se sentaba en su cama del palacio real. El sol brillaba, los pájaros cantaban y el delicioso aroma de bollos de canela recién horneados subía desde la cocina real.

—Mmm, el desayuno... —dijo Cenicienta.

Sonrió a los ratones acurrucados en su colcha de seda, se desperezó y se puso la bata que había a los pies de su cama.

—¿Dónde estarán las zapatillas?

—¡Aquí hay una, Cenicienta! —dijo Jaq, saltando para arrastrar una zapatilla plateada hasta uno de sus pies.

—Gracias, Jaq, querido —dijo Cenicienta, mientras deslizaba el pie dentro—. Pero ¿dónde está la otra?

Jaq se dio la vuelta y miró a su alrededor.

—¡No la veo!

Rápidamente, se inclinó y dio un vistazo bajo la cama, pero tampoco había nada.

—¡Mert, Bert! —gritó Jaq a sus amigos—. ¿Alguien ha visto la zapatilla de Cenicienta?

Los otros ratones se encogieron de hombros y negaron con la cabeza.

—¡No me digáis que he perdido mi zapatilla! —dijo en un suspiro—. ¡Otra vez no!

—Tranquila, Cenicienta —le dijo una ratona llamado Suzy—. La encontraremos.

Juntos, Cenicienta y sus amigos buscaron por toda la habitación. Miraron bajo las mesas, detrás de las estanterías, dentro de los armarios y los cajones: cualquier sitio donde una zapatilla perdida pudiese estar.

—Empiezo a pensar que se ha perdido —dijo Cenicienta, triste.

—A ver —dijo Jaq—, la zapatilla estaba aquí ayer por la noche... —Jaq paró de repente—. ¡Gus! —exclamó pegándose en la frente—. ¡Eso es!

—¿El qué? —dijo Cenicienta.

—Sígueme, Cenicienta —dijo Jaq.

Con una zapatilla puesta, la joven siguió a Jaq mientras éste caminaba asintiendo y de puntillas por la habitación hacia el pequeño agujero en la pared.

—Mira aquí —dijo.

Con curiosidad, Cenicienta se arrodilló en el suelo y miró dentro. Ahí estaba su zapatilla perdida y en ella, profunda y cómodamente, dormía Gus hecho un ovillo.

—¡Qué dulce! —dijo Cenicienta.

—¡Despiértalo! —dijo Jaq.

—No, no, dejémosle dormir —respondió Cenicienta.

—Pero ¡tú necesitas tu zapatilla! —exclamó el ratoncito.

Cenicienta lo pensó un momento.

—En realidad, no —dijo a sus amiguitos mientras se quitaba la otra zapatilla—. ¡Acabo de decidir que es un día perfecto para desayunar en la cama!

Enero
21

Disney Princesas
La Bella Durmiente

La Bella no Durmiente

—Ya, ya, ya, pequeña Aurora. Ya, ya —dijo Flora, intentando calmar a la exigente y llorona princesa.

Flora y sus compañeras hadas, Fauna y Primavera, estaban apiñadas sobre la cuna de la pequeña Aurora y miraban, llenas de ansiedad e impotencia, al retoño que los reyes habían dejado a su cargo.

Pero el llanto de Aurora era cada vez más fuerte. De hecho, no había parado de llorar desde que las hadas habían llegado a la recóndita cabaña del bosque aquel día, más pronto de lo normal.

—¡Ay, cielos! —gritó Fauna—. ¿En qué nos hemos metido? Les prometimos al rey y a la reina que esconderíamos a Aurora aquí en el bosque y que la criaríamos sin magia. Pero ¡no sabemos nada sobre cuidar bebés humanos!

Flora le dio a Fauna una palmadita reconfortante en la espalda.

—Ya está, Fauna, que no cunda el pánico —dijo Flora—. Puede que sea más duro de lo que esperamos, pero ésta es la única forma de mantener a la princesa a salvo de Maléfica.

Primavera y Fauna sabían que Flora tenía razón. Así que, una tras otra, intentaron diferentes formas de hacer que la niña dejara de llorar y se durmiera.

—Bueno —dijo Flora—, las hadas bebé se tranquilizan si les pones un pequeño ramo de raíces de diente de león en la cuna. ¡Probémoslo!

Flora corrió fuera de la cabaña y volvió minutos después con el ramito, que colocó a los pies del bebé. Pero la niña siguió llorando.

—¡Quizá necesita divertirse! —sugirió Fauna.

Dicho esto, Flora, Fauna y Primavera unieron los brazos y danzaron durante unos minutos, hasta que se quedaron sin aliento. La pequeña Aurora no se dio ni cuenta y siguió llorando.

—Venga —dijo Fauna a las otras—, hagamos un poco de magia. Sólo para ayudarla a dormir. ¡No puedo soportar verla tan triste!

—¡Es muy peligroso! —gritó Primavera.

—¡Calla, timorata! —gritó Fauna, que empezó a ondear su varita por encima de la niña dormida.

En ese momento, Fauna le dio un codazo a la cuna de Aurora por accidente, haciendo que se meciera ligeramente de un lado a otro. Aliviada por el movimiento, su llanto se fue calmando.

—¡Fauna! —gritó Flora—. ¡Lo has conseguido!

—¡Mirad cómo le gusta! —añadió Primavera.

Las tres hadas continuaron meciendo la cuna con suavidad de un lado a otro y, pronto, Aurora cayó en un profundo sueño.

—Bien —susurró Fauna, una vez el bebé se hubo dormido—, no ha sido para tanto, ¿verdad?

Enero
22

Disney MICKEY Y SUS AMIGOS

¿Dónde está Pluto?

—¡Minnie! —gritó Mickey al teléfono—. Goofy prometió que pasearía a Pluto mientras yo estoy en el dentista, pero aún no ha llegado. ¿Puedes venir tú?

—Claro —dijo Minnie.

Minnie y Pluto jugaban en el parque cuando Daisy llegó, y los tres volvieron a casa de Mickey juntos.

Se oyó un grito.

—¡Ayuda! ¡Mi gato se ha quedado atrapado en el árbol! —gritaba el vecino de Mickey, arrastrando a Minnie y Daisy hasta allí.

—Espere —gritó Minnie—. ¿Qué pasa con Pluto?

—¿El perro? —dijo el vecino—. ¡No puede venir! Si no, el pobre Fluffy no bajará nunca.

—No tardaremos —le prometió Minnie a Pluto, atando su correa a un árbol.

Pero cuando Minnie y Daisy volvieron poco después, Pluto no estaba. Lo habían secuestrado.

Minnie y Daisy recorrieron toda la calle preguntando a todo aquel que se cruzaban.

—He visto a un perro con un hombre que llevaba un sombrero rojo —dijo un hombre mayor—. Se fueron en aquella dirección.

Las amigas corrieron y encontraron al hombre del sombrero rojo paseando a un bulldog.

—Ése no es Pluto —gritó Daisy—. Hemos olvidado decir que es un perro de color canela.

—¿Estáis buscando a un perro canela? —preguntó una chica—. Había uno atado en un buzón de correos, allí.

Entonces corrieron hacia el buzón.

—Tiene que ser Pluto —dijo Daisy—. ¿Cuántos perros canela puede haber por aquí?

Las dos amigas doblaron la esquina y vieron que aquel perro tenía el pelaje color canela pero no era Pluto.

—Bueno, hay por lo menos dos en la zona —confirmó Minnie.

Minnie preguntó a un cartero que pasaba por allí si había visto a un perro con el pelo canela. El cartero asintió.

—He visto a un perro. El tipo que lo paseaba llevaba una pelota amarilla y se dirigían al parque.

—¡No! —exclamó Daisy—. ¡El secuestrador también ha robado el juguete de Pluto!

—Creo que sé quién se ha llevado a Pluto —le dijo Minnie a Daisy mientras corrían. Y por fin encontraron a Pluto, que estaba con... ¡Goofy!

—Goofy era el secuestrador —dijo Minnie.

—¿Secuestrador? —preguntó él.

—Creíamos que alguien había robado a Pluto del jardín de Mickey —dijo Minnie.

—Vaya, lo siento —dijo Goofy—. Vi a Pluto atado al árbol y pensé que estaba esperándome. Prometí pasearlo, pero he llegado tarde.

—¿Cómo lo has sabido? —preguntó Daisy.

—Un secuestrador no habría cogido la pelota —dijo Minnie—. ¡Pero un paseador sí!

Pluto ladró y Minnie se rio.

—Ésa es la forma que tiene Pluto de decir que tres paseadores de perros son mejor que uno.

Enero 23

ALICIA en el país de las MARAVILLAS

Un cuento pequeñito

Un día, Alicia estaba sentada en el jardín, escuchando a su hermana mayor leer un libro en voz alta. Era la hora de la lección y, mientras la voz de su hermana hablaba sobre la Antigua Grecia, la mente de la niña voló. Se preguntaba si faltaría poco para la hora del té. Hacía un rato había olido los bollitos horneados, y su estómago rugía impaciente. Estaba viendo cómo una oruga trepaba por una hoja de hierba, con su pequeño cuerpo encogiéndose y estirándose mientras se deslizaba por la hoja.

—¿Qué se sentirá al ser tan pequeño? —se preguntó Alicia. Y, de pronto, sin más ni más, era así de pequeña. En un instante el jardín empezó a hacerse cada vez más grande hasta que las hierbas le pasaron por encima de la cabeza, tan altas como si fueran árboles. La oruga, que era ahora la mitad de alta que Alicia, movió sus antenas hacia ella y siguió trepando.

—¡Ay, no! —gritó Alicia—. Tengo que volver a casa. Si no empiezo a andar ya, ¡no llegaré a tiempo a la hora del té!

Inició su camino por el bosque de hierba hasta que llegó al sendero. Poco antes le parecía que era una pendiente suave, pero ahora se presentaba ante ella como una montaña y la casa ni siquiera era visible.

—No llegaré a tiempo para el... ¡ups!

De repente, Alicia cayó de espaldas y vio que avanzaba con los pies por delante. Miró hacia abajo y dio un grito ahogado. Tres hormigas la llevaban a cuestas.

—¡Bajadme de una vez! —les dijo enfadada.

Pero las hormigas no le hicieron caso. Con un pequeño balanceo consiguió caer al suelo. Las hormigas parecieron no darse cuenta de que la carga había disminuido, y continuaron colina arriba.

—Bueno, en todo caso, ahora estoy un poco más cerca —dijo Alicia, contemplando su casa.

Se encontraba en el borde de un charco enorme.

—¿Cómo lo voy a cruzar? —se preguntó.

Entonces una gran hoja cayó de un árbol y aterrizó en el charco justo enfrente de ella. Saltó sobre la hoja y dejó que la brisa la llevara por el agua.

—¡Ya casi estoy! —dijo triunfante.

Pero, un momento después, un mirlo enorme bajó en picado, la agarró por la manga de su vestido y se la llevó volando.

—Ay, porras, ahora no llegaré nunca a casa a tiempo para el té —dijo. Y de pronto, sin más ni más, se encontró junto a su hermana mientras ella le tiraba de la manga.

—¡Despierta, Alicia! ¡Te has vuelto a dormir!

Exasperada, su hermana se levantó.

—Tenemos que terminar la lección de hoy e ir a tomar el té.

Enormemente aliviada por haber recuperado su estatura habitual, Alicia siguió a su hermana por el sendero del jardín hasta la casa.

Enero 24

Disney · PIXAR INSIDE OUT

El Mundo de la Mente

A las Cinco Emociones de Riley, Alegría, Tristeza, Miedo, Ira y Asco, les encantaba trabajar en la Central dentro de la mente de Riley. Las Emociones ayudaban a la niña a superar cada día de su vida. La protegían, cuidaban de ella y siempre intentaban hacerla feliz.

Con el paso de los años, las estanterías de la Central se llenaron con esferas de recuerdos de colores que, con el tiempo, se trasladaban a la Memoria a Largo Plazo de Riley. Pero cuando a Riley le pasaba algo realmente importante, se creaba una esfera de recuerdo especial, aún más brillante.

Estas esferas eran recuerdos esenciales, y se almacenaban en un depósito de recuerdos esenciales en la Central. Cada recuerdo esencial activaba distintos aspectos de las islas de la personalidad de Riley. Riley tenía cinco islas: la Isla Payasada, la del Hockey, la de la Amistad, la de la Sinceridad y la de la Familia. Cada isla estaba conectada a la Central por unos puentes llamados líneas de luz. Las islas eran como pequeños parques temáticos dentro de la cabeza de Riley. Mientras los recuerdos esenciales estuviesen en el compartimento de la Central, las islas de la personalidad brillarían con fuerza.

A Riley le encantaba trastear y hacer el tonto, eso es lo que hacía que la Isla Payasada siguiera brillando. La Isla de la Amistad brillaba con más fuerza cuando Riley pasaba tiempo con su mejor amiga, Meg. La Isla del Hockey se creó cuando Riley marcó su primer tanto jugando a hockey sobre hielo. Los padres de Riley le enseñaron a no mentir y la Isla de la Sinceridad le ayudaba a recordarlo. Pero la Isla de la Familia era, probablemente, la más importante, no había nada que a Riley le importara más que su familia. Estas islas de la personalidad hacían que Riley fuera... Riley.

Una noche, justo después de que la niña cumpliera once años, las Emociones contemplaban en la pantalla de la cabeza de Riley cómo sus padres la metían en la cama. Cuando Riley se dormía, la pantalla se oscurecía.

—¡Bien! ¡Otro día perfecto! —gritó Alegría feliz.

—Vale, no hemos muerto hoy —dijo Miedo—. A eso lo llamo yo un éxito absoluto.

Alegría echó un vistazo al muro de los nuevos recuerdos felices.

—¡Buen trabajo, chicos! Ahora llevemos esos recuerdos a la Memoria a Largo Plazo —dijo.

Alegría accionó una palanca y un tubo salió del techo de la Central. El tubo succionó los nuevos recuerdos. Mientras, desde la ventana, Alegría observaba cómo las esferas de colores cruzaban el Mundo de la Mente de Riley y se almacenaban en la Memoria a Largo Plazo.

—Nuestra chica es la mejor —continuó Alegría—. Tiene buenos amigos, una gran casa... Las cosas no podrían ir mejor. Además, Riley ya tiene once años. ¿Qué podría pasar?

Enero
25

Las leyendas son lecciones

Hace mucho tiempo, había un reino llamado DunBroch en las Tierras Altas de Escocia. Aunque el reino era joven, la tierra era antigua, un lugar lleno de magia y peligros.

El rey Fergus y la reina Elinor trajeron paz a los clanes del reino a la vez que se ocupaban de criar a su propio clan: unos trillizos (Harris, Hubert y Hamish) y una princesa adolescente y aventurera llamada Mérida.

La reina tenía grandes expectativas para su hija. Pensaba que una princesa debía ir siempre en buena compañía, saber mucho sobre su reino y, sobre todo, ser perfecta en todos los aspectos. A los ojos de Elinor, Mérida tenía aún mucho que aprender.

Pero la joven vivía para sus escasos días de libertad, cuando podía coger su arco, subir a su caballo, Angus, y pasar el día en el bosque. Mérida era una arquera experimentada, y rara vez erraba un tiro.

Un día, volvió al castillo a cenar con su familia. El rey Fergus estaba contando su historia favorita: cómo había luchado con un oso llamado Mor'du y había perdido la pierna. A Mor'du no se le había visto desde entonces. Todos habían oído la historia cientos de veces.

Justo entonces, llegaron unas cartas de los lores de tres clanes vecinos. En respuesta a la invitación de la reina, los tres presentarían a un pretendiente para que compitiera por la mano de Mérida.

La princesa estaba horrorizada. Ella no quería casarse.

—¡No voy a pasar por eso! —gritó, y salió corriendo de la habitación.

La reina Elinor siguió a su hija y le contó una historia sobre un príncipe que había roto la tradición y se separó de sus tres hermanos. Debido al comportamiento egoísta del príncipe, su reino se arruinó. Y la reina Elinor no quería que le pasara lo mismo a DunBroch.

—Las leyendas son lecciones —le dijo Elinor a Mérida—. Nos cuentan verdades.

La chica no estaba muy convencida, ella veía el matrimonio como algo que se llevaría su libertad, y la verdad es que tenía muchas más aventuras preparadas.

—No sé qué hacer —le dijo la reina al rey más tarde—. Si viera que sólo hago esto porque la quiero.

Mientras tanto, Mérida se quejaba a Angus de lo ocurrido.

—No quiero que mi vida se acabe. ¡Quiero ser libre! Lo juro, Angus, esto no va a suceder —dijo.

La princesa estaba dispuesta a seguir su propio camino en la vida. Lo último que quería era ser como su madre.

¿Llegaría algún día a entender Mérida el punto de vista de la reina Elinor?

Patch Relámpago

Cada noche, Pongo, Perdita y sus quince cachorros dálmatas se reunían alrededor de la televisión para ver las heroicas aventuras de Relámpago. Los cachorros miraban, con los ojos como platos, como el perro salvaba al mundo de todo tipo de villanos y ladrones. Patch quería ser como él.

Después del programa, era hora de que los cachorros se fueran a dormir y Pongo y Perdita salieran a dar un paseo con sus amigos humanos.

Pero, una noche, Patch tuvo otra idea.

—¿Podemos quedarnos despiertos un poco más? —suplicó.

—Es hora de ir a dormir —respondió Perdita, mientras salían para dar su paseo.

Pero Patch no quería ir a dormir. Quería vivir una gran aventura, como Relámpago. Y cuando los cachorros oyeron un ruido extraño, Patch vio su oportunidad.

—¡Mirad! —susurró Patch, señalando a un pequeño ratón que estaba sentado cerca de la cesta de los cachorros—. ¡Es un bandido! ¡Tenemos que atraparlo!

Todos los cachorros querían jugar, así que salieron rápidamente de la cama y subieron a hurtadillas por las escaleras tras el temible criminal.

—Seguidme —susurró Patch, fingiendo ser Relámpago—, ese despreciable canalla se dirige al estudio de música.

Antes de que los cachorros pudieran atrapar al ratón, oyeron a alguien que subía por las escaleras.

¡Era Nanny! Si pillaba a los cachorros, se meterían en un buen lío.

—Escondeos —dijo Patch.

Los cachorros corretearon por la habitación hasta encontrar un escondite.

—¿Qué es ese ruido? —preguntó Nanny, mirando por la habitación, aparentemente vacía.

Mientras los cachorros aguantaban la respiración, Patch vigilaba al canalla que ahora estaba bajando de nuevo por las escaleras. Cuando Nanny se marchó, los cachorros reanudaron su caza.

—Ese ladrón tiene que estar por alguna parte —dijo Patch mientras los perritos buscaban por la cocina.

—¡Ahí está! —gritó Rolly, de repente.

Rolly corrió a toda velocidad hacia el bandido, pero chocó con una bolsa de harina, que cayó sobre él. ¡Rolly estaba todo blanco!

—Ese cachorro no tiene manchas —dijo Patch señalando a su hermano—. ¡Él es el verdadero intruso! —gritó Patch.

Todos los cachorros se abalanzaron sobre Rolly, pero Pepper vio a Pongo y Perdita fuera.

—¡Mamá y papá están aquí! —exclamó Pepper—. ¡Todo el mundo a la cama!

—¡Tranquilos, amigos! —gritó el líder de la manada—. ¡Patch Relámpago os salvará!

Cuando Pongo y Perdita echaron un vistazo a sus preciosos cachorros, los encontraron... acurrucados en la cama, justo como los habían dejado.

Enero 27

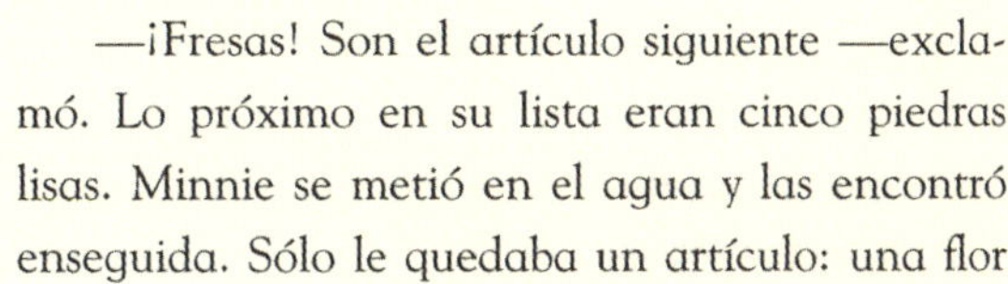

La yincana

Una mañana, Minnie se encontró un sobre que alguien había pasado por debajo de la puerta.

—¿Qué es esto? —se preguntó Minnie, al tiempo que lo abría—. ¡Una yincana secreta! Lo primero de la lista es una cesta de pícnic.

Minnie abrió el armario y sacó una cesta y un mantel. Volvió a echarle un vistazo a la lista.

—Artículo número 2: tres pepinos —leyó.

Minnie recogió las verduras de su jardín, las puso en la cesta y leyó el siguiente artículo de la lista.

—Un palo grande. ¡Sólo hay un sitio donde encontrar uno!

Minnie se dirigía al bosque cuando se encontró con Goofy.

—¡Holita! —dijo Goofy—. ¿Qué haces?

Minnie estaba a punto de enseñárselo cuando recordó que la yincana era secreta. Entonces se dio cuenta de que Goofy estaba escondiendo unas moras en la espalda. A lo mejor él también estaba en la yincana.

—Dar un paseo —respondió Minnie—. ¡Hasta luego, Goofy!

Se apresuró a entrar en el bosque. Poco después, Minnie encontró el tercer artículo de su lista y, entonces, oyó un sonido como de agua.

—Me pregunto qué es eso —dijo.

Unos minutos después, Minnie llegó a un arroyo y, justo al lado, había una zona llena de plantas.

—¡Fresas! Son el artículo siguiente —exclamó. Lo próximo en su lista eran cinco piedras lisas. Minnie se metió en el agua y las encontró enseguida. Sólo le quedaba un artículo: una flor amarilla. Pero Minnie se había adentrado mucho en el bosque y ahora estaba perdida.

—¡Nunca terminaré la yincana si no consigo salir del bosque! —dijo.

De repente, Minnie vio algo en el suelo.

—¡Moras! Se le habrán caído a Goofy de la bolsa.

Minnie siguió el sendero de las moras y encontró narcisos.

—¡Una flor amarilla! —gritó Minnie—. ¡Eso era lo último de mi lista!

Minnie cogió una y la metió en la cesta.

Cuando llegó al parque, Minnie vio a sus amigos aparecer con sus cestas.

—¡Sorpresa! —gritó Mickey—. Cada uno de vosotros tiene una lista con unos artículos y ¡ahora podemos juntarlos todos!

Minnie tendió su mantel en el suelo, Donald ató globos a un árbol, Daisy trajo un vaso y todos pusieron sus flores en él; mientras, Mickey cortaba las frutas y las verduras para la comida.

Todos jugaron en el parque. Donald usó el palo de Minnie para golpear la piñata que había traído Mickey. Y todos jugaron a la rayuela con las piedras de Minnie y la tiza de Daisy. Goofy hizo un divertido sombrero con el periódico de Donald. ¡Fue una fiesta maravillosa!

Enero
28

El talento de Campanilla

Hacía poco que Campanilla había llegado a la Hondonada de las Hadas y que había visto su nuevo hogar. Dos duendes, llamados Clank y Bobble, no pudieron esperar para enseñarle todas las cosas que las tintineadoras hacían.

El hada Mary, la jefa del Rincón de las Tintineadoras, llegó y cuando vio las delicadas manos de la nueva hada dijo:

—No te preocupes, querida, desarrollaremos esos músculos reparadores enseguida —exclamó.

Luego, tras recordarles a Clank y Bobble que hicieran el reparto, se marchó. Poco después, se pusieron en marcha, con Queso, el ratón que empujaba el carro.

Traían tubos de arcoíris para Iridessa. Ella explicó que enrollaba los arcoíris, los ponía en los tubos y los llevaba a Tierra Firme.

—¿Qué es Tierra Firme? —preguntó Campanilla.

—Es adonde vamos a instaurar la primavera, allí las estaciones cambian constantemente —respondió Silvermist.

La siguiente parada de las tintineadoras fue el Valle de la Primavera, donde Vidia estaba sacando el polen de las flores con su torbellino de viento.

—¡Hola! ¿Cuál es tu don? —preguntó Campanilla.

—Soy un hada de vuelo veloz. Todas las hadas de todos los talentos dependen de mí —respondió Vidia. Dejó bastante claro que no tenía en gran estima a las tintineadoras.

Campanilla se sintió insultada.

—¡Cuando vaya a Tierra Firme, demostraré lo importantes que somos! —respondió.

Voló por la playa, donde descubrió varios tesoros maravillosos enterrados en la arena. Clank le explicó que aquello eran Cosas Perdidas, que llegaban con la marea a Nunca Jamás de tanto en tanto. El hada Mary confiscó las baratijas que Campanilla había traído. La reina inspeccionaría los preparativos para la primavera esa misma noche, y todavía había mucho que hacer. La nueva hada pensó que aquella era su oportunidad para demostrarle a Vidia lo importante que era el don de las tintineadoras.

Aquella noche, el ministro de la Primavera dio la bienvenida a la reina Clarion a la ceremonia de revisión. De repente, Campanilla interrumpió el acto.

—He traído algunas cosas fantásticas que podremos usar cuando vayamos a Tierra Firme —le dijo a la reina con emoción.

Campanilla sacó del carro un pulverizador de colores e hizo una demostración con una flor que necesitaba color. Pero ésta explotó.

—¿No te lo ha explicado nadie? —dijo la reina Clarion con suavidad—. Las hadas tintineadoras no van a Tierra Firme. Esas cosas las hacen las hadas de la naturaleza. Lo siento.

A partir de ese momento, Campanilla decidió que cambiaría su don para siempre.

Enero
29

Una comida excelente

Tras volver a su acogedora casa, Tiana decidió ayudar a su padre, James, a hacer la cena. Su padre era un cocinero excelente, y, como a él, a la niña le encantaba cocinar.

—¿Qué nos vas a preparar, cariño? —preguntó su madre.

—¡Gumbo! —respondió la pequeña.

Era la especialidad de su padre, incluso tenía una cacerola enorme que guardaba especialmente para el gumbo. Así que la pequeña Tiana se sentó en un taburete alto y removió, condimentó y probó la comida.

—Creo que ya está —anunció Tiana, y miró a su padre ansiosa mientras llenaba la cuchara.

—Vamos a ver —dijo James, metiéndose la cuchara en la boca—. ¡Delicioso! ¡Es el mejor gumbo que he probado!

Y se lo dio a probar a su madre, que también pensó que estaba delicioso.

—¡Tienes un don, Tiana, y un don tan especial tiene que compartirse!

Dicho esto, la familia invitó a los vecinos a disfrutar del gumbo en el porche de atrás. El ambiente de la noche se llenó con el sonido de las cucharas, las conversaciones y las risas.

—¿Lo ves? —dijo el padre de Tiana—. La comida une a las personas de cualquier procedencia, les levanta el ánimo y les dibuja una sonrisa en la cara.

Cuando llegó la hora de ir a la cama, la madre y el padre de Tiana fueron a arroparla. Tiana señaló una estrella que brillaba más que las demás estrellas del cielo.

—Me han dicho que si deseamos algo con mucha fuerza, la Estrella Azul hará nuestros deseos realidad.

Los padres animaron a su pequeña a pedirle un deseo a la Estrella Azul.

—Pero recuerda —añadió James—, tienes que ayudarle trabajando mucho. —Entonces se paró a pensar en la noche que acababan de pasar con la familia, los amigos y una buena comida y dijo—: No olvides nunca lo que realmente importa.

Tiana miró la fotografía que su padre le había dado una vez. Era de un fantástico restaurante, que era el sueño de su padre: abrir un local en la vieja azucarera. Y ahora era el sueño de Tiana también, y estaba preparada para trabajar duro y alcanzar su sueño, con la ayuda de la Estrella Azul.

—Nuestro restaurante se llamará Restaurante Tiana y serviremos tu gumbo a los clientes —dijo James, dándole a su hija un beso de buenas noches.

Al acostarse aquella noche, Tiana se prometió a sí misma que haría su sueño realidad. Se durmió plácidamente, sabiendo que tendría el valor para triunfar.

Enero 30

Disney Princesas Enredados

La chica del pelo mágico

El pelo de Rapunzel tenía poderes mágicos. El simple contacto podía curar a un enfermo o devolver la juventud. Ésa fue la razón por la que Madre Gothel raptó a la pequeña al poco de nacer: necesitaba su pelo para poder mantenerse joven eternamente.

Madre Gothel no quería que Rapunzel saliera nunca, así que encerró a la niña en la torre más alta. La crio haciéndole creer que ella era su madre de verdad y que el mundo de fuera estaba lleno de peligros.

Rapunzel creció y se convirtió en una jovencita muy bella, a la que le encantaba pasar el tiempo haciendo actividades. Tocaba la guitarra, se cepillaba su largo, largo, largo cabello y hacía sus tareas. Pero lo que más le gustaba hacer era pintar. Cubría las paredes con dibujos que retrataban el campo y las estrellas que podía ver desde su ventana.

Un día antes de su decimoctavo cumpleaños, Rapunzel quiso romper con su rutina habitual. Durante toda su vida, había visto luces misteriosas que volaban en la noche hacia el cielo el día de su cumpleaños y sentía que eran por ella. Más que cualquier otra cosa, deseaba que Madre Gothel la llevara a verlas.

—¡Rapunzel, deja tu pelo caer! —gritó Madre Gothel al llegar a la torre.

—¡Ya voy! —La joven se asomó por la ventana, desenrolló su largo cabello hasta que tocó el suelo; Madre Gothel se agarró de él y Rapunzel la subió.

—¡Vamos, un poco más! —Era muy complicado, pero Rapunzel nunca se quejaba.

—¡Hola, madre, bienvenida a casa! —dijo Rapunzel tan pronto como terminó de subirla.

—Rapunzel, ¿cómo puedes hacer esto cada día sin fallar ni uno solo? —le preguntó Madre Gothel—. Debe de ser muy agotador, querida.

—No es nada, madre —respondió la joven educadamente.

—¡Entonces no sé por qué tardas tanto, Rapunzel! —gritó Madre Gothel.

La joven estaba confundida. ¿Estaba bromeando? Hubo un momento de silencio.

—¡Ven aquí, querida! Era una broma —dijo Madre Gothel, riendo.

«¡Fiu! —pensó Rapunzel—, porque si no hubiera estado bromeando habría sido muy desagradable.»

A veces, Rapunzel no entendía las bromas de Madre Gothel, pero aun así la quería mucho.

La muchacha tomó aire profundamente, preparada para pedirle a su madre aquello que deseaba más que nada.

Bestia y las brujas

Bestia estaba en su jardín. Su mente estaba llena de imágenes de la joven y hermosa mujer que había en el castillo: Bella, tan valiente y noble, dispuesta a tomar el lugar de su padre como prisionera en las mazmorras del castillo. ¿Qué tipo de mujer hacía eso y sacrificaba su libertad?

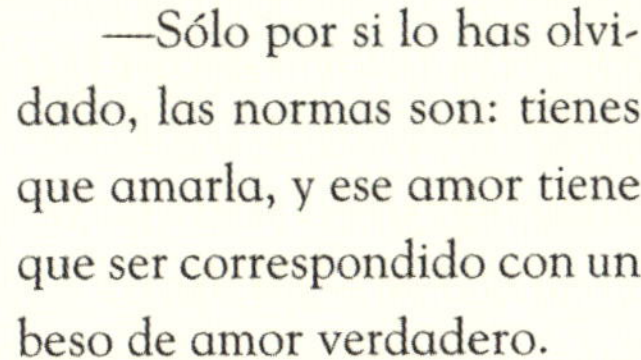

Se quedó mirando al castillo, intentando recordar cómo era antes de la maldición de las brujas. Ahora era como una prisión. Cuando era humano, pasaba mucho tiempo acechando a bestias salvajes por diversión. Pero desde que se había convertido en algo a lo que alguien podría querer dar caza, se había encerrado. Ahora, su destino estaba en manos de Bella.

Oyó como las tres hermanas extrañas se acercaban. Eran un trío indistinguible de brujas, con esas caritas de muñeca y esos gestos tan finos como los de un pájaro.

Lucinda fue la primera en hablar.

—Así que te las has arreglado para capturar a una preciosidad que se quede a tu lado.

—Estamos sorprendidas, Bestia —afirmó Martha.

—Sí, sorprendidas —escupió Ruby—. Soñábamos con que algún cazador diera con tu paradero.

— ¿Por qué insistes en ir vestido? Te aferras a lo poco que te queda de humano, ¿verdad? —dijeron al unísono.

Bestia no hizo nada. Tenía ganas de matar a las brujas y a todo lo que se cruzara en su camino, pero tuvo que contenerse.

Martha habló de nuevo.

—Sólo por si lo has olvidado, las normas son: tienes que amarla, y ese amor tiene que ser correspondido con un beso de amor verdadero.

Lucinda se rio a carcajadas.

—No te queda mucho tiempo…

—No te queda tiempo, Bestia —repitió Martha.

—Pronto, el último pétalo de la rosa caerá y seguirás siendo una bestia para siempre, sin posibilidad de volver a ser humano.

—Y, ese día, bailaremos. ¡Bailaremos! —gritaron.

Bestia al fin habló.

—Y ¿qué pasa con los otros? —Se refería a sus sirvientes—. ¿Se quedarán como están? ¿Malditos también?

Los ojos de Ruby se abrieron maravillados.

—¿Detecto preocupación? Nunca te paraste a pensar en ellos, a no ser que fuera para castigarles.

—Creo que tiene miedo de lo que puedan hacerle si no rompe el encantamiento.

Y, con eso, las hermanas mágicas se dieron la vuelta y salieron del jardín.

Febrero
1

101 DÁLMATAS

El tentempié de Rolly

—¡A la cama! —gritó Pongo.

—¡Jo, papá! —se quejó Patch—, no estamos cansados!

—No discutáis —dijo Pongo—. Los cachorritos necesitan descansar.

Con un suspiro, Patch se unió a la fila de cachorros que subía por las escaleras.

—Tengo hambre —se quejó Rolly mientras los cachorros se acomodaban para dormir.

—Tú siempre tienes hambre —dijo Patch.

—Y tú siempre quieres quedarte despierto y vivir aventuras —dijo Rolly.

—Qué pena que nunca consigamos lo que queremos —dijo Patch en un suspiro.

Unas horas después, Rolly sintió un golpecito en su hombro.

—¿Ya es por la mañana? —preguntó.

—No —dijo Patch—, es medianoche. ¿Quieres salir a explorar? Te daré un tentempié.

—¡Un tentempié! —gritó Rolly emocionado.

—¡Chist! —dijo Patch—. ¡Vamos!

Rolly siguió a Patch a la cocina. Patch miró hacia la mesa y asintió.

—Después de cenar vi a Nanny poner unos jugosos huesos ahí arriba. Los guarda para la sopa de mañana.

—¡Sopa! —gritó Rolly—. ¡Qué desperdicio! Los huesos son para roerlos.

A Patch y Rolly se les ocurrió un plan. Primero, Patch trepó hasta la mesa subiéndose a los hombros de Rolly. Todo iba bien hasta que Patch lanzó el primer hueso y éste aterrizó en el cubo de la basura. Rolly corrió tras él y saltó dentro. Pero se atascó. Patch intentó que no cundiera el pánico. Pensó y pensó hasta que se le ocurrió otro plan, uno para rescatar a Rolly.

Patch volvió arriba y despertó a Lucky y a Pepper. Los dos cachorros siguieron a Patch hasta la cocina. Entonces Patch cogió la larga correa de su padre y lanzó una punta dentro del cubo.

—¡Agárrate a la correa! —dijo Patch a Rolly.

—¡Vale!

Patch se volvió hacia los otros cachorros:

—Ahora, tiremos todos de esta parte de la correa, cuando cuente tres.

Los tres cachorros tiraron, el cubo de la basura cayó y Rolly salió disparado al suelo de la cocina.

—¡Gracias! —dijo Rolly.

Los cachorros lamieron a su hermano y volvieron a la cama.

—Al final has tenido tu aventura —susurró Rolly a Patch antes de quedarse frito.

—Sí —dijo Patch—, y siento que tú no consiguieras tu tentempié.

—No lo sientas —dijo Rolly—. Mientras esperaba a que me rescatarais, ¿qué pensabas que hacía? Estaba comiéndome el jugoso hueso. Y, chico, ¡estaba muy bueno!

Febrero
2

Winnie the Pooh

El día de la marmota

Winnie the Pooh golpeaba con entusiasmo la puerta de Piglet.

—¡Despierta, despierta! —le gritaba a su amigo—. ¡Hoy es el día de la marmota!

Piglet se vistió rápidamente y minutos después los dos corrían a casa de sus amigos que vivían en el Bosque de los Cien Acres.

—¡Hoy es el día de la marmota! —gritaban Pooh y Piglet al unísono para despertar a Tigger, Conejo, Búho, Ígor, Cangu y Rito. Luego, todo el grupo se dirigió a casa de Christopher Robin para despertarlo a él también.

« Pero ¿de dónde vamos a sacar una marmota?», se preguntaba Piglet.

Pronto, llegaron al Punto de Reflexión y todos se sentaron a esperar.

—Exactamente, ¿a qué estamos esperando? —preguntó Piglet pasados unos minutos.

—Pues ¡a que aparezca una marmota, por supuesto! —dijo Pooh.

—Y ¿qué se supone que pasa el día de la marmota? —insistió Piglet.

Al ser un osito con el cerebro pequeño, Pooh no sabía qué responder y miró expectante a Christopher Robin.

—Hay una vieja tradición —empezó Christopher Robin—, que dice que el 2 de febrero es el día en que la marmota sale de su madriguera, después de pasar un largo invierno durmiendo, para buscar su sombra y, si la ve, decide que regresará a ella para hibernar seis semanas más. Si no la ve, decide que la primavera está casi al llegar, y se queda fuera.

—Entiendo —dijo Pooh que, la verdad, no lo acababa de entender.

Pasó un rato más y Conejo se aclaró la garganta.

—Pooh —dijo—, ¿crees que la marmota va a tardar mucho más en aparecer?

Pooh miró a sus amigos y respondió:

—No he pensado cuánto tardaríamos en ver a la marmota, porque no conozco a ninguna personalmente.

Aquellas palabras fueron como un jarro de agua fría para el grupo. Pero, de repente, la cabeza de Gopher se asomó por el suelo, enfrente de ellos.

—¡Ajá! —gritó Pooh triunfante.

—Sólo es Gopher —dijo Conejo.

—Creo que Gopher nos servirá —dijo Christopher Robin—. Gopher, ¿ves o no ves tu sombra?

Gopher se cegó por la repentina luz del sol y miró al suelo.

—Ssssupongo que ssssí veo mi sssssombra.

—Bien —dijo Christopher Robin—, eso son seis semanas más de invierno. Muchas gracias, Gopher.

—De nada —respondió Gopher, que parecía un poco confuso con todo aquello—. ¡Feliz primavera a todossss!

Febrero
3

Toy Story 3

Listo para la universidad

Woody, Buzz y el resto de los juguetes de Andy estaban tristes porque sabían la verdad: Andy era un adolescente y ya no quería jugar más con juguetes.

—Andy irá a la universidad un día de éstos —dijo Woody—. Todos sabíamos que este día llegaría. Todos los juguetes pasan por esto.

Buzz vio al sargento y sus hombres subiendo al alféizar de la ventana.

—¿Qué hacéis? —preguntó.

—Hemos cumplido con nuestro deber —respondió el militar.

—Y, cuando vengan las bolsas de basura —añadió otro soldado—, los del ejército seremos los primeros en caer. —Saltaron por la ventana y abrieron su paracaídas.

—¿Nos van a tirar? —gimió Rex.

Entonces todos empezaron a chillar y vociferar. Nadie quería que los tiraran.

—¡Ey, ey, tranquilos! —gritó Woody—. Andy se ha quedado con nosotros en todos los mercadillos y cada limpieza de trastos. Somos importantes para él, si no, no estaríamos aquí. Ya veréis, nos meterá en el desván.

—Y estaremos juntos —añadió Buzz—. Recojamos nuestros accesorios, preparémonos y mantengamos la cabeza bien alta.

—Será mejor que encuentre el otro ojo —dijo la señora Patata. Todavía veía imágenes con el ojo perdido, pero de forma muy remota y, dondequiera que fuese que estuviera, estaba lleno de polvo.

—No os preocupéis —aseguró Woody a todos—, Andy cuidará de nosotros.

Precisamente entonces, los juguetes oyeron pasos en la entrada y volvieron espantados al baúl de los juguetes. Andy entró en la habitación, con su madre justo detrás con una bolsa negra de plástico.

—Vamos, recoge tu cuarto —dijo—. Lo que no te lleves a la universidad o va al desván o va a la basura.

Su madre le sugirió que donara sus juguetes viejos a la caridad. Pero Andy negó con la cabeza.

—Nadie los va a querer — dijo él—, son trastos.

Dentro del baúl, los juguetes se quedaron sin aliento.

—Bien —respondió la madre de Andy—, tienes hasta el viernes. Todo lo que no esté empaquetado para la universidad o en el desván irá a la basura.

Andy abrió el baúl, sacó a Rex, Jam, Slinky y al señor y la señora Patata y los metió en una bolsa de basura.

Pero cuando Andy cogió a Woody y a Buzz se detuvo. Siempre habían sido sus dos juguetes favoritos. Los miró a los dos y tomó una decisión: Buzz se iba a la bolsa de basura y Woody a la caja de la universidad.

Buzz estaba encima de los demás juguetes, impactado. ¿De verdad lo habían tirado? ¿Qué iban a hacer ahora?

Febrero
4

Los abalorios de Campanilla

Campanilla había decidido que tenía que cambiar su don, para así poder visitar Tierra Firme. A las hadas tintineadoras no se les permitía ir. Las otras hadas aceptaron ayudarle a regañadientes. Ningún hada había cambiado nunca antes su don.

Una de las hadas de animales intentó mostrarle a Campanilla cómo enseñar a los pajaritos a volar. Por desgracia, el pajarito de Campanilla parecía horrorizado. Entonces vio un pájaro majestuoso planeando por el cielo y decidió pedirle ayuda. Pero el ave resultó ser un peligroso halcón.

Campanilla escapó rápido y voló hasta un hada llamada Vidia. Las dos saltaron dentro de un túnel en un árbol. Vidia llegó al final del conducto y paró justo a tiempo, pero Campanilla se estrelló contra ella y el hada de vuelo veloz salió disparada del árbol. El halcón abrió el pico, listo para atacar. Por fortuna, las otras hadas pudieron ahuyentar al pájaro, pero Vidia estaba furiosa y Campanilla se sentía fatal.

La tintineadora pronto se dio cuenta de que sus amigas no querían que cambiara de don. Desesperada, fue a ver a la única hada que creía que podría ayudar: Vidia.

Pero ella estaba muy enfadada, y se le ocurrió una idea para meter a Campanilla en un lío. Le sugirió que probara que era un hada de jardín capturando a los revoltosos cardos corredores.

Campanilla sabía que ésa era la última oportunidad que tendría de ir a Tierra Firme. Intentó con todas sus fuerzas domar a los cardos, pero Vidia jugó sucio y abrió la puerta del corral. Todos los cardos salieron corriendo en estampida. Los cardos pisotearon los suministros cuidadosamente organizados para la primavera, y Campanilla estaba desolada.

La reina Clarion apareció y la regañó y el hada decidió que tenía que irse de la Hondonada de las Hadas para siempre; pero no podía irse sin una última visita al taller, pues tenía que admitir que le gustaba reparar.

Una vez en el taller, vio algunos de los abalorios que había encontrado en su primer día en la Hondonada de las Hadas y, entonces, tuvo una idea.

Aquella noche, la inteligente tintineadora le mostró a la reina cómo había diseñado unas máquinas usando los abalorios para arreglar lo que los cardos habían destrozado. Vidia estaba furiosa.

La reina Clarion miró a Vidia con aspereza y la envió a capturar a los cardos. Las otras hadas trabajaron toda la noche con las máquinas. Por la mañana, las hadas tenían más suministros de primavera de los que habían tenido nunca. Todo el mundo estaba contento.

—Lo has conseguida, Campanilla —la felicitó la reina Clarion.

Febrero
5

DISNEY MICKEY Y SUS AMIGOS

Minnie, vaquera

Minnie estaba emocionada. Ella, Mickey y Goofy iban a ir a pasar unos días al rancho Lucky Star. A Goofy le hacía mucha ilusión montar a caballo y, tan pronto como llegaron, se subió al primer caballo que vio. Pero lo hizo de espaldas.

—¡Soo! —gritó Goofy cuando el caballo dio una coz.

Por suerte, Minnie había traído zanahorias para los caballos. Sacó una y el caballo trotó alegremente hacia ella.

—¡Menos mal que estás aquí! —jadeó Goofy.

El dueño del rancho fue a recibirlos.

—Hola, vaquera —dijo a Minnie—, soy el vaquero Bob. ¿Qué tal si te subimos a aquel caballo?

Minnie pronto cabalgaba como una profesional.

—Vaquero Bob, ¿puedes enseñarme el arte del lazo? —preguntó Goofy.

—Claro. Sólo tienes que oscilar la cuerda sobre tu cabeza, apuntar y lanzar.

Goofy siguió las instrucciones del vaquero Bob.

—Voy a lanzarlo a aquel poste —dijo.

Giró el lazo y lo lanzó. Pero lo ató a su pie.

—Tienes que practicar un poco más, Goofy —dijo Mickey.

Minnie soltó una risita nerviosa.

—Mickey y yo vamos a dar un paseo. Nos vemos cuando te hayas desenredado.

Durante tres días, Minnie, Mickey y Goofy aprendieron a ser vaqueros. En su última mañana en el rancho, Minnie y Goofy fueron a ver un rodeo.

—Me pregunto dónde estará Mickey —dijo Minnie—. Le hacía mucha ilusión ver esto.

Pero Mickey se había dormido. El ruido de la multitud le despertó y miró la hora. Tenía que darse prisa.

Mickey corrió rápido por el campo, saltó una valla y aterrizó sobre un caballo salvaje en medio del rodeo.

Todos le vitorearon cuando se agarró al caballo con firmeza.

—¡Esto es bastante divertido! —gritó.

Cuando Mickey agitó su sombrero hacia la multitud, el presentador gritó:

—¡Mickey acaba de superar el récord del rancho mejorando el tiempo a lomos del caballo salvaje!

Entonces, el caballo brincó y Mickey cayó.

—¡Tenemos que ayudarlo! —gritó Minnie.

—¡Yo lo ataré por ti, Mickey! —gritó Goofy. Pero, sin querer, le echó el lazo a su amigo.

Mientras, Minnie devolvió al caballo al establo.

La multitud aclamó al vaquero Bob cuando presentó a los participantes del rodeo.

Minnie ganó el premio al cuidado de los caballos. Mickey ganó el premio por cabalgar a un caballo salvaje. Y Goofy ganó por intentar echarle el lazo a todo lo que veía.

Aquella noche, los tres amigos se sentaron frente a la hoguera.

—Ha sido muy divertido —dijo Minnie.

Entonces, mientras miraba la luna, vio una silueta.

—¡Mirad, un coyote! ¡Ahora sí que me siento como una auténtica vaquera!

Febrero 6

El ingreso

Nemo aún tenía dibujada una sonrisa de satisfacción en la cara desde la ceremonia de ingreso de la noche anterior. Pensó que ya era parte del club.

—¿Qué opinas de la ceremonia, Cebo? —preguntó Gill.

—¡Fue increíble! —exclamó Nemo.

—Ojalá hubiese estado Flo —susurró Deb—. Pero parece que nunca quiere venir por la noche.

—Bueno, chico, ¿cuál fue tu parte favorita? —quiso saber Jacques.

—Creo que mi parte favorita fue nadar hasta la cima del Monte Escu... escupitu... ja... —Nemo intentó pronunciarlo, aunque sin éxito.

—Escupitájulus —dijo Globo.

—Sí —rememoró Peach—, a mí también me encantó la primera vez que subí.

—Me pregunto a quién se le ocurrió ese nombre —comentó Nemo.

Burbujas apuntó a Gluglú, éste a Globo, Globo a Peach, que señaló a Deb, quien señaló a Flo.

Deb se encogió de hombros.

—Me parece que lo bautizamos todos juntos —dijo.

—¿Por qué lo llaman el Anillo de Fuego si no hay fuego? —preguntó Nemo.

—Bueno, verás, porque es como... No lo sé —tuvo que admitir Peach.

—Pero, entonces, ¿quién lo hizo? —preguntó Nemo.

—Creo que fue Burbujas —dijo Gluglú.

—¿Verdad que son bonitas? —rumió Burbujas.

—A mí me parece muy antihigiénico nadar en las burbujas de otro —se quejó Gluglú—, que es por lo que se me ocurrió el cántico de la ceremonia. Es muy purificante para el cuerpo y la mente y hace circular el dióxido de carbono por las branquias.

—Eso tiene sentido —reconoció Nemo, aunque no lo tuviera.

—Y no olvidéis las algas —añadió Peach.

—No tienen secretos para mí —contó Deb—. Me gusta darles un buen trancazo de vez en cuando.

E hizo una demostración golpeando a Globo, que se hinchó al instante.

—¿Era realmente necesario? —preguntó Globo mientras se alejaba flotando.

—¿Qué puedo hacer yo en la siguiente ceremonia? —preguntó Nemo con entusiasmo.

—Con un poco de suerte, no tendremos otra. No, si conseguimos escapar de aquí, Cebo —respondió Gill.

—Nunca se sabe —dijo Deb con tristeza—, a lo mejor viene Flo.

Todos entornaron los ojos ante aquella idea, incluido Nemo.

Febrero
7

Disney Princesas
Tiana y el Sapo

Hacer los sueños realidad

Tiana vivía en 1920 en Nueva Orleans. Era una jovencita muy guapa e inteligente. No había tenido la suerte de nacer tan rica como su mejor amiga, Charlotte, pero tenía un auténtico don para la cocina.

Aunque su padre ya no estuviese con ella, aún quería que el sueño que tenían en común se hiciera realidad. Tiana estaba decidida a abrir el restaurante que siempre habían soñado tener.

Pero la chica no tenía mucho tiempo de divertirse, trabajaba muy duro como camarera, intentando ganar tanto dinero como pudiera. Esperaba poder comprar algún día el edificio que había encontrado para albergar el restaurante de sus sueños.

Una mañana, estaba sirviendo el desayuno en Duke's Diner cuando el padre de Charlotte, «papaíto», entró a comer algo.

—¡Buenos días, señor La Bouff! —Tiana le dio la bienvenida—. ¡Y enhorabuena! He oído que ha sido elegido rey del desfile de Mardi Gras.

—Me ha pillado completamente por sorpresa... por quinto año consecutivo —rio el padre de Charlotte—. ¿Qué tal si lo celebro con unos...?

—¿Unos buñuelos? —adivinó Tiana, con un plato lleno en su brazo—. ¡Recién salidos del horno!

Entonces, Charlotte irrumpió en el restaurante.

—¡Ay! ¿Te has enterado? ¡El príncipe Naveen de Maldonia va a venir a Nueva Orleans!

Charlotte le mostró a Tiana una foto de un joven atractivo y añadió:

—¡Y papaíto le ha invitado a nuestro baile de disfraces esta noche!

Los ojos de Charlotte brillaban de la emoción. Haría cualquier cosa por convertirse en una princesa, incluido casarse con el primer príncipe que pasara.

—Es estupendo, Charlotte —dijo Tiana—. Te daré un consejo, mi madre siempre dice que el camino más corto al corazón de un hombre es a través de su estómago.

La chica se giró hacia su padre, que estaba ocupado dándose un festín de buñuelos. Parecía que estuviera en el paraíso. ¡Su amiga tenía razón!

—¡Eres un verdadero genio, Tiana! ¡Te voy a encargar quinientos de tus buñuelos cazahombres para esta noche!

Charlotte le dio un manojo de billetes y Tiana casi explotó de felicidad. ¡Esto era lo que necesitaba para permitirse dar la entrada de su restaurante!

«Esto sólo demuestra —pensó Tiana— que Charlotte y yo tenemos sueños muy diferentes, pero ¡pueden ayudarse uno al otro a hacerse realidad!»

Febrero
8

Disney
EL
REY LEÓN

¡Te pillé!

Una mañana temprano, Simba se levantó para ir a buscar a Nala y continuar jugando al pillapilla. La noche anterior, cuando sus madres les hicieron irse a la cama, a Simba le había tocado pillar. ¡Menuda forma de ir a dormir! Estaba ansioso por cazar a Nala y que le tocara a ella pillar, cuanto antes. Pero, cuando llegó junto a la manada, parecía que todos estaban esperando a Nala.

—¿Dónde está Nala? —le preguntó a su mamá.

—He oído a su madre decir que no se encontraba bien —respondió—, así que se han quedado en la cueva descansando hasta que esté mejor.

—Pero ¡tiene que salir! —protestó Simba—. ¡Me toca pillar y tengo que cazar a alguien!

Su madre sonrió.

—Creo que vas a tener que esperar, pequeño Simba —dijo.

—¡Eso es muy aburrido! —gruñó Simba.

—Puedes jugar tú solo, Simba —le recordó.

—Está bien —suspiró el leoncito.

Primero intentó cazar saltamontes, pero saltaban muy alto, muy lejos y muy rápido y pronto se cansó y se frustró.

Entonces intentó trepar a los árboles, pero a los pájaros no les gustaba demasiado que un cachorro de león estuviera rondando por sus ramas y lo espantaron.

Al final, probó a tumbarse para encontrar dibujos en las nubes. Pero ése era el juego favorito de Nala y hacía que la echara aún más de menos.

Se dio la vuelta y aplastó una flor silvestre con su zarpa.

—Te pillé, tú la llevas —dijo con poco entusiasmo.

De repente, le vino una idea a la cabeza. ¿Y si recogía unas cuantas flores silvestres y se las llevaba a su amiga enferma? Tal vez así se recuperaría antes.

Con energías recargadas, Simba recogió tantas flores como pudo con la boca y se encaminó de nuevo hacia la cueva de la manada.

—Zon pada Nana —dijo, soltando las flores a los pies de la madre de Nala—. Son para Nala —repitió—. Espero que se mejore pronto.

—Gracias, Simba —dijo la leona—. Pero ¿por qué no se las das tú mismo? Parece que ya está un poco mejor. ¡Nala! —la llamó.

Y la amiga de Simba salió, sonriendo y muy contenta de verle. Nala olisqueó las bonitas flores.

—¿Son para mí? Gracias, Simba —dijo, y se giró hacia su madre—. ¿Puedo ir a jugar con Simba ya, mamá?

—No veo por qué no —dijo su madre.

—¡Perrrrfecto! —dijo Nala.

—¡Sí, perrrrfecto! —dijo Simba. Entonces se acercó y la tocó ligeramente con su pata—. ¡Te pillé, tú la llevas!

Febrero
9

Disney Princesas
La Cenicienta

Queridas hermanas

—He tenido un sueño muy raro —le contó Cenicienta a sus amigos ratones una mañana mientras se preparaba para otro día de pesado trabajo—. Mi hada madrina espolvoreaba polvos de felicidad sobre Anastasia y Drizella, y se volvían amables conmigo.

—Pero sólo era un sueño —advirtió Jaq.

—Lo sé —le dijo Cenicienta—, pero ha sido tan bonito que creo que intentaré fingir que ha pasado de verdad. Cuando sean antipáticas conmigo, fingiré que han dicho algo dulce y amable.

—A mí no me parecen ni dulces ni amables —le dijo Jaq a Gus mientras los tres bajaban por las escaleras. Gus asintió.

—Lava mis vestidos —dijo Drizella lanzándole la ropa sucia a Cenicienta.

—Limpia mis zapatos —dijo Anastasia abriendo la puerta de su armario—. Todos.

—¡Friega los platos!

—¡Y el suelo!

—¡Cuelga las cortinas!

—¡Limpia las alfombras!

—¡Ahora mismo, hermanas! —cantó Cenicienta, tan dulce como era—. ¡Gracias!

Durante todo el día, Drizella y Anastasia le dieron órdenes de muy malas maneras. Pero, sin importar lo que le pidieran que hiciese, Cenicienta siempre respondía cantando «¡ahora mismo, hermanas!» o «¡sois muy amables!».

Anastasia se llevó a Drizella a un lado y le dijo:

—No importa lo que le pidamos, ella sigue contenta. Actúa como si le estuviéramos haciendo un favor. ¡Me pone nerviosa!

—¿Se habrá vuelto loca? —preguntó Drizella. Anastasia la miró preocupada.

—Podría ser. ¡Quién sabe!

Entonces, Cenicienta pasó por allí y se paró, sorprendida de ver a sus hermanastras mirándola como a una loca.

—¿Qué ocurre, mis queridas hermanas? Espero que no estéis enfermas —dijo.

—¡¿Que... queridas hermanas!? —balbuceó Anastasia—. ¿Nos has llamado «queridas hermanas»? —Ella y Drizella se dirigieron a la puerta.

—Por supuesto —dijo Cenicienta—, os adoro a las dos. Soy la chica más afortunada del mundo por tener unas hermanas tan amables y atentas.

Ahí estaba. Convencidas de que la chica había perdido la cabeza, las dos hermanastras se dieron la vuelta y corrieron. Cenicienta escuchó los portazos de sus habitaciones. Entonces sonrió a Gus y a Jaq, que habían estado observando toda la escena.

—Puede que no sean amables y atentas en realidad —les dijo Cenicienta a los ratones—, pero por lo menos estarán demasiado asustadas como para salir de sus habitaciones durante unas horas. ¿Quién quiere jugar al escondite mientras tenemos la casa entera para nosotros solos?

Los ratones chillaron de felicidad y los tres amigos pasaron una tarde maravillosa mientras Anastasia y Drizella se escondían bajo sus camas.

Febrero
10

La casa de Carl y Ellie

Después de su primer encuentro, Carl y Ellie se convirtieron en muy buenos amigos. Todos los días quedaban en la casa club de Ellie para jugar y soñar juntos con explorar el mundo.

Una mañana soleada, decidieron que no podía ser de otra manera: un día, irían a Sudamérica a vivir cerca de las Cataratas Paraíso.

Los años pasaron y Ellie creció, convirtiéndose en una joven mujer alegre y parlanchina; y Carl creció para convertirse en un joven callado pero seguro.

Su amistad se transformó en amor y se casaron cuando ambos tuvieron diecinueve años. Compraron la pequeña casa vacía en la que jugaban cuando eran niños y formaron un hogar allí.

Por supuesto, la vieja casa necesitaba una reforma. Ellie se mantenía ocupada arreglando los agujeros del techo mientras Carl construía una nueva veleta.

También arreglaron las paredes, las ventanas y los suelos. Luego, pintaron la casa entera con colores muy vivos, exactamente como la casa que había en el libro de aventuras de Ellie.

Una mañana, lo único que quedaba por poner era el buzón. Ellie decidió pintarlo, pero cuando le había dado la primera capa de color, Carl se apoyó con la mano sobre él.

Ellie se echó a reír ante la gran marca que había dejado con la mano. Entonces ella presionó la suya también justo al lado de la de Carl. Cuando la despegó, parecía que las dos manos se unían.

Con el fin de ganar suficiente dinero para ir a Sudamérica, la pareja empezó a trabajar en el zoo de la ciudad. Ellie cuidaba a los animales y Carl vendía globos a los niños.

Cuando regresaban a casa por la noche, se sentían orgullosos de volver a su hogar.

Ellie pintó un magnífico cuadro de las Cataratas Paraíso, que colgó sobre la chimenea. En frente, colocó una pieza de cerámica y una estatuilla de un pájaro tropical.

Carl añadió un par de binoculares y su maqueta del *Espíritu de la Aventura*. También puso un bote en la mesa donde, cada mes, guardaban algo de dinero para su viaje.

Por desgracia, lo que conseguían ahorrar siempre acababa esfumándose. Tuvieron que gastar el dinero en neumáticos nuevos para el coche, y en la escayola de Carl, y en cambiar el techo de la casa...

Pero, aunque los años pasaran, ellos seguían soñando, divirtiéndose y, por las noches, bailando juntos en el salón.

Ninguno de ellos estaba preocupado, porque sabían que algún día se irían y vivirían su gran aventura.

Febrero
11

Disney Princesas La Bella y la Bestia

La maldición

Cuando Bestia oyó a las hermanas brujas rememorar la historia de su maldición, recordó lo mala persona que había sido. Para él las cosas habían cambiado. Antes sólo era un joven príncipe arrogante al que le encantaba cazar, beber y robar besos a las damas. Cuando no estaba en el bosque, estaba en la taberna.

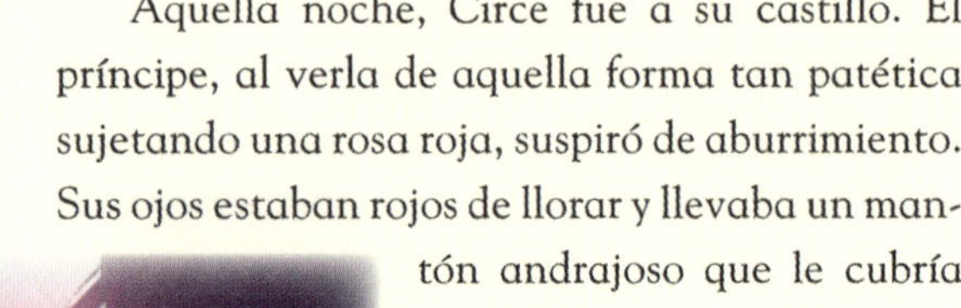

—¡Esta noche invito yo! —dijo su amigo Gastón—. ¡Para celebrar el compromiso del príncipe!

Pero no mucho después, Gastón se enteró de que la prometida del príncipe, Circe, procedía, en realidad, de una familia de granjeros pobres. Al principio, el príncipe no le creyó. Ninguna hija de un granjero de cerdos podía ser tan guapa e ir tan bien vestida como Circe. Pero Gastón insistió, así que se dirigieron a la granja y allí estaba Circe, en medio del redil de los cerdos. El príncipe se puso furioso.

—¿Cómo te atreves a ocultarme algo así?

Circe rompió a llorar.

—Nunca me has preguntado. Y ¿por qué tendría que importar? ¡Nos amamos el uno al otro!

—¿Amarte? ¡Mírate, cubierta de estiércol! ¿Cómo podría quererte? Venga, Gastón, vámonos de aquí.

Y los dos hombres se marcharon. Al arrearlos, sus caballos levantaron el polvo del camino, que cubrió a la pobre doncella.

Aquella noche, Circe fue a su castillo. El príncipe, al verla de aquella forma tan patética sujetando una rosa roja, suspiró de aburrimiento. Sus ojos estaban rojos de llorar y llevaba un mantón andrajoso que le cubría los hombros y le hacía parecer una vieja mendiga.

Su vocecilla sonaba ronca por el llanto.

—Sé que no piensas las cosas que me dijiste.

—No puedo casarme contigo, Circe —dijo.

Cuando Circe lo miró, su mantón se cayó y su cara ya no estaba manchada ni roja por el llanto. Ahora, su rostro brillaba como la luna y su precioso pelo resplandecía con encanto.

Entonces unas voces salieron de la oscuridad:

—¿La hija del granjero?

—¿Nuestra hermana pequeña?

—Ella es de sangre real.

Las hermanas brujas de Circe salieron a la luz y se quedaron al lado de ella.

—Ahora sé que sólo amabas mi belleza —dijo Circe—. ¡Me aseguraré de que ninguna mujer te quiera jamás! No mientras sigas contaminado por esa vanidosa crueldad.

Le dio al príncipe la rosa roja y le dijo:

—Ya que no quisiste aceptar este símbolo de amor de la mujer a la que te habías declarado, deja que sea un símbolo de tu maldición.

Febrero
12

Disney La Dama y el VAGABUNDO

El toque de Reina

Una noche, las orejas de Reina se levantaron y sus ojos se abrieron con un sobresalto. El bebé estaba llorando. Reina había crecido esperando la llegada del nuevo bebé de la casa y era muy protectora con él. Si lloraba, ella iba a ver por qué. Salía de su cama, abría la puerta con la nariz y subía de puntillas las escaleras.

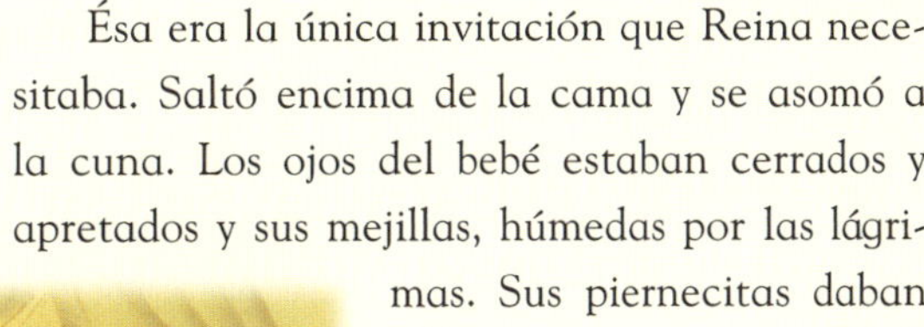

Mientras tanto, Jaime Querido y Linda intentaban calmar al bebé.

—¡Ay, Jaime, no sé qué le pasa! —dijo Linda.

Ella sujetaba al bebé en brazos, intentando mecerlo y calmarlo, pero su carita, de un rojo intenso, estaba cubierta de lágrimas. Jaime estaba sentado medio atontado en la esquina de la cama y miraba a su mujer con impotencia.

—Bueno, sabemos que no tiene hambre —dijo Jaime—, porque le acabamos de dar un biberón. —Y se masajeó la sien como si le doliera.

Entonces vio a Reina, que había entrado con indecisión en la habitación.

—Hola, Reina —le dijo.

La perrita se acercó unos pasos más a la cuna, donde Linda estaba acostando al bebé. Sus puñitos estaban cerrados con fuerza y sus gritos se habían vuelto sollozos.

—No sabemos qué le pasa al pequeño —le dijo Jaime a Reina con poca energía—. Le hemos dado de comer, lo hemos cambiado y le he cantado todas las nanas que sé. A lo mejor tú puedes averiguar qué le molesta.

Ésa era la única invitación que Reina necesitaba. Saltó encima de la cama y se asomó a la cuna. Los ojos del bebé estaban cerrados y apretados y sus mejillas, húmedas por las lágrimas. Sus piernecitas daban patadas a la mantita que lo cubría. Reina la alcanzó y tiró de ella. El bebé abrió los ojos y miró a Reina. Sus llantos se volvieron lloriqueos y alargó el brazo para tocarla. Su manita diminuta alcanzó la oreja de ella y tiró. Reina hizo un gesto de dolor pero aguantó. Con la barbilla, Reina empezó a mover la cuna y, con la cola, marcó el ritmo —pum, pum, pum— en la colcha.

—¡Ga! —dijo el bebé al tiempo que esbozaba una sonrisa desdentada.

Sus grandes ojos azules parecían flores y, aún con la oreja de Reina en la mano, el bebé soltó una risita.

—¡Mira, Jaime! —gritó Linda encantada—. ¡Reina ha conseguido que deje de llorar!

—¡No sé qué haríamos sin ti, Reina! —dijo Jaime agradecido.

La cuna se mecía a un lado y a otro y la cola de Reina marcaba el ritmo. Pronto, los párpados del bebé cayeron y sus ojos se cerraron. Las lágrimas aún manchaban sus mejillas redonditas cuando relajó el puño que sujetaba la oreja de Reina, sonrió y se durmió.

Febrero
13

Disney·Pixar INSIDE OUT

En marcha

Todo iba bien en la mente de Riley. Las Cinco Emociones de Riley, Alegría, Tristeza, Miedo, Ira y Asco, trabajaban muy duro para que su niña fuera feliz. Tenía buenos amigos, una gran casa... Las cosas no podrían ir mejor.

Pero un día, después de que Riley hubiera cumplido los once años, sus padres le contaron que iban a mudarse de su casa, en Minnesota, a la otra punta del país, a San Francisco, a más de tres mil kilómetros.

—¡Hala! —dijo Alegría conmocionada por las noticias.

—¡Aaay! —gritaron Tristeza, Asco, Ira y Miedo.

—Vale, no me lo esperaba... —dijo Alegría, mientras intentaba buscar la parte positiva.

Durante el largo viaje en coche, la familia de Riley condujo por el campo y los alrededores de varias ciudades, por carreteras de montaña y por autopistas que parecían no tener fin. Mientras las otras Emociones sentían pánico, Alegría intentaba levantarle el ánimo a todos.

—¡Ey, mirad! —dijo cuando hubieron llegado a San Francisco—. ¡El puente Golden Gate! ¡Es enorme! No está hecho de oro como pensábamos, es un poco decepcionante, pero ¡aun así mola!

Riley intentó imaginarse su nueva casa, pero cuando el coche llegó al fin, la casa no era en absoluto lo que ella esperaba que fuese. Las Emociones de Riley se quedaron sin palabras. El edificio era oscuro y deprimente.

Riley decidió que echar un vistazo a su habitación le haría sentirse mejor. Pero no. Su habitación era pequeña y oscura, con el techo inclinado. Alegría intentó ayudar a Riley haciéndole imaginar dónde podían ir todas sus cosas. Lo único que necesitaba era su cama, su escritorio y unas pocas cosas más, y aquello pronto sería su casa. Las cortinas de mariposas de Riley le darían, seguro, un brillo especial al lugar.

Unos minutos después, los padres de Riley le dieron una mala noticia: el camión de mudanzas con las pertenencias de su familia se había perdido, así que Riley tendría que dormir en un saco de dormir hasta que su cama llegase.

Después de todo aquello, Alegría intentó desesperadamente alegrar a Riley. Corrió hacia la Consola Emocional de la niña y la ayudó a ver el lado positivo.

Riley cogió una escoba y empezó a jugar a hockey con su padre. En poco tiempo, su madre se unió también a ellos. La familia se fundió en un abrazo y, poco después, otro recuerdo feliz rodó por la Central.

La mamá de Riley le sonrió.

—Gracias —dijo—, entre toda esta confusión tú has seguido siendo nuestra niña feliz.

Quizá las cosas no fueran tan mal en San Francisco, después de todo.

Febrero
14

Feliz día de San Valentín

—¿Qué haces, Sabio? —preguntó Feliz.

Sabio estaba muy ocupado tallando un corazón en un trozo de madera.

—Es un regalo para Blancanieves —respondió.

—¿Un regalo para Blancanieves? —preguntó Feliz—. ¡Ay, madre! ¿Es su cumpleaños y se me ha olvidado?

—No, tonto —dijo Sabio—. Es el día de San Valentín.

—¿San Valentín? —le preguntó Feliz a Mudito—. ¿Habías oído hablar alguna vez del día de San Valentín?

Mudito sacudió la cabeza de un lado a otro. Así que Sabio aclaró sus dudas.

—El día de San Valentín —comenzó a explicar— es una ocasión muy especial para hacer saber a las personas queridas lo importantes que son para ti.

—Yo voy a regalar a Blancanieves unos pañuelos —dijo Mocoso mientras se sonaba la nariz con uno de ellos—. Bueno, éste no.

—Es un detalle por tu parte —respondió Sabio—. Estoy seguro de que les dará uso.

—Si le queda alguno... —protestó Gruñón.

Entonces Tímido sacó, con vergüenza, una flor de papel que él mismo había hecho.

—¡Maravillosa! ¿Y tú? —pregunto Sabio a Mudito.

Mudito mostró un avión de papel que acababa de hacer para Blancanieves.

—Pues yo haré malabares para Blancanieves el día de San Valentín —se ofreció Feliz.

—¡Le encantará! —dijo Sabio.

Dormilón bostezó mostrando una bonita tarjeta que había hecho.

—¿Y tú? —preguntó Sabio a Gruñón.

—Vale, está bien —confesó Gruñón—, le he escrito un poema.

—¡Un poema! ¿De verdad? ¿Podemos oírlo? —preguntó Sabio.

—¡No te pases! —gritó Gruñón.

Entonces, la puerta de la cabaña se abrió y llegó Blancanieves.

—¡Feliz día de San Valentín! —canturrearon los enanitos, cada uno con su regalo en la mano.

—¡Qué maravillosa sorpresa! —exclamó Blancanieves.

Ella sostenía un montón de tarjetas de San Valentín llenas de corazones rojos y rosas y las repartió a los siete enanitos, dándoles un beso a cada uno en la mejilla. Los siete creían que eran las tarjetas más bonitas que habían visto nunca. Incluso Gruñón estaba agradecido. La cara de Tímido se tornó de un rojo intenso cuando Blancanieves lo besó en la mejilla, y Dormilón empezó a bostezar justo antes de que Blancanieves pudiera darle su tarjeta. Entonces Mocoso estornudó y su tarjeta salió disparada. Feliz se rio y Mudito también sonrió.

Si le preguntas a cualquiera de ellos, te dirán que fue ¡el mejor San Valentín de todos!

Febrero
15

Disney · PIXAR TOY STORY 3

Bienvenidos a Sunnyside

—¿Os habéis vuelto todos locos? —preguntó Woody a los juguetes.

Andy se iba a la universidad y los juguetes habían acabado por error en la bolsa para la basura. Andy quería guardarlos en el desván pero, como los puso en una bolsa de basura, su madre pensó que eran para tirar.

Woody sabía la verdad e intentaba explicarles el malentendido al resto, pero éstos no le creían. Jessie había convencido a los otros de que lo mejor era ir a Sunnyside, la guardería a la que la mamá de Andy donaba algunos juguetes viejos. Estaban en el maletero del coche, en una bolsa con un rótulo que decía «Sunnyside», cuando de repente la mamá de Andy cerró de un golpe el maletero, entró en el coche y condujo por la carretera. Enseguida, Woody empezó a planear la vuelta a casa de Andy.

—Nos esconderemos bajo los asientos... —empezó.

Los otros no creían que fuese una buena idea.

—¡Nos tiró a la basura! —resaltó Jessie.

Woody les dijo que se arrepentirían.

—La guardería es triste, un lugar solitario para deshacerse de los juguetes viejos sin dueño —dijo.

Pero cuando llegaron, Sunnyside no parecía tan triste ni solitario. Parecía alegre y colorido. Dentro, la mamá de Andy saludó a la recepcionista y a su hija pequeña, Bonnie. La recepcionista cogió la bolsa de los juguetes y la llevó a la clase de las Mariposas.

Los niños estaban fuera jugando, y los juguetes de Andy no podían contener la emoción. Por accidente, golpearon la bolsa y cayeron al suelo. La habitación les parecía encantadora y los juguetes de la guardería eran simpáticos y gritaron de alegría cuando vieron a los nuevos juguetes.

El más simpático de todos era un osito rosa muy grande que olía a fresa.

—¡Bienvenidos a Sunnyside! —exclamó—. Soy Lotso, el oso abracitos. Pero, por favor, llamadme Lotso.

La sonrisa de Lotso resultaba tranquilizadora.

—Habrá sido un día muy duro, ¿verdad? —preguntó—. Esperad y veréis como ser donados es lo mejor que os podría haber pasado.

—Señor Lotso —preguntó Rex—, ¿aquí juegan con los juguetes todos los días?

—A todas horas. Cinco días a la semana —respondió Lotso.

—Y ¿qué pasa cuando los niños crecen? —preguntó Jessie.

—Cuando los niños se hacen mayores, vienen unos nuevos —respondió Lotso—. Nunca os sentiréis desplazados, ni descuidados, ni abandonados, ni olvidados. No tener dueño significa que no sufriréis.

Para los juguetes de Andy, la guardería cada vez parecía mejor. Woody aún quería volver a casa de Andy, pero nadie le escuchaba. A lo mejor, después de todo, la guardería no estaba tan mal.

Febrero
16

Disney Princesas
La Sirenita

La caja sorpresa

—¿Ariel? —la llamó Flounder con timidez, metiendo la cabeza dentro de la cueva secreta de la princesa sirena.

Ella le había dicho que se encontraran allí, pero aún no había llegado.

—Creo que la esperaré dentro —dijo Flounder.

Entró en la cueva y echó un vistazo a la colección de cosas del mundo humano de Ariel. Las repisas de roca estaban llenas de objetos variados que la sirenita había encontrado en barcos hundidos y en la superficie, desde un reloj hasta una caja de música, pasando por un casco de caballero. Aquél era el lugar favorito de Ariel.

Pero, sin Ariel allí, a Flounder le parecía un lugar solitario, silencioso y espeluznante.

—¡Ostras! —gritó Flounder, que se asustó por un pez que apareció cuando nadó junto a un espejo roto.

Cuando se dio cuenta de que sólo era su reflejo, Flounder respiró aliviado.

—¡Ay, Flounder! No seas tan pezqueñajo —se dijo a él mismo, repitiendo lo que Ariel siempre le decía.

Flounder pasó al lado de un objeto que no había visto antes, una caja cuadrada de metal con una manivela en un lado.

—Me pregunto qué será esto... —dijo Flounder, mirando la manivela.

Tras unos minutos de meditación, Flounder reunió el valor necesario y, batiendo la aleta trasera, empujó la manivela con la nariz y consiguió darle una vuelta, dos y tres, pero no pasó nada. Flounder estaba a punto de darle otra vuelta cuando... ¡boing!

El pestillo de la caja sorpresa se soltó y un bufón saltó del interior de la caja y se lanzó hacia él.

—¡Aaaah! —gritó Flounder mientras se alejaba de la caja sorpresa y chocaba con la tapa de un cofre del tesoro abierto.

La fuerza de la colisión hizo que la tapa del cofre se cerrara atrapando a Flounder dentro.

Poco después, Ariel entró nadando por la puerta de la cueva secreta.

—¿Flounder? —lo llamó—. ¿Estás aquí?

Desde dentro del cofre, Flounder gritó:

—¡Aquí! —Su grito se oyó sofocado al estar dentro del cofre.

Ariel siguió el sonido de la voz y nadó hacia el baúl, abrió la tapa y encontró a su amigo dentro.

—¿Qué estás haciendo aquí metido? —preguntó Ariel con una risita.

Diciendo lo primero que se le vino a la cabeza, respondió:

—Estaba a punto de hacer una imitación de aquella cosa —dijo apuntando a la caja sorpresa.

Entonces Flounder saltó fuera del cofre, corrió hacia la puerta y siguió nadando.

Ya había tenido suficiente cueva secreta por aquel día.

Febrero 17

Disney Princesas Enredados

El cumpleaños perfecto

Madre Gothel era una vieja malvada que secuestró a la princesa Rapunzel cuando sólo era un bebé y, aunque fingía querer a la niña, en realidad únicamente quería su pelo mágico, que mantenía a la anciana siempre joven.

Madre Gothel había convencido a Rapunzel de que necesitaba proteger su cabello y no dejar nunca la torre.

Pero estar encerrada en una torre no podía cambiar el espíritu de Rapunzel. Ella y su amigo Pascal, el camaleón, siempre estaban ocupados con un montón de actividades, incluida la preferida de Rapunzel: pintar. Pero la joven tenía un sueño que ansiaba hacer realidad.

Durante toda su vida en aquella alta torre, la chica había visto unas luces extrañas que flotaban por el cielo en la noche de su cumpleaños y sentía que eran especialmente para ella. Y, más que nada en el mundo, deseaba que Madre Gothel la llevara a verlas.

El día anterior a su decimoctavo cumpleaños, animada por Pascal, Rapunzel decidió contarle a Madre Gothel lo que de verdad quería para su cumpleaños.

—¡Quiero ver los farolillos! —dijo sin pensar, mostrándole una pintura que había hecho de ellos.

—Ah, te refieres a las estrellas —mintió Madre Gothel, que quería que Rapunzel se olvidara de aquel deseo.

—Ésa es la cuestión —empezó Rapunzel—, he cartografiado las estrellas y son constantes, no se mueven. Pero esto aparece cada año por mi cumpleaños, sólo en mi cumpleaños. Tengo que averiguar lo que son.

—¿Ir afuera? —preguntó Madre Gothel, fingiendo conmoción.

Madre Gothel aseguraba que el mundo de fuera era siniestro para una chica débil. Había rufianes, arenas movedizas y serpientes.

—Rapunzel, lo hago por ti. Si quieres un cumpleaños perfecto, ¡no vuelvas a pedirme salir de esta torre! —insistió Madre Gothel.

La muchacha se quedó callada y puso sus brazos alrededor del cuello de Madre Gothel. Entendía por qué su madre quería protegerla. Pero sin que Rapunzel la viera, una sonrisa pícara se dibujó en la cara de la malvada mujer.

—Dejemos ya esta tontería a un lado —dijo Madre Gothel, dándole una palmadita a Rapunzel en la cabeza.

La joven suspiró y esbozó una débil sonrisa. «Después de todo, ¿qué más quiero? —pensó Rapunzel—. Tengo todo lo que siempre he soñado justo aquí.»

Rapunzel sabía que debería ser feliz con lo que tenía, pero no podía renunciar a su sueño.

Febrero
18

Disney
Bambi

Crecer

Un día, Bambi y Tambor estaban jugando juntos en la pradera.

—¡Mira, Bambi! —exclamó Tambor.

Una manada de ciervos trotaba en estampida hacia ellos.

—Ojalá pudiera ser un ciervo —dijo Bambi.

—Ya sabes lo que dice mi padre siempre —dijo Tambor.

—Lo sé —dijo Bambi—: «Gran manjar la verdura es. Hace largas las orejas y muy fuertes los pies».

—No, eso no —dijo el conejito—. Es decir, sí que dice eso, pero también dice: «Si tu salto has de mejorar, todo el día debes practicar».

—¿Tengo que saltar todo el día? —preguntó Bambi.

—¡No! —gritó Tambor—. ¡Que si quieres ser un ciervo, debes practicar!

Bambi echó un vistazo hacia atrás, a los dos grandes ciervos que se embestían entre ellos, entrelazando sus astas para comprobar su fuerza. Parecían muy poderosos y majestuosos, y el cervatillo quería ser como ellos.

—Vale —dijo Bambi a Tambor.

—Vale —dijo Tambor—, sígueme.

El conejo brincó hasta el borde de la pradera y paró bajo un gran roble.

—Agacha la cabeza —le dijo a Bambi.

Él hizo lo que le dijo.

—Y ahora, ¿qué? —preguntó, mirando al suelo.

—Corre hacia delante —dijo Tambor.

Bambi corrió hacia delante, hacia el tronco del viejo roble, pero antes de que llegara, una voz le gritó que parara. Bambi derrapó en la frenada y se detuvo justo a unos centímetros del tronco.

Tambor y Bambi miraron hacia arriba. Su amigo, el señor Búho, los miraba desde arriba con ojos curiosos.

—Bambi, ¿por qué ibas a embestir el tronco de mi árbol con la cabeza? —preguntó el búho.

—Estoy practicando para convertirme en un gran ciervo —dijo Bambi—. Los adultos se embisten con la cabeza para mostrar su fuerza.

El señor Búho se rio y dijo:

—Bambi, ¡los ciervos tienen astas para protegerse la cabeza! Y convertirte en ciervo no es algo que puedas practicar, es algo que ocurrirá con el tiempo.

—¿Ocurrirá? —dijo Bambi.

—¡Claro! —le aseguró el señor Búho—. El verano que viene lo verás, serás más grande y más fuerte. También tendrás astas y ¡espero que un poco de sentido común para no embestir a un roble!

—Sí, señor —dijo Bambi.

—Ahora, marchaos —dijo el señor Búho—. Y no tengáis prisa por crecer. Pronto llegará, os lo prometo.

—Vale —dijeron Bambi y Tambor.

Entonces los dos amigos volvieron a la pradera nevada a jugar.

Febrero
19

Disney · PIXAR

WALL·E

Un nuevo amigo

Si vivieras en el siglo XXIX, vivirías en el espacio con el resto de los habitantes de la Tierra.

Hace mucho tiempo, los habitantes de la Tierra fueron evacuados porque había mucha contaminación. Nadie podía vivir allí hasta que alguien limpiara el planeta. Y había alguien preparado para hacer ese trabajo.

Wall·E era un robot limpiador de carga residual de clase terrestre. A él no le importaba trabajar solo compactando basura, lo veía como una especie de búsqueda del tesoro. No sabía lo que se podía encontrar cada día entre los desperdicios.

Pero Wall·E no se conformaba, quería más. No pedía mucho, sólo quería encontrar a alguien con quien ir de la mano, alguien a quien amar. Se había dado cuenta de ello viendo su película favorita una y otra vez; era su sueño.

Un día, mientras compactaba y formaba cubos de basura, Wall·E encontró algo especial. Era una planta. Su mascota, una cucaracha, chirrió para avisarle, ya que sabía que a su amigo le interesaría mucho aquella cosa verde. Ninguno de los dos había visto nunca antes nada parecido. Wall·E se lo llevó a casa para ponerlo con los otros tesoros.

Poco después, otro robot aterrizó en la Tierra. Wall·E estaba muy emocionado por tener compañía y se enamoró del nuevo robot a primera vista. Su nombre era EVA, y Wall·E la miraba con asombro.

Con el tiempo, Wall·E comprendió que EVA estaba buscando algo, pero ella no le quería decir lo que era.

Wall·E la llevó a su casa y le enseñó todos los tesoros que había encontrado en la basura. Estaba muy orgulloso de las cosas que había recogido.

Pero cuando Wall·E le enseñó a EVA la planta, ella se la quitó de inmediato y se la guardó en un compartimento secreto de la coraza. Luego se apagó. Durmió y durmió, sin importar lo que hiciera Wall·E para despertarla.

No había pasado mucho tiempo cuando la nave que había traído a EVA volvió para llevársela.

¡No! Wall·E la amaba; no quería que se fuera por nada del mundo.

Mientras la nave se preparaba para despegar con EVA dentro, Wall·E decidió que no podía dejar que se marchara y se agarró a la nave.

Wall·E por fin había encontrado a una compañera y no iba a dejar que se fuera sin él.

Y, así, Wall·E siguió a EVA hasta el espacio exterior.

Febrero

20

La caja de música de Wendy

Campanilla había estado intentando aprender un nuevo don desde que llegó a la Hondonada de las Hadas. Quería visitar Tierra Firme, pero las hadas tintineadoras no podían ir. Intentó ser un hada de los animales, un hada de luz, un hada de agua y un hada de jardín, pero no era buena en ningún ámbito.

Campanilla se sentó en la playa.

—Estupendo —murmuró—. A este paso, estaré seguramente en Tierra Firme más o menos... ¡ah, sí, nunca!

Cogió una piedrecita, la lanzó con ira y oyó un ¡clin! Campanilla fue a investigar y encontró una caja de porcelana rota. Para cuando sus amigas la encontraron, el hada estaba reconstruyendo su descubrimiento. El toque final era una bailarina de porcelana que encajaba en la cubierta. Campanilla hizo girar a la bailarina y, para su sorpresa, la caja produjo música.

—¿Te das cuenta de lo que acabas de hacer? —preguntó Rosetta—. Arreglar cosas así es lo que hacen las tintineadoras.

—¿A quién le importa ir a Tierra Firme? —añadió Silvermist.

Un poco más tarde, el mismo día, Campanilla salvó los suministros de primavera de las hadas reparando y construyendo fantásticas herramientas, y se dio cuenta de que su talento era muy importante al fin y al cabo. Las hadas estaban muy contentas con Campanilla y quisieron ayudarla.

—Reina Clarion —dijo Silvermist—, ¿puede venir Campanilla con nosotras a Tierra Firme?

—No pasa nada —objetó Campanilla—, mi trabajo está aquí.

El hada Mary, que era quien dirigía el Rincón de las Tintineadoras, voló hacia ella, mirándola con severidad.

—Yo no lo creo, querida —dijo.

Silbó y Clank y Bobble trajeron el carro con la caja de música de Campanilla dentro, pulida y brillante.

—Me imagino que hay alguien ahí fuera que echa de menos esto. Quizá cierta hada tintineadora tenga algo que hacer allí, en Tierra Firme —dijo el hada Mary.

Así, las hadas de la naturaleza y Campanilla fueron a Londres a repartir su magia primaveral. La tintineadora encontró la casa a la que pertenecía la caja de música y golpeó la ventana. Una niña llamada Wendy Darling asomó la cabeza por la ventana, y su cara se llenó de alegría al descubrir su tesoro perdido mientras Campanilla la observaba desde su escondite secreto. La niña cogió una pequeña llave de un colgante que llevaba al cuello y la metió en la ranura. La caja de música empezó a sonar.

En cuanto el trabajo de las hadas estuvo hecho, llegó la hora de regresar a Nunca Jamás. Campanilla tenía muchas ganas de volver, había un montón de cosas que reparar.

Febrero
21

Disney Princesas
La Bella Durmiente

Caos en la cocina

—Vamos, querida —dijo la tía Flora a la pequeña Aurora—, es la hora de la siesta.

Flora acababa de dar al bebé (que ahora se llamaba Rosa) su biberón y de acostarla en la cuna.

—¡Hora de hacer la cena! —dijo Flora a Fauna y Primavera, dejando a la princesita dormir y aplaudiendo resueltamente.

Flora, Fauna y Primavera se dedicaron sonrisas incómodas unas a otras. Era la primera comida que las tres hadas tenían que preparar en la pequeña cabaña del bosque, donde vivirían hasta que Aurora cumpliera los dieciséis años.

El rey y la reina habían escondido a su querida hija para intentar protegerla de la maldición que la malvada Maléfica le había lanzado. Con la intención de asegurarse de mantener a Aurora bien escondida, las tres hadas habían jurado no usar sus varitas y vivir como humanas. Ninguna de ellas había cocinado nunca, limpiado o cuidado de un bebé antes, por lo que iba a ser toda una aventura.

—Recordad, queridas, que no podemos utilizar nada de magia mientras lo preparamos —dijo Flora con firmeza.

Las tres hermanas suspiraron. ¡Aquello no iba a ser fácil!

—Yo haré un guiso —dijo Primavera.

A las demás les pareció buena idea. Era una buena comida para su primera noche en la cabaña. Un guiso sonaba sano y delicioso.

—Yo haré unas galletas de mora y puré de patatas —dijo Flora.

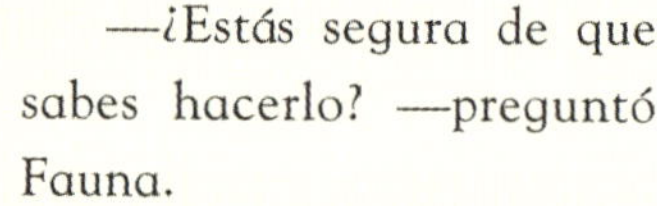

—¿Estás segura de que sabes hacerlo? —preguntó Fauna.

—No puede ser muy difícil —dijo Flora—. Fauna, ¿por qué no haces una ensalada?

—Lo intentaré —respondió Fauna.

Primavera cortó la carne y las verduras, Flora mezcló harina y agua y Fauna cortó las verduras para la ensalada.

Pero, una hora después, la comida aún no estaba lista. El guiso de Primavera olía como a botas viejas. Flora abrió el horno y sacó las galletas que ahora eran planas como las tortitas. El puré de patatas estaba lleno de grumos. Y, de alguna forma, la mayoría de las verduras para la ensalada habían acabado en el suelo.

Las tres hadas se miraron consternadas.

—Hemos vuelto al punto de partida, chicas —dijo Flora—. Pero no seamos tan duras con nosotras mismas. Después de todo, tenemos todavía dieciséis años para aprender a cocinar sin magia.

—Y ¡ése es el tiempo que nos va a costar aprender! —respondió Fauna.

Primavera rio. Fauna estaba bromeando... ¿verdad?

Escribiendo un poema

Un día en el País de las Maravillas, Tweedledum y Tweedledee decidieron escribir un poema sobre escribir poemas. Así que juntaron las cabezas y empezaron a rimar. Enseguida compusieron una especie de poema divertido. Incluso tenía título: *Si un poema quieres escribir*. En lo único en lo que no se ponían de acuerdo era en cómo terminarlo.

—Lee lo que tenemos hasta ahora, ¿quieres? —dijo Tweedledee.

Y Tweedledum empezó:

Un poema quieres escribir.
¿Ah, sí? ¿Es así?
Escribir una poesía
no es tan difícil como creía.
Sol rima con son,
rocío rima con frío;
amigo rima con trigo,
pero hazlo con más brío.
La brisa da risa,
que rima con deprisa;
tener es como querer,
no es difícil de ver.
Muchas palabras
con otras rimarán,
como irán y dirán,
e incluso vendrán.
Palabras acabadas en -ón
son pura diversión,
como cajón y turrón,
fricción y canción.
Pero también hay bravuconas,
como anginas y amazonas,
también ellas tienen rima
pero ni a la docena se arrima.
Pantanoso es asqueroso,
con fuerte y foso
también podrás rimar,
pero te será costoso.
Están simpleza y torpeza,
sandez y estupidez,
que si intentas rimar
puede tu cabeza explotar.
Cuando estés pensativo,
sigue este directivo:
evita las palabras difíciles
y no seas permisivo.
El poema está acabado,
ha costado un poquitín.
El poema ha terminado,
así que éste es el...

Tweedledum levantó la vista.

—Ya está —dijo.

Tweedledee se exprimió los sesos.

—¿Qué rima con «poquitín»? —dijo—. ¿Hollín? «El poema ha terminado, así que esto es hollín.» No, no, eso no queda bien.

Tweedeldum hizo un intento.

—También está «delfín». «El poema ha terminado, así que esto es un delfín.» No, no me gusta.

Tweedledee suspiró.

—Nunca encontraremos una buena rima para el final de este poema.

—Tienes razón —dijo Tweedledum—, supongo que tendremos que dejarlo sin final.

Y así lo hicieron.

Y ése fue el fin.

Febrero
23

Disney Princesas
La Cenicienta

El baile de disfraces

—¿Dónde estará? —preguntó Cenicienta.

Miró a su alrededor por el gran salón de baile. Cientos de ciudadanos felices estaban allí reunidos, cada uno con un disfraz espléndido.

Cenicienta y su flamante marido, el príncipe, celebraban un baile de disfraces. Habían enviado una invitación especial a su Hada Madrina, que había prometido que iría.

Pero el baile había empezado hacía casi una hora, y Cenicienta aún no había tenido ni una señal de la feliz y menuda mujer.

—No te preocupes, mi amor —dijo el príncipe—. Estoy seguro de que... ¿qué es esto?

Un mensajero entregó una nota a Cenicienta.

No temas, mi niña,
estoy aquí.
Tú observa y encontrarás
mi disfraz, y a mí detrás.

Su Hada Madrina estaba jugando al escondite con ella.

—Te encontraré —susurró Cenicienta.

¿Era su Hada Madrina la del precioso disfraz de unicornio? ¿La princesa con la máscara rosa? ¿El arlequín que bailaba? ¿El oso marrón? Cenicienta estaba un poco mareada dando vueltas y vueltas. ¿Cómo iba a encontrar a su Hada Madrina en medio de aquella multitud?

Cenicienta miró fijamente una máscara de lechera con ojos centelleantes que estaba junto a una fuente.

Cenicienta se preguntó si sería ella. Miró alrededor, pensativa. Cuando volvió a mirar a la fuente, la lechera se había ido. En su lugar había alguien con una máscara en forma de mariposa.

—¿Buscáis a alguien, princesa? —dijo la mariposa con una voz profunda.

—No, no importa —dijo ella.

Cenicienta deambuló un poco más y siguió buscando. Pero seguía pensando en los ojos centelleantes cuando recordó algo: ¡la lechera tenía esos mismos ojos! ¿Podía ser ella?

Volvió rápidamente a la fuente, pero no había ni rastro de la lechera ni de la mariposa. La única persona que había por allí cerca llevaba un disfraz precioso de cisne blanco.

—Ay, cielos... —susurró Cenicienta.

Miró fijamente al cisne, con ojos malévolos y centelleantes detrás de la máscara blanca.

De repente, Cenicienta soltó una risotada.

—¡Ajá! —gritó—. ¡Te pillé!

Le quitó la máscara de cisne y su Hada Madrina le sonrió.

—¡Has ganado! —exclamó—. ¿Cómo me has encontrado?

—Casi no lo consigo con tanto cambio de disfraz —dijo Cenicienta—. Pero entonces recordé cómo cambiaste mi vestimenta con magia no hace mucho, y me lo imaginé.

¡A pescar!

—Muy bien, chico —dijo el oso Baloo—. Hoy voy a enseñarte a pescar como un oso.

Mowgli estaba emocionado. Le encantaba su nuevo amigo Baloo. No era como Bagheera, la pantera, que seguía insistiendo en que tendría que vivir en la Aldea del Hombre por su propio bien. Baloo no le pedía nada y estaba mucho más interesado en vivir bien en la jungla, que era lo que Mowgli quería.

—Mira esto, chico —dijo cuando llegaron a la orilla del río—. Todo lo que hay que hacer es esperar a que pase un pez nadando y entonces...

¡Zas! Rápido como la luz, Baloo cogió un pez plateado con su zarpa.

—¡Ahora prueba tú! —le dijo a Mowgli.

Mowgli se sentó muy cerca a esperar a que un pez pasara nadando. Entonces, ¡chof!, se cayó de cabeza al agua.

—Mmm... —dijo Baloo, después de pescar a Mowgli y sacarlo del agua empapado—. Ahora te enseñaré otra técnica.

Baloo y Mowgli caminaron hacia otra parte del río. Esta vez, a los peces se los veía saltar de vez en cuando por fuera del agua cuando nadaban por una pequeña catarata. Baloo dio unos pasos por el agua, esperando a que un pez saltara y entonces, ¡zas!, cogió el pez justo en el aire.

—Ahora tú, compañero.

Mowgli se metió en el agua como había hecho Baloo. Esperó al pez y se lanzó a por él. ¡Chof!

—Vale, plan C —dijo Baloo, tras volver a pescar a Mowgli—. Te llevaré a la cascada grande. Allí, los peces caen, literalmente, en tus garras. Lo único que tienes que hacer es estirar el brazo y coger uno.

Mowgli siguió a Baloo a la cascada grande. Seguro que los peces plateados saltarían por todo el lugar. Coger uno sería fácil.

En un abrir y cerrar de ojos, Baloo sujetaba un pez para que Mowgli lo admirara.

—Esta vez lo conseguiré. ¡Mírame, Baloo! —dijo el cachorro humano, emocionado.

Arrugó la frente al concentrarse y entonces ¡zas! Por un instante, Mowgli tuvo, de verdad, un pez plateado en las manos. Pero un segundo después, el pez se soltó de su apretón y saltó al agua de nuevo. Mowgli contempló sus manos vacías y soltó un suspiro.

—¿Sabes qué, chico? —dijo Baloo, dando una palmadita con su enorme garra en el hombro huesudo de Mowgli—. Creo que estás trabajando muy duro y ésa no es la vida de la jungla. Tiene que ser divertida, feliz y sin preocupaciones. Así que, venga, vamos a sacudir algún bananero.

Y Mowgli aceptó alegremente.

Febrero
25

Campanilla y la piedra lunar

La Hondonada de las Hadas era un hervidero de emoción. Las hadas se preparaban para celebrar la llegada del otoño y a Campanilla le habían pedido que hiciera el cetro que sostendría la piedra lunar, que ayudaría a hacer polvo de hadas azul para restaurar el Árbol de Polvo de Hadas.

Llena de alegría, Campanilla se apresuró a contarle a Terence las buenas noticias. Él se ofreció a ayudarla, pero pronto la pequeña hada empezó a irritarse porque él estaba en medio todo el rato. Al final, Campanilla perdió los nervios y rompió, por accidente, la piedra lunar. Estaba desesperada, no sabía qué hacer.

Aquella noche, en el teatro, un hada llamada Lyria contó una historia sobre un tesoro perdido. En una lejana isla secreta, había un espejo escondido en un barco con el poder de conceder un deseo. Campanilla decidió salir en busca del espejo para arreglar su estúpido error. Se puso manos a la obra, construyó un globo aerostático y reunió algunas provisiones.

Durante el trayecto, Campanilla conoció a Blaze, una pequeña luciérnaga. Una mañana, a los dos nuevos amigos los sorprendió una violenta tormenta. Cuando la niebla se disipó, se dieron cuenta de que el globo estaba atascado en un árbol. Campanilla voló hasta el suelo y el globo fue arrastrado por el aire muy lejos de su alcance.

Campanilla estaba triste, pero, por suerte, Blaze y algunos nuevos bichitos amigos estaban allí para ayudarla. Campanilla se dio cuenta de lo mucho que echaba de menos a Terence, su mejor amigo, que siempre hacía lo posible para ayudarla.

Finalmente, el hada avistó el barco perdido y descubrió, entre los escombros, el espejo mágico.

Pero, cansada del zumbido de Blaze, Campanilla pidió silencio sin pensar, en lugar de una nueva piedra lunar. Y su deseo se cumplió. Campanilla acababa de desperdiciar su última oportunidad.

La tintineadora volvió a acordarse de Terence de nuevo y empezó a sentirse muy mal por haberse enfadado con él. Entonces, como por arte de magia, Terence apareció a su lado. Había volado durante toda la noche, incluso había encontrado el globo.

En la Hondonada de las Hadas, la Fiesta de Otoño estaba a punto de empezar. No tenían tiempo que perder.

Durante el viaje de vuelta a casa, Terence ayudó a Campanilla a fabricar un nuevo cetro con los fragmentos de la piedra lunar y llegaron a la ceremonia justo a tiempo.

La luna llena azul iluminó el extraño y bonito cetro, y el polvo de hadas azul empezó a caer del cielo. ¡Hurra! Campanilla lo había conseguido, con un poco de ayuda de sus amigos.

Febrero
26

DISNEY · PIXAR INSIDE OUT

La nueva escuela

Cuando Riley y sus padres se mudaron a San Francisco, las cosas no marcharon demasiado bien. El camión de la mudanza que transportaba todas sus cosas se perdió, y la nueva casa no era tan agradable como la de Minnesota. A pesar de ello, Alegría intentó que todas las Emociones de Riley fueran positivas, porque mientras Riley fuera feliz, todo iría bien.

Pronto, llegó el momento de que Riley empezara las clases en su nuevo colegio. En la Central, Alegría asignó a cada una de las Emociones un trabajo importante que llevar a cabo. Con cuidado, dibujó un círculo con tiza alrededor de los pies de Tristeza.

—Éste es el círculo de la tristeza —explicó Alegría—; tu trabajo es asegurarte de que toda la tristeza se queda dentro del círculo.

En la escuela, el profesor le pidió a Riley que le contara a la clase algo acerca de ella misma. Con una sonrisa tímida, Riley compartió un recuerdo feliz jugando a hockey con su familia. Entonces, de repente, su sonrisa se esfumó.

En la Central, dentro de la mente de Riley, Alegría se dio cuenta de que Tristeza estaba tocando la esfera del recuerdo del hockey, y había cambiado de un recuerdo feliz y dorado a uno triste y azul.

—Tristeza, ¿qué estás haciendo? —gritó Alegría.

—Yo... no... Lo siento —dijo Tristeza, confundida.

Riley empezó a llorar en medio de su nueva clase, mientras las otras Emociones intentaban parar el recuerdo triste, poniéndose a jugar en la mente de Riley. Tristeza estaba sola ante la Consola. Mientras Riley lloraba, se creó su primer recuerdo esencial azul.

Aterrorizada, Alegría lo cogió cuando rodaba por el suelo, empujó una palanca y un tubo salió del techo, preparado para aspirar el recuerdo.

—¡No, Alegría! —gritó Tristeza.

Intentó coger el recuerdo esencial azul de las manos de Alegría. Mientras forcejeaban, golpearon el compartimento de los recuerdos esenciales y los cinco recuerdos esenciales dorados, que activaban las islas de la personalidad de Riley, cayeron al suelo. Las islas, que hacían que Riley fuese quien era, se oscurecieron.

—¡Aaaah! —Alegría gateaba para recoger los recuerdos esenciales.

Entre el caos, Alegría, Tristeza y los seis recuerdos esenciales fueron succionados por el tubo. Viajaron por la mente de Riley y acabaron en la Memoria a Largo Plazo. Alegría sabía que tenían que volver a la Central para hacer que las islas de la personalidad volvieran a funcionar antes de que Riley olvidase todo lo que le gustaba.

Pero la ruta más cercana de vuelta a la Central era a través del angosto puente que conectaba la Isla Payasada con la Central. Tristeza tenía miedo:

—¡Si caemos, nos olvidará!

—Tenemos que hacerlo. Por Riley —respondió Alegría—, tú sígueme y pisa donde yo pise.

Febrero 27

Disney Pinocho

Sigue a tu estrella

Pepito Grillo era un alma errante. Le encantaba la independencia, la emoción y la simplicidad de su estilo de vida. Durante muchas estaciones, había deambulado por el campo, parando a descansar en los pueblos por el camino y volviendo a las andadas cuando estaba descansado.

Pero, con el tiempo, Pepito Grillo vio que había una cosa que faltaba en su vida de vagabundo: un propósito. Acampado una noche al lado de la carretera, se sentó en el saco de dormir y contempló su fogata.

—Me pregunto cómo me sentiría si ayudara a alguien de verdad —dijo.

Pepito se tumbó en su saco de dormir e intentó ponerse cómodo en el suelo duro mientras observaba el cielo estrellado. Mientras sus ojos contemplaban los miles de puntos luminosos, una estrella del sur resaltó sobre las otras y parecía que brillaba más que el resto.

—¿Eso es una estrella de los deseos? —se preguntó en voz alta. Ya que no podía saberlo con certeza, decidió que sería mejor pedir un deseo, sólo por si acaso—. Estrella de los deseos —dijo—, deseo encontrar un lugar donde pueda marcar la diferencia y hacer un poco de bien.

Cuando hubo pedido el deseo, Pepito Grillo sintió de repente un extraño impulso: la necesidad de levantarse, recoger sus cosas y seguir a aquella estrella. No podía explicar muy bien lo que sentía, pero lo sentía.

Y ¿sabéis qué hizo Pepito Grillo?

Apagó la hoguera, recogió sus cosas y se puso en marcha. Siguió a aquella estrella en la noche, caminó por largas carreteras y senderos, atravesó campos y colinas. Anduvo hasta que salió el sol y dejó de ver la estrella. Entonces acampó y durmió.

Hizo lo mismo durante varias noches y varios días más.

Entonces, una noche llegó cerca de un pueblecito, miró a la estrella y Pepito Grillo vio que parecía apuntar justo en aquella dirección.

Era ya muy tarde cuando Pepito Grillo entró en el pueblo y miró a su alrededor. Todas las ventanas de todas las casas estaban cerradas, excepto la de una tienda al final de la calle. Al mirar adentro, vio que era el taller de un carpintero, iluminado sólo por las brasas de un fuego que moría en la chimenea. Parecía un lugar cálido y agradable para pasar la noche.

El pequeño Pepito Grillo desconocía que aquella era la casa de Geppetto, un viejo tallista que acababa de terminar una marioneta a la que llamó Pinocho.

También desconocía que acababa de encontrar el lugar donde haría más que un poco de bien.

Febrero
28

Nada que reparar

Campanilla y sus amigos de la Hondonada de las Hadas se preparaban para llevar el verano a Tierra Firme.

El verano era la estación que más trabajo suponía, lo que significaba que las hadas estarían fuera de casa durante varios meses, en lugar de días.

Campanilla estaba muy emocionada. Había oído que el campamento de las hadas donde iban a quedarse era un lugar maravilloso.

Una vez Campanilla y los otros hubieron llegado, las hadas de la naturaleza empezaron a trabajar.

Vidia, el hada de vuelo veloz, hizo que la hierba de verano se meciera. Iridessa, el hada de luz, bañó las flores con luz solar.

Rosetta, el hada de jardín, ayudó a las abejas a encontrar el dulce néctar de las flores. Fawn, el hada de los animales, daba la bienvenida a los pájaros mientras Silvermist, un hada del agua, jugueteaba con los renacuajos.

Mientras tanto, Campanilla aterrizaba en un espacio tranquilo con su amigo Terence, el guardián del polvo de hadas.

—¿Dónde están todos? —le preguntó.

Terence apartó un puñado de hojas debajo de un roble enorme, revelando así el campamento de las hadas. Campanilla no podía esperar a ponerse a trabajar.

—No te preocupes, seguro que encuentras algo que reparar —le dijo Terence. Entonces se alejó volando para hacer el reparto de polvo de hadas.

El campamento de las hadas era aún más increíble de lo que Campanilla podría haber imaginado. Escondida tras un árbol había una comunidad entera de hadas ajetreadas con sus actividades.

¡Campanilla no iba a malgastar su primer verano en Tierra Firme! Estaba impaciente por empezar a reparar cosas. Se acercó a un hada que estaba pintando rayas a las abejas.

—¿Cómo va el rayador de abejas? ¿Necesita algún arreglo? —preguntó.

El hada de los animales negó con la cabeza.

—Funciona bien, Campanilla —respondió.

La tintineadora estaba orgullosa de que sus inventos funcionaran bien, pero le apetecía mucho arreglar algo. Su naturaleza de reparadora hacía que sólo se sintiera realmente feliz cuando estaba arreglando cosas.

Ya que no había nada que necesitara reparaciones, de momento Campanilla decidió ir a buscar cosas perdidas.

Las otras hadas le recordaron a Campanilla que tenía que mantenerse lejos de los humanos. No podían creer que Campanilla quisiera acercarse a ellos, sabían que podía ser muy peligroso que un humano descubriera a un hada.

Pero Campanilla, tan curiosa como siempre, estaba decidida a explorar mientras estuviera en Tierra Firme.

Febrero
29

Toy Story 3

Vida nueva

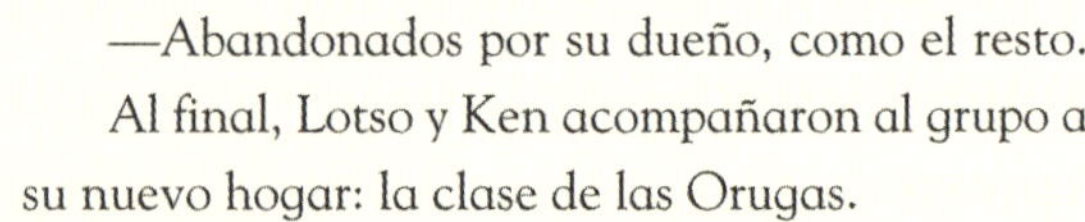

Woody, Buzz y la banda acababan de llegar a la guardería Sunnyside. Andy pronto se iría a la universidad y quería guardar sus juguetes en el desván, pero la mamá de Andy había confundido la bolsa de los juguetes con la basura y los había tirado.

Por suerte, los juguetes consiguieron escapar y saltar a una caja que iba a la guardería.

La primera impresión que les dio Sunnyside fue buena, parecía un bonito lugar. Un oso rosa llamado Lotso dio la bienvenida a los nuevos juguetes.

—Ahora vamos a instalaros —dijo Lotso—. ¡Ken! ¡Juguetes nuevos!

Ken se asomó por la puerta de una casa de muñecas.

—Venid por aquí... —Entonces vio a Barbie. Para los dos muñecos, parecía que se hubiera detenido el tiempo. Fue amor a primera vista, estaban hechos el uno para el otro.

Lotso rompió el romanticismo del momento.

—¡El recreo no dura eternamente! —le recordó a Ken.

Los niños pronto volverían a entrar. Barbie enlazó su brazo al de Ken y los juguetes se unieron a la visita a Sunnyside.

—¡Os va a encantar esto! —declaró Lotso—. A los pequeños les encantan los juguetes nuevos.

Lotso y un muñeco llamado Grandullón guiaron el *tour* por Sunnyside. Lotso inclinó la cabeza y le susurró a Grandullón con tristeza:

—Abandonados por su dueño, como el resto.

Al final, Lotso y Ken acompañaron al grupo a su nuevo hogar: la clase de las Orugas.

—¡Mirad este sitio! —gritó Jessie con emoción.

Era hora de que Lotso, Ken y Grandullón los guiaran de vuelta a la clase de las Mariposas, pero Ken dudó.

—¡Barbie! —gritó—. Ven conmigo a vivir en mi Casa de Ensueño.

Barbie miró a sus amigos, quienes sonrieron y asintieron a modo de aprobación, así que Barbie se unió a Ken.

La mayoría de los juguetes de Andy se quedaron en la clase de las Orugas, contando los segundos hasta que los niños llegaran. Nadie había jugado con ellos desde hacía mucho tiempo y estaban impacientes, pero Woody no sentía lo mismo.

—Es bonito —dijo Woody—, pero tenemos que volver a casa ya.

—Podemos empezar una nueva vida aquí, Woody —dijo Jessie—, tenemos la oportunidad de hacer felices a estos niños.

Los otros juguetes estaban de acuerdo con la vaquera.

—Lo importante es que estemos juntos —dijo Buzz.

—Ni siquiera estaríamos juntos ahora si no fuera por Andy —dijo Woody, caminando hacia la puerta—. Lo siento, pero yo me voy.

Woody no podía abandonar a Andy. Tenía que volver con su viejo amigo.

Marzo

1

Campanilla la curiosa

Campanilla llegó a la Hondonada de las Hadas la primavera pasada y descubrió su talento como hada tintineadora. Ahora estaba en una misión en Tierra Firme, el mundo de los humanos, donde las hadas estaban instaurando el verano. Pero Campanilla no encontraba nada que necesitara una reparación, así que decidió ir en busca de cosas perdidas.

Sus compañeras le recordaron que debían esconderse de los humanos, porque podían llegar a ser muy peligrosos para las hadas.

Justo entonces se oyó un tremendo crac en el campamento. Del susto, Fawn derramó la pintura que estaba usando para decorar las alas de una mariposa, y ésta, llena de salpicaduras, salió disparada de allí.

El estruendo llamó la atención de Campanilla. Las otras hadas se escondieron, pero Campanilla fue a ver de dónde venía el ruido. Quedó intrigada al ver un coche que recorría una carretera llena de curvas y voló deprisa tras él; era la primera vez que veía uno.

El hada tintineadora lo siguió y vio como paraba en una vieja casa en la ciudad. Entonces vio a una niña pequeña, a su padre y a un gato bajar del vehículo.

—¿Podemos tomar el té en la pradera? ¿Porfi? —rogó Lizzy, la niña.

—Hoy no —dijo el Dr. Griffiths—. Tengo un poco de trabajo.

Una vez que los tres entraron en casa, Campanilla voló debajo del coche para examinarlo. De repente, apareció Vidia.

—¡No deberías estar tan cerca de la casa! —la regañó.

Pero Campanilla ya estaba metida en el motor. Encontró una palanca que parecía interesante y la empujó; fuera del coche, algo empapó a Vidia. Estaba furiosa. Como ya debéis de saber, las hadas no pueden volar con las alas mojadas.

Momentos después, Lizzy y su padre volvieron al coche y las hadas se quedaron paralizadas del miedo. Por suerte, los humanos estaban ocupados examinando una mariposa con un aspecto muy extraño.

—Supongo que es la forma en la que las hadas han decidido pintarlas —dijo Lizzy.

—Las hadas no pintan las alas de las mariposas, porque las hadas no existen —insistió el Dr. Griffiths mientras capturaba a la criatura con una red.

Lizzy suspiró. Su padre era científico y no creía ni en la magia ni en las hadas. Además estaba siempre demasiado ocupado para pasar tiempo con ella.

Campanilla oyó la conversación de los humanos y quiso demostrar allí mismo que las hadas existían. Pero sabía que podía ser peligroso, así que se quedó en su escondite... de momento.

Marzo

2

El príncipe y el hechicero

El príncipe Naveen no era para nada consciente de ello, pero Nueva Orleans era una ciudad llena de magia, tanto blanca y pura como negra y malvada. Las malas experiencias podían estar esperándote en cada esquina, sobre todo si eras un joven y despreocupado príncipe. Para colmo, sus padres habían dejado de darle dinero, porque querían que comenzara a asumir responsabilidades.

Pero aquello a Naveen no le preocupaba, pues él sólo pensaba en divertirse y disfrutar de la vida.

Cuando bajó del barco, se puso la corona y empezó a cantar, a bailar y a tocar el ukelele por toda la ciudad. Lawrence, su ayudante de confianza, intentaba hacerle entrar en razón.

—Tenemos que ir al baile de disfraces, mi príncipe. Sus huéspedes le están esperando.

—Pero primero, Lawrence, ¡invito a todos a un trago! —exclamó el príncipe Naveen.

—Eso es muy generoso por tu parte, pero ¡no tienes con qué pagar!

Sin embargo, Naveen rehuía la opción de buscar trabajo. Así que sólo había una solución: casarse con una joven rica. Aunque, a decir verdad, el matrimonio iba a privarle de su libertad y esa idea tampoco le gustaba demasiado.

Justo entonces, un personaje siniestro se cruzó con el príncipe por la calle.

—¡Qué gran golpe de suerte para mí! —rio.

Era el doctor Facilier, un temible hechicero que tenía la intención de usurpar la identidad de Naveen y robarle su riqueza.

—Encantado de conocerle, alteza —dijo el príncipe de las sombras a Naveen al pasar por su lado—. Deje que me presente: soy el doctor Facilier. Puedo predecir su fortuna, leerle el futuro y hacer sus sueños realidad.

Sin percatarse de peligro ninguno, Naveen lo siguió a su guarida, al final de un callejón oscuro. Unos susurros terroríficos poseyeron el lugar; unas máscaras aterradoras acechaban desde las paredes y unas sombras bailaban sin parar.

—¡Créame, sé cómo resolver sus problemas de dinero! —le aseguró el malvado hechicero.

Naveen estaba escuchando justo lo que quería escuchar. Estaba fascinado y Facilier aprovechó la oportunidad para actuar. Sacó un talismán mágico, pinchó el dedo del príncipe con él y llenó un vial con su sangre. Naveen empezó a encogerse y encogerse... y ¡se convirtió en un sapo!

—¡Bienvenido, príncipe sapo! —rugió entre risas el cruel doctor Facilier.

¡Pobre Naveen! Era verdad, siendo una rana el dinero ya no sería un problema, pero ¿qué pasaría con él? No tenía ni idea de lo que la vida de sapo le deparaba.

Marzo

3

Disney Princesa

Enredados

Flynn Rider

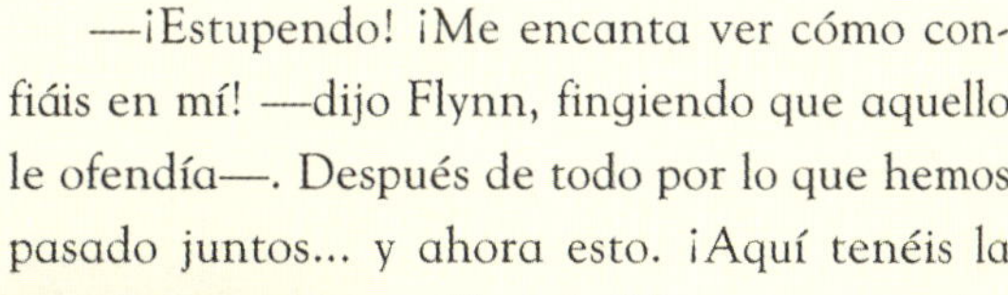

Mientras Rapunzel se preparaba para celebrar su decimoctavo cumpleaños escondida en su torre, un ladrón llamado Flynn huía por el bosque con su última adquisición, una corona real, y junto a sus dos compañeros de aventuras, los hermanos Stabbington.

De repente, Flynn se paró frente a un cartel en el que se leía «SE BUSCA» y frunció el ceño.

—¡Eh! Apenas se parece a mí. ¿Habéis visto qué nariz me han puesto? ¡Es horrible! Soy mucho más guapo en persona.

—¿Acaso crees que nos importa lo más mínimo? —gruñeron los Stabbington—. ¡Tenemos que largarnos de aquí!

Demasiado tarde. Los guardias reales aparecieron en lo alto de la colina. Los ladrones corrieron tan rápido como pudieron, pero pronto se vieron atrapados en un callejón sin salida fatídico: un muro de piedra. Sólo había un modo de salir de allí: trepar hasta lo alto del muro. Entonces Flynn se giró hacia sus cómplices.

—Chicos, ayudadme a subir. Luego os ayudaré desde arriba.

Pero los Stabbington no se fiaban de él. El muchacho tenía reputación de ser un poco canalla, astuto como un zorro y hábil como un mono, así que le dijeron que no con la cabeza.

—Si quieres que te ayudemos a subir primero, antes danos la alforja con la corona, sólo por si decides fugarte sin compartirla.

—¡Estupendo! ¡Me encanta ver cómo confiáis en mí! —dijo Flynn, fingiendo que aquello le ofendía—. Después de todo lo que hemos pasado juntos... y ahora esto. ¡Aquí tenéis la alforja! ¿Me vais a ayudar ahora?

Los hermanos Stabbington aceptaron y, gracias al impulso que le dieron, Flynn estuvo en lo alto del muro en un abrir y cerrar de ojos. Entonces los otros le pidieron al joven que les echara una mano para subir, pero él se negó y se marchó riendo.

—Lo siento, chicos, pero tengo las manos ocupadas —dijo, y sacudió la corona desde las alturas.

Los Stabbington estaban furiosos, Flynn les había dado el cambiazo sin que se enteraran.

—Teníais razón. ¡No tenía ninguna intención de compartirla con vosotros! —añadió Flynn mientras se alejaba—. ¡Buena suerte en prisión, os escribiré!

Estaba contento de haberse librado de los hermanos, porque eran demasiado despiadados y peligrosos y no era aconsejable fiarse de ellos.

Flynn corrió hacia el bosque, pero los guardias reales no le habían perdido el rastro y le pisaban los talones.

De repente, Flynn se dio cuenta de que Máximus, el caballo del capitán de la guardia, estaba aún más decidido a atraparlo que los propios guardias. Ahora ya no estaba tan seguro de poder escapar.

Marzo
4

Disney EL LIBRO DE LA SELVA

La Guarida Maldita

—¿Adónde vamos, Baloo? —preguntó Mowgli.

Él y y su amigo oso ya llevaban un tiempo andando por la selva.

—¿Has oído hablar alguna vez de la Guarida Maldita, chico? —respondió Baloo en un susurro.

Mowgli suspiró.

—¿La Guarida Maldita? Dicen que es una cueva gigante llena de osos que se comen cualquier cosa y a cualquiera. Dicen que pueden oír a kilómetros y ver en la oscuridad. ¡Dicen que incluso Shere Khan les tiene miedo! —exclamó.

—Mmm... —dijo Baloo—. Eso dicen. También dicen que todos los osos de la Guarida Maldita miden más de dos metros, que sus dientes son verdes y afilados y que su grito de batalla es tan fuerte que las ballenas del océano lo oyen y se estremecen. Dicen todo eso y mucho, mucho más.

—Y ¿vamos allí? —chilló Mowgli—. ¡No podemos, Baloo! ¡Esos osos no son de fiar como tú! ¡Son peligrosos!

—Demasiado tarde, cachorro —dijo Baloo con una sonrisa—. Ya hemos llegado.

Levantó a Mowgli, cuyas rodillas temblaban tanto que casi no se mantenía en pie, y se acercó a un matorral. El oso se zambulló bajo una palmera gigante y apareció en una llanura grande y soleada, delante de una cueva enorme. Baloo dejó a Mowgli en el suelo y éste miró a su alrededor completamente sorprendido.

Mowgli esperaba ver a cientos de osos fieros y enfadados, pero, en su lugar, vio a cientos de osos relajados y felices pasando un buen rato. Los osos nadaban en un pequeño lago, salpicándose unos a otros y riendo. Otros descansaban en el frescor de la cueva, jugaban al pillapilla en la llanura o comían fruta madura y deliciosa. Era como una fiesta de osos.

—No lo entiendo —le dijo Mowgli a Baloo—, ¿esto es la Guarida Maldita?

—Sí —dijo Baloo feliz, cogiendo una hoja de palmera y abanicándose con ella—. Solía llamarse la Guarida de las Delicias, pero tuvimos que cambiarle el nombre porque todos en la selva sabían que era el lugar más divertido de por aquí. Nosotros, los osos, nunca echamos a nadie de nuestra fiesta, pero entonces llegó a haber tal aglomeración que dejó de ser divertido. Así que difundimos algunos rumores, le cambiamos el nombre y *voilà*: la Guarida Maldita. Ahora ya nadie nos molesta.

—¿Y yo qué? —dijo Mowgli nervioso—. No soy un oso.

—Eres un oso de honor, Mowgli —respondió Baloo con una sonrisa—. ¡Seguro que les pareces igual de divertido que nosotros!

Marzo
5

DUMBO

Como una mariposa

Un día, el mejor amigo de Dumbo, el ratón Timoteo, vio que el elefante estaba triste.

—¿Qué te pasa, pequeño? ¿Se han vuelto a burlar de ti por tus orejas?

Dumbo asintió. El pequeño elefante parecía destrozado, con lágrimas en los ojos.

Timoteo sacudió la cabeza con preocupación. Los dos eran muy buenos amigos y lo hacían todo juntos. A él no le importaba ni pizca que Dumbo tuviera las orejas grandes. De hecho, pensaba que eran estupendas, únicas.

El ratón intentaba pensar en una forma de alegrar a su querido amigo cuando algo captó su atención.

—¡Mira, Dumbo! —gritó, corriendo hacia un poste cercano de donde colgaba un gran capullo—. ¡Una crisálida de mariposa! —dijo Timoteo emocionado.

Dumbo se acercó para examinarlo.

—Y, mira, está a punto de salir del capullo —dijo Timoteo. Lo miró pensativo unos instantes y se volvió hacia Dumbo—. ¿Sabes qué? Te pareces mucho a la oruga que hizo este capullo.

El elefante parecía no entender a su amigo.

—Sí, en serio. Verás, una oruga es algo que nadie quiere a su lado. Muchos creen que es algo vulgar y que no puede hacer nada interesante. Pero entonces, un día, la oruga se convierte en una bonita mariposa, y entonces a todos les encanta. Y ¿sabes qué? Pienso que a ti te ocurrirá lo mismo. Cuando seas mayor, todos te admirarán.

Dumbo sonrió a su amigo agradecido y se secó una lágrima con una de sus largas orejas.

De repente, empezó a llover.

—¡Ay, no! —gritó Timoteo—. La mariposa se va a mojar y no podrá volar. ¡Qué desastre! ¿Qué podemos hacer? ¡Necesitamos un paraguas para cubrirla!

Mientras el ratón buscaba un paraguas por aquí y por allá, por arriba y por abajo, por todas partes... Dumbo simplemente sonrió y desplegó sus orejas. Así, cubrió el poste para que el insecto durmiente tuviera un buen techo que le resguardara de la lluvia.

—¡Qué buena idea! —dijo Timoteo con plena admiración.

Los amigos permanecieron allí bajo el aguacero, que por suerte no duró demasiado. Mientras esperaban, contemplaron como la nueva mariposa emergía de su capullo con unas coloridas alas. Cuando la lluvia paró, la mariposa desplegó sus preciosas alas nuevas, que estaban secas gracias a Dumbo, y voló.

—¿Sabes, amigo mío? —dijo Timoteo mientras veían como se iba volando el bonito insecto que en otro momento había sido una oruga—. Estoy convencido de que algún día tendrás éxito. Serás como una mariposa, feliz, sin preocupaciones, y flotarás por ahí. Bueno, no flotarás de verdad, eso es imposible. Imagínate, ¡un elefante volador!

Marzo 6

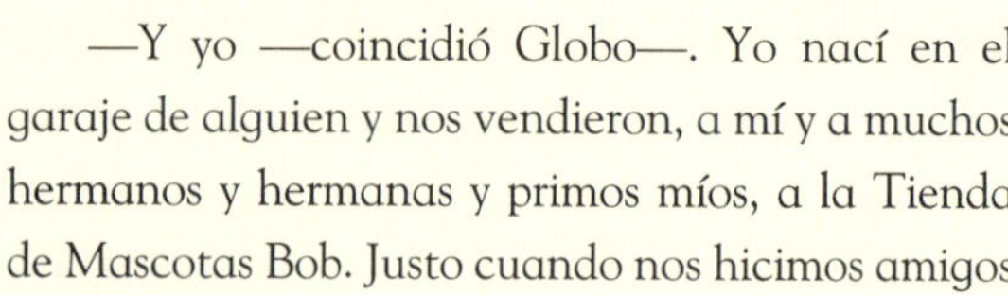

Nostalgia

Nemo seguía sin creerse todo lo que le había pasado. Primero, un buzo lo había pescado en el océano. Después, había viajado mucho en un agua muy fría. Y, al final, lo habían metido en un acuario en la consulta de un dentista. Los otros peces del acuario eran simpáticos, pero Nemo echaba de menos a su padre y su casa. No podía pensar en nada más que en volver al océano. Pero ¿funcionaría el plan de huida? Parecía imposible...

—¡Eh, chico! —Globo, el pez globo, nadó hacia él—. ¿Estás bien? Te veo branquicaído.

—Es verdad —dijo Nigel, el pelícano.

Peach, la estrella de mar, miró desde su sitio en la pared del acuario.

—Está triste, es normal —dijo, y sonrió a Nemo con dulzura—. Tranquilo, cariño, sabemos cómo te sientes.

—¿Cómo vais a saberlo? —murmuró, lamentándose—. A vosotros no os han sacado del océano y os han alejado de vuestro padre.

—Bueno, no —admitió Gluglú—. Pero todos teníamos familia donde vivíamos y todos la echamos de menos.

—¿De verdad? —Nemo parpadeó sorprendido. Nunca lo habría pensado.

—Claro —dijo Peach—. La mujer que me vendió por Internet tenía muchas estrellas de mar en el sótano —suspiró con tristeza—. Aún me pregunto dónde habrán acabado todos mis hermanos y hermanas. Daría dos o tres de mis brazos por verlos de nuevo.

—Y yo —coincidió Globo—. Yo nací en el garaje de alguien y nos vendieron, a mí y a muchos hermanos y hermanas y primos míos, a la Tienda de Mascotas Bob. Justo cuando nos hicimos amigos de los otros peces, él vino y me compró. —Señaló con la aleta al dentista que estaba en la consulta, fuera del acuario—. Aunque, podría haber sido peor —continuó Globo—, vosotros sois los mejores amigos que he tenido.

Un pez llamado Deb asintió.

—Yo tuve suerte de que nos comprara a mí y a mi hermana juntas. ¿A que sí, Flo? —dijo, y sonrió a su propio reflejo en el cristal del tanque. Cuando el reflejo no respondió, Deb se encogió de hombros—. Supongo que Flo está demasiado conmovida ahora mismo, pero puedo asegurar por su sonrisa que está de acuerdo. No sabemos qué habríamos hecho la una sin la otra, pero aún echamos de menos al resto de la familia.

—¡Hala! —dijo Nemo, mirando a sus compañeros de acuario—. Parece que sí que sabéis cómo me siento.

Aunque el hecho de que los otros peces también hubieran sido alejados de sus familias lo ponía triste, Nemo ya no se sentía tan solo. Por lo menos, ellos entendían lo mucho que quería volver con su padre. Ahora, un poco más valiente y más decidido que nunca, Nemo estaba listo para escapar del acuario, fuera como fuera.

Marzo
7

Disney Mickey y sus amigos

Concurso de mascotas

—¡Mickey, Morty, Ferdie! —exclamó Minnie, corriendo por el jardín de Mickey—. Soy la presidenta del concurso de mascotas caritativo. ¿No es fantástico? Vamos a recaudar dinero para construir un nuevo refugio para animales perdidos.

—¡Deberíamos inscribir a Pluto en el concurso! —dijo Ferdie.

—Podemos enseñarle a hacer trucos —dijo Morty—. ¿Podemos, tío Mickey? ¡Por favor!

—Está bien —dijo Mickey—. Es por una buena causa.

Mickey y Minnie miraron como los niños empezaron a adiestrar a Pluto.

—Rueda, Pluto —dijo Morty. Pero Pluto sólo movió la cola.

Durante toda la semana, los sobrinos de Mickey intentaron enseñarle algunos trucos nuevos. Y Pluto traía la pelota, rodaba por el suelo y daba la patita... cuando le apetecía.

—Al menos tenéis algún numerito —dijo Mickey.

Finalmente, el día del concurso llegó. Minnie estaba en la taquilla cuando Mickey y sus sobrinos llegaron al evento.

—¡Adivinad qué! —dijo Minnie—. ¡Ya tenemos el dinero suficiente para el nuevo refugio!

—¡Eso es estupendo! —dijo Mickey.

Sin embargo, la actuación de Pluto no fue tan estupenda. Cuando le pedían que se sentara, daba la patita. Cuando tenía que dar un salto, rodaba por el suelo. Y cuando se suponía que debía tumbarse, ladraba.

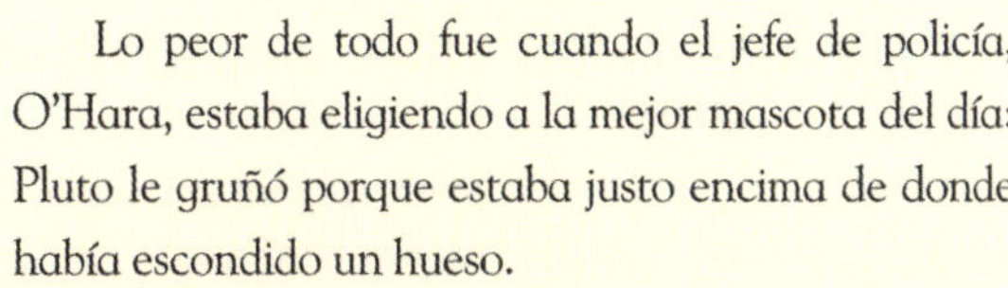

Lo peor de todo fue cuando el jefe de policía, O'Hara, estaba eligiendo a la mejor mascota del día: Pluto le gruñó porque estaba justo encima de donde había escondido un hueso.

El jefe O'Hara estaba a punto de anunciar al ganador cuando se oyó a Minnie gritar desde la taquilla.

—¡Alto! —gritó—. ¡Al ladrón!

—¡Oh, no, el dinero de las entradas! —gritaron Morty y Ferdie.

Cuando el jefe O'Hara, Mickey y los chicos llegaron a la caseta, Pluto se puso a olfatear la escena.

—Me he girado un segundo —explicaba Minnie—, y alguien ha huido con la caja.

De pronto, Pluto paró de olisquear y corrió hacia el bosque. Momentos después, oyeron un grito y el ladrón apareció corriendo. Sujetaba la caja, y Pluto lo sujetaba a él.

Pluto tiró del ladrón hasta el jefe O'Hara.

Más tarde, el jefe de policía le dio a Pluto la Medalla de Héroe de Cuatro Patas.

—Gracias a ti, todos los animales tendrán un sitio al que ir y la oportunidad de encontrar un hogar —dijo el agente.

—¿Sabéis? —dijo Minnie cuando ya estaban en casa—. Está bien que Pluto no sea un perro de concursos, porque es algo mejor: ¡es un héroe!

Mickey, Morty y Ferdie coincidieron con Minnie. Y, entonces, sin que se lo pidieran, Pluto les dio la patita a todos, porque él quiso.

Marzo

8

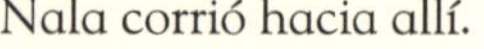

EL REY LEÓN

Como papá

—Papá, cuando sea mayor, quiero ser como tú —dijo Simba a su padre.

Mufasa le acarició la cabeza con el hocico.

—Todo a su debido tiempo, hijo —replicó.

En ese momento, la amiga de Simba, Nala, apareció de un salto.

—¡Vamos, Simba! —gritó—. ¡Ven a jugar al río!

De camino allí, Simba se detuvo en seco.

—Escucha esto —dijo, y entonces echó la cabeza hacia atrás y rugió tan fuerte como pudo. Luego la miró expectante—. ¿Sueno como mi padre?

Nala se rio entre dientes.

—No mucho —dijo.

Pronto llegaron al río. Había mucha agua como resultado de las recientes lluvias. Simba encontró un pequeño charco y contempló su reflejo.

—¿Crees que me está empezando a crecer la melena? —preguntó a Nala.

Nala suspiró.

—Puede que un poco —respondió—. Pero, Simba, ¿por qué tanta prisa? ¡Disfrutemos de nuestra infancia!

Simba observó la rama de un árbol que se extendía por encima del río embravecido.

—Bueno, puede que aún no sea tan grande como mi padre, pero al menos soy igual de valiente que él —gritó, y corrió hacia el árbol, trepó por el tronco retorcido y empezó a caminar por la rama que colgaba encima del agua.

Nala corrió hacia allí.

—¡Simba! —gritó—. ¡Vuelve aquí, la rama se va a romper!

Pero el león no podía oírla por el ruido del agua. Nala se apresuró y fue a buscar ayuda.

Simba sintió que la rama empezaba a ceder.

—Uy... —se dijo a sí mismo.

La rama acabó partiéndose y el príncipe león cayó al agua. La corriente era fuerte y luchó por nadar hasta la orilla. Se estaba quedando sin fuerzas y se dio cuenta de que no lo conseguiría.

Entonces, notó que alguien lo sacaba del agua y lo soltaba en la orilla. Empapado y tosiendo, alzó la vista y se encontró con un rostro enfadado.

—¡Simba! —rugió Mufasa—. ¡Hay una diferencia muy grande entre ser valiente y ser necio! ¡Cuánto antes lo aprendas, antes crecerás!

Simba agachó la cabeza. Por el rabillo del ojo vio a Nala, que hacía ver que no les oía.

—Lo siento, papá —dijo despacio—. Sólo quería ser valiente como tú.

La expresión de Mufasa se suavizó.

—Bien —dijo—. Ya que estamos mojados, ¿por qué no vamos a una parte del río más tranquila y nadamos un poco? —Miró hacia donde Nala estaba sentada—. ¡Vamos, Nala! —gritó—. ¡Ven con nosotros!

—¡Hurra! —gritaron los cachorros, y se fueron todos juntos.

Marzo
9

Disney Princesas
La Cenicienta

Trabaja que trabajarás

Cenicienta vio como una burbuja azul y rosa salía flotando del cubo.

—¿No es precioso? —dijo mientras veía la burbuja flotar cada vez más alto y, al final, explotar en la nada.

Gus, Jaq y el resto de los ratoncitos amigos de Cenicienta asintieron.

—¡Apuesto a que sería divertido flotar en una burbuja todo el día! Y poder ver ciudades enteras, saltar sobre las nubes y volar con los pájaros —dijo Cenicienta, soñando despierta.

Sus amigos pájaros piaron alegremente. Les gustaba la idea de compartir el cielo con ella.

—¿Qué estoy haciendo? —dijo la joven de repente—. Tengo que concentrarme en mis tareas. —Acabó de limpiar las ventanas y se preparó para limpiar el suelo.

Cenicienta sumergió la fregona en el cubo de agua jabonosa y empezó a fregar el suelo. Al principio se sentía agotada pero, entonces, se le ocurrió algo al ver como se deslizaba la fregona por el suelo.

—¡Esto es como bailar! ¡Cómo me gusta bailar!

Gus y Jaq imitaron a Cenicienta mientras ella limpiaba haciendo piruetas por la habitación.

—¡Qué divertido! —gritó con alegría—. ¡Ay, no! ¿He dicho eso en voz alta? Creo que será mejor que me aleje de todas estas burbujas —se dijo a sí misma. Sería mejor planchar.

Estaba planchando y tarareando cuando se dio cuenta de que ya estaba oscureciendo.

—¡Qué tarde es! —exclamó Cenicienta—. He estado soñando despierta todo el día y ni siquiera he empezado a hacer la cena.

La muchacha corrió a la cocina, donde se puso a cortar, picar, rallar y batir.

—Se me ha pasado el tiempo volando —se dijo preocupada a la vez que añadía ingredientes a la sopa favorita de sus hermanastras—. ¡No he hecho absolutamente nada! —En ese momento, las hermanastras de Cenicienta, Anastasia y Drizella, se colaron en la cocina.

—¿Y la colada? —ladró Anastasia.

—Hecha —dijo Cenicienta.

—¿Y mi ropa planchada? —añadió Drizella.

—Lista —respondió Cenicienta.

—¿Has fregado el suelo?

—¿Has limpiado las ventanas?

—¿Está lista la cena?

—Está todo hecho —respondió Cenicienta contenta.

Las hermanas se marcharon de la cocina refunfuñando.

Y allí se quedó Cenicienta, sola en la cocina una vez más. Mientras removía la sopa, pensó: «Supongo que, después de todo, sí que he hecho muchas cosas». Y lo celebró bailando por la habitación, y Jaq, Gus y los demás ratoncitos se unieron a ella.

Marzo 10

Disney · PIXAR
BRAVE

¡Elijo el tiro con arco!

Mérida era una princesa joven y aventurera que vivía en las antiguas Tierras Altas de Escocia, en un reino llamado DunBroch. La madre de Mérida, la reina Elinor, quería que la muchacha se casara con el hijo de un clan vecino para mantener la paz entre los reinos.

Sin embargo, Mérida no estaba preparada para casarse. Ella quería vivir grandes aventuras y seguir su propio camino en la vida. Elinor y Mérida no conseguían ponerse de acuerdo.

Pronto, los barcos de los clanes llegaron a DunBroch. La reina vistió a su hija con un vestido de gala, para agradar e impresionar a los invitados.

—No puedo moverme —se quejó Mérida—, es muy ajustado.

—Es perfecto —dijo su madre, sonriendo.

Pero a Mérida no le acababa de gustar.

La familia real dio la bienvenida a los clanes en el gran salón del castillo. Lord MacGuffin, lord Macintosh y lord Dingwall, los líderes de cada uno de los clanes, se acercaron para presentar a sus respectivos hijos.

A Mérida no le impresionaba ninguno de los tres jóvenes lores e intentó desesperadamente pensar en una forma de escapar del matrimonio.

Por desgracia, la paz entre los clanes era frágil. Unos pocos insultos sirvieron para iniciar una pelea, aunque al final la reina Elinor logró poner paz.

La reina aclaró las normas. Sólo los primogénitos de cada líder podían competir por la mano de la princesa, y sería la propia princesa quien elegiría el desafío.

¿Los primogénitos? Los ojos de Mérida se iluminaron cuando una idea le vino a la mente; se levantó de un salto y gritó en mitad del comedor principal:

—¡Elijo el tiro con arco!

La competición empezó al mediodía. El joven MacGuffin hizo el primer tiro... y tocó el marco de la diana por los pelos. El joven Macintosh disparó un poco mejor; su actitud, en cambio, fue del todo inapropiada y poco deportiva, ya que pisoteó el arco enfadado por no haberse acercado más al blanco. Wee Dingwall era sin duda el más torpe de todos pero, para sorpresa general, ¡dio justo en la diana!

Entonces, Mérida dio un paso al frente en el campo.

—¡Soy la primogénita del clan DunBroch! —declaró ante la multitud pasmada—. Y ¡tiraré para conseguir mi propia mano!

—¡Mérida, te lo prohíbo! —gritó la reina.

Sin embargo, la princesa ignoró la amenaza de su madre y levantó su arco.

Una a una, Mérida lanzó sus flechas y acertó de lleno en las tres dianas. La reina Elinor estaba furiosa, ya que su hija acababa de poner en riesgo la paz entre los clanes con aquel acto insensato.

El príncipe elige a la novia

Al principio no hubo ninguna señal de que la maldición de Circe hubiera funcionado. Ella había dicho que, a menos que el príncipe cambiara su actitud, sus actos arruinarían su bonita cara y todo el mundo lo vería como la bestia que era en realidad. Había maldecido todo el castillo, incluidos los sirvientes, pero no ocurrió nada y el príncipe no veía ninguna razón para creer que algo pasaría.

Así que la vida continuó. Notó algunos cambios en su apariencia, pero fue sólo cuando su amigo Gastón le dijo que parecía cinco años mayor que el príncipe reunió el coraje suficiente para mirarse en el espejo encantado que le había entregado Circe.

A simple vista, no parecía muy diferente.

—Mira de cerca, príncipe —dijo la voz de una bruja.

El corazón del hombre empezó a palpitar como un trueno, y unas risas lo envolvieron. Su visión se redujo y, pronto, todo se le vino encima. De repente, el mundo se oscureció.

Cuando se despertó, su leal sirviente, Din Don, estaba allí a su lado.

—¡Está despierto, señor! —dijo Din Don—. Ha estado muy enfermo, con una fiebre intensa, le encontré tirado en el suelo. —El príncipe había estado dormido mucho tiempo.

Gastón decidió que el único remedio para la creciente ansiedad del príncipe era una fiesta. En un primer momento, el príncipe no compartió el entusiasmo de Gastón, pero todo el personal apoyaba la idea; además, pensó que aquello quizá le ayudaría a encontrar a la joven de sus sueños, por lo que acabó pareciéndole un plan fantástico.

La noche del baile, la única chica que le gustó a primera vista fue una muchacha de cabellos caoba.

—Gastón, ¿quién es ésa?

Él se dio cuenta de que se refería a Bella, la chica a la que él adoraba, la chica con la que desde siempre quería casarse.

—¡No te gustará, créeme! —respondió Gastón—. Es encantadora, sí, pero su padre es la risa del pueblo. Querido amigo, tenemos que encontrar a tu princesa. Alguien como la princesa Morningstar, aquella de allí.

—Sí, tráeme a la princesa Tulip Morningstar, me gustaría mucho conocerla.

La princesa Tulip tenía un precioso pelo rubio, largo y rizado, era de complexión fina y sus ojos de un azul claro. Todo en ella brillaba, excepto su personalidad, pero aquello no preocupaba en absoluto al príncipe. Él tenía suficiente personalidad para los dos, y no le interesaba para nada tener una esposa que acaparara toda la atención; era la candidata perfecta.

Marzo
12

La Dama y el Vagabundo

Nadie se burla de Jock

La tía Sara acababa de llegar para cuidar del bebé mientras Jaime y Linda estaban fuera, y con ella sus gatas siamesas, Si y Am, que no habían hecho más que causar problemas. Cuando hacían alguna trastada en el salón, Reina era quien recibía el castigo, y la tía Sara acabó llevando a la perrita a que le pusieran un bozal.

Mientras tanto, solas en casa, Si y Am encontraron la puerta para perros que les permitía salir al jardín.

—Lo que sirve para perros también sirve para gatitas —siseó Si.

Las dos se escabulleron hacia el jardín y arrancaron los arriates de flores, asustaron a los pájaros del bebedero y persiguieron a una ardilla hasta lo alto de un árbol.

Encontraron un agujero pequeño en la valla del jardín, metieron las cabezas por él y vieron a Jock echándose una siesta en su caseta.

—Es hora de despertarse —dijo Am.

Si sonrió y asintió. Ambas se deslizaron por el agujero y caminaron con sigilo por el patio hasta que estuvieron sentadas cada una a un lado de Jock. A continuación, dejaron escapar a la vez un agudo y ensordecedor alarido.

El terrier se despertó de un susto. Para cuando logró identificar a los culpables, Si y Am ya estaban a medio camino de la valla, cruzando el césped. Jock echó a correr detrás de ellas, ladrando; pero las gatas pasaron por el pequeño agujero como un rayo y salieron del alcance de Jock. El agujero era demasiado pequeño para él y se tuvo que contentar con meter la cabeza y ladrarles mientras se paseaban, como si nada, de vuelta a casa de Reina y entraban por la puerta del perro. Entonces rompieron a reír en el suelo de la cocina.

—Los perros son muy tontos —dijo Si entre carcajadas.

Aguardaron un momento y volvieron a salir por la puerta del perro, ansiosas por probar su triquiñuela una vez más. Miraron por el agujero de la valla y vieron a Jock con los ojos cerrados y tumbado frente a su caseta. Volvieron a pasar por el agujero y reptaron hacia él sin hacer ruido.

No obstante, esta vez Jock se había preparado. Cuando las gatas estuvieron a un metro de distancia, el enérgico can se levantó y gruñó. Las gatas se asustaron, dieron media vuelta y corrieron hacia la valla, pero encontraron el camino bloqueado por el amigo de Jock, Triste el sabueso, que se interponía entre las gatas y la valla, gruñendo.

Los perros persiguieron a las gatas por todo el jardín hasta que Jock estuvo seguro de que habían aprendido la lección. Entonces, dejaron que volvieran por el agujero de la valla. Esta vez, las felinas no dejaron de correr hasta que estuvieron dentro de la cocina, a salvo.

Y dentro se quedaron.

Marzo
13

Campanilla nunca se rinde

Mientras instauraban el verano en Tierra Firme, las hadas montaron su campamento bajo un gran roble para que no les vieran los humanos.

Poco después de que Campanilla llegara, un coche pasó por una carretera cercana con un gran estruendo. El ruido había hecho que todos se sobresaltaran y Fawn, por accidente, derramó pintura en las alas de una mariposa.

Las otras hadas se escondieron, pero Campanilla tenía que ver qué había provocado aquel ruido. Vidia fue tras ella para convencerla de que volviera junto a las demás, pero ella no le hizo caso.

El coche había parado delante de la puerta de una casa, y una niña pequeña, Lizzy, y su padre habían bajado del coche y entrado en la casa con sus maletas.

Campanilla se introdujo en el motor del vehículo para investigar y acabó empapando a Vidia sin querer. Vidia estaba molesta porque no podía volar con las alas mojadas.

Entonces, Lizzy y su padre volvieron para acabar de descargar el coche. Las hadas se quedaron inmóviles, pero la atención de los humanos estaba centrada en una mariposa, la que Fawn había manchado con la pintura.

Lizzy pensó que las hadas habían decidido pintarle las alas diferentes, pero el padre, el doctor Griffiths, no estaba de acuerdo. Él no creía en las hadas y metió a la mariposa en un tarro para llevarla al museo.

De no ser porque Vidia la detuvo, Campanilla habría volado hacia ellos y habría demostrado en ese mismo momento que las hadas existen.

Mientras, de la parte trasera del coche, Lizzy sacó una casita para hadas. Deseaba que un hada de verdad fuera a vivir a aquella casita algún día.

La niña le pidió a su padre que la ayudara a instalarla en el campo pero, como de costumbre, él estaba demasiado ocupado para atenderla; tenía que prepararse para una reunión que tenía en el museo al día siguiente.

Cuando los humanos se fueron, Campanilla pidió perdón a Vidia por haberla mojado.

—A lo mejor, si pasaras menos tiempo provocando desastres —gritó Vidia—, luego no tendrías que ayudar tanto a los demás.

Pero Campanilla ya no la escuchaba, estaba demasiado emocionada. Las dos hadas se adentraron en la pradera y pronto se toparon con la casa que había hecho Lizzy. Campanilla la sobrevoló para verla mejor.

—¡Se supone que no podemos acercarnos a las casas de los humanos! —advirtió Vidia.

—Las casas de los humanos son mucho más grandes —respondió Campanilla.

Vidia suspiró, sabiendo que la tintineadora no se rendiría y que seguiría con su plan de explorar.

Marzo
14

La casa para hadas de Lizzy

Campanilla era un hada muy curiosa, siempre quería investigarlo todo, y nada le interesaba más que Tierra Firme. Los humanos tenían unos inventos muy inusuales.

Las hadas estaban instaurando el verano en el mundo de los humanos, y, casi tan pronto como llegó, Campanilla vio un coche que pasaba muy rápido por la carretera y lo siguió para echarle un vistazo más de cerca.

El vehículo paró delante de una casa. El conductor era un científico, el Dr. Griffiths, que tenía una hija pequeña llamada Lizzy.

Vidia siguió a Campanilla para intentar llevarla de vuelta al campamento. Las dos se adentraron en la pradera que había cerca de la casa, y Campanilla divisó una hilera de botones que recogió para llevarlos de vuelta al campamento.

—No voy a cargar con esa basura de humanos... —empezó a decir Vidia, pero entonces vio algo que la hizo detenerse. Era una casa para hadas que Lizzy había hecho.

Campanilla estaba emocionada.

—¡Se supone que no podemos acercarnos a las casas de los humanos! —advirtió Vidia.

—Las casas de los humanos son mucho más grandes —respondió Campanilla, que entró en la casita y miró a su alrededor, encantada con todos los muebles diminutos.

—No hay peligro —gritó la tintineadora.

—¿De veras? —preguntó Vidia.

Para darle una lección, levantó un poco de viento y cerró la puerta. Campanilla ni se inmutó, pues se lo estaba pasando en grande explorando la casa. De pronto, Vidia vio que Lizzy se acercaba y tiró de la puerta para dejar salir a Campanilla, pero estaba atascada.

—¡Viene alguien! —gritó Vidia—. ¡Sal de ahí!

Campanilla la ignoró, estaba segura de que su amiga sólo estaba intentando asustarla. Vidia se escondió y vio como Lizzy se aproximaba.

—¡Ay, no! ¿Qué he hecho? —gritó cuando la pequeña se quedó mirando la casita.

—Es un... un... ¡un hada! —susurró Lizzy.

Campanilla vio el enorme ojo de Lizzy que la miraba fijamente a través de la ventana. ¡Era aterrador! La niña agarró la caseta y corrió a buscar a su padre. Vidia la siguió a una distancia prudencial.

El doctor Griffiths estaba ocupado estudiando una mariposa que había capturado antes.

—Dime, hija, ¿qué querías que viera?

—Nada, no importa... —respondió Lizzy. Le preocupaba que su padre intentara estudiar al hada del mismo modo en que estaba estudiando a la mariposa.

La pequeña subió corriendo a su habitación con Campanilla bajo el brazo. ¿Qué le ocurriría al hada curiosa?

Marzo

15

Disney Princesas La Sirenita

El regalo equivocado

—¡Vaya, Flounder, han venido todos! —gritó Ariel.

Sirenas y sirenos de todo el océano habían acudido para desearle a la hermana de Ariel, Aquata, un feliz cumpleaños.

Pero Ariel aún no había encontrado un regalo adecuado, por lo que ella y Flounder se escabulleron de la fiesta y nadaron hasta su cueva secreta.

Juntos buscaron entre la gran colección de campanitas, relojes, joyas y otros cachivaches de humanos que Ariel había recogido de naufragios.

—¿Qué te parece esto? —preguntó Flounder, nadando alrededor del timón de un barco.

—Demasiado grande —dijo Ariel.

—¿Y esto? —sugirió el pececito, señalando un pendiente de oro.

—Demasiado pequeño —contestó Ariel.

De pronto, la sirenita vio una caja de música.

—¡Esto! —gritó—. ¡Es el regalo perfecto! La he oído una y otra vez, suena una canción muy bonita.

Ariel volvió a la celebración. Aquata estaba sentada en una concha al lado del rey Tritón, y, uno a uno, los invitados se presentaban con sus regalos de cumpleaños.

Mientras Ariel esperaba a que fuera su turno, Sebastián se le acercó.

—¡Hola! —saludó el cangrejo—. ¿Qué vas a regalarle a Aquata?

Cuando Ariel le dijo lo que era toda orgullosa, a Sebastián casi se le desencajó la mandíbula.

—¿Estás loca? —gritó.

Ariel abrió los ojos como platos. Sebastián tenía razón: el rey Tritón odiaba a los humanos, y se suponía que Ariel no podía tener nada que perteneciera a su mundo. Era la razón por la que mantenía su cueva en secreto.

Entonces, llegó su turno y el rey Tritón la llamó.

—Ariel, te toca.

La sirenita escondió el regalo detrás de la espalda.

—¿Qué regalo le has traído a tu hermana mayor? —preguntó Tritón.

—Pues... —empezó Ariel.

—¡Una canción! —intervino Sebastián.

Ariel se exprimió el cerebro pensando en qué cantar, y entonces le vino una canción a la cabeza. Cogió aire y cantó la melodía de la caja de música.

Cuando terminó, Flounder nadó detrás de ella y reemplazó la caja de música de su mano por una preciosa estrella de mar para el pelo.

—¡Es preciosa! —dijo Aquata—. ¡Y tu canción también!

El rey Tritón sonrió en signo de aprobación y Ariel suspiró aliviada. Ojalá su padre cambiara su forma de pensar sobre los humanos.

—Daría lo que fuera por ver como es el mundo de los humanos —le dijo a Flounder—. ¿Crees que mi padre lo entenderá algún día?

—Quizá, cuando por fin vea lo mucho que significa para ti —respondió él—, algún día.

Marzo

16

EL LIBRO DE LA SELVA

Bagheera se convierte en oso

Mowgli bailaba y tarareaba feliz.

—¿Qué haces, Mowgli? —preguntó Bagheera desde su sitio en un árbol cercano.

—Practicar para ser un oso —dijo Mowgli—. Deberías probarlo.

—¿Yo? —dijo Bagheera atónito—. No podría hacer tal cosa.

—¿Por qué no? —Quiso saber Mowgli.

—Pues, porque soy una pantera y me gusta serlo —respondió Bagheera—. ¿Por qué tendría que querer ser un oso?

—¿Bromeas? —exclamó el cachorro humano—. ¡Los osos disfrutan de la vida! ¡Hacen el vago todo el día y comen hormigas!

—Y ¿comer hormigas es algo bueno? —preguntó Bagheera

—¡Claro! —dijo Mowgli—. Bueno, la verdad es que al principio hacen un poco de cosquillas en la garganta, pero te acostumbras pronto.

—¿Tú ya te has acostumbrado? —preguntó Bagheera.

—Aún no —confesó Mowgli—. Pero ¡lo haré!

—Si tú lo dices... —dijo la pantera.

Mowgli se paró a pensar un momento.

—Además, si fueras un oso comerías fruta y beberías agua de coco, y te relajarías, ¡como nosotros!

—Por si te interesa —dijo Bagheera—, no veo nada de malo en ser una pantera. De hecho, a mí me gusta mucho.

—Yo creo que te da miedo —le dijo Mowgli.

—¡Claro que no! —protestó Bagheera—. ¿Qué es lo que tendría que darme miedo? —Se levantó, se estiró y saltó del árbol al suelo.

—Por eso mismo, ¿por qué no lo pruebas? —insistió Mowgli.

—¿Estás de broma? —dijo Bagheera.

—¿Sabes cuál es tu problema? —dijo Mowgli.

—No sé si quiero saberlo... —dijo Bagheera.

—Eres como una colmena. Trabajas demasiado. —Se quedó mirando a su amigo pantera—. Vamos, ¡baila conmigo! —gritó, cogiendo la garra de Bagheera y brincando a su alrededor.

Al cabo de un rato, Bagheera empezó a bailar también, moviendo las patas y sacudiendo su cola.

—¡Eso es! —dijo Mowgli con alegría.

—¿Sabes qué? Esto no está tan mal, después de todo —admitió Bagheera.

—¡Por fin lo entiendes! ¡Ahora ya sabes por qué ser un oso está tan bien!

El cachorro de hombre dejó de bailar y se dejó caer sobre un montón de musgo suave.

—No está mal, ¿verdad?

—En realidad —dijo Bagheera rascándose la espalda contra una roca—, ¡es bastante divertido!

—¡Una vez más! —dijo Mowgli y empezaron a bailar de nuevo.

El tesoro de Yasmín

Yasmín hojeaba el álbum de boda de sus padres. Estaba feliz porque iba a casarse con Aladdín, pero le habría gustado que su madre siguiera viva para poder compartir con ella aquel momento.

La princesa estudió cada detalle y tomó una decisión.

—Quiero que mi boda sea como la de mi madre —dijo—. ¡Así formará parte de ella!

Eligió las mismas flores que había elegido su madre, le pidió al cocinero que preparara el mismo menú y la misma tarta que les había hecho a sus padres y llevó a la modista el vestido de novia de su madre.

—Tú madre estará orgullosa de que la honres de esta manera —dijo el sultán, dándole un sobre a su hija—. Ella escribió esta carta para ti hace muchos años.

Mi querida Yasmín:

Te escribo esta carta para que te la entreguen cuando vayas a casarte. Estoy segura de que estarás muy ocupada con los preparativos. La parte más maravillosa de mi boda fue mi gran tesoro. Me hace feliz que tú hayas encontrado el tuyo.

Te quiere,

Mamá.

Yasmín se imaginó a su madre, vestida y engalanada, con su «gran tesoro».

—Debía de ser una joya impresionante —concluyó Yasmín.

Ella tendría que encontrar la suya. Estudió el álbum de boda otra vez, pero su madre no llevaba ninguna joya de valor incalculable.

Encontró a su padre con el Genio.

—¿Te acuerdas del preciado tesoro que mamá llevaba el día de su boda?

El sultán no sabía nada sobre aquello; el Genio, por su parte, invocó diamantes, rubíes y esmeraldas.

—¡Elige tu gran tesoro! —exclamó.

Yasmín sabía que no se trataba de ninguna de aquellas piedras preciosas.

—Gracias de todos modos —dijo—. Cuando lo vea, lo sabré.

La princesa compartió sus dudas con Aladdín.

—¡Lo encontraremos, te lo prometo! —dijo él.

Juntos buscaron por todo el palacio, pero no encontraron nada.

—Seguiré buscando —le prometió Aladdín.

El día antes de la boda, Yasmín releyó la carta de su madre y le vino a la mente un dibujo de su padre que había hecho su madre.

De pronto, la joven lo entendió: ¡su padre era el gran tesoro de su madre!

Aladdín entró en la habitación.

—Lo siento —dijo—. No he podido encontrar tu gran tesoro...

—¡Lo tengo justo enfrente de mí! —exclamó Yasmín—. ¡Eres tú, Aladdín!

La boda fue perfecta, el vestido era perfecto y la comida deliciosa, pero lo más importante era que Yasmín tenía a su lado a Aladdín, su tesoro más preciado.

Marzo
18

Disney Winnie the Pooh

Un día de viento

—Ay, Tigger —dijo Pooh con el viento soplando a su alrededor—, hace mucho viento. ¿Estás seguro de que es una buena idea?

Él y Tigger iban a hacer volar la cometa de Pooh en un claro del Bosque de los Cien Acres.

—No seas tonto, Pooh —respondió Tigger—. Hoy es el día perfecto. Además, ¿para qué sirve el viento, si no?

—Supongo que tienes razón —contestó Pooh.

Se inclinó ante una ráfaga bastante fuerte para evitar que el viento se lo llevase a él mientras andaban. El invierno se estaba yendo del bosque y la primavera llegaba, y parecía que el aire entraba como una tromba para llenar el espacio entre estaciones. Para Pooh, aquél era el día más ventoso que recordaba.

Al final, después de mucho esfuerzo, Pooh y Tigger alcanzaron el claro y se prepararon para volar la cometa. Pooh desenrolló un poco de hilo mientras Tigger sujetaba la cometa.

—Vale, Pooh —dijo Tigger—. ¡Prepárate! Tú sujetas el hilo y yo lanzaré la cometa al aire. Uno, dos y ¡tres!

Tigger soltó la cometa e, inmediatamente, el fuerte viento se apoderó de ella y la levantó muy alto en el aire, donde bailó y se balanceó con energía.

Mientras tanto, Pooh luchaba por sujetar el rollo de cuerda.

—¡Suelta un poco de hilo, Pooh! ¡Vamos a ver lo alto que puede volar! —exclamó el tigre.

Y Pooh soltó un poco más de hilo. La cometa navegaba alta por el aire, se movía entre ráfagas más y más fuertes, y tiraba cada vez más y más del pobre osito con cerebro de mosquito.

—¡Más alto, Pooh! —gritó Tigger.

Y Pooh soltó más y más hilo, y sin querer lo soltó todo. Se agarró como pudo al extremo del cordel de la cometa, que parecía casi tocar las nubes.

Entonces, una inesperada y tremenda ráfaga sopló, y Pooh notó como sus pies se despegaban del suelo: el viento se los quería llevar muy alto y lejos.

—¡Cáspita! —dijo Pooh al darse cuenta de que el viento se lo llevaba.

Soltó el hilo antes de que fuera demasiado tarde y cayó con suavidad al suelo.

Pero la cometa siguió volando, más alto y más lejos, bailando con la brisa durante lo que parecía una eternidad, hasta que se enganchó en las ramas de la copa de un árbol. Pooh se preguntó cómo podría bajarla.

—Vaya —dijo Tigger, dándole a su amigo unas palmaditas en la espalda—, creo que la has volado un poco demasiado alto, Pooh.

Marzo
19

La promesa de Carl

Carl y Ellie habían sido muy buenos amigos desde que se conocieron cuando eran niños. Crecieron juntos, se casaron y soñaron con convertirse en exploradores.

Pero Carl y Ellie no llegaron a ser exploradores: ambos acabaron trabajando en el zoológico. Sin embargo, seguían soñando con viajar a las Cataratas Paraíso, en Sudamérica, y ahorraban todo el dinero extra en un tarro para pagar aquel viaje. Por desgracia, nunca llegaron a ahorrar lo suficiente.

Los años pasaron y Carl y Ellie se hicieron mayores.

Cuando Ellie falleció, él dejó todas sus cosas tal y como estaban. Pero no era lo mismo, y Carl la añoraba. Por si fuera poco, estaban derribando el vecindario entero para construir edificios modernos.

Una mañana, Carl oyó que llamaban a la puerta. Un niño con uniforme estaba de pie en el porche.

—Buenas tardes —dijo el chico—, me llamo Russell y soy un explorador intrépido de la Tribu 54. ¿Precisa usted alguna ayuda, señor?

—No —respondió Carl.

No quería la ayuda de nadie, quería estar solo. Pero Russell no pensaba irse de allí sin ayudar a Carl de alguna manera, pues sólo así obtendría la insignia de Ayuda a los Mayores que tanto anhelaba.

—Cuando la consiga, seré un explorador intrépido sénior —explicó Russell.

Para poder librarse de él, Carl le encomendó una tarea: le pidió que encontrara un pájaro denominado «gamusino».

—Creo que tiene la madriguera a dos manzanas —dijo Carl.

Russell se fue a buscar el pájaro con entusiasmo, sin saber que no existía de verdad. Carl lo había engañado.

Poco después, el anciano recibió malas noticias. Le obligaban a abandonar su casa e irse a una residencia de la tercera edad, ya que también querían derribar su casa para construir un edificio nuevo. Sin embargo, Carl no quería dejar su casa, porque todos los recuerdos de Ellie estaban allí.

Aquella noche, Carl se sentó en el salón a mirar el libro de aventuras de Ellie y recordó su sueño de ir a Sudamérica. Él le había prometido que la llevaría en un dirigible.

Al día siguiente, dos enfermeros llegaron para llevarse a Carl a la residencia, pero la estampa que se encontraron fue increíble: había miles y miles de globos de colores atados a la vivienda. Unos segundos después, ante la mirada atónita de los enfermeros y de toda la gente que pasaba por allí, la casa entera se elevó por los aires

—¡Demasiado tarde, chicos! —gritó Carl por la ventana.

¡Se iba a Sudamérica!

Marzo
20

Disney
Bambi
¡Ha llegado la primavera!

La primavera por fin había llegado al bosque. Snif, snif. Bambi podía oler el cambio en el ambiente. Los días eran más largos y las noches más cortas. El hielo y la nieve se iban derritiendo poco a poco. Nuevos brotes de azafranes y narcisos salían del suelo.

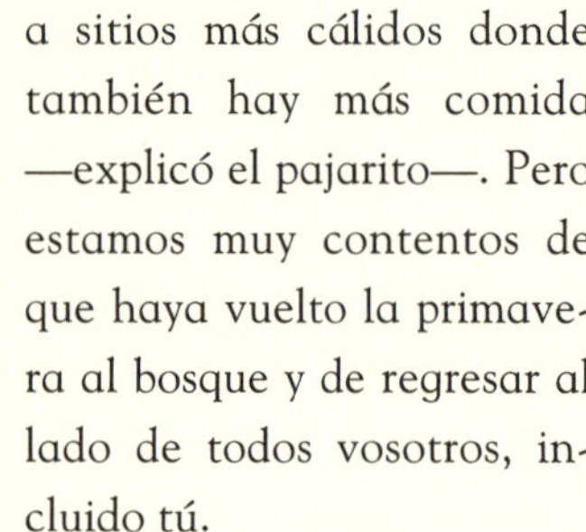

Además, el bosque ya no parecía tan solitario y triste como durante el invierno. En los últimos días, Bambi había visto muchos más animales asomando la cabecita alegremente por sus cuevas, madrigueras y nidos.

Una mañana, muy temprano, mientras paseaba entre los árboles, Bambi fue a ver a la señora Zarigüeya y a sus hijas, que estaban colgadas por la cola de la rama de un árbol. Ella y Bambi no se habían visto en mucho tiempo. Pero la señora Zarigüeya lo reconoció de todos modos.

—Hola, Bambi —dijo la zarigüeya.

—Hola, señora Zarigüeya —respondió Bambi—. No la veía desde el otoño. ¿Dónde han estado usted y su familia todo el invierno?

—Ah, es que nos gusta pasar la mayor parte del invierno dentro de casa —respondió la señora Zarigüeya—. Pero, ahora, que ya ha llegado la primavera, es muy agradable salir al aire libre.

Entonces la zarigüeya y sus hijas cerraron los ojos y se durmieron, porque les gustaba dormir durante el día.

Bambi siguió andando por el bosque y se paró al lado de un árbol lleno de pájaros piando.

—Hola, Bambi —dijo uno de los pájaros.

—Hola —respondió el cervatillo—. ¿Vosotros dónde habéis estado todo el invierno?

—Pues, en invierno volamos hacia el sur, a sitios más cálidos donde también hay más comida —explicó el pajarito—. Pero estamos muy contentos de que haya vuelto la primavera al bosque y de regresar al lado de todos vosotros, incluido tú.

Entonces el pájaro unió su canto al del resto de sus amigos. Tras muchos meses sin escucharla, la melodía de los pájaros era una delicia para los oídos de Bambi.

El cervatillo caminó un poco más, encontrándose con viejos amigos a cada paso. Se topó con unos ratones que cambiaban su escondite de invierno por sus casas de primavera y verano. Vio ardillas comiendo nueces tranquilamente, guardando ya algunas en sus reservas de invierno. También oyó un pájaro carpintero agujereando un pino, y patos que salían a darse un baño en el lago.

Bambi pensó que había sido un invierno largo, frío y difícil. Pero, de alguna manera, la llegada de la primavera le hacía sentir que todo iría bien. Allá donde miraba había vida, nuevos comienzos y, lo más importante, esperanza.

Blancanieves y los Siete Enanitos

Hogar, dulce hogar

Cuando el sol aún estaba saliendo por encima de la cabaña de los siete enanitos, Blancanieves ya estaba pensando qué iba a hacer de cena aquella noche. Acababa de llegar a la cabaña el día anterior, después de que su malvada madrastra, la reina, la echara del palacio y el cazador real la dejara sola en el bosque. Por fortuna, un grupo de animalitos del bosque habían sido muy amables con ella y la habían guiado hasta la cabaña de los enanitos. Ahora, por primera vez en mucho tiempo, se sentía segura y feliz.

Les estaba tan agradecida por compartir su acogedor hogar con ella que quería tener un detalle con ellos.

—Puede que esta noche haya pastel de bayas para cenar —les contó a sus amiguitos del bosque después de que los enanitos se fueran a trabajar.

Los animalitos asintieron y juntos salieron de la cabaña para ir a recoger moras al bosque. Gracias a la ayuda de sus nuevos amigos, Blancanieves llenó la cesta enseguida. Entonces se sentó entre las flores y suspiró.

—Qué diferente es todo ahora. No echo de menos el castillo. Me encanta vivir en esta cabaña, tan divertida. Un hogar no tiene que ser grande para hacerte feliz. ¡Recordad eso!

Las criaturas del bosque se miraron unas a otras y empezaron a estirarle de la falda para que se levantara.

—¿Qué ocurre, queridos? —les preguntó—. Ah, ¿queréis enseñarme dónde vivís? ¡Me encantaría verlo! —dijo entusiasmada.

Dos pajaritos fueron en cabeza y, piando emocionados y revoloteando, la llevaron hasta su nido, que habían construido en un rincón de un árbol cercano.

—¡Qué lugar tan precioso! —exclamó Blancanieves.

A los pajaritos les gustó oír aquello. Los cervatillos eran los siguientes y, tirando de su falda, llevaron a Blancanieves a una explanada preciosa iluminada por el sol.

—¡Qué bonito! —dijo la princesa, y los ciervos movieron sus colas con alegría.

Luego vinieron las ardillas, que le mostraron el agujero de un viejo árbol en el que vivían. Más tarde, los conejos le enseñaron orgullosos la entrada a su madriguera.

—Tenéis todos unas casas preciosas —dijo Blancanieves mientras volvían a la cabaña de los enanitos—. Gracias por mostrármelas. Somos afortunados de vivir donde vivimos, ¿verdad? —dijo con una sonrisa.

Y, con aquello, se fue dando saltos y cantando el resto del camino de vuelta para empezar a preparar el pastel. Se moría de ganas de que los enanitos llegaran a casa.

Marzo 22

La clase de las Orugas

Andy pronto se iría a la universidad, y había pensado guardar todos sus juguetes en el desván. Sin embargo, los juguetes pensaron que los iban a tirar a la basura, por lo que se escaparon y acabaron en la guardería Sunnyside.

Woody sabía que Andy no los habría tirado nunca y que debía de tratarse de una confusión. La mayoría de los juguetes decidieron que quedarse en la guardería sería lo mejor, pero Woody pensaba volver a casa. El vaquero salió por la puerta justo cuando el conserje pasaba con un carro; Woody se subió al carro hasta el baño, y allí trepó hasta a la ventana, y de ahí llegó al tejado.

Desde aquella posición, Woody vio el muro que rodeaba el patio. No estaba muy seguro de cómo lograría saltarlo, hasta que encontró una vieja cometa en el tejado. Se agarró bien a ella, saltó del edificio y planeó ligeramente sobre el muro, hacia el suelo. Pero entonces una ráfaga de viento tiró de él.

La cometa se elevó con fuerza en el aire y, ¡crac!, se rompió y Woody se precipitó a través de un árbol que había fuera de la guardería. Por suerte, la anilla de su espalda se enganchó en una rama, lo cual frenó la caída.

La hija pequeña de la recepcionista, Bonnie, estaba jugando fuera y corrió a ver al juguete que colgaba del árbol. Entonces, su madre tocó el claxon del coche. Era hora de volver a casa. La niña cogió a Woody, lo metió en su mochila y corrió al coche.

—¡Estupendo! —susurró Woody.

Él sólo quería volver a casa de Andy.

Mientras, en Sunnyside, en la clase de las Orugas, la hora de juego estaba a punto de comenzar. Los otros juguetes de Andy esperaron, hasta que oyeron unos pasos que se acercaban y un montón de eufóricos niños de uno y dos años irrumpieron en la clase, gritando y corriendo a coger los nuevos juguetes.

Aquella hora de juego no fue exactamente lo que los juguetes esperaban. Los pequeños enredaron la cola de Slinky, mancharon el pelo de Jessie con pintura y cubrieron a Jam de pegamento y purpurina. Usaron la cabeza de Buzz como martillo para colocar todas las piezas de los señores Patata en sus bocas. Los juguetes no podían creerlo; Andy nunca los había tratado así.

Un niño lanzó a Buzz al aire, y el astronauta voló hasta el alféizar de la ventana, donde permaneció un momento y vio por el cristal la otra sala, la clase de las Mariposas.

Buzz pudo ver a un grupo de niños más mayores jugando con delicadeza con Lotso y otros juguetes. Se preguntó cómo habían acabado en aquella sala él y sus amigos, donde se los trataba con tanta brusquedad. Debía de haber algún error. Tendría que hablar con Lotso, si sobrevivía a aquella tarde.

Una chica mayor

Flynn Rider, el ladrón, huía de los guardias de palacio por el bosque. En su alforja guardaba el botín que había robado: la corona real. Los guardias y los arqueros lo seguían, e incluso Máximus, el caballo del capitán de la guardia, estaba decidido a capturarlo.

Pero Flynn era muy astuto. El ladrón se colgó en una enredadera, se balanceó y empujó al capitán, que cayó del caballo... y así aprovechó y robó también al animal. Flynn se aferró al saco mientras Máximus relinchaba furioso y daba coces y piruetas, hasta que, finalmente, metió el hocico en la alforja.

—¡Eh, dame eso! —gritó Flynn, intentando recuperar su alforja, pero ésta salió volando por los aires.

Se enganchó en la rama de un árbol que se extendía por un acantilado, pero aquello no frenó a Flynn ni a Máximus. Los dos se abalanzaron sobre la rama, y Flynn alcanzó la bolsa justo antes que el caballo.

—¡Ajá! —gritó el ladrón, triunfante.

¡Crac! La rama del árbol se partió y ambos cayeron por el desfiladero.

Flynn salió disparado de allí enseguida. Acabó topando con una gran pared de roca y pensó que había llegado a un callejón sin salida cuando, para su fortuna, encontró la entrada secreta de una cueva; al salir de ella, dio con unas vistas extraordinarias. Allí, en el centro de un valle perdido, había una torre enorme. ¡Era el lugar perfecto para esconderse!

—¡Ni siquiera tiene puerta! —observó.

Usando dos flechas, Flynn trepó hasta lo alto, hacia una ventana abierta. Finalmente, pudo suspirar de alivio. Tenía su alforja y estaba a salvo, lejos de aquel caballo maníaco.

¡Clang! De repente todo se volvió negro.

Rapunzel había visto a Flynn trepar por la torre y lo recibió con un golpe de sartén. El ladrón quedó inconsciente. La joven le abrió los labios con la sartén; sus dientes no eran afilados y, de hecho, no había nada de feo ni aterrador en aquel hombre, al contrario de lo que le había advertido Madre Gothel. La verdad es que era muy agradable a la vista.

Se apresuró a meterlo en el armario y apoyó una silla contra la puerta. Entonces se paró a estudiar la situación. Se acababa de defender de un forastero. ¡Rapunzel estaba entusiasmada! Aquel acto de valentía sin duda le demostraría a Madre Gothel que podía apañárselas por sí sola en el mundo exterior.

—Conque demasiado débil para arreglármelas ahí fuera, ¿eh, madre? Bueno —se rio—, ¡díselo a mi sartén! —Rapunzel blandió la sartén con valentía por encima de ella y, ¡clong!, se golpeó la cabeza sin querer.

—¡Ay, no! —gimió, decepcionada. Menos mal que Madre Gothel no había visto aquello.

Marzo

24

La Bella Durmiente

A recoger frutas del bosque

Érase una vez, en un bosque muy lejano, una hermosa princesa, que no sabía que era una princesa, y tres hadas buenas que fingían ser simples mortales. (Por supuesto, ya sabéis de quién hablamos... así que centrémonos en la historia de Rosa y sus tres «tías».)

Una mañana, Flora las reunió a todas para proponer ir al bosque a buscar frutas.

—¡Qué excelente idea! —dijo Rosa.

—Pues sí —dijo Primavera—. Si recogemos muchas, podremos hacer un pastel.

—Si recogemos muchas —dijo Fauna—, podremos hacer mermelada suficiente para todo un año.

—Si no empezamos ya, no tendremos suficientes para hacer nada —dijo Flora.

Cogieron sus cestas y salieron. Siguieron un camino oscuro por el bosque, hasta que llegaron a un matorral abarrotado de moras. Y, sin más dilación, las cuatro se pusieron manos a la obra. Pero, como veréis, que empezaran a trabajar no significaba que sus cestas se llenaran.

Primavera pasó un mal rato intentando mantener su cesta en posición horizontal. Cada vez que se agachaba a coger otra mora, el cesto se inclinaba y se le caían todas las que llevaba menos dos o tres.

Fauna, por su parte, tenía un problema muy diferente a la hora de conservar las moras... que, de algún modo, siempre encontraban el camino hasta su boca.

Y, en cuanto a Rosa, su corazón y su mente estaban a miles de kilómetros de allí, bailando en los brazos de un extraño.

—Muy bien, queridas —gritó Flora cuando el sol empezó a esconderse—, es hora de volver a la cabaña. Veamos cuántas moras hemos recogido entre todas.

—Ya, bueno... —dijo Primavera—. Veréis, yo no tengo muchas.

Flora puso los ojos en blanco y se acercó a Fauna.

—A ver si lo adivino... —dijo, alternando la vista entre el cesto vacío de su hermana y las manchas moradas que tenía en las comisuras de los labios.

—Ah, sí, ¡es que estaban deliciosas! —dijo Fauna limpiándose los restos que la habían delatado.

Flora suspiró.

—¿Y tú, Rosa? —preguntó con bastantes esperanzas puestas en la muchacha.

Pero Rosa se limitó a bajar la vista, avergonzada, hacia la cesta vacía.

—Lo siento, tía Flora —dijo—, creo que me he distraído un poco.

—Bueno —dijo Flora, negando con la cabeza—, supongo que no habrá tarta de moras esta semana. —Se encogió de hombros—. Pero ¡podríamos hacer un pastel de chocolate!

Marzo
25

El baile de máscaras

El baile de disfraces que se celebraba en casa de Charlotte estaba en su máximo esplendor. Toda la gente importante de Nueva Orleans estaba allí. Todos, excepto el príncipe Naveen.

—¡No es justo! ¡Nunca tengo nada de lo que quiero! —se quejaba Charlotte a Tiana.

—Aún falta gente por llegar —intentó consolarla Tiana.

—¡No, no va a venir! —sollozó Charlotte—. ¡Es por mi culpa, no se lo he pedido con suficientes ganas a la Estrella Azul! —Charlotte miró al cielo y suplicó—. Porfa, porfa, porfa.

Tiana dejó escapar un suspiro; su amiga todavía creía en los cuentos de hadas.

De pronto, el portero anunció la llegada del príncipe y Charlotte corrió a darle la bienvenida. Tiana estaba perpleja. Se estaba preguntando si de verdad la estrella había concedido el deseo a su amiga y entonces divisó a los agentes inmobiliarios a los que se suponía que iba a comprar la vieja azucarera para convertirla en su restaurante.

—¿Me han traído el contrato para firmarlo? —les saludó alegremente.

—No, nuestro acuerdo queda anulado, *madame*. Alguien nos ha hecho una oferta mejor.

Tiana estaba tan conmocionada que cayó encima del bufé y arruinó su disfraz.

Charlotte acudió en su ayuda.

—¡Ay, Tia! No te preocupes, ven conmigo, te dejaré uno de mis vestidos de princesa —le dijo para consolarla.

La llevó a su habitación y Tiana se cambió deprisa. Estaba preciosa, pero se sentía demasiado triste como para volver a la fiesta con su amiga. Tiana salió al balcón sola, a observar las estrellas de la noche.

—Mi sueño de abrir mi propio restaurante nunca se hará realidad —murmuró—. A menos que... No puedo creer que esté haciendo esto —dijo, y empezó a pedirle un deseo a la Estrella Azul. Cerró los ojos y se concentró.

Cuando los abrió de nuevo, vio que un sapo había aparecido en el balcón.

—Muy gracioso —dijo Tiana con ironía—. Y ¿ahora qué? ¿Tengo que darte un beso?

—Un beso estaría bien, sí —dijo el sapo, sonriendo.

—¡Un sapo que habla! —gritó Tiana, y corrió hacia la habitación de Charlotte.

De verdad, qué noche más ridícula. Primero le había pedido un deseo a una estrella y luego había empezado a alucinar.

—¡Al final acabaré creyendo en cosas imposibles! —dijo alarmada.

Tiana pensó que estaba empezando a creer en cuentos de hadas, como Charlotte, y no podía imaginar nada peor.

Empieza la transformación

El príncipe ordenó que le retrataran junto a su nueva prometida, la princesa Tulip Morningstar. Sin embargo, cuando vio el cuadro acabado, el príncipe se asustó. Sus ojos parecían crueles, y su boca más delgada y siniestra que antes. El pintor pagaría cara aquella desfachatez.

—Necesito un favor —le dijo a su amigo Gastón. Le pidió que matara al artista—. Y asegúrate de que el incidente no pueda relacionarse nunca conmigo, ¿entendido? —le advirtió.

Aquél fue el primero de los horribles actos del príncipe. Cuando la princesa Tulip volvió al castillo, esperaba que él la tratara con bondad y amor. Pero su sonrisa se torció en cuanto la vio.

—Estás hecha unos zorros por el viaje. Me asombra que no te hayas adecentado antes de presentarte ante mí.

Los sirvientes intentaban tapar la mezquindad de su señor una y otra vez, pero su comportamiento no mejoraba.

Y, entonces, los sirvientes empezaron a convertirse en piedra. ¡Era la maldición! El príncipe tenía que romperla, y casarse con Tulip era la única opción. Ella lo amaba, así que sólo necesitaba hacer creer a las brujas que aquel amor era correspondido. Tenía que sellar su amor con un beso.

Lumiere organizó una noche romántica para que el amor pudiera surgir. Habían llevado las flores del invernadero al jardín para recrear la primavera, y la princesa rebosaba felicidad. Ella besó al príncipe, pero él pasó del júbilo al pánico al oír un ruido que parecía ser de un animal.

El príncipe se puso serio.

—Quédate aquí. Voy a ver qué pasa.

Cuando el príncipe volvió, estaba herido de gravedad, además de muy enfadado. Lumiere fue a recibirlos a la puerta y les dijo que Din Don había desaparecido; al día siguiente, la señora Potts también desapareció.

El príncipe se volvió hacia Tulip.

—¡Si me amaras de verdad, nada de esto habría ocurrido! ¡La señora Potts y Din Don estarían aquí, los animales del bosque no me habrían atacado y mi aspecto sería otro!

Y, con aquello, la transformación de príncipe a bestia estaba casi completa. Le había vuelto a romper el corazón a alguien, y cada vez se comportaba más como un animal. Sólo Lumiere había evitado la maldición, pero pronto el príncipe se volvió en contra suyo también, y Bestia se quedó solo.

Marzo
27

Disney ALICIA en el país de las MARAVILLAS

Silencio

A la Reina de Corazones le encantaba dar órdenes a sus súbditos reales. Gritaba mucho, tanto, que no era ninguna sorpresa que sufriera un caso grave de laringitis.

—Calma, calma —dijo su marido, el diminuto rey—. Descansa la voz. Deja que yo dicte los castigos por ti, querida.

La reina apenas le dejaba meter baza en ningún asunto, así que ahora intentaba ponerse al mando, para variar.

Mientras paseaban por el jardín real, la reina vio que la valla estaba pintada de rosa, en vez del rojo obligatorio.

—¡Que... que...! —graznó la reina.

Quería que el rey castigara a los jardineros reales con su orden favorita: «¡Que les corten la cabeza!».

En su lugar, el rey dijo:

—¡La reina decreta que os toméis el día libre!

Los jardineros gritaron de alegría, mientras a la reina le salía humo por las orejas.

—Tienes que relajarte, querida —le advirtió el rey—, o no te recuperarás.

La pareja hizo una parada para jugar al cróquet. La reina golpeó al erizo-bola con un mazo-flamenco, y el erizo rodó, guste o no guste, por el césped. Los que hacían el papel de aros de cróquet sabían que era mejor que la reina no hiciera un mal tiro, así que saltaban por el césped asegurándose de que la bola pasara por debajo de ellos.

—¡Soy invencible! —gritó la reina, triunfante.

—¿Qué ocurre, querida? —preguntó el rey. No acababa de entender lo que su mujer decía.

—¡La reina confiesa que ha hecho trampa! —anunció al final.

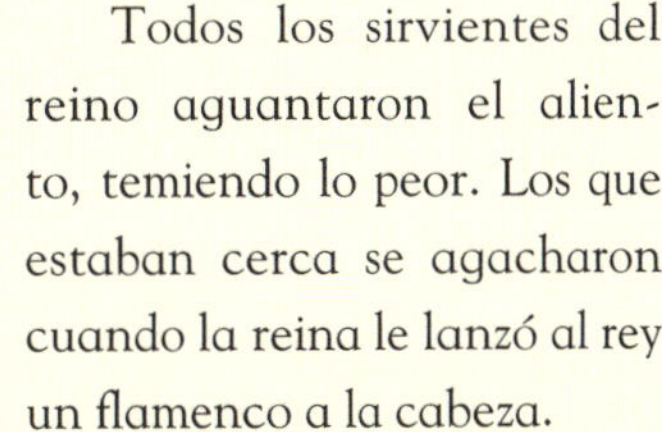

Todos los sirvientes del reino aguantaron el aliento, temiendo lo peor. Los que estaban cerca se agacharon cuando la reina le lanzó al rey un flamenco a la cabeza.

—Se acabó el cróquet por hoy —canturreó el rey con dulzura—. Tienes que descansar.

Acompañó a su mujer a un banco en la sombra. La reina se sentó, señaló a los sirvientes que había allí cerca e hizo un gesto como de beber una taza de té.

El rey se levantó y anunció:

—¡Estáis todos invitados a tomar el té con la reina!

Por supuesto, eso no era lo que la reina intentaba decir. Prepararon una mesa con té, tartas y sándwiches. Todos comieron, rieron y pasaron una tarde maravillosa. La reina, ignorada por todo el mundo, estaba furiosa.

Cogió uno de los flamencos y se dirigió hecha una furia a la mesa. Desafortunadamente, no vio la bola de cróquet en su camino y, cuando tropezó, el pico del flamenco se clavó en el suelo, provocando que la reina realizara un salto con pértiga sobre la mesa y resbalara sobre ella hasta la ventana abierta de su habitación.

—¡Una idea excelente, querida! —gritó el rey—. ¡Una siesta te vendrá bien!

Marzo

28

Disney EL LIBRO DE LA SELVA

¡Baila, papito!

En las profundidades de la jungla, en las ruinas del templo, los monos y su líder, el rey Louie, siempre buscaban una excusa para bailar *swing*.

—¡Vamos a pegarnos un bailoteo! —sugirió el rey Louie una noche.

—¡Hurra, hurra! —gritaron los monos.

—¿Qué es un bailoteo? —preguntó un mono.

—Pues, una competición —dijo el rey Louie—. Una oportunidad para que todos muevan el esqueleto, se pavoneen y lo den todo en la pista. El que se mueva mejor gana.

—¡Hurra! —gritaron los monos.

El rey Louie se rascó la barbilla.

—Lo primero que necesitamos es un poco de música —dijo, señalando a los monos músicos—. ¡Venga, colegas!

Los músicos estallaron con una canción de jazz, soplando por las manos como si fueran trompetas, marcando el ritmo con unos cocos y tocando la batería en un tronco hueco. Pronto, todos los monos se reunieron alrededor de los músicos, tamborileando con los pies y moviendo las colas.

—Bien —dijo el rey Louie—, ¿quién baila?

Todos levantaron la mano. El rey Louie miró a su alrededor.

—Veamos —dijo rascándose la cabeza—, elijo... ¡al rey!

—¡Hurra! —vitorearon los monos. Estaban un poco decepcionados por no haber sido elegidos, pero, al fin y al cabo, el rey Louie era su rey.

Así pues, el rey Louie movió las caderas de lado a lado, alzó las manos y cerró los ojos para poder sentir el ritmo de verdad.

—¡Baila, papito! —gritó un mono.

El rey Louie movió el esqueleto y bailoteó como nunca. Entonces, cuando la canción terminó, el rey mono paró y se dirigió a su trono.

—Es hora de elegir al ganador —dijo.

—Pero, rey Louie... —empezó a decir alguien.

El resto de monos estaban pensando lo mismo: ¿no se necesitaba más de un bailarín para que hubiera un bailoteo?

—¡Qué tonto soy! —dijo el rey Louie con una risita.

Los monos se miraron unos a otros y sonrieron, esperando que el rey se hubiera dado cuenta de su error. Sin embargo, el rey Louie dijo:

—¡Claro, necesitamos un juez! ¿Quién quiere ser el juez?

Todos levantaron la mano. El rey Louie miró a su alrededor y dijo:

—Elijo... ¡al rey!

—¡Hurra! —gritaron los monos.

—Y, como juez, elegiré al ganador del bailoteo —continuó el rey Louie, y miró a todos los monos—. Ahora, veamos, elijo... ¡al rey! ¡Un hurra por el ganador!

—¡Hurra! —gritaron los monos, porque, después de todo, el rey Louie era su rey, y también un buen bailarín.

Marzo
29

Hadas al rescate

Campanilla había sido capturada por una niña humana llamada Lizzy. Las hadas estaban instaurando el verano en Tierra Firme, y Campanilla había volado hacia un coche que había pasado cerca del campamento de las hadas para investigarlo.

El vehículo paró en una casa en la ciudad y Campanilla vio como los humanos observaban una mariposa con un ala manchada de pintura. El padre de Lizzy, el doctor Griffiths, estaba sorprendido, pero no creía lo que su hija decía: que las hadas la habían pintado de esa forma. El doctor Griffiths era un científico y no creía en las hadas.

Vidia, que había seguido a Campanilla, estaba angustiada. Sabía que los humanos podían ser peligrosos y quería volver al campamento de las hadas, pero Campanilla había encontrado una casita para hadas que había hecho Lizzy. Entró a explorarla, y Vidia, con la intención de darle una lección a Campanilla, cerró la puerta con una ráfaga de viento.

En ese instante, Vidia vio que la niña se aproximaba, pero la puerta se había atascado. Vidia no pudo hacer nada más que esconderse, mientras Lizzy recogía la caseta y observaba a Campanilla.

La pequeña estaba muy emocionada; cogió la casa con el hada tintineadora dentro y se fue directa a su habitación.

Lizzy colocó la casita sobre la cama y echó un vistazo dentro por una de las ventanas. Pero no se veía a Campanilla.

—¿Dónde estás? —preguntó Lizzy.

Lizzy levantó el techo de la casa y, ¡fiu!, Campanilla salió disparada.

El Señor Twitches, el gato de la familia, se lanzó inmediatamente a por el hada. Vidia vio por la ventana como Lizzy ponía a Campanilla en una jaula para pájaros para mantenerla a salvo.

—No te preocupes —le dijo Lizzy—. El Señor Twitches no te molestará ahí dentro.

Vidia sabía que tenía que liberar a su amiga tintineadora, pero no podía hacerlo sola. Entonces, voló tan rápido como pudo hacia el campamento, pero una tormenta la frenó.

Cuando Vidia llegó por fin a su destino, les explicó a sus amigas lo que había pasado: habían encerrado a Campanilla y tenían que ir a salvarla.

—Con la lluvia no podemos volar —dijo Fawn—. Y los prados están inundados.

Clank y Bobble no estaban muy preocupados, porque tenían un plan. ¡Iban a construir un bote!

Con la ayuda de los dos duendes, el campamento entero se puso a trabajar para fabricar un casco con corteza, un mástil de juncos y ramitas y una vela de nenúfares.

Iba a ser todo un desafío, pero las hadas estaban decididas a rescatar a su amiga.

Marzo

30

Disney · PIXAR INSIDE OUT

No más payasadas

Las cosas no estaban yendo bien en la mente de Riley. Tristeza había tocado un recuerdo feliz y lo había convertido en uno triste, y había hecho llorar a Riley delante de sus nuevos compañeros de clase. Por si las cosas no pudieran ir peor, Alegría, Tristeza y los recuerdos esenciales de Riley habían sido succionados hasta la Memoria a Largo Plazo. Ahora tenían que traer los recuerdos esenciales de vuelta a la Central deprisa, antes de que Riley olvidara todo lo que le importaba.

Mientras la niña cenaba con sus padres, Ira, Miedo y Asco seguían en la Central intentando que no cundiera el pánico. Asco estaba en la Consola haciendo todo lo que podía para que Riley actuara de forma natural.

—He encontrado una liga de hockey juvenil —le dijo su madre— y, ¿sabes qué?, las pruebas son mañana después de clase. Qué suerte, ¿verdad?

—Ah, sí —dijo Riley con sarcasmo—. Suena fantástico.

Mamá miró a Riley conmocionada. En la Central de mamá, sus Emociones sospecharon que algo iba mal.

—¿Qué tal el cole? —preguntó papá.

—Bien, supongo... No lo sé —respondió Riley enfadada.

Los padres de la niña estaban sorprendidos, no entendían por qué su hija no era la niñita alegre de siempre.

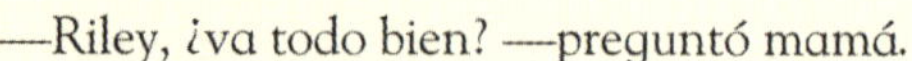

—Riley, ¿va todo bien? —preguntó mamá.

—¡Aj! —suspiró Riley.

—Riley —dijo papá con severidad—, no me gusta esta nueva actitud.

Dentro de la Central, Ira sustituyó a Asco en el panel de control.

—¡Yo te enseñaré actitud! —dijo, presionando botones y palancas.

En la mesa, mientras cenaban, Riley perdió los nervios:

—¡Dejadme en paz!

—¡Se acabó! —gritó papá, golpeando la mesa, y señalando con un dedo las escaleras añadió—: ¡A tu habitación! ¡Ya!

Riley subió las escaleras con rabia. Más tarde, llamaron a la puerta de su habitación. Papá abrió la puerta y entró. Riley estaba tumbada en su saco de dormir, en silencio.

—¿Quieres que hablemos? —preguntó papá.

Riley no dijo nada.

Su padre intentó hacer payasadas, haciendo ruidos como un mono, pero Riley se limitó a darse la vuelta. El hombre se dio por vencido y salió del cuarto.

En la mente de Riley, la Isla Payasada hizo un estruendo terrible. ¡Se estaba derrumbando! Riley había dejado de hacer payasadas con su padre y aquella parte de la personalidad de la niña se caía a pedazos.

Alegría y Tristeza corrieron hacia la parte sólida de la Memoria a Largo Plazo y vieron como la Isla Payasada se perdía en el olvido.

Marzo
31

Los narcisos perdidos

Un día de primavera, Daisy fue a casa de Minnie para ayudarla con el jardín. Pero cuando salieron se encontraron una gran sorpresa.

—¡Mis narcisos no están! —gritó Minnie.

—¡Debe de haber sido un ladrón de flores! —exclamó Daisy.

Las amigas examinaron el lugar en busca de alguna pista.

—¿Qué es esto? —preguntó Daisy, recogiendo unas hebras de pelo blanco y rizado bajo un arbusto, cerca de donde habían estado los narcisos.

—A lo mejor se le ha caído al ladrón de flores —dijo Minnie.

Un momento después sonó el timbre. Mickey venía con un manojo de narcisos atado con una cuerda blanca.

—¡Mickey! —gritó Minnie—. ¿Cómo has podido cortar mis narcisos?

—¿A qué te refieres? —preguntó él, confundido—. Los he comprado en la floristería.

Minnie puso las flores en un jarrón. Se alegraba mucho de que Mickey no fuera el ladrón de flores.

Minnie, Daisy y Mickey decidieron buscar al ladrón por la ciudad.

Primero se dirigieron al parque y allí encontraron a Goofy, que llevaba un narciso sujeto con un alfiler en la chaqueta.

—¡Hola! —gritó Goofy—. ¿Os gusta mi flor? El señor Power hoy vendía narcisos.

—Mmm... —dijo Minnie—. Menuda coincidencia...

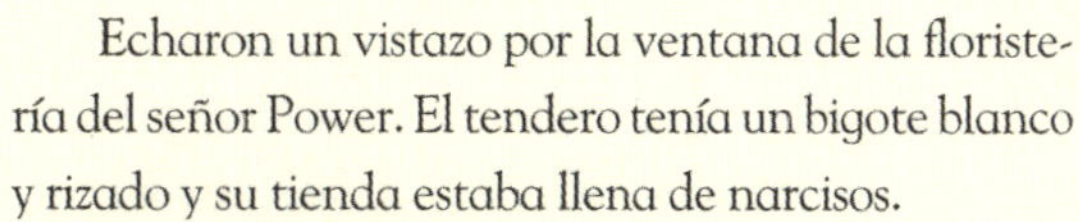

Echaron un vistazo por la ventana de la floristería del señor Power. El tendero tenía un bigote blanco y rizado y su tienda estaba llena de narcisos.

Los amigos entraron en la floristería.

—¿De dónde ha sacado estos narcisos? —preguntaron.

—De la señora Pote, la granjera —respondió el señor Power—. Reparte narcisos todos los días, pero hoy ha traído unas docenas de más.

El hombre señaló el camino a la granja de la señora Pote:

—La reconoceréis enseguida, tiene el pelo blanco y rizado.

La granja se llamaba Las Cabras.

—Sí, he repartido unos narcisos de más —le dijo la señora Pote a Minnie—. Mi cabra favorita, Flor, come muchos narcisos cuando florecen, pero hoy no tenía mucha hambre.

La señora llevó a los amigos hasta el redil de Flor, pero allí no había ninguna cabra.

—¡Se ha escapado! —gritó la señora Pote.

—Hay un agujero en la valla —dijo Mickey.

—¡No sólo han desaparecido los narcisos de Minnie, sino también la cabra de la señora Pote! —dijo Daisy.

—Estos dos misterios están conectados —dijo Minnie—. ¡Ya sé quién es el ladrón de flores!

Minnie señaló un rastro de huellas. Todos las siguieron hasta el jardín de Daisy, y allí estaba Flor, mascando felizmente las flores de Daisy.

—¡Ahí está nuestra ladrona de flores! —exclamó Minnie—. ¡Ojalá le gustara la mala hierba!

Abril
1

Disney Princesas Enredados

¿Quién engaña a quién?

Rapunzel se sentía muy orgullosa de sí misma. Un extraño había trepado por la torre y entrado por la ventana y ella había sido capaz de encerrarlo en el armario. Ahora, Rapunzel había visto que la bolsa que Flynn llevaba se había caído cuando éste se desmayó.

Rebuscó en su interior y encontró una corona de oro cubierta de joyas.

Pascal la miraba con curiosidad mientras ella inspeccionaba el extraño objeto. Nunca antes había visto nada parecido. Intentó ponérsela en la muñeca, pero se caía. Entonces, se la puso en lo alto de la cabeza y ¡allí encajaba perfectamente!

La joven se miró en el espejo y aquella imagen le resultó algo familiar.

—¡Rapunzel, deja tu pelo caer! —gritó Madre Gothel.

Se apresuró a esconder la corona y lanzó sus mechones de pelo mágico por la ventana para que Madre Gothel pudiera subir.

—¡Tengo una sorpresa para ti! —exclamó la malvada mujer—. ¡Esta noche te prepararé tu sopa favorita!

—Yo también tengo una sorpresa —murmuró Rapunzel mirando fijamente al armario.

Entonces, Rapunzel se volvió a Madre Gothel y le confesó:

—¿Sabes eso que dices de que no puedo salir de la torre porque nunca sería capaz de manejarme fuera yo sola, con todos los peligros que hay? Bien, pues no tienes que preocuparte más porque...

—¡Basta! —gruñó Madre Gothel, enfadada—. ¡No vas a salir de esta torre! ¡JAMÁS!

Rapunzel estaba conmocionada al darse cuenta de que nunca saldría de la torre si no hacía algo ella misma, así que enseguida cambió de tema y pidió otro regalo de cumpleaños.

—Ah, no, claro —dijo Rapunzel—, yo sólo quería decirte que, en lugar de salir de la torre, me gustaría más que me trajeras algunas conchas de nácar que pintar para mi cumpleaños.

Madre Gothel frunció el ceño. Para eso tendría que ir a recoger conchas a una costa muy lejana, a tres días andando.

—Sí, creo que mejor me quedaré aquí a salvo y terminaré el cuadro que me queda para la colección —insistió la joven.

—Está bien —dijo Madre Gothel, que suspiró de alivio—. Volveré dentro de tres días justos.

Se marchó riendo. Había engañado a Rapunzel una vez más.

Desde lo alto de la torre, Rapunzel la vio alejarse. Ella también sonreía porque, a su manera, también había engañado a Madre Gothel.

Abril
2

Disney Princesas
La Bella y la Bestia

La confesión de las brujas

En lo alto de una colina había una mansión de cuento de hadas. El techo casi tocaba el cielo, como un sombrero de bruja muy alto. Dentro, las brujas estaban tomando su té matinal. Martha traía una bandeja de bizcochitos cuando oyó a Lucinda gritar de emoción.

—¡Está aquí, está aquí! —gritó Lucinda.

Circe entró en la habitación para ver por qué sus hermanas estaban tan agitadas.

—Ah —dijo—, al fin, Pflanze ha venido a casa. —Le rascó la cabeza a la gata—. ¿Dónde te habías metido, bonita?

Las hermanas mayores de Circe se miraron con miedo.

—O debería preguntarte: ¿qué has estado haciendo?

Circe se puso la mano en el labio esperando a que sus hermanas mayores respondieran.

—Pflanze ha estado con el príncipe para echarle un ojo por nosotras.

Circe puso los ojos en blanco.

—¡Os he dicho que lo dejéis en paz! —dijo, y no pudo evitar preguntar—: ¿Qué habéis visto?

—¡Algo terrible! Obligó a una chica a saltar por el acantilado...

Ruby se explicó.

—Se ha convertido en la Bestia, como sabíamos que pasaría, y casi mata a Gastón mientras observaba desde el bosque.

Circe parecía decepcionada.

—Pero no lo ha matado; aún hay esperanza, ¿no?

Las hermanas estaban espantadas. ¿Todavía estaba enamorada de él?

—No estoy enamorada de él. Sólo esperaba que hubiera cambiado y llevara una vida mejor.

Lucinda sonrió a su hermana pequeña; no era como ellas, se preocupaba por las personas. Ellas, en cambio, disfrutaban con la perdición de los demás; sin contar a su hermanita, claro.

Las hermanas le hablaron a Circe sobre Tulip.

—Entonces, ¿se tiró ella sola por el acantilado? —preguntó Circe.

—Así es, querida, pero Úrsula la salvó.

Circe miró a sus hermanas.

—Y ¿qué pidió la bruja del mar a cambio?

—¿Cómo vamos a saberlo? —dijo Lucinda con inocencia.

Pero sí que lo sabían, y Circe averiguó lo que era: la bruja del mar quería la belleza de Tulip. Circe estaba furiosa. Lo primero que haría por la mañana sería presentarse en el castillo Morningstar para resolver aquello.

Lucinda se fue a la bodega y volvió con una bolsita.

—Dale esto a Úrsula, le devolverá la belleza a Tulip.

Circe sonrió y le dio las gracias a su hermana.

—No os metáis en líos mientras estoy fuera.

Abril
3

Lo bueno de la lluvia

—¡A levantarse! —gritó Pongo.

Uno a uno, les dio un empujoncito a los quince cachorritos dálmatas con el hocico. Los cachorros bostezaron y se estiraron, excepto Rolly, que se dio la vuelta y siguió durmiendo.

—Vamos, Rolly —le susurró Pongo al oído—. ¡Ya es de día! ¿No quieres salir?

Cuando mencionó la palabra «salir», Rolly se despertó inmediatamente, pero no fue el único. Como por arte de magia, el grupo de dormilones se había convertido en una manada de cachorros saltarines y ladradores. Todos corrieron a la puerta trasera de la cocina, donde saltaron arriba y abajo, esperando a que Nanny les dejara salir al jardín.

—Vale, ya voy —dijo Nanny dirigiéndose a la cocina.

Entonces, abrió la puerta de par en par y se apartó para dejar salir a los cachorros en estampida. Pero los pequeños no se movieron porque fuera estaba lloviendo.

—Vamos —dijo Perdita, que intentaba empujar a los perritos para que salieran—. Sólo es un poco de agua.

Pero ellos se quedaron quietos como estatuas.

A la mañana siguiente, Patch se despertó el primero. Con unos ladridos agudos ayudó a Pongo a despertar a los demás. En pocos segundos, los quince estaban amontonados delante de la puerta trasera.

Nanny se apresuró a abrirla de nuevo. Y, otra vez, los cachorros se decepcionaron al ver las gotas de lluvia caer.

—Bueno —dijo Pongo en un suspiro—, en abril, aguas mil.

Al día siguiente, los cachorros ya no tenían ninguna prisa por salir. Probablemente aún estaría lloviendo, y creyeron que tendrían que pasar otro día entero dentro de casa.

Así que, cuando Nanny les abrió la puerta a una mañana soleada, los cachorros se sorprendieron tanto que no sabían qué hacer.

Entonces, con las prisas por pasar por la puerta, empezaron a tropezarse unos con otros. Corrieron en direcciones diferentes, preparados para olisquear, cavar, revolcarse y explorar.

Pero, casi a la vez, los quince cachorros notaron fresquitas las patas. Se miraron unos a otros y luego hacia abajo. ¿Qué era aquella cosa que cubría su pelaje blanco a manchas? Era marrón y húmedo, blando y... ¡era barro! Y ¡era de lo más divertido!

Desde la cocina, Pongo y Perdita observaban a sus cachorritos llenos de barro y reían.

—Sabes lo que esto significa, ¿verdad? —le preguntó Pongo a Perdita.

Perdita asintió.

—Un baño.

Pongo sonrió al ver juguetear a los perritos.

—No se lo digamos... aún —dijo.

Abril
4

MICKEY Y SUS AMIGOS

El sombrero de Pascua de Minnie

Era un día perfecto de primavera y Minnie lo estaba pasando de la mejor manera: haciendo un nuevo sombrero de Pascua.

—No está mal —dijo, admirando su nuevo sombrero en el espejo—, pero le falta algo.

Minnie buscó por el armario y el vestidor hasta que encontró una vieja bolsa de globos. Minnie hinchó dos rápidamente, uno rosa y uno amarillo. Entonces quitó las plumas del sombrero y ató los globos con una cinta lavanda.

Mientras le ponía los detalles finales a su creación, vio a Mickey por la ventana.

—¡Mickey, hola! —gritó, corriendo hacia fuera—. ¡Ven, quiero enseñarte algo!

De repente, una ráfaga de viento se llevó los globos y el sombrero de Minnie hacia el cielo.

Minnie se metió de un salto en el coche de Mickey.

—¡Sigue a ese sombrero! —gritó.

Mickey y Minnie condujeron por la ciudad, sin perder de vista el sombrero volador.

—¡Ay, no! —gritó Minnie, que veía como un cuervo curioso volaba hacia su sombrero.

El pájaro empezó a picotear el globo rosa y... ¡pop! El cuervo se asustó y se fue volando.

Ahora sólo quedaba un globo, pero el sombrero seguía flotando en el aire.

Fueron hasta las afueras de la ciudad, mientras el viento se llevaba el sombrero más y más lejos.

Pronto llegaron a una granja y Mickey vio una cuerda que colgaba de un poste. Mickey la agarró e hizo un lazo con ella.

Una... dos... y tres veces lanzó la cuerda al aire, pero el sombrero no estaba a su alcance.

El sombrero voló en zigzag por toda la granja hasta que el globo amarillo se enganchó en una veleta en lo alto de un granero y ¡pop!

Minnie vio como el sombrero caía en las ramas de un árbol.

—¡Bien, ya lo tenemos! —gritó—. Mickey, ¡ayúdame con la escalera, por favor!

Mientras Mickey sujetaba la escalera, Minnie subió con cuidado para encontrar... a un petirrojo sentado sobre su sombrero.

—¡Fuera! ¡Eso no es un nido! —dijo Minnie.

Pero el petirrojo estaba cómodo y no se movía. Entonces, vino otro petirrojo.

—Ah, ya veo —dijo Minnie, sonriendo ante la feliz pareja.

Intentó no hacer mucho ruido al bajar por la escalera.

—Tendría que haberme imaginado que acabaría así —suspiró Minnie.

—¿A qué te refieres?

—Después de todo —dijo Minnie entre risas—, ¿qué es un sombrero de Pascua sin unos huevos de Pascua?

Abril
5

Imaginaria

Las hadas estaban instaurando el verano en Tierra Firme y la curiosa Campanilla había dejado la seguridad del campamento de las hadas para seguir a un coche por la carretera, pues quería saber cómo funcionaba.

Vidia la había seguido para traerla de vuelta. Sabía que las hadas no podían estar cerca de los humanos, pero la tintineadora no escuchaba. Pronto, el coche paró en una casa y, allí, Lizzy y su padre se bajaron. La niña creía en las hadas, pero su padre, que era científico, no.

Campanilla encontró una caseta que había hecho Lizzy y se puso a explorarla, cuando Vidia, por accidente, la atrapó dentro. Lizzy volvió a por la casa y se encontró a Campanilla dentro. Estaba muy emocionada, al fin había encontrado un hada. Cogió la casa de las hadas, con Campanilla dentro, y subió a su habitación. Para mantener a Campanilla a salvo del gato de la familia, Lizzy la metió en una jaula para pájaros.

Vidia estaba observando desde la ventana y creyó que Lizzy estaba haciendo a Campanilla su prisionera. Se apresuró a volver al campamento para conseguir ayuda y las hadas construyeron un bote para rescatar a Campanilla, porque estaba lloviendo y no podían volar.

En la casa, Lizzy sacó a Campanilla de la jaula y le enseñó su colección de cuadros de hadas, pero mientras la niña describía lo que pasaba en cada imagen, Campanilla vio que toda la información que tenía la niña estaba mal.

Campanilla intentó contarle las cosas bien a Lizzy, pero lo único que oía ésta era un tintineo.

—¡Así hablan las hadas! —exclamó.

Campanilla se dispuso a arreglar la puerta de la casa de las hadas.

—¿Eres un hada tintineadora? —preguntó Lizzy.

Campanilla se señaló a ella misma y luego la campanilla de la casita.

—¿Campanilla? —dijo Lizzy—. ¡Qué nombre tan bonito!

Entonces, el padre de Lizzy subió por las escaleras para arreglar una gotera del techo.

—Lizzy —dijo—, parece que estés hablando con... ¿un hada?

Campanilla se escondió y Lizzy cogió rápidamente un dibujo para enseñárselo a su padre.

—Ah, sí, pero es imaginaria —respondió.

—Así es —dijo su padre—. Me gustaría verte pasando menos tiempo en el mundo de la fantasía y más tiempo en el mundo real. Este verano tienes la oportunidad perfecta para aprender todo tipo de cosas maravillosas. Aquí tienes, un diario en blanco. Estoy seguro de que podrás llenarlo de investigaciones científicas.

Satisfecho, su padre se marchó a reparar la casa.

Lizzy suspiró. No quería poner a Campanilla en peligro hablándole a su padre de ella, pero esperaba poder convencerlo algún día de que las hadas existían.

Abril
6

DUMBO

¡Vas a ser enorme!

Dumbo se sentó en una esquina con el ceño fruncido.

—¿Qué te pasa, chico? —preguntó Timoteo.

Dumbo sólo negó con la cabeza.

—No hay razón para estar triste —continuó Timoteo.

Pero el elefante siguió sin decir nada.

—Bueno, si no me vas a decir qué es lo que te preocupa, tendré que adivinarlo yo mismo —dijo Timoteo—. ¡Ya lo sé! —exclamó—. ¿Tienes hambre?

Dumbo dijo que no otra vez con la cabeza.

—¿Sed? —preguntó Timoteo.

Dumbo negó de nuevo.

—¿Te preocupan las plagas de junio en Saskatchewan? —sugirió Timoteo.

Dumbo sacudió la cabeza aún más fuerte.

—Bueno, entonces —concluyó Timoteo—, sólo puede ser una cosa. Me duele decirlo, pero creo que tienes un caso de «compadecerse-de-uno-mismitis».

Las largas orejas de Dumbo se levantaron.

—Sí —continuó Timoteo—. Es una enfermedad peligrosa que ha afectado a muchos de nosotros. Incluso a los más fuertes.

Dumbo miró a su izquierda y luego a su derecha y se señaló a sí mismo.

—Sí, eso es, ¡a ti! —dijo Timoteo—. Apuesto a que sé lo que te ha puesto así: el tamaño de tus orejas por encima de la media.

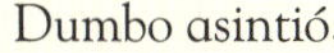

Dumbo asintió.

—Y el hecho de que la gente se ría de ti —continuó Timoteo.

Dumbo asintió aún más.

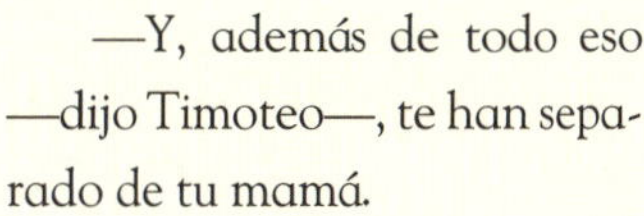

—Y, además de todo eso —dijo Timoteo—, te han separado de tu mamá.

Una lágrima se formó en el ojo de Dumbo.

—¡No sientas pena por ti! —le ordenó Timoteo.

Dumbo alzó la vista, sorprendido.

—¿Sabes por qué? —preguntó Timoteo—. ¡Porque un día serás enorme!

Dumbo pestañeó incrédulo.

—Firmarás autógrafos y tu nombre aparecerá en luces de colores. Te comerás el mundo, incluidos a quienes ahora te tratan mal —predicó Timoteo.

Dumbo lo miró con nerviosismo.

—No me refiero a que vayas a comerte a nadie de verdad —explicó Timoteo—, es sólo una frase hecha. No es que algunos de ellos no se lo merezcan, pero no estamos hablando de eso. Se van a arrepentir mucho de haberte tratado mal, ¿lo entiendes?

Dumbo asintió.

—Muy bien, entonces —dijo Timoteo—. ¿Te sientes mejor?

Y Dumbo asintió aún más fuerte mientras se imaginaba el éxito y la felicidad, y que estaba con su madre de nuevo.

Abril
7

Woody conoce a Bonnie

Woody había escapado de la guardería Sunnyside e intentaba llegar a casa de Andy, pero una niña pequeña llamada Bonnie le había encontrado colgando de un árbol y se lo llevó a casa.

En casa de Bonnie, Woody pasó a formar parte de un juego de fantasía.

—Necesitamos una nave espacial —dijo Bonnie, dirigiéndose al armario.

—Mirad —dijo Woody cuando Bonnie no podía oírlo—, necesito saber cómo salir de aquí.

—Pero ¿por qué? —preguntó la muñeca—. Éste es el mejor sitio del mundo.

Bonnie volvió, cogió los juguetes y empezó a dar vueltas con ellos, hasta que los soltaba y salían volando para aterrizar en la cama. La niña los abrazó a todos muy fuerte, riendo y feliz.

En Sunnyside, los juguetes de Andy se sentían muy tristes después de que jugaran con ellos de una forma tan dura. Los niños se habían ido, y los juguetes se reunieron.

—Andy nunca jugaba con nosotros de ese modo —lloriqueó Rex mientras liberaba su cola clavada en un tablero.

—¡Tendríamos que estar en la clase de las Mariposas con los otros niños! —dijo la señora Patata.

Buzz se ofreció para solucionarlo todo.

—Iré a hablar con Lotso sobre lo de cambiarnos de clase —dijo.

Pero cuando intentó salir descubrieron que todas las puertas y ventanas estaban cerradas.

—¡Estamos atrapados! —dijo la señora Patata. Finalmente, Buzz localizó una rendija abierta por encima de la puerta. Trabajando en equipo, los juguetes consiguieron que Buzz pasara por ella y saliera de la clase. Desde allí arriba, Buzz oía a dos juguetes llamados Twitch y Chunk en el vestíbulo de abajo. Ambos pararon en la clase de las Mariposas para recoger a Ken y continuaron hasta la sala de profesores. Cuando se perdieron dentro, Buzz saltó y siguió al grupo, y pasó a hurtadillas a la sala justo cuando trepaban por una máquina expendedora.

Buzz siguió a Ken y a los otros y descubrió a un grupo de juguetes de la clase de las Mariposas sentados en lo alto de la máquina. Buzz permaneció en las sombras.

—¿Qué pensáis de los nuevos reclutas? —preguntó Ken a los otros—. ¿Alguno vale la pena?

—Todos son basura —respondió Twitch—. Tendremos suerte si alguno dura más de una semana.

Buzz estaba conmocionado. Los juguetes sabían lo peligrosa que era la clase de las Orugas y habían enviado a los juguetes de Andy allí a propósito. ¡Tenía que advertir a sus amigos!

Pero cuando se giró para volver, Grandullón estaba esperándole. ¿Qué les iba a pasar ahora a los juguetes de Andy?

Abril

8

Un toque diferente

El doctor Sherman había acabado ya su turno cuando Gill llamó a todos para hacer una reunión de la banda de la pecera.

—Tenemos que hacer algunos cambios por aquí—empezó Gill—. Hemos estado viviendo aquí dentro, ¿cuánto? Y cada día vemos el mismo paisaje: el mismo volcán, el mismo barco hundido, el mismo cofre del tesoro y la misma cueva tiki. Bien, en vista de que no podemos cambiar lo que hay dentro de nuestra pecera, propongo que reorganicemos esto un poco. ¿Estáis conmigo?

—¡Qué excelente idea! —gritó Peach, la estrella de mar.

—Yo estoy contigo —dijo Deb—, y Flo también —añadió, señalando a su reflejo.

Todo el mundo asintió.

—Podemos transformar este lugar por completo —dijo Globo.

—¡Está bien! —dijo Gill—. ¿Qué tal si empezamos por la cueva tiki? Globo, tú la levantarás. Gluglú y yo te ayudaremos a moverla. El resto de vosotros decidnos dónde creéis que quedaría bien.

Gill, Globo y Gluglú nadaron hacia la cueva tiki. Globo se metió debajo de ella y se hinchó, levantándola unos centímetros del suelo. Mientras tanto, Gill y Gluglú se colocaron cada uno a un lado de la cueva y se prepararon para empujar.

—Probemos a ponerla allí —dijo Peach, señalando a una esquina lejana del acuario.

Con Globo hinchado y haciendo de carro bajo la cueva, Gill y Gluglú empujaron la cueva tiki hasta la esquina.

—No, no —dijo Deb—, así no está nada bien. ¿Podemos ver cómo queda allí? —dijo señalando el otro lado de la pecera.

Así que Gill, Gluglú y Globo movieron la cueva tiki de nuevo.

—¡Esto es un desastre! —dijo Jacques.

—Sí, tiene razón —dijo Nemo.

Gill, Gluglú y Globo estaban agotados.

—¿Podemos ponernos de acuerdo? —dijo Gill—. ¡Y rápido!

—¡Ah, ya lo sé! —dijo Deb—. Traedla aquí. —Deb guio a Gill, Gluglú y Globo hacia un punto oscuro cerca de unas plantas de plástico—. Ponedla aquí —dijo.

Y así lo hicieron.

—¡Me gusta! —exclamó Peach.

—El punto perfecto —dijo Jacques.

—Mmm... —dijo Burbujas.

Gill nadó un poco hacia atrás y miró a su alrededor.

—Chicos, ¡aquí es donde estaba antes!

—¿Ah, sí? —dijo Peach.

Deb se rio.

—Bueno, con razón sólo encajaba aquí.

Los otros peces asintieron, excepto Gill, quien suspiró frustrado. Y aquél fue el final de la redecoración de la pecera aquella tarde.

Abril

9

EL REY LEÓN

Dibujos en las estrellas

Desde que Mufasa murió y Simba dejó las Tierras del Reino, Timón y Pumba habían sido los únicos amigos de Simba, y los tres juntos se lo pasaban muy bien. Una de las cosas que más les gustaba hacer después de cenar era tumbarse boca arriba en la hierba y observar el cielo por la noche, buscando formas en las estrellas.

—Vale, vale, tengo una —dijo Pumba, levantando una pata delantera y apuntando a una zona del cielo—. Allí, ¿veis aquella línea larga, delgada y curva? ¡Es una gran, sabrosa y deliciosa babosa! —Pumba se relamió imaginando el sabor.

Simba se rio.

—Pumba, ¿cómo puedes tener hambre aún? ¡Acabamos de cenar!

Pumba se encogió de hombros.

—Es un don —dijo.

Timón se aclaró la garganta.

—Odio no estar de acuerdo contigo, Pumba, amigo mío, pero eso que ves allí arriba no es ninguna babosa. Es la trompa de un elefante. Si sigues esa línea curva de las estrellas, ves como se conecta con la cabeza del elefante en un extremo. Y allí están las orejas —dijo Timón, trazándolo todo con el dedo—, y allí están los colmillos.

Simba se rio de nuevo.

—Alguien todavía está pensando en aquella estampida de elefantes que casi nos aplasta esta tarde —dijo.

—Ey... —dijo Timón a la defensiva—, ¿qué significa eso?

—No te ofendas, Timón —respondió Simba—. Sólo creo que es gracioso que lo que veis Pumba y tú en las estrellas resulta ser lo mismo en lo que estáis pensando.

—¡Eh, eh! ¡Tengo otra! —interrumpió Pumba—. Un gran matorral de moras justo allí —dijo, señalando a un grupo de estrellas—. ¿A que tienen buena pinta?

—¿Ves a lo que me refiero? —le dijo Simba a Timón, mirando a Pumba.

—Bueno, de acuerdo, señor sabelotodo —respondió Timón—. ¿Qué ves tú en las estrellas?

—A ver... —dijo Simba, mirando fijamente a los miles de puntos diminutos de luz que brillaban sobre ellos.

Había tantos que se podía ver prácticamente la forma que uno quisiera. Todo dependía de cómo se miraran. Pero sólo por superar a Timón, Simba quería encontrar algo realmente brillante y claro. Algo que Timón no pudiera negar que viera.

Justo en ese momento, una estrella fugaz cruzó el cielo.

—Veo un rayo de luz muy brillante, como un cohete cruzando el cielo —exclamó Simba.

—¡Ah! ¡Yo también! —dijo Pumba—. Timón, ¿tú lo ves?

Timón tuvo que admitir que lo veía.

—Sí, sí, lo veo —murmuró a regañadientes—. Ja, ja, muy gracioso, Simba.

Abril 10

Winnie the Pooh

Los huevos rosas de Piglet

Winnie the Pooh había ido a visitar a Piglet, que estaba entretenido pintando huevos de Pascua.

—Ya casi es Pascua, ¿sabes? —explicó Piglet.

Sobre la mesa de la cocina de Piglet había seis copas pequeñitas. Pooh miró en el interior de cada una y contenían una pintura de un color diferente: azul, verde, rojo, amarillo, naranja y rosa.

Luego, Pooh vio una cesta llena de huevos que Piglet ya había pintado.

Todos eran de color rosa.

—¿Te gustaría pintar el último huevo, Pooh? —preguntó Piglet.

—Oh, claro —respondió Pooh—. Me encantaría.

Piglet le enseñó a su amigo cómo colocar el huevo en el cucharón de alambre, y cómo utilizar el cucharón para sumergir el huevo en los vasos de pintura.

—¿De qué color debería pintar mi huevo? —preguntó Pooh.

Piglet sonrió.

—Eso es lo divertido, Pooh —dijo—. ¡Puedes elegir el color que quieras!

Pooh observó la cesta de huevos rosas de Piglet y volvió a mirar las copas de pintura.

—Parece que aún no tienes ningún huevo amarillo —dijo Pooh—. Así que creo que pintaré el mío de amarillo.

—¡Buena idea! —exclamó Piglet.

Pooh bañó su huevo en la copa llena de pintura amarilla, lo dejó a remojo durante unos minutos y luego lo sacó de nuevo.

—¡Ha funcionado! —dijo Pooh—. ¡Mira, Piglet! ¿Qué te parece mi huevo amarillo?

—Ay, Pooh, es genial —dijo Piglet—. Es brillante..., como el sol..., y es muy, muy amarillo, ¿no?

Piglet permaneció callado un instante. Después se aclaró la garganta.

—¿Crees... no sé, te importa si...? ¿Crees que quizá podrías poner un poquito de, digamos, rosa? —dijo Piglet.

—Creo que tienes razón —dijo Pooh.

Así que bañó su huevo en la copa llena de pintura rosa. Lo dejó ahí sólo unos segundos. Un poco de pintura rosa por encima de la amarilla hacía que el huevo quedara de color amarillo rosado.

—Mmm... Es muy bonito —dijo Piglet—. Pero, si no te importa que lo diga, Pooh, creo que podrías poner un poquito más de rosa.

—Vale —dijo Pooh.

Así que volvió a meter el huevo en la pintura rosa y, esta vez, lo dejó cinco minutos enteros antes de sacarlo. Más pintura rosa en el huevo amarillo rosado hizo que éste se pusiera tan rosa como el propio rosa.

—Bueno, ¿qué te parece? —preguntó Pooh.

—¡Perfecto! —exclamó Piglet.

Dejaron secar el huevo de Pooh y Piglet lo puso en la cesta con el resto de huevos rosas.

—Fíjate —dijo Piglet—, ¡queda perfecto!

Abril
11

Disney Princesas
La Cenicienta

De ratones y arroz

—¡Cenicienta! ¡Ayuda! —gritó Drizella.

—¡Date prisa! —gritó Anastasia.

Cenicienta dejó caer la escoba que sujetaba y corrió por el vestíbulo.

—¿Qué pasa, hermanas? —gritó.

—¡Estamos atascadas! —chilló Anastasia.

Cenicienta corrió al salón y tuvo que esconder una risita cuando vio aquella escena. Sus dos hermanastras estaban atascadas en la puerta, por las ansias de ser la primera en salir. Sus faldas se habían quedado encajadas en el marco. Gracias a un poco de tira y empuja, Cenicienta consiguió liberar a sus hermanas. Con una sonrisa en los labios, se dirigió de nuevo a la cocina.

—¡Miau! —se oyó un llanto.

—Pero ¿qué...? —dijo Cenicienta.

Corrió a la cocina. Lucifer, el gato, estaba maullando a pleno pulmón.

—¿Qué ocurre, Lucifer? —dijo, corriendo hacia el felino gordo—. ¡Ay, tonto! ¡Tú también te has quedado atrapado! —Cenicienta se rio y tiró de él para sacarlo del agujero de los ratones en el que había metido las zarpas. Tras echar una mirada altiva a Cenicienta, el gato se fue.

—¡Gato malcriado! —dijo—. Se ha quedado atrapado por intentar cazar pequeños e indefensos ratoncitos, ¿verdad? —miró por el agujero.

Los ratones salieron con precaución.

—Salid, pequeños —dijo Cenicienta despacio—. Vaya, ¡estáis muy asustados! ¿Sabéis qué hago yo cuando me siento triste o tengo miedo? Me refugio en mis sueños —recogió su escoba—. ¿Veis esta escoba? Me gusta imaginar que es un hermoso príncipe y que los dos estamos bailando. —Ella y su escoba empezaron a deslizarse por la habitación.

Los ratones gritaron de alegría, pero de pronto corrieron a esconderse en su agujero. ¡Venía alguien! Eran las hermanastras de Cenicienta.

—¿Qué estás haciendo, Cenicienta? —dijo Drizella.

—Estoy... barriendo —respondió Cenicienta.

—¡Pues parece que te lo pasas muy bien mientras lo haces! —dijo Anastasia.

Entonces una sonrisa cruel se dibujó en su cara. Cogió un bol de arroz de la mesa y lo esparció por el suelo.

—A lo mejor necesitas barrer algo más —dijo sonriendo con malicia, y las dos hermanas se fueron.

Los amigos de Cenicienta salieron corriendo y empezaron a recoger los granos de arroz. Aquello le dio una idea a Cenicienta.

—¿Por qué no os guardáis el arroz para vosotros? —dijo.

Los ratones sonrieron felices y Cenicienta también.

—¿Sabéis qué? —dijo—. Creo que estaremos bien si cuidamos unos de otros.

Abril
12

Princesas
Tiana y el Sapo

Dos ranas en vez de una

Tiana acababa de encontrarse una rana en el balcón de la habitación de su amiga Charlotte. La rana empezó a hablar y Tiana entró corriendo a la habitación, aterrorizada. No se lo podía creer. Todo era un sinsentido, como sacado de un cuento de hadas.

—No pretendía asustarte —se disculpó el sapo.

Y saltó a un mueble para acercarse a Tiana, que iba vestida con la ropa de Charlotte y parecía una princesa.

—Por favor, deja que me presente —dijo—. Soy el príncipe Naveen de Maldonia. Era muy guapo y encantador hasta que un malvado hechicero me transformó en esto.

Horrorizada, Tiana cogió un libro grande de una estantería.

—Si tú eres el príncipe, ¿quién es el que está con Lottie en la pista de baile?

Ella había visto al príncipe Naveen bailando abajo, así que se preparó para lanzarle el libro al sapo.

—¡Espera! ¡Conozco esa historia! —la interrumpió el sapo, mirando la cubierta del libro—. ¡Es la historia del príncipe sapo!

Naveen hojeó el libro y pasó de una página con la imagen de un sapo a otra con la imagen de un príncipe, una y otra vez.

—¿No lo ves? —preguntó—. Es como en los cuentos. Si me besas, me convertiré en un príncipe.

Tiana esgrimió una mueca de asco, pero el sapo Naveen insistió.

—Yo no beso a sapos —le rechazó Tiana.

—Deberías saber que, aparte de ser fabulosamente atractivo, también tengo una familia fabulosamente rica. Ayúdame a volver a mi apariencia normal y, en agradecimiento, te daré lo que quieras.

Tiana se paró a pensar. Aquella podría ser la única oportunidad de poder adquirir el restaurante con el que ella y su padre habían soñado siempre.

—¿Sólo un beso? —murmuró Tiana.

—Cuantos desees, querida —sonrió el sapo.

Tiana cerró los ojos. Cogió aire y ¡mua! Plantó un beso rápido en los rugosos labios del sapo.

Cuando volvió a abrir los ojos nada había pasado. Aparte del hecho de que ahora ¡ella también se había convertido en rana!

—¡Aaaaaaah! —gritó cuando vio su reflejo en el espejo.

—¡Que no cunda el pánico! —le pidió Naveen—. Lo sé, dos sapos en vez de uno no era exactamente lo que teníamos en mente, pero, por lo menos, ¡tenemos compañía!

Tiana, llena de ira, no respondió y, probando uno de sus nuevos dones, se abalanzó (¡boing!) a la garganta de Naveen.

Abril
13

Algo que arreglar

Todas las hadas sabían que Campanilla era demasiado curiosa y aquello no le convenía. Aquello explicaba por qué había entrado en la casita que había hecho Lizzy, una niña de Tierra Firme. Luego, Vidia le gastó una broma y, por error, la atrapó dentro.

Lizzy encontró a Campanilla y se emocionó mucho. Llevó al hada a su habitación y la puso en una jaula para que el gato de la familia no la cazara. Vidia había estado observándolo todo desde la ventana y entonces voló rápidamente de vuelta al campamento para pedir ayuda a las demás.

Pero entonces, ¡se desató una tormenta! Las hadas no podían volar bajo la lluvia y la pradera estaba inundada, así que decidieron construir un bote. Cuando salían a rescatar a Campanilla, Silvermist, Rosetta, Fawn e Iridessa recordaron que con fe, confianza y polvo de hadas todo era posible. Y, mientras Bobble los dirigía por la corriente, Rosetta miraba lo lejos que tenían que ir, esperando que su amiga estuviera bien.

Pero la tintineadora estaba bien, aunque una emocionada niña la acribillaba con preguntas acerca de cómo era ser un hada. Lizzy no entendía sus palabras, así que Campanilla contestaba con gestos.

Luego, Campanilla abrió un diario en blanco que el padre de Lizzy le había dado. Él no creía en las hadas y quería que su hija lo llenara con investigaciones sobre cosas reales, pero era perfecto para llenarlo con cosas de hadas.

La pequeña escribió las palabras «Investigación Científica sobre las Hadas» en la primera página. A continuación, le hizo preguntas al hada y ésta interpretó las respuestas.

Pronto, el diario estaba lleno de dibujos de las amigas de Campanilla y de la Hondonada de las Hadas, y de descripciones de los dones especiales de las hadas.

Ahora que el diario de Lizzy estaba lleno y la lluvia había cesado, era hora de que Campanilla fuera al encuentro de sus amigos. Le entristecía tener que dejar a Lizzy pero, a la vez, estaba emocionada por volver al campamento.

Campanilla salió volando por la ventana, pero se quedó a ver como Lizzy le enseñaba a su padre el diario que habían hecho.

—Lo he hecho especialmente para ti, padre. Es como el tuyo, lleno de datos.

Pero el doctor Griffiths estaba demasiado ocupado con las goteras del techo como para mirar su libro. Tenía que arreglarlas para que el agua dejara de entrar en la casa.

El hada tintineadora vio lo triste que estaba el doctor Griffiths por no poder pasar más tiempo con su hija, así que decidió que tenía que quedarse a ayudarles. Después de todo, ¡reparar era su talento!

Abril
14

Disney Princesas
La Bella y la Bestia

Los lobos y la brujería

Bestia se despertó en el suelo, cerca de la rosa que le había dado Circe. Su luz era débil y ya casi no le quedaban pétalos.

Oyó a Bella al otro lado de la puerta, pero a ella no se le permitía estar en el ala oeste del castillo.

Bella entró en la habitación, recogió la rosa y se quedó fascinada con su belleza. Bestia salió de las sombras y le gruñó.

—¡Esta habitación está prohibida! ¡Sal de aquí!

Bella tartamudeó, intentando encontrar las palabras correctas para defenderse, pero el miedo se apoderó de ella y corrió fuera del castillo hasta el bosque. Ya no le importaba su promesa de permanecer allí en lugar de su padre, quería irse a casa. Juntos, su padre y ella, encontrarían la forma de vencer a Bestia.

Las hermanas brujas rieron y patalearon de felicidad cuando vieron lo que estaba pasando a través de los ojos de Pflanze, el gato. Bestia había ahuyentado cualquier posibilidad de romper la maldición.

—¡La chica va a morir! —cantaban y bailaban.

Si Circe hubiera estado allí, habría ayudado a Bella, pero sus hermanas mayores le habían pedido a Úrsula, la bruja del mar, que se quedara con Circe tanto tiempo como pudiera. No querían que su hermana pequeña les arruinara los planes.

Lucinda esparció un polvo morado en la chimenea y un humo negro se alzó en forma de cabeza de lobo.

—Envía a los lobos al bosque, araña y muerde hasta que ella sangre, mata a Bella en el bosque, ¡haz que se arrepienta de sus actos malvados! —dijo.

Las brujas rieron y observaron como los lobos empezaban a acechar a Bella, repitiendo juntas el hechizo.

Pronto, los lobos la alcanzaron, pero entonces algo pasó volando por encima de Bella. No sabía lo que estaba pasando, pero las hermanas sí. ¡Era Bestia! Atacó a los lobos y los mató a todos. Bella quería correr, pero vio que Bestia estaba herida. Él le había salvado la vida y, ahora, necesitaba su ayuda.

Las hermanas observaban la escena impresionadas, dándose cuenta de su error. No deberían haber enviado a aquellos lobos a matar a Bella; eso iba a unirlos más. La única esperanza que les quedaba era que Bella hubiera visto a Bestia como lo que era en realidad.

—¡Le repugnará! ¡La volverá loca la muerte que lo rodea!

Pero vieron la mirada de preocupación en la cara de Bella.

—Es hora de enviar a Pflanze a ver a Gastón. Estoy segura de que le encantará saber dónde está su querida Bella.

Si alguien era capaz destruir a Bestia, ése era Gastón.

Abril
15

Disney La Dama y el VAGABUNDO

Tony y el vagabundo

Golfo lamió los restos de salsa de tomate de su barbilla.

—Y bien, ¿qué te parece, encanto? —preguntó a Reina.

—Creo que ha sido la mejor cena de mi vida —dijo Reina.

—¿Qué te había dicho? —alardeó Golfo—. No hay nadie en el mundo que cocine tan bien como Tony.

—No podría estar más de acuerdo contigo —dijo Reina—. ¿Puedo preguntarte algo?

—Claro —dijo Golfo—. ¡Pregunta!

—Me preguntaba... —empezó Reina—, ¿cómo os conocisteis tú y Tony?

—¿Cómo conocí a Tony? —rio Golfo—. ¡Es una gran historia!

—Seguro que sí —dijo Reina.

—Pues, verás, esto fue lo que pasó —empezó Golfo—. Era una noche fría y nevosa. Creo que nunca antes había hecho tanto frío, y yo sabía que no sería la última. Llevaba muchos kilómetros caminando cuesta arriba. Me colgaban témpanos de la punta de la nariz.

—¡Espera un momento! —le interrumpió Reina—. ¿Llevabas caminando kilómetros? ¿Cuesta arriba? ¿En esta ciudad?

—¡Eso es! —dijo Golfo—. Nunca verás nada igual.

—Exacto —le dijo Reina—. ¿Sabes por qué?

Golfo negó con la cabeza.

—¡Porque es imposible! ¡Por aquí no hay cuestas! —dijo Reina.

—¿Imposible? —dijo Golfo—. Está bien, tienes razón —confesó.

—Entonces, ¿cuál es la verdad? —preguntó Reina.

—La verdad —empezó Golfo— es que no siempre he sido el hábil y apuesto diablillo que ves ante ti.

—¿Eso es verdad? —Reina se estaba entreteniendo.

—Y esa tarde me había estado persiguiendo un grupo de diez chuchos sarnosos. Así que salí corriendo tan rápido como pudieron mis patas. Y mientras me perseguían, ¡apareció el lacero!

—¡Ay, no!—gritó Reina.

—¡Así es! —continuó Golfo–. Los chuchos se dispersaron y los perdí de vista, así que ya no tenía que preocuparme más por ellos. Pero ¡ahora el perrero me perseguía! ¡Creía que estaba acabado!

—Y ¿qué pasó? —preguntó Reina.

—Entonces Tony salió corriendo con un plato de pasta caliente —explicó Golfo—. Le dijo al perrero que yo era su perro. El lacero no le creyó, pero cuando Tony dejó el plato de pasta delante de mí, no tuvo otra opción. Tengo que decir que creía haber muerto y subido al cielo.

—Te entiendo muy bien —dijo Reina, refiriéndose a la comida.

—Y, como suele decirse —dijo Golfo—, ¡lo demás es historia!

—¡Y muy sabrosa! —concluyó Reina.

Abril
16

Disney
Peter Pan

¿Me quedo o me voy?

Wendy se sentó a ver a Michael y a John mientras jugaban con Peter Pan y el resto de los Niños Perdidos.

—John y Michael parecen tan felices —se dijo Wendy—. ¿Por qué no iban a estarlo? Nunca Jamás es un lugar muy bonito, y ¡volar es muy divertido!

—Aunque también es peligroso —tuvo que reconocer—. ¿Quién sabe en qué tipo de líos nos podemos meter? Sobre todo con el Capitán Garfio rondando por ahí.

—Además —dijo Wendy—, creo que a Campanilla no le caigo muy bien.

Wendy meditó sobre todo aquello y entonces reaccionó:

–¿Qué estoy diciendo? Suena como si fuera un lugar terrible, pero ¡la verdad es que Nunca Jamás es maravilloso!

—¡Puede que eso lo explique todo! —comprendió Wendy de repente—. Quizá quiera quedarme en Nunca Jamás, pero en el fondo sé que no debo. Después de todo, mamá y papá nos echarían mucho de menos. ¡Y nosotros a ellos! Y ¿qué pasa con Nana? —Wendy empezó a inquietarse—. ¡Debe de estar muy preocupada por nosotros!

—¡Decidido! —Wendy se levantó de un salto—. Tenemos que irnos a casa de inmediato.

—Pero si me quedo... —Wendy se paró a pensar—. ¡No tendré que crecer!

—Ya estamos otra vez, yo siempre he querido ser adulta algún día —concluyó.

Justo en ese momento, Peter Pan llegó volando junto a ella.

—¿Qué haces, Wendy? —preguntó Peter.

—Ah, nada —respondió ella.

—Entonces, ¿por qué no juegas con nosotros? —sugirió.

—Ahora voy —le dijo Wendy—. Un minuto.

—¡Está bien! Pero el último es un... —Peter se fue antes de poder terminar la frase.

—¿Cómo voy a dejar a Peter y a los Niños Perdidos? —se preguntó Wendy—. Me necesitan.

—Pero nuestros padres también —se recordó—. ¿Me quedo? —preguntó en voz alta—. ¿O me voy?

Los ojos de Wendy se posaron en una margarita; se inclinó y la arrancó del suelo.

—¿Me quedo? —preguntó mientras arrancaba un pétalo de la flor—. ¿O me voy? —preguntó mientras arrancaba otro pétalo.

Wendy siguió arrancando pétalos hasta que sólo quedó uno en la margarita.

—Bueno —dijo—, según esta flor, deberíamos volver a casa. Y supongo que tiene razón. Volveremos a casa..., pero no ya mismo.

Wendy se levantó.

—¡Eh, Peter, espérame!

Y voló detrás de Peter Pan, con las ideas más claras, al fin.

Abril
17

Disney Princesas
LA SIRENITA

Ariel cambia la música

Sebastián dio unos golpecitos con su pinza en un trozo de coral y se aclaró la garganta, pero las sirenas seguían hablando como si el pequeño crustáceo no estuviera allí. Con un fuerte suspiro, Sebastián vio una enorme caracola y, después de mucho esfuerzo, consiguió levantarla, pegar sus labios a ella y soplar.

La caracola sonó como un cuerno gigante. Las princesas sirenas lo miraron asustadas y, para alivio de Sebastián, dejaron de hablar.

—¿Empezamos? —preguntó con calma el pequeño crustáceo.

Estaba ansioso por empezar el ensayo. Las hijas del rey Tritón tenían voces maravillosas para cantar, pero aún no habían decidido qué canción le cantarían a su padre por su cumpleaños, y sólo quedaban unos días para la celebración.

Sebastián levantó la pinza y estaba a punto de bajarla para empezar el calentamiento cuando Aquata lo interrumpió.

—¡Ariel no está! —dijo.

—¡Aj, Ariel! —gritó Sebastián.

Ariel siempre estaba nadando a su aire y retrasándolo todo.

—¿Quieres que la busquemos? —dijo Arista.

—No. —Sebastián suspiró dramáticamente—. Si no, os perderéis todas y no sé qué le diría a vuestro padre entonces.

—No nos perderemos —protestó Atina.

—Nosotras siempre llegamos a tiempo —añadió Adela.

Las otras hermanas asintieron.

—¿Por qué tenemos que sentarnos a esperarla? —se quejó Alana.

Las restantes hermanas asintieron enfadadas.

—¡Chicas, chicas! —dijo Sebastián intentando calmarlas.

Ojalá pudieran empezar sin Ariel, pero su voz era la más bonita con diferencia.

De repente, Ariel llegó nadando con Flounder.

—No me estaréis esperando, ¿verdad? —dijo con dulzura.

—¡Ariel! —Sebastián no sabía si sentirse aliviado o enfadarse.

—¿Dónde estabas? —dijo Aquata con las manos apoyadas en sus escamosas caderas.

—¡Aún no tenemos una canción para nuestro padre! —añadió Atina.

—¡Ahora sí! —dijo Ariel con alegría.

No se lo podía decir, pero había estado en la superficie y eso estaba prohibido. Pero su amigo, Scuttle, la gaviota, le había dado algo especial hoy. ¡Una nueva canción! Ariel empezó a cantar la melodía humana y, al momento, sus hermanas empezaron a cantar con ella.

Sebastián cerró los ojos y escuchó. ¡La canción era perfecta!

—¿Dónde la has aprendido? —preguntó cuando hubieron terminado.

Ariel miró a Flounder.

—Me la ha enseñado un pajarito —dijo con un guiño.

Abril
18

Disney · PIXAR
BRAVE

Un hechizo inútil

En las antiguas Tierras Altas de Escocia, en un reino llamado DunBroch, vivía una princesa llamada Mérida. Su madre, la reina Elinor, quería que Mérida se casara con el hijo de uno de sus clanes vecinos con la intención de mantener la paz entre los reinos.

Pero Mérida no quería casarse. Ella quería seguir siendo libre y elegir su propio destino. Así que, cuando los pretendientes fueron a competir en tiro con arco por su mano, Mérida cogió su arco y les ganó a todos.

—No sabes lo que acabas de hacer —le dijo la reina.

Mérida estaba muy enfadada. No entendía el punto de vista de su madre.

—¡Eres mala! —le gritó—. ¡Nunca seré como tú!

Furiosa, Mérida rajó el tapiz de su familia, justo entre los retratos de ella y su madre. Herida y enfadada, Mérida huyó del castillo a caballo con Angus. Lloraba demasiado y no podía ver adónde iban.

De repente, Angus paró, haciendo que Mérida saliera despedida por encima de él. Cuando se levantó, vio que estaba justo en el centro de un anillo de piedras gigantes y unas luces azules y brillantes que parpadeaban. Parecían atraerla hacia ellas. Las luces formaron una cadena que la guiaba a lo más profundo del bosque. Mérida siguió las luces azules, que la llevaron a una pequeña cabaña.

La cabaña pertenecía a una mujer mayor que parecía ser talladora de madera, pero a Mérida no le costó mucho darse cuenta de que la mujer era en realidad una bruja.

—Si pudiera cambiar a mi madre, mi vida sería mejor —explicó Mérida.

La bruja le contó a Mérida la historia de un príncipe que había pedido, hace mucho tiempo, la fuerza de diez hombres. Con Mérida haría un hechizo parecido. La bruja se puso a trabajar ahí mismo, echando cosas en un caldero. Cuando terminó, la hechicera sacó un pastel y se lo dio a Mérida.

De vuelta en el castillo, Mérida entregó el pastel a su madre, que le dio un bocado.

—¿Por qué no subimos a ver a los lores y nos olvidamos de todo esto? —dijo Elinor.

Pero, justo entonces, la reina tropezó. Estaba mareada. Mérida ayudó a su madre a subir las escaleras y tumbarse en la cama. Lo siguiente que vio la princesa fue una enorme forma fantasmal que se erguía de entre las sábanas.

—Mamá, ¡eres un oso! —gritó Mérida—. ¡Esa bruja horrenda me ha dado un hechizo inútil!

Al oír aquello, Elinor osa rugió enfadada. Mérida quería cambiar la forma de pensar de su madre, pero el conjuro había cambiado a la reina por completo.

Lo único que ahora preocupaba a Mérida era cómo salvar a su madre del hechizo de la bruja.

Bella y Bestia

Bella estaba cansada de estar encerrada dentro del castillo. Hacía mucho frío para salir, así que se sentó con pereza en el pequeño estudio en donde estaba, junto al fuego, preguntándose cuándo volvería a ver a Bestia.

Estaba menos enfadada con él desde que le había salvado la vida frente a los lobos, pero no podía olvidarse de su horrible temperamento. La escena se repetía en su cabeza una y otra vez. Los lobos, el bosque, Bestia, la sangre... Casi murió aquella noche, por un ataque de ira de Bestia; y ¿por qué?, ¿porque había tocado su preciosa rosa? A pesar de todo, su enfado y su miedo no habían impedido que le curara las heridas.

Ella no sabía que Bestia la estaba acechando. No sabía que él la podría haber matado si los lobos no hubiesen estado allí para distraerle.

Bestia estaba inmerso en sus pensamientos. Imaginaos, imaginad que la hubiera matado. Hubiera sido el acto de maldad definitivo y se habría perdido por completo. Pero Bella era su última oportunidad.

¿Cómo iba a hacer que lo amara? Él era plenamente consciente de que era un ser odioso. Veía en qué se había convertido y sabía que se merecía el castigo de Circe.

Bella lo miró y sonrió. Aquello lo cogió desprevenido por completo.

—Bella, ¿podrías acompañarme un segundo? Hay algo que quiero enseñarte.

Ella lo siguió con cautela hasta que llegaron a una puerta.

—Cierra los ojos —dijo.

La cogió de las manos y la guio hasta el interior de la habitación. La joven oyó un chasquido y sintió una cálida luz solar en el rostro.

—¿Ya puedo abrirlos?

Bestia notó que estaba sonriendo por primera vez en años.

—Vale, ya —dijo, y ella abrió los ojos, más aún cuando vio que estaba en una impresionante biblioteca.

—¡No puedo creerlo! ¡Nunca en mi vida había visto tantos libros!

Bestia no esperaba sentirse de aquella manera, no esperaba sentir lo que se sentía al hacer feliz a otra persona.

—¿Te gusta? —preguntó.

—¡Es maravilloso! —dijo ella, más feliz de lo que lo había sido nunca.

—Entonces son tuyos.

Y sintió algo totalmente inesperado. Lo que había empezado como una forma de acercarse el uno al otro para romper la maldición se había convertido en algo más, algo que no entendía.

Le encantaba hacerla feliz.

La flor más bella

Una mañana, Tímido salió a recoger la flor más bella que pudo encontrar. De repente, oyó un ruido que venía de la colina.

—¡Achís!

Trepó por la colina y vio a su amigo al otro lado.

—Estas malditas flores me están haciendo estornudar —dijo Mocoso—. Pero merece la pena, porque he cogido la flor más bella para el pelo de Blancanieves.

Le mostró a Tímido la orquídea blanca que pensaba llevarle.

—Es muy bonita —dijo Tímido—. Pero yo también tengo una flor para ella, y es aún más bonita.

Tímido le enseñó a Mocoso un capullo de rosa que había cogido y se sonrojó aún más que sus pétalos.

—¡Achís! La tuya también es bonita. Vayamos a casa y veamos cuál le gusta más.

En el camino de vuelta a la pequeña cabaña, Mocoso y Tímido se encontraron con Sabio, Feliz y Dormilón. Estaban discutiendo.

—¡A Blancanieves le buscan las isletas! —insistía Sabio—. Digo: ¡le gustan las violetas!

Feliz se rio.

—No, ¡le gustan las margaritas!

—Yo creo que le gustan los crisaaaaaantemos —dijo Dormilón con un bostezo.

—¡Eso es lo que os creéis vosotros! —gruñó una voz por detrás de ellos.

Era Gruñón, que sostenía un largo tallo con pequeñas flores de suaves colores.

—Ésa es la flor ideal para ti, Gruñón —dijo Sabio—. ¡Bocas de dragón!

—¡Muy gracioso! —exclamó Gruñón.

Cuando todos llegaron a la cabaña, vieron a Mudito.

—¿Qué tienes en la espalda, Mudito? —preguntó Sabio.

Les mostró un tulipán amarillo.

—¡Otra flor! —gritó Feliz.

Cuando los siete enanitos entraron en casa, encontraron a Blancanieves en la cocina.

—Queremos agradecerte que seas tan buena con nosotros —dijo Sabio—. Así que cada uno te traemos una flor para el pelo.

—Ahora elige la que más te gusta —dijo Gruñón.

Blancanieves se sentía fatal, adoraba a todos los enanitos y no quería herir los sentimientos de ninguno escogiendo una flor en vez de otra.

—Tengo una idea —dijo—. Poned todas las flores sobre la mesa y marchaos cinco minutos. Cuando volváis, llevaré puesta la flor más bonita.

Los enanitos salieron fuera. Cuando volvieron a entrar, la miraron con sorpresa. Blancanieves había hecho una corona de flores.

¡Había encontrado una manera de llevar puestas todas las flores!

—¡Me encantan mucho todas vuestras flores, son maravillosas! ¡Lo mismo que os adoro a cada uno de vosotros!

Un rescate turbio

La curiosidad de Campanilla la había llevado a la casa de unos humanos y a una niña llamada Lizzy. La pequeña Lizzy vivía con su padre, un científico llamado Griffiths, que no creía en la magia ni en las hadas y siempre estaba demasiado ocupado para pasar tiempo con su hija, aunque quisiera.

Su amiga hada Vidia había intentado impedirle que explorara. Ella sabía que los humanos podían ser peligrosos, pero Campanilla no le hizo caso. Cuando vio que la tintineadora había sido capturada por la niña, Vidia voló deprisa de vuelta al campamento para obtener ayuda.

Pero había empezado una tormenta y las hadas no podían volar con lluvia, así que construyeron un bote y salieron a rescatar a Campanilla.

Lo que las otras hadas no sabían era que su amiga estaba bien. Estaba pasándoselo en grande con Lizzy, a quien le encantaban las hadas.

Campanilla decidió quedarse y ayudar a Lizzy a pasar más tiempo con su padre. Tuvo una idea: si ayudaba al doctor Griffiths a reparar la casa, él tendría más tiempo para estar con su hija.

Mientras tanto, en el bote de las hadas había cundido el pánico entre los rescatadores. Estaban yendo en dirección a una catarata.

—¡Agarraos, vamos a caer! —gritó Bobble.

Entonces, Silvermist, un hada del agua, hizo que el agua de la cascada se levantara para que la caída fuera menor. Tras un trayecto muy movido, el bote se estrelló contra la orilla.

Las hadas estaban todas bien pero el bote quedó muy dañado. No tuvieron más remedio que continuar su misión a pie.

Finalmente, Vidia vio el camino embarrado que llevaba a la casa de Lizzy. Vidia ayudó a sus amigos a cruzar, pero entonces se quedó atrapada en el lodo. Silvermist, Fawn, Rosetta e Iridessa la cogieron y tiraron de ella.

Entonces, de repente, vieron las luces de un coche que se acercaba hacia ellos.

—¡Tirad, tirad! —gritó Rosetta, pero Vidia estaba atrapada.

Iridessa sabía lo que tenía que hacer. Caminó hacia el coche, levantó la mano e hizo rebotar la luz de los faros para cegar al conductor. Éste pensó que otro coche venía de frente hacia él y pisó el freno.

Un momento después, el conductor se apeó del vehículo.

—¿Hola? ¿Hay alguien ahí? —preguntó.

Fawn cogió los cordones de sus zapatos y los ataron alrededor de Vidia. Cuando el conductor se dio la vuelta para marcharse, tiró de ellos y sacó del lodo al hada.

Los amigos estaban muy aliviados. Se aseguraron de que todos estaban bien y continuaron su camino para rescatar a Campanilla.

Abril 22

Bambi

Primeras impresiones

Bambi estaba descubriendo las maravillas del bosque. Su madre lo había llevado a un pequeño claro. La repentina luz del sol y la hierba verde le sorprendieron y agradaron. Brincó por allí con sus patas, todavía inseguras, sintiendo la calidez del sol en el lomo y la suave hierba bajo sus pezuñas. Mientras su madre pastaba por allí cerca, Bambi empezó a explorar.

Encontró una zona de hierba verde y tréboles y se inclinó para comer. No era cosa fácil, ya que sus largas patas hacían más complicado que su corto cuello alcanzara el suelo. Cuando su nariz estuvo a pocos centímetros de las puntitas de la hierba, saltó hacia atrás alarmado. Una hoja acababa de saltar de entre la hierba y había acabado a varios pasos de él. «¿Una hoja saltarina?», se preguntó. Se volvió a acercar y, en cuanto estuvo cerca, la hoja volvió a alejarse de él de un salto.

Bambi miró alrededor para ver dónde estaba su madre, que aún pastaba. Por su actitud parecía que no había ningún peligro cerca, por lo que Bambi siguió a la hoja por todo el camino hasta el borde del claro, donde un arroyo chapoteaba contra unas rocas escarpadas.

La fascinación de Bambi con la hoja saltarina se desvaneció a medida que se acercaba al arroyo. El agua caía en cascada con suavidad sobre las rocas, creando burbujas y espuma en charcos poco profundos. Se acercó un paso más y sintió cómo su pie tocaba una roca en el borde del arroyo.

La roca se movió de repente y cayó al agua. Saltó y nadó.

Bambi estaba asombrado al ver a la roca escabullirse en el agua y desaparecer. Miró fijamente el punto donde la roca había estado durante un momento y, entonces, bajó a beber, separando las patas para ello.

De repente, volvió a dar un bote alarmado. En el agua, mirándole, había un pequeño ciervo. Con cuidado, volvió a acercarse y ¡allí estaba!

Bambi se dio la vuelta y corrió hasta su madre.

—¡Mamá, mamá! —gritó sin aliento—. ¿A que no adivinas lo que he visto?

Su madre levantó la cabeza y lo miró con sus ojos claros y brillantes.

—Primero... —dijo—, primero he visto una hoja saltarina. Y ¡luego he visto una roca con patas que caminaba hacia el agua y nadaba! Y después... —continuó emocionado—, después he visto un pequeño ciervo que vivía en el agua. ¡Está justo allí, mamá!

La madre acarició con el hocico a su hijo, pensando en lo que había dicho, y se rio con suavidad.

—Cariño —dijo—, creo que acabas de ver tu primer saltamontes, tu primera tortuga y tu reflejo en el agua por primera vez.

Abril
23

Disney Princesas
Enredados

Cuestión de encanto

Rapunzel había estado encerrada en una torre escondida toda su vida por orden de una mujer a la que ella creía su madre, Madre Gothel. Rapunzel había conseguido que Gothel se fuera de la torre unos días y decidió preguntar al extraño que había encerrado en su armario si le haría un gran favor. Ella sujetaba una sartén, preparada para atacar si él se volvía peligroso. Entonces abrió el armario.

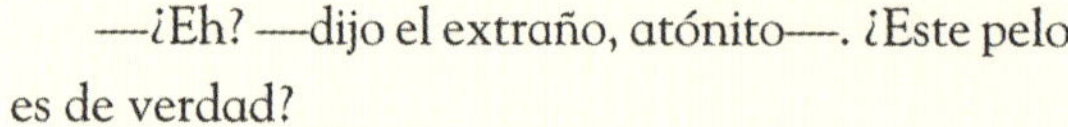

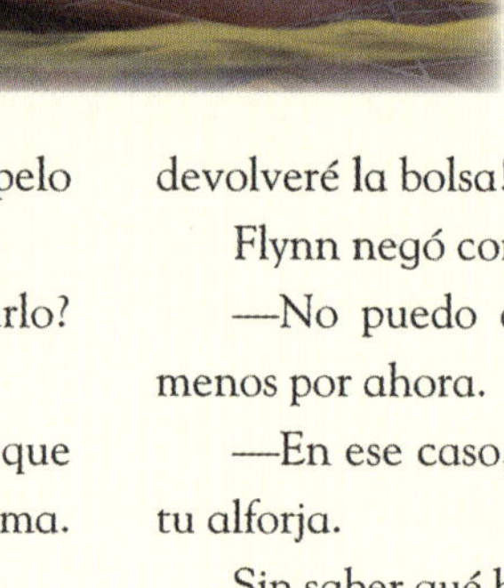

¡Pam! El intruso cayó al suelo. Rapunzel lo ató a una silla con su pelo. Su mascota, el camaleón Pascal, le chupó la oreja para despertarlo.

—¿Eh? —dijo el extraño, atónito—. ¿Este pelo es de verdad?

—¿Qué quieres hacer con mi pelo? ¿Cortarlo? ¿Venderlo? —exclamó Rapunzel.

—¡No! —gritó el extraño—. Lo único que quiero hacer con tu pelo es quitármelo de encima. ¡Literalmente!

Rapunzel lo miró con desconfianza.

—¿Quién eres tú y cómo has podido encontrarme?

El joven le mostró de repente su sonrisa más atractiva.

—No sé quién sois ni cómo he podido encontraros, pero permitid que os diga... Hola. ¿Cómo te va?

Rapunzel no reaccionó. El intruso, al final, respondió.

—Me llamo Flynn Rider, rubita.

—Soy Rapunzel, no rubita.

—¡Ey! ¿Dónde está mi alforja? —preguntó Flynn, que había notado que la bolsa que contenía la corona robada no estaba.

—¡La he escondido! —dijo Rapunzel—. Algo te trajo hasta aquí, Flynn Rider. Así que tengo una oferta para ti.

Rapunzel le mostró un dibujo que había pintado. Era de las linternas flotantes en el cielo que sólo aparecían cada año el día de su cumpleaños.

—Mañana por la noche, estos farolillos aparecerán en el cielo. Quiero saber de dónde vienen. Si me llevas allí y después me traes a casa, ¡te devolveré la bolsa!

Flynn negó con la cabeza.

—No puedo dejarme ver por el castillo, al menos por ahora.

—En ese caso, mala suerte: no volverás a ver tu alforja.

Sin saber qué hacer, Flynn le mostró su encanto a Rapunzel una vez más.

—¡Vale, escucha! No quería tener que hacer esto, pero no me dejas otra opción. Tendré que poner la pose.

Rapunzel se quedó mirándolo y, no mucho después, fue Flynn el que habló.

—Vale, rubita, te llevaré a ver los farolillos.

Rapunzel estaba encantada. Al fin, después de todos aquellos años, iba a salir de la torre. Su deseo de cumpleaños se había hecho realidad. ¡Iba a ver los farolillos flotantes!

Abril
24

Disney Princesas
La Cenicienta

El corazón de un campeón

La vida en palacio era un sueño hecho realidad para Cenicienta. Sobre todo le encantaba que su antiguo caballo, Frou, viviera allí también. Él había sido su amigo fiel desde que era una niña.

Un día, llegó una invitación al castillo.

—Ha sido invitada —leyó el gran duque— a asistir al Real Torneo Ecuestre, que se celebrará, exactamente, dentro de una semana a partir de hoy. Por favor, seleccione a un miembro de su círculo para representarla en la competición.

Todos decidieron que Cenicienta tenía que participar.

Aunque había muchos caballos buenos a los que elegir, Cenicienta quería montar a su viejo amigo, Frou.

—Querida —dijo el rey—, si ninguno de mis caballos te gusta, puedo pedir que traigan otros cien campeones por la mañana.

—Puede que Frou sea viejo —dijo Cenicienta—, pero tiene el corazón de un campeón.

Y con aquello, ensilló a Frou y se montó en su lomo.

—Vamos, Frou —le dijo—, ¡vamos a enseñarles de qué pasta estás hecho!

Todos los días a lo largo de esa semana, Cenicienta y Frou entrenaron durante horas. Pero Frou seguía cometiendo errores. No importaba la dulzura con la que Cenicienta le rogara, él erraba todos los saltos.

Al fin llegó la víspera del Real Torneo.

—Por favor, no te preocupes —le dijo Cenicienta a Frou—, lo harás de maravilla.

Pero el caballo no estaba tan convencido.

Justo entonces, el hada madrina de Cenicienta apareció ante ellos.

—Querida —le susurró—, tú sabes que Frou puede ganar, y yo también lo sé, pero nuestro amigo Frou no lo sabe aún. Lo que necesita es que algo le dé confianza en sí mismo.

Agitó su varita mágica hacia Frou. Para sorpresa de éste, unas herraduras de cristal aparecieron en sus pezuñas.

—Con estas herraduras nunca errarás un salto —le dijo a Frou, guiñándole un ojo a Cenicienta—. Y ya que estamos... —añadió, ondeando su varita de nuevo.

Instantáneamente, una silla dorada apareció en el lomo de Frou y el vestido de Cenicienta se convirtió en un bonito traje de amazona.

Al día siguiente, en el torneo, Frou parecía un verdadero campeón. Levantó la cabeza y realizó todos los saltos con facilidad. Todo gracias a las herraduras mágicas de cristal, o eso creía Frou. Pero Cenicienta sabía la verdad. Las herraduras sólo le habían dado a Frou la confianza que necesitaba para ser el buen caballo que había sido siempre.

¡Cenicienta y Frou quedaron los primeros! La princesa estaba muy orgullosa de su viejo amigo.

Abril
25

La Bella Durmiente

Medicina de hada

En las profundidades del bosque, en una humilde cabaña, las tres hadas buenas criaron a Rosa en secreto durante muchos años. Una mañana, la niña se levantó con un resfriado terrible.

—Tenemos que curarla —dijo Flora.

Fauna y Primavera estaban de acuerdo. Así que, mientras Rosa estaba en la cama, Flora le trajo un bol de sopa. Fauna le llevó una taza de té y Primavera, una dosis de medicamento.

—¡Puaj! —dijo Rosa, arrugando la nariz—. ¡Esto sabe fatal!

—La mayoría de los jarabes saben fatal, querida —dijo Primavera—. Tú bébetelo.

—¿Quieres algo más? —preguntó Flora.

La princesa se sonó la nariz y miró por la ventana el maravilloso día de primavera.

—Lo que quiero es salir de la cama —dijo.

—Ah, no, querida —dijo Flora—. Estás muy enferma.

Entonces, las hadas dejaron a Rosa y bajaron las escaleras.

—Me sabe mal por ella —dijo Fauna—. Pasarse el día en la cama es muy aburrido.

—¿Qué podemos hacer? —preguntó Primavera.

—¡Ya lo tengo! —gritó Flora—. ¡La divertiremos!

—¡Espléndido! —dijo Primavera—. Iré a buscar mi varita y conjuraré unos fuegos artificiales, un espectáculo de mascotas y...

—Y ¡a ese perro tan inteligente que salta por los aros! —añadió Fauna.

—¡No! —gritó Flora—. Juramos no usar magia hasta que Rosa cumpliera dieciséis años y estuviera a salvo de la maldición de Maléfica.

—¿Ni un poco de magia? —preguntó Fauna—. ¿Un poco de fuegos artificiales?

—¡No! —dijo Flora de nuevo, dando un pisotón en el suelo.

—Bueno —dijo Fauna—, ¿qué hacen los mortales para entretenerse cuando están enfermos?

—¡Ya sé! —gritó Flora y sacó una baraja de naipes—. ¡Jugaremos a las cartas! ¡Será divertido!

Las tres hadas subieron a la habitación de Rosa y jugaron a las cartas con ella toda la tarde. La chica ganaba casi todas las partidas, lo que la alegraba mucho.

Después de un rato, Rosa bostezó y dijo que estaba preparada para dormir, así que las hadas volvieron al piso de abajo.

Cuando Flora salió para cuidar el jardín, Fauna se acercó a Primavera.

—Dime la verdad —susurró—. ¿Has usado magia para que la princesa gane?

—He usado la magia de los mortales —confesó Primavera—. Un poco de juego de manos no hace daño. Después de todo, no negarás que, cuando se está bajo de ánimos, ganar es la mejor medicina.

Abril
26

Atrapados en Sunnyside

Todos los juguetes de Andy estaban atrapados en el centro de Sunnyside excepto Woody; había intentado volver a casa, pero una niña se lo había encontrado. Todos habían creído que Andy quería tirarlos a la basura, así que habían saltado a una bolsa que iría a la guardería.

El problema era que los juguetes estaban atrapados en la clase de las Orugas, donde niños de uno y dos años jugaban de una forma muy brusca con ellos.

Buzz acababa de salir a escondidas de la clase y de oír una conversación que tenían algunos de los juguetes de Sunnyside. Buzz los oyó decir que sabían que los niños jugarían así con ellos.

De vuelta en la clase de las Orugas, todos los juguetes se reunieron alrededor de la señora Patata, que había empezado a ver cosas extrañas a través del ojo que había perdido en casa de Andy.

—Andy está fuera, en el pasillo —dijo, tapándose el otro ojo con la mano—. Está mirando en el desván. ¿Por qué está tan triste? —dijo—. ¡Andy nos está buscando! ¡Creo que quería guardarnos en el desván!

—¡Woody decía la verdad! —gritó Slinky.

Ahora que los juguetes se habían dado cuenta de su error, sabían lo que tenían que hacer.

—Chicos, ¡tenemos que volver a casa! —gritó Jessie.

En el pasillo, Grandullón y los otros habían descubierto a Buzz y lo habían atado a una silla dentro de un armario. Cuando Lotso llegó, vio a Buzz y actuó como si su captura hubiera sido un error. Incluso sugirió que a Buzz se le trasladara a la clase de las Mariposas y que sus amigos se quedaran allí.

—No puedo aceptar —dijo Buzz—. Somos una familia, estamos juntos en todo.

Enfadado, Lotso llamó al empollón para que trajera el manual de instrucciones de Buzz Lightyear. Sus amigos sujetaron a Buzz y, entonces, usando el libro como guía, abrió el panel de la espalda de Buzz.

—¡Para! ¡Noooo! —gritó Buzz, mientras giraban un botón en su espalda.

Entonces, Lotso y sus hombres fueron a la clase de las Orugas. Los juguetes de Andy, que no sabían nada de lo que estaba pasando, se sintieron aliviados al verlo.

—Ha habido un error —explicó la señora Patata—. ¡Tenemos que irnos!

Pero a Lotso aquello no le importaba.

—La cuestión, señora —dijo, con una sonrisa malvada—, es que no vais a salir de Sunnyside.

Él quería que los juguetes de Andy estuvieran con los más pequeños para que no tuvieran que estarlo ellos.

Entonces, de repente, apareció Buzz. Pero en lugar de saludar a sus amigos, empezó a darles golpes de kung-fu.

Jessie y los otros lo miraban desconcertados, preguntándose qué le había pasado a su amigo. ¿Por qué actuaba Buzz así?

Abril

27

Disney ALICIA en el país de las MARAVILLAS

Tonteando con la tristeza

—¡Me voy, me voy! —dijo el conejo blanco, que pasó corriendo junto a Alicia.

—¡Perdone! ¡Perdone! —le gritó Alicia, pero ya se había ido.

Alicia se sentó.

—Nunca voy a salir de aquí —dijo preocupada.

—¿Qué ocurre? —preguntó una voz—. Pareces triste.

Alicia miró a su alrededor, pero no veía a nadie.

—¿Dónde estás? —preguntó.

—¿Así mejor? —dijo el Gato de Cheshire, apareciendo de la nada.

—Ay, sí —respondió Alicia.

—¿Necesitas ayuda? —preguntó el gato.

—¿Me ayudarás? —dijo Alicia.

—¡Por supuesto! —dijo el Gato de Cheshire con una sonrisa—. Pero tienes que hacer exactamente lo que yo te diga.

—Vale —dijo Alicia.

—Primero —le dijo el gato—, tienes que ponerte este abrigo de invierno.

—Pero es primavera —protestó Alicia.

—Prometiste que harías lo que yo te dijera —le recordó.

—Está bien —dijo, y empezó a ponerse el abrigo.

—¡Del revés! —le ordenó el gato.

—Pero... —empezó Alicia.

El Gato de Cheshire empezó a desaparecer.

—¡Espera, no te vayas! —le pidió—. Mira, me lo estoy poniendo.

Cuando se hubo puesto el abrigo del revés, el Gato de Cheshire volvió a aparecer.

—Demos un paseo —le dijo, sonriendo.

—Voy ridícula —dijo Alicia.

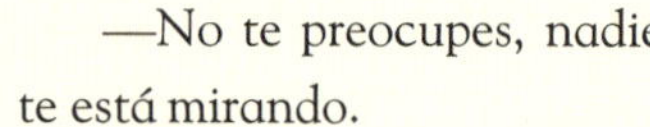

—No te preocupes, nadie te está mirando.

Pero la verdad era que Alicia juraría que oía a las mariposas de mantequilla reírse de ella.

—Ahora, bébete esta taza de salsa de manzana —dijo el Gato de Cheshire.

—Querrás decir zumo de manzana —dijo Alicia.

—No, quiero decir salsa de manzana —dijo—. Bébetela mientras andas en círculo tres veces.

—¿Estás seguro? —Alicia dudó.

—Siempre funciona con las mariposas de mantequilla —dijo.

—Está bien —dijo Alicia.

Pero al tiempo que empezaba el segundo círculo, sus dudas se hicieron más fuertes.

—Creo que me estás tomando el pelo —dijo—. Me estás haciendo hacer todo esto para que parezca tonta.

—Es verdad —admitió el gato—. Pero es más difícil estar triste cuando uno parece tan tonto.

Su sonrisa permaneció en el aire un momento después de desaparecer. Alicia se paró a pensar un segundo y tuvo que darle la razón. Seguía perdida, pero ya no se sentía tan triste por ello.

Abril

28

Adiós, Amistad

Con Alegría y Tristeza perdidas en la Memoria a Largo Plazo con las esferas de los recuerdos esenciales, Ira, Miedo y Asco habían estado intentando cuidar de Riley a su manera. Pero, después de la riña con sus padres, lo único que podían hacer era ver como la Isla Payasada se derrumbaba en la mente de Riley.

Para volver a la Central, Alegría se dio cuenta de que ella y Tristeza tendrían que recorrer antes los pasillos sin fin de estanterías llenas de esferas de recuerdos en la Memoria a Largo Plazo. Tenían que conseguir devolver los recuerdos esenciales de Riley de vuelta a la Central antes de que más islas de la personalidad se derrumbaran.

A Tristeza no parecía gustarle el plan de Alegría; creía que se iban a perder.

—Sé positiva —dijo Alegría.

—Estoy demasiado triste para andar —se quejó desde el suelo Tristeza—. Dame un par de... horas.

Alegría no tenía ni un minuto que perder, así que agarró a Tristeza de una pierna y empezó a arrastrarla.

Por el camino, se encontraron con un par de trabajadores de la mente, los llamados olvidadizos. Su trabajo consistía en deshacerse de los recuerdos que Riley ya no necesitaba. Los aspiraban de las estanterías y los enviaban al Vertedero, donde los viejos recuerdos se perdían en el olvido. Alegría miraba a los olvidadizos con gran interés. Ella y Tristeza tenían que volver a la Central antes de que Riley dejara de preocuparse por todo y los recuerdos esenciales se perdieran para siempre.

En aquel momento, Riley estaba chateando con su mejor amiga, Meg, en su portátil. Meg vivía en Minnesota.

—¿Te gusta estar ahí? —preguntó Meg.

Pero antes de que Riley pudiera contestar, Meg empezó a hablarle de una nueva niña estupenda que había en el equipo de hockey.

—¡Nos pasamos el disco casi sin mirarnos! —dijo Meg.

Riley echaba de menos jugar con su viejo equipo, por lo que oír aquello la enfadó.

En la Central, Ira tomó el control.

—¡Eh, eh! —dijo Asco—. ¡No queremos perder más islas!

Pero Ira ya había pulsado el botón.

—Tengo que irme —dijo Riley, que cerró su portátil.

Parecía que sus antiguos amigos no la echaban de menos.

En la mente de Riley, Alegría y Tristeza oyeron un crujido enorme. Las dos miraron, con impotencia, como la Isla de la Amistad se derrumbaba y caía en el oscuro Vertedero.

—¡No, Amistad no! —exclamó Alegría.

—Adiós, Amistad —suspiró Tristeza—. Hola, soledad.

Abril
29

Disney Winnie the Pooh

El vecindario de Pooh

—¡De verdad, es un día espléndido en el vecindario! —dijo Búho.

—¿De qué vecino diario estamos hablando? —preguntó Pooh.

—Vecindario —repitió Búho—. El lugar donde vivimos y donde viven todos nuestros vecinos.

—Ah —dijo Pooh—, es un día espléndido, ¿verdad?

—Voy a echar un vistazo de búho —dijo Búho, que echó a volar y dio una vuelta alrededor de la casa de Pooh—. Puedo ver el Bosque de los Cien Acres que se extiende debajo de mí y es muy bonito.

Mientras Búho volaba, Pooh empezó a meditar sobre lo que significaba vivir en un vecindario, y pensó que quizá le llevaría un bonito regalo a su vecino más cercano, Piglet. Pooh entró en casa, cogió un bote de miel de su armario y le ató un lazo azul.

Al llegar al Punto de Reflexión, Pooh pensó de repente: «Puedo ir por el camino de siempre a casa de Piglet, o puedo dar la vuelta al vecindario y tarde o temprano llegaré a casa de Piglet». Y eso fue lo que hizo.

Al tomar el camino largo hacia la casa de su amigo, Pooh se encontró con todos los vecinos. Se paró a tomar un tentempié con Cangu y Rito en el merendero y recogió algunas zanahorias para Conejo. Después de comer y de una larga siesta en casa de Christopher Robin, pronto llegó a la casita triste de Ígor, el burrito.

Ígor estaba triste, así que Pooh le ofreció un lametón de miel. Pooh sacó la jarra e Ígor miró dentro. ¡El bote estaba vacío! Pooh siguió triste su camino, y, al poco, pasó Búho volando.

—Hoy he visto todo el vecindario —le dijo Pooh—. Pero ahora no me queda ningún regalo para Piglet.

—Las abejas han estado bastante ocupadas en el viejo árbol de las abejas —dijo Búho—. A lo mejor puedes rellenarlo allí.

Los dos anduvieron juntos hasta que llegaron al viejo árbol, y Pooh trepó y trepó. Búho tuvo una idea y le dijo a Pooh que fuera a lo más alto del árbol y mirara a su alrededor.

—¡Nuestro vecindario! —gritó Pooh—. ¡Nuestro hogar!

El Bosque de los Cien Acres se extendía por debajo de él.

—Ésa es la vista del ojo de búho —dijo Búho orgulloso.

Entonces, Pooh llenó el tarro una vez más y él y Búho fueron a casa de Piglet a cenar.

Abril

30

Campanilla causa problemas

Las hadas estaban en Tierra Firme para instaurar el verano. Campanilla se encontró sin nada que hacer, porque todos sus inventos funcionaban perfectamente y no tenía nada que arreglar, así que se entretuvo volando tras un coche. Lo había seguido todo el camino hasta la casa donde la pequeña Lizzy vivía con su padre.

Vidia había intentado darle una lección a Campanilla encerrándola dentro de una casita que Lizzy había construido. Pero entonces la niña descubrió a Campanilla. A Vidia le entró el pánico, ella no pretendía poner en peligro a su amiga y voló al campamento de las hadas para buscar ayuda.

Pero Vidia no sabía que la tintineadora y Lizzy se habían hecho amigas. Ella había decidido quedarse y ayudar a la pequeña y a su padre, el doctor Griffiths. El científico no creía en las hadas y siempre estaba muy ocupado para pasar tiempo con su hija. Cuando Lizzy intentó enseñarle su diario especial de hadas, él le respondió que no tenía tiempo, que tenía que arreglar unas goteras que había en el techo.

Campanilla decidió que ella arreglaría las goteras. Voló al ático y, en poco tiempo, armó un sistema para hacer que el agua saliera de nuevo. Entonces, voló dentro otra vez y sus ojos captaron una mariposa que revoloteaba dentro de un bote de cristal, en el despacho del doctor Griffiths. El científico la había cazado para estudiarla. El hada se sintió muy mal al ver a la pobre criatura capturada, así que liberó al pobre insecto.

A la mañana siguiente, el doctor Griffiths fue a ver como estaba su hija.

—Ya no hay goteras —dijo—. Es como si se hubieran tapado solas.

Cuando se marchó, Campanilla intentó decirle a Lizzy que fuera y le enseñara a su padre el diario de hadas.

—Me gustaría enseñarle esto —dijo—, tiene mucho que aprender sobre las hadas.

Pero cuando Lizzy bajó las escaleras, su padre estaba muy triste.

—La mariposa no está —anunció—. Iba a presentarla en el museo esta noche, yo no la he soltado y, puesto que no hay nadie más en esta casa, tienes que haber sido tú.

—Yo no he sido —respondió Lizzy—. Habrá sido... —Campanilla se acercó a la oficina, pero Lizzy la espantó con la mano para que no entrara.

—¿Habrá sido quién? —preguntó.

—Te lo diría, papá —dijo Lizzy—, pero no me creerías.

—Está bien —dijo el doctor Griffiths—, a tu cuarto. Me has decepcionado mucho.

Campanilla se sintió fatal por meter a Lizzy en problemas. Quería mostrarse ante el doctor Griffiths, pero la humana no podía permitir que su nueva amiga se pusiera en peligro.

Mayo 1

Fe, confianza y polvo de hadas

Las hadas estaban instaurando el verano en Tierra Firme y Campanilla estaba muy emocionada por estar allí. Sentía gran curiosidad por el mundo de los humanos, tanta, que acabó entrando en una pequeña casa para hadas que había hecho una niña llamada Lizzy.

Vidia estaba enfadada porque Campanilla las estaba poniendo en peligro a ambas y quería darle una lección. Cerró la puerta de un golpe. Sin embargo, ésta se quedó atascada y la niña encontró a Campanilla al cabo de un rato. A Vidia le entró el pánico y voló como un rayo para buscar ayuda.

Había empezado una tormenta, así que Vidia y las otras hadas tuvieron que construir un bote para llegar hasta donde estaba la tintineadora. Navegaron por el prado mojado, sobrevivieron a una colisión y salvaron a Vidia de hundirse en el barro. Ahora, caminaban fatigadas bajo la lluvia.

—Estaba pensando que si Campanilla estuviera aquí, no podría estarse quieta —dijo Silvermist—. La echo de menos.

—Es culpa mía que se quedara atrapada —admitió Vidia—. Lo siento mucho.

Para sorpresa de Vidia, las otras hadas no estaban disgustadas con ella.

—Campanilla es capaz de meterse en miles de problemas ella sola —dijo Rosetta.

Se acercaron para formar un corro y corearon el lema de las hadas.

—¡Fe, confianza y polvo de hadas!

Juraron trabajar en equipo para salvar a su amiga.

A Vidia le encantaba formar parte del grupo. Normalmente le gustaba estar sola y a veces incluso ser mala con las otras hadas. Pero, al final, empezaba a entender la importancia de la amistad.

De vuelta en la habitación de Lizzy, la tintineadora le estaba pidiendo perdón a la niña. Por culpa suya había regañado un poco con su padre, quien no creía que las hadas existieran. Lizzy entendió lo que le decía.

—Ojalá fuera un hada como tú —dijo la pequeña—. Así podría volar con el resto de hadas siempre.

Campanilla sabía cómo hacer realidad el deseo de Lizzy: ¡con polvo de hadas!

Le pidió que cerrara los ojos y extendiera los brazos. Entonces, Campanilla esparció sobre la cabeza de la niña un poco de polvo de hadas. ¡Era hora de una lección de vuelo!

Lizzy estaba muy feliz de tener una amiga como Campanilla. Sabía que su padre la quería y quería pasar más tiempo con ella, pero, como era mayor, no creía en la magia y mucho menos en las hadas.

Lizzy deseó que, un día, su padre creyera en la magia y pudieran pasar mucho tiempo juntos.

Mayo
2

Un trato es un trato

Tiana estaba conmocionada: acababa de besar a un sapo parlante, que una vez fue el príncipe Naveen, con la intención de devolverle su forma original. Pero no había funcionado. En lugar de eso, ella se había convertido también en una rana.

—¿Qué me has hecho? Soy... verde y... ¡babosa!

Tiana se lanzó contra el príncipe Naveen, llena de ira. Durante la pelea, aterrizaron en medio del baile de disfraces de Charlotte. La aparición de los dos anfibios, obviamente, causó un gran revuelo entre los invitados. Por fortuna, Naveen se las apañó para agarrarse a un manojo de globos y, con Tiana colgada de su cuello, escaparon por el aire. Ahora iban a la deriva en medio de la oscuridad, sobrevolando el pantano de Luisiana, que estaba lleno de toda clase de peligros.

—¿Quién era el falso príncipe Naveen que bailaba con Charlotte? —preguntó Tiana.

—Es mi mayordomo. Está intentando hacerse rico obedeciendo las órdenes de un hechicero —respondió.

—¿Vudú? ¿Me estás diciendo que todo esto ha pasado porque tú estabas jugando con el príncipe de las sombras? Lo tengo bien merecido, por pedirle deseos a las estrellas. La única manera de obtener lo que uno quiere en este mundo es trabajando duro —murmuró.

—¿Trabajando duro? —repitió Naveen, sorprendido—. ¡Las princesas no trabajan!

—No soy una princesa, soy camarera.

Al oír aquellas palabras, Naveen soltó un grito.

—No me extraña que el beso no haya funcionado —dijo Naveen indignado—. ¡Me has mentido! ¡Llevabas una corona!

—¡Era una fiesta de disfraces! —gritó Tiana.

Dándose cuenta de su error, Naveen decidió vengarse de Tiana.

—Bueno, la estúpida eres tú, porque yo no tengo nada. Estoy en la ruina —dijo, y empezó a reírse.

En aquel momento, los globos empezaron a explotar en las ramas de un árbol y los sapos cayeron al barro.

—¿Y me llamas a mí mentirosa? —Tiana estaba furiosa.

—En realidad, no he mentido —protestó Naveen—. Intento volver a ser rico. ¡En cuanto me case con la señorita Charlotte La Bouff...! Si ella quiere, claro.

De repente, unos cocodrilos hambrientos los rodearon. Tiana se refugió deprisa en el agujero de un tronco que había en el agua. Naveen le suplicó que lo salvara.

—Un trato es un trato —respondió Tiana—. Dime que cumplirás tu promesa o no te salvaré.

—Trato hecho —cedió el príncipe—. Pero tú tienes que cumplir tu parte del trato, convertirme de nuevo en príncipe.

Tiana suspiró. ¡Había caído en su propia trampa!

Mayo
3

Patch y la pantera

Una noche, quince cachorritos de dálmata estaban sentados delante de un televisor en blanco y negro. Estaban viendo como Relámpago, el héroe perruno, reptaba por una oscura y profunda selva.

De repente, Relámpago levantó las orejas y los cachorros contuvieron el aliento. Dos ojos amarillos lo miraban desde detrás de un arbusto. ¡Era una pantera!

—Relámpago, ¡detrás! —ladró Penny a la pantalla.

—¿Cómo escapará nuestro héroe de la hambrienta pantera? —preguntó la voz del narrador—. No se pierdan el próximo episodio.

—¡Jooo! —gruñeron los cachorros, decepcionados porque su programa favorito se había terminado.

—Seguro que Relámpago hace pedazos a esa pantera —dijo Patch.

—A mí me daría miedo luchar con una pantera —dijo su hermano Lucky.

—¡A mí no! —gritó Patch.

—Está bien, niños. Hora de dormir —dijo Pongo, apagando la televisión con el hocico.

Pongo observó como los cachorros subían por las escaleras y se acostaban en sus cestitas.

—Buenas noches, hijos —dijo Pongo.

—Buenas noches, papá —respondieron los perritos.

Pongo apagó la luz y, un momento después, el sonido de unos ronquiditos llenaron la habitación. Los pequeños se habían dormido enseguida.

Todos menos uno. Patch seguía muy despierto. Seguía pensando en Relámpago y la pantera.

—Ojalá viniera una pantera por aquí. —Patch hablaba para sí mismo—. Le enseñaría un par de cosas.

Justo entonces, una tabla del suelo crujió. Patch levantó las orejas y salió de su cesta para investigar.

La madera volvió a crujir. «¿Y si es una pantera? —pensó Patch, y le dio un escalofrío—. Bueno, a mí no me asustan las panteras», recordó.

De repente, Patch vio una sombra que pasaba por debajo de la puerta. La sombra tenía una larga cola, igual que las panteras. Justo entonces, dos ojos amarillos aparecieron en la oscuridad.

—¡Aaah! —gritó Patch.

Intentó correr, pero se tropezó con la alfombra. En un instante tuvo a la pantera encima de él. Patch podía notar su aliento. Cerró los ojos y...

—Patch, ¿qué haces fuera de la cama? —preguntó la pantera.

Patch abrió los ojos. ¡Era Pongo!

—Yo... estaba ahuyentando a las panteras —explicó Patch.

Pongo sonrió.

—¿Por qué no duermes un poco? —sugirió—. Yo vigilaré a las panteras un rato.

—Vale, papá —dijo Patch en un bostezo.

Pongo llevó a su cesta al pequeño, que enseguida se durmió.

Mayo
4

Un descubrimiento científico

Campanilla era un hada muy curiosa a la que le encantaba explorar lugares nuevos. Ésa era la razón por la que, mientras las hadas traían el verano a Tierra Firme, Campanilla voló tras un coche. Vidia la había seguido para hacerla volver, pero ella la ignoró.

La tintineadora acabó siendo descubierta por una niña. Su nombre era Lizzy y su padre, el doctor Griffiths, era científico. Él no creía en las hadas y le era difícil encontrar tiempo para pasar con su hija, siempre estaba muy ocupado.

Campanilla decidió ayudar a Lizzy y a su padre y arregló las goteras del techo de su casa; así, el doctor Griffiths no tendría que hacerlo y podría pasar más tiempo con su hija.

Pero el hada metió a la pequeña humana en un lío al liberar a una mariposa que su padre había atrapado. Para hacer las paces con ella, Campanilla la espolvoreó con polvo de hadas para que pudiera volar por su habitación.

Mientras tanto, Vidia y las otras hadas habían viajado desde el campamento de las hadas para rescatar a Campanilla, porque pensaban que estaba en peligro. Acababan de llegar a casa de Lizzy.

—Bien —empezó Vidia—, Campanilla está en el piso de arriba.

Pero, antes de que pudieran moverse, apareció el Señor Twitches, ¡el gato de la familia! Las hadas no podían volar porque la lluvia había mojado sus alas.

No obstante, Vidia tuvo una idea y lanzó un poco de polvo de hadas en un plato, que empezó a planear en el aire. Las demás hicieron lo mismo, y varios platos más alzaron el vuelo. Entonces, las hadas saltaron a la vajilla para alcanzar las escaleras. Pero ¡el Señor Twitches les pisaba los talones!

—Tú sabes dónde está Campanilla —le dijo Rosetta a Vidia—. ¡Ve, nosotras nos ocuparemos del gato!

Mientras, el doctor Griffiths oyó ruidos extraños que procedían del cuarto de Lizzy.

—¿Qué está pasando aquí? —preguntó—. Señorita, ¿cómo han acabado tus huellas en el techo? Dime la verdad.

—Bueno, yo... —empezó Lizzy— estaba volando. Mi hada me ha enseñado a hacerlo.

—¡Tienes que acabar con esta tontería! —insistió el doctor Griffiths. En ese momento, Vidia irrumpió en la habitación, pero él no la vio—. ¡Nunca me convencerás de que las hadas existen! —añadió.

Campanilla no lo soportaba más. Salió volando de su escondite y se posó delante de las narices del doctor.

—¡No puede ser! —gritó el padre de Lizzy, y miró a Campanilla con asombro—. ¡Esto va a ser el descubrimiento del siglo!

Vidia vio como cogía un bote.

—¡Cuidado! —alertó Vidia.

Ahora que sus alas estaban secas ya podía volar y empujó a su amiga para apartarla de su camino. ¡Pam! El bote atrapó a Vidia en lugar de a Campanilla. ¡Ahora era Vidia la que necesitaba ser rescatada!

Mayo
5

Los malos no ganan medallas

Rompe Ralph trabajaba en el videojuego *Repara Félix Júnior*. Cada vez que se iniciaba una partida, Ralph aparecía en la pantalla y gritaba: «¡Voy a romperlo!».

Entonces, Repara Félix, el chico bueno, llegaba con su martillo mágico y lo arreglaba. Todos los chachinanos lo vitoreaban y le daban pasteles y una medalla. ¿Y a Ralph? Lo tiraban de lo alto del edificio a un charco de barro.

El juego *Repara Félix Júnior* estaba en los Recreativos Litwak desde hacía ya treinta años. Era uno de los juegos recreativos originales de 8 bits, y los niños habían estado ayudando a Félix a reparar el edificio de los chachinanos todo ese tiempo.

Dentro del juego, Félix y los chachinanos eran felices. A Félix le gustaba su trabajo y los chachinanos estaban orgullosos de recompensarle, partida tras partida, año tras año.

Sin embargo, Ralph estaba cansado del barro. No le parecía justo. Él sólo estaba haciendo su trabajo. ¿Por qué tenía que ser Félix siempre el bueno, mientras él acababa siempre cubierto de lodo?

El día del aniversario del juego, Ralph viajó por los cables a un grupo de apoyo para tipos malos de videojuego, donde confesó que él quería ser el bueno, aunque sólo fuera por una vez.

—No podemos cambiar lo que somos —dijeron los otros.

Entonces todos juntos recitaron el credo de los malos: «Soy un malo y eso es bueno. Jamás seré bueno y eso no es malo. No me cambiaría por nadie». Ralph se dirigió a casa pasando por la Estación Central de Juegos, el centro de todos los juegos de máquinas recreativas. Como de costumbre, el protector de corriente lo paró para interrogarle. Ralph sabía que lo hacía sólo porque era de los malos.

Después, Ralph dio unas cerezas que había cogido a los personajes de videojuegos sin hogar que vivían en la estación. Sus juegos se habían desenchufado y no tenían dónde vivir.

Aquella noche, los chachinanos dieron una gran fiesta de cumpleaños en el edificio de apartamentos. Ralph no podía creer que no le hubieran invitado.

—¡Pienso ir a esa fiesta! —declaró Ralph.

En la fiesta, intentó ser educado. Entonces vio la tarta, con una figurita de Félix en lo alto, llevando una medalla. Ralph quería su propia figurita con medalla. Pero Gene, uno de los chachinanos, dijo:

—¡Los malos no ganan medallas!

Aquellas palabras enfurecieron a Ralph, que, sin querer, destrozó la tarta.

Ralph suspiró. ¿Sería capaz de obtener su propia medalla algún día?

Mayo
6

Disney MICKEY y SUS AMIGOS

Una perrita ganadora

Un día, Minnie estaba paseando a su perrita, Fifi, cuando vio un cartel.

—Mira, Fifi, un concurso de perros, ¡con premios! ¡Deberías ir!

Minnie y Fifi fueron directas a casa a practicar.

—¡Fifi, siéntate! —dijo Minnie.

Fifi se sentó.

—¡La patita! Buena chica —dijo Minnie, sacudiendo la pata que Fifi le había dado—. Rueda.

Fifi se levantó.

—¡Guau!

—No —dijo Minnie—, tienes que ladrar cuando yo te diga «habla».

Fifi rodó por el suelo.

—¡Aún tenemos mucho trabajo que hacer! —dijo Minnie.

La mañana del día del concurso, Minnie le dio a Fifi un baño y la engalanó con un lazo rojo con puntos blancos.

Fifi tiró de la correa mientras caminaban. ¡Había visto una ardilla!

Minnie la sujetó con fuerza, pero el collar resbaló por el cuello y se salió. Minnie vio a la ardilla desaparecer en una esquina, seguida de su lazo rojo.

—¡Fifi! —gritó Minnie—. ¡Vuelve aquí!

Minnie corrió tras ella, pero cuando dobló la esquina su perrita había desaparecido. Minnie buscó y buscó, y entonces decidió llamar a Daisy.

—¡Voy enseguida! —dijo Daisy—. ¡Mickey viene conmigo!

—No te preocupes, Minnie —dijo Mickey cuando llegaron—, te ayudaremos a buscarla.

Minnie y sus amigos hicieron unos carteles: «Se busca. Perrita canela y crema. Responde al nombre de Fifi. Si la encuentra, por favor llame al 911 52 58 96».

Recorrieron toda la ciudad, llamando a Fifi y pegando carteles.

—Volvamos a casa, Minnie —sugirió Daisy—. Fifi encontrará el camino de vuelta.

Pero la perrita no había vuelto a casa.

—Voy a enviarle un mensaje a mis amigos: «Se ha perdido una perrita canela y crema con un lazo rojo con puntos blancos. Si la veis, por favor, enviadme un mensaje» —dijo Daisy.

En unos minutos, Daisy empezó a recibir mensajes y una foto. Era de un perrito con un lazo rojo y una divisa azul.

Daisy contestó: «¡Es Fifi! ¿Dónde está?».

—¡Está en el concurso de perros! —dijo Daisy, leyendo la respuesta.

Los tres amigos corrieron al parque.

Fifi ladró al ver a Minnie.

—Fifi, ¡estaba muy preocupada! —dijo Minnie—. ¿Cómo has ganado este premio?

—Tu perra está muy bien educada —explicó uno de los jueces—. Se sienta y da la patita cuando se lo pides. Se merecía ser la ganadora.

Minnie sonrió.

—Suerte que no te han ordenado «rueda».

Fifi se levantó y ¡guau!

Mayo
7

Disney Princesas
La Sirenita

Clase de historia

—Ariel, ¿qué voy a hacer contigo? —preguntó el rey Tritón en un suspiro. Miró agotado a su hija—. Sabes que no está permitido salir a la superficie. A nadie, ¡es muy peligroso!

Ariel agachó la cabeza.

La habían descubierto yendo a la superficie una vez más, a visitar a su amigo Scuttle, la gaviota. El rey Tritón no comprendía el interés de Ariel por el mundo humano. Le daba pena que la mayoría de las conversaciones con su hija favorita acabaran con él gritándole y ella huyendo. De repente, tuvo una idea.

—Verás, Ariel —dijo pensativo—, estás muy interesada en aprender más sobre el mundo humano, pero ¡apuesto a que no sabes mucho del mundo en el que vives!

Ariel lo miró desconcertada.

—¿Qué quieres decir? —preguntó.

—Bueno —dijo Tritón—, ¿sabes algo acerca de la primera reina de las sirenas?

—Creo que no —respondió Ariel.

Diez minutos más tarde, Ariel y su padre iban nadando por el Sireneo Real (el museo de las sirenas), y Ariel estaba descubriendo que la historia de su pueblo era mucho más emocionante de lo que ella jamás hubiera imaginado.

—Esto es un retrato de la reina Fluidia, la primera reina de las sirenas. Ella fue mi... tatara-tatara-tatara-tatara-tatara-tatara-tatara-tatara-tatara-tatara-tatarabuela —dijo el rey Tritón, señalando una pintura sobre arena de una sirena regia sosteniendo un cetro de nácar—. Eso la convierte en tu tatara-tatara-tatara... bueno, ya te haces a la idea. De todos modos, hace muchos años, Fluidia unió a todas las sirenas en un solo reino para luchar contra una invasión de tiburones.

El Ejército Tiburón era el ejército más grande y más temido que se había visto en el océano, pero fue una batalla muy dura para ellos. Fluidia utilizó el cetro de nácar como maza, y era tan fuerte que podía provocar remolinos con sólo moverlo a su alrededor.

—Vaya —dijo Ariel—. Parece bastante fuerte.

—Lo era. Echó a esos tiburones casi con una sola mano y, en agradecimiento, los tritones la nombraron reina —dijo el rey Tritón—. ¿Sabes?, vienes de una familia bastante interesante —continuó—. Y me recuerdas mucho a Fluidia, Ariel. Tienes su fuerza de voluntad. Creo que harás grandes cosas, aunque tú y yo no estemos de acuerdo en cómo las haces.

—Gracias, papá —dijo Ariel, abrazando a su padre, agradecida por sus palabras.

Sin embargo, decidió no mencionarle lo mucho que su tridente se parecía a un cachivache.

¡Quizá en otro momento!

Mayo
8

Enredados

Fuera de la torre

El ladrón Flynn Rider quería su alforja, en la que había guardado la corona que había robado. Pero Rapunzel se negaba a dársela a menos que la llevara a ver los farolillos flotantes. Ella había estado cautiva en una alta torre toda su vida y quería saber por qué cada año, por su cumpleaños, había luces flotando en el cielo.

—¿Vienes, rubita? —dijo Flynn saltando por el muro, usando sus flechas como escalones.

Apoyada en la ventana, Rapunzel dudaba... pero echó un vistazo a su cuadro de los farolillos y superó su miedo.

Con Pascal en el hombro, utilizó su propio pelo para deslizarse torre abajo; a tal velocidad, que enseguida alcanzó a Flynn, quien se detuvo atónito a mitad de camino.

A un metro del suelo, puso un pie en la suave hierba y luego el otro.

—¡Anda! La hierba es justo como la imaginaba. ¡Es maravillosa! Puedo correr, bailar y saltar sin parar. ¡Soy libre!

Llena de emoción, Rapunzel empezó a rodar por el suelo.

—¡No me creo que lo haya hecho! ¡No me lo creo! —gritó.

Rapunzel empezó a explorarlo todo. Sin embargo, a la vez se sentía culpable por haber traicionado a Madre Gothel, a la cual creía su madre. Ella no sabía que Gothel sólo quería su pelo mágico, que mantenía eternamente joven a la vieja mujer.

Un momento Rapunzel saltaba de emoción, y al otro estaba sollozando con la cara hundida en un campo de flores.

—Soy un ser humano despreciable —lloraba.

Flynn vio la oportunidad de coger su bolsa sin cumplir con su parte del trato.

—No te preocupes demasiado por tu madre. Cuando crecemos, siempre discutimos con nuestros padres, es normal. A tu madre se le romperá el corazón en mil pedacitos diminutos que nunca podrá remendar, pero lo superará —murmuró.

—¿De verdad? ¿Le romperé el corazón?

—Se lo machacarás.

Rapunzel estaba muy triste. Flynn la acompañó de vuelta a la torre.

—Voy a romper el trato, volvamos a la torre. Me quedaré con mi alforja y tú recuperarás tu relación madre-hija —añadió.

Rapunzel se quedó parada un momento.

—Voy a ver los farolillos —insistió, y se volvió y se alejó corriendo de la torre.

Flynn estaba sorprendido por la fuerza de Rapunzel. No le quedaba otro remedio que ayudarla.

Mayo 9

Cataratas Paraíso

Desde que era niño, Carl siempre había querido ser explorador, como también lo deseaba su amiga y esposa, Ellie. Él le había prometido que un día la llevaría de viaje a ver las Cataratas Paraíso, en Sudamérica.

Pero nunca pudieron ahorrar el suficiente dinero para ir. Cuando se hicieron mayores, Ellie murió y a Carl le comunicaron que tenía que abandonar su casa.

Sin embargo, Carl decidió que tenía que cumplir la promesa que le hizo a su esposa, así que ató miles de globos a su pequeña casa, que, poco a poco, se fue elevando por el cielo.

Carl dirigía la casa voladora usando unas cuerdas que había atado a la veleta del tejado. Comprobó su brújula y su mapa y trazó el rumbo a las Cataratas Paraíso.

—¡Allá vamos, Ellie! —dijo con alegría.

De repente, alguien llamó a la puerta, Carl se quedó sorprendido. Estaba a muchos metros del suelo. ¿Quién podía estar en la puerta?

¡Era Russell! El niño explorador que había llamado a su puerta unos días antes. Carl le había pedido que encontrara un gamusino (un pájaro que en realidad no existía), sólo para deshacerse de él. Russell se encontraba en el porche de Carl buscando el gamusino cuando la casa despegó.

—Por favor, ¡déjeme entrar! —suplicó Russell.

Carl no tuvo más opción que dejarle entrar.

El anciano odiaba tener que parar, pero sabía que debía aterrizar y llevar a Russell a casa. Así que empezó a cortar globos. Mientras, Russell miraba las nubes desde la ventana.

—Se avecina una gran tormenta —dijo.

Pero Carl no le oyó.

Un rayo de luz iluminó la habitación. Carl intentó con cuidado dirigir la casa fuera del alcance de la tormenta, pero era demasiado tarde. La casita se revolvía en el viento. Carl corría de un lado a otro, intentando salvar las pertenencias de Ellie. Al final, agotado, se quedó dormido.

Cuando se despertó, la tormenta había acabado.

—Voy a aterrizar —le dijo Russell orgulloso—, estamos en Sudamérica.

Justo cuando Carl y Russell salieron al porche, la casa chocó ligeramente con el suelo y los lanzó por los aires.

—¡Mi casa! —gritó Carl cuando vio como rebotaba y se alejaba.

Agarrando la manguera del jardín, él y Russell intentaron retener la casa. En ese momento, la niebla se disipó y allí, no muy lejos, vieron las Cataratas Paraíso. ¡Eran como en el dibujo de Ellie!

—¡Lo hemos conseguido! —gritó Carl.

Carl estaba encantado. Por fin había hecho el viaje con el que Ellie y él siempre habían soñado.

Mayo 10

Buscando a... ¿quién?

—El arrecife de coral se va a caer, a caer, a caer.

Nemo estaba en casa, cepillándose contra la anémona, cuando aquella horrible canción le hizo estremecerse. Se adentró en la anémona, en vano: seguía oyéndola.

—Bella dama...

Algo le resultaba familiar... Nemo sacó con sigilo la cabeza por los tentáculos dorados para ver quién estaba armando ese horrible jaleo.

—¡Dory! —Nemo debería haberlo imaginado. ¿Cómo iba a olvidar esa voz? Nadó tan rápido como pudo hacia el pez cirujano azul—. ¡Dory! ¿Dónde has estado? —Parecía que había pasado la vida de una ballena desde que Nemo había visto por última vez al pez que ayudó a su padre a rescatarlo de la pecera del dentista. ¡Qué ganas tenía de darle un abrazo!

Cuando Nemo se acercó, Dory dejó de cantar, y eso estaba bien. Pero cuando ella le miró tenía cara de póquer... y eso no pintaba tan bien.

—¿Has dicho algo, chico? —preguntó ella.

—Dory, soy yo, Nemo —respondió él.

—¿Quién? —dijo, mirando inexpresivamente a Nemo—. Lo siento, chico, no te conozco. Sólo nadaba por aquí, en mi mundo, cantando... Eh, ¿por qué estaba cantando? ¿Soy famosa? Tal vez por eso me conoces.

—¡Dory! Somos amigos, ¿recuerdas? —Nemo había echado mucho de menos a Dory. No podía creer que no se acordara de él.

—¿Amigos? Acabo de hacerme amiga de un cangrejo ermitaño... creo —Dory nadó en círculos buscando al cangrejo, pero se distrajo y empezó a perseguir su propia cola.

—Por favor, Dory, intenta hacer memoria —insistió Nemo—. Ayudaste a mi padre a encontrarme y a salvarme. Conoces a mi padre. Un gran tipo naranja. Con tres rayas blancas. Se parece bastante a mí.

—¿Mi padre? ¿Se parece a ti? Lo siento, chico, pero no te pareces en nada a mi padre. —Dory miró a Nemo como si estuviera loco y empezó a alejarse nadando.

Nemo nadó tras ella.

—Piénsalo un poco —suplicó. Tenía que recordar algo—. ¡Soy Nemo!

Dory no se dio la vuelta, pero aminoró la marcha. Realizó un gran círculo y volvió hacia atrás. Miró a Nemo de lado, y empezó a reírse tanto que le salían burbujas por la nariz.

—Te lo has creído, ¿eh? —Dory dio un gran abrazo a Nemo y le sonrió con picardía—. Sólo era una broma. ¡Sabes que nunca podría olvidarte!

Nemo se rio y nadó en círculos alrededor de su amiga.

—¡Menuda broma, Dory! —exclamó.

Dory respondió con otra gran sonrisa.

—¿Quién es Dory?

Nemo sonrió. Esta Dory...

Mayo
11

EL
REY LEÓN

El regalo de Simba

Simba vagueaba por la jungla, más feliz de lo que había sido en años. Después de la terrible estampida en la Roca del Rey, no pensó que pudiera volver a ser feliz. Pero sus nuevos amigos, Timón y Pumba, le habían ayudado a sentirse mejor.

—Tengo que agradecérselo de algún modo —se dijo Simba mientras observaba a sus amigos en el río—. ¡Con algo muy especial!

Decidió hacerles un regalo. Vio un gran trozo de corteza en el suelo y se le ocurrió una idea.

—¡Tachán! —exclamó poco después, mostrándoles el regalo a sus amigos.

Pumba pestañeó.

—Gracias —dijo—, pero ¿qué es esto?

—Un rascador —dijo Simba, y estiró las garras.

Había usado enredaderas para atar la corteza a un tronco grueso, a la altura de los hombros.

—¡Vaya! —dijo Timón—. Bien pensado, Simba. Pero es un poco alto para mí. —Se estiró lo más alto que pudo pero, aun así, no conseguía alcanzarlo.

Pumba asintió.

—Y los facóqueros no nos afilamos... las pezuñas —dijo, levantando una pata.

—Ah. —Simba no había caído en aquello.

—Gracias de todas formas, chico —dijo Pumba.

Simba decidió volverlo a intentar construyéndoles una bonita y mullida cama. Cavó un pequeño agujero en el suelo y lo llenó de cosas blanditas como plumas, arena y pelo.

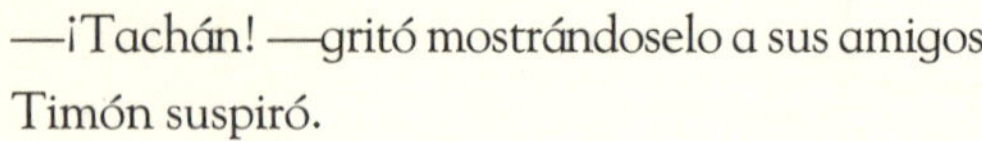

—¡Tachán! —gritó mostrándoselo a sus amigos.

Timón suspiró.

—¿Qué pretendes? ¿Matarnos? Aquí hay animales salvajes, ¿recuerdas? Si dormimos en el suelo, seremos el tentempié de medianoche de alguien.

Simba suspiró cuando se volvieron a marchar. ¿Por qué no se le ocurría nada que les gustara?

—A mí me habría encantado el rascador —murmuró—. Y la cama también.

De repente, se sentó y se dio cuenta de lo que acababa de decir. Había pensado en cosas que le gustaban a él, pero los regalos no eran para él.

—Tengo que pensar como ellos —susurró.

Poco a poco, una sonrisa se extendió por su cara. Al cabo de un rato, volvió a llamarlos.

—Tengo algo para vosotros —dijo, señalando un montón de hojas de palmera—. Creo que os va a gustar mucho, ¡tachán!

Apartó las hojas y, debajo, había un grupo de retorcidas, asquerosas, trepadoras y reptadoras criaturas: bichos, larvas y gusanos de todas las formas, tamaños, y sabores.

Timón y Pumba los miraron con asombro.

—¡Simba! —lloriqueó Timón—. ¡Eres un caballero! ¡Es lo que siempre hemos deseado!

—Sí, gracias —murmuró Pumba con la boca llena de larvas—. ¡Eres un verdadero amigo!

Simba sonrió.

—No —dijo—, gracias a ti. A los dos. *¡Hakuna matata!*

Mayo
12

Sorpresa de cumpleaños

—¡Despierta, Jaq, despierta! —gritó Gus.

—Déjame —murmuró Jaq dormido, y se dio la vuelta.

—No, no, Jaq. Despierta, hoy es un día especial. —Gus le tiró de la cola—. Es el cumpleaños de Cenicienta.

Jaq se incorporó.

—¿Hoy? —preguntó con los ojos abiertos como platos—. ¿Hoy es su cumpleaños?

Gus sonrió y asintió enérgicamente.

—Bien, ¡vamos! ¡No hay tiempo que perder! —gritó Jaq—. Tenemos mucho que hacer si queremos prepararle una fiesta sorpresa.

Enseguida, los pájaros y los ratones se reunieron en el alféizar de la ventana.

—¡Nosotras podemos hacer una tarta! —se ofrecieron Suzy y Perla.

—Cuidado con Lu... Lu... Lucifer —tartamudeó Gus.

Cocinar significaba robar huevos y mantequilla de la cocina.

—Nosotros nos ocuparemos de ese gato —dijeron Mert y Bert, cruzando los brazos.

Los pájaros piaron que ellos decorarían la habitación de la joven.

—Aún nos falta el regalo —dijo Jaq.

—¡Algo bonito! —gritó Gus.

—¡Ya lo tengo! —dijo Jaq—. Anoche vi unas zapatillas en la basura, cuando buscaba comida. Tienen un agujero en un dedo, pero las suelas están bien.

—Podemos arreglarlas —corearon los ratones.

—Y yo tengo un poco de cinta que he estado guardando. Podemos utilizarla para hacerlas bonitas.

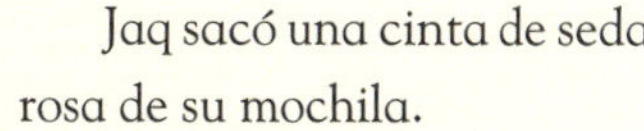

Jaq sacó una cinta de seda rosa de su mochila.

—Ahora, ¡a trabajar!

Los ratones se pasaron el día haciendo los preparativos, pero al final todo quedó muy bonito. El sol empezaba a esconderse cuando los ratones y los pájaros oyeron los ligeros pasos de Cenicienta subiendo por las escaleras.

—¡Ya viene! —susurró Gus.

Jaq cogió una cerilla y encendió la vela que había sobre la tarta helada, junto a la que colocaron las zapatillas, arregladas y envueltas. La cinta estaba enroscada en forma de dos rosas rosadas, una en cada tobillo. La puerta se abrió despacio.

—¡Sorpresa! —gritaron los ratones, mientras los pájaros piaban y tiraban confeti.

—¡Cielos! —dijo Cenicienta—. ¡Qué sorpresa!

—Feliz cumpleaños —dijo Gus con timidez.

—Es todo precioso —dijo Cenicienta—. Pero hoy no es mi cumpleaños.

—¿No? —La sonrisa de Jaq se esfumó.

El resto de los animalitos se quedó en silencio.

—Me temo que no, pero eso hace que la sorpresa sea aún más especial —dijo Cenicienta.

Sus amiguitos se rieron y se sentaron para compartir la deliciosa tarta.

Mayo
13

Mickey y sus amigos

El pícnic perfecto

Mickey y sus amigos habían planeado un pícnic aquel día.

—Cada uno puede preparar su comida favorita y luego intercambiarnos las cestas —sugirió Mickey.

—Suena divertido. ¡Me muero de ganas! —replicó Minnie.

Los amigos corrieron a casa para preparar cada uno su plato.

Donald hizo un sándwich, añadió su bebida favorita y una pieza de fruta. Pero, al ver su cesta, se dio cuenta de que no quería compartirla.

En casa de Minnie, las cosas tampoco iban bien. Había empaquetado su comida favorita, pero empezó a preguntarse si le gustaría la comida que sus amigos prepararan.

Daisy estaba emocionada con la idea de compartir la comida y tarareaba mientras metía la suya en su cesta. Pero cuando cogió un plátano, se imaginó a otra persona comiéndoselo y frunció el ceño. Quizá no le apetecía intercambiar su comida, después de todo...

Mientras tanto, Goofy estaba preparando limonada para llevar al pícnic. Cubierto de zumo de limón, Goofy saboreó la limonada. Estaba deliciosa, y quería bebérsela toda él.

Mickey no sabía que sus amigos habían cambiado de idea. De camino al parque, cada vez estaba más emocionado con el pícnic.

Cuando llegó, sus amigos le estaban esperando. Todos llevaban sus cestas de pícnic, pero ninguno parecía contento.

—¿Qué ocurre? —preguntó Mickey a sus amigos.

Donald explicó que todos querían comerse la comida que ellos mismos habían traído.

—¡Ah! —dijo Mickey, decepcionado—. Supongo que no tenemos por qué compartirla...

Minnie miró a Mickey, que parecía triste, y ella no quería ser la razón de su tristeza, así que cogió su cesta.

—Yo intercambiaré mi comida contigo, Mickey —dijo.

—¿De verdad? ¡Gracias, Minnie!

Los demás vieron lo feliz que Minnie había hecho a Mickey e intercambiaron sus cestas también. Mickey sacó un mantel, se sentó sobre él y abrió su cesta de pícnic. Cuando vio lo que había dentro, se echó a reír.

—¿Qué es tan divertido? —preguntó Minnie.

Ella miró en su cesta y empezó a reírse también. ¡Todos habían metido sándwiches de mantequilla de cacahuete y limonada! Lo único diferente era la fruta. Había una naranja, un plátano, una manzana, uvas y una piña.

—Tengo una idea —dijo Mickey.

Mientras sus amigos comían, Mickey hizo una macedonia.

Después de comerse el postre, los amigos se dieron cuenta de que Mickey tenía razón: compartir era divertido.

Mayo 14

El sapo tiene hambre

Tiana y Naveen, ahora transformados en sapos, estaban perdidos en el pantano. Tenían que volver a Nueva Orleans lo antes posible para averiguar cómo deshacer la maldición del doctor Facilier. Tiana, trabajando duro como de costumbre, acababa de construir una balsa para cruzar el pantano. Y Naveen, bueno... él era feliz cantando mientras ella dirigía el bote.

—¡Un poco de ayuda no estaría de más! —gruñó.

—Entonces ¡cantaré más fuerte! —respondió Naveen sin moverse.

De repente, un enorme caimán emergió de las aguas pantanosas y las ranas se aterrorizaron. Pero era Louis, no era peligroso; sólo estaba loco por la música. Le encantaba el jazz que Naveen estaba entonando.

—Soy Naveen, príncipe de Maldonia, y ella es Tiana, la camarera —les presentó Naveen. Entonces se acercó a Louis—. No la beses.

—Encantada de conocerte, Louis —intervino Tiana, ignorando a Naveen—. Y gracias por no comernos, pero tenemos prisa.

—¿Adónde vais? —preguntó Louis.

—A encontrar a alguien que pueda devolvernos nuestra forma humana —explicó Naveen—. ¡Un malvado hechicero nos ha convertido en sapos!

—¡Tenemos que preguntarle a Mamá Odie! —exclamó Louis—. Es la reina del pantano, una sacerdotisa vudú de verdad, pero una que hace magia buena.

A Louis le daba miedo ir a buscar a Mamá Odie, pues vivía en la parte más remota y peligrosa del pantano. Sin embargo, al final aceptó guiar a Tiana y a Naveen, sus nuevos amigos.

Los tres cantaron y se entretuvieron por el camino, hasta que Naveen empezó a tener hambre. Mucha hambre. Tanta, que su lengua de sapo salió disparada sola, ¡boing!, hacia una nube de mosquitos. Entonces, una gran luciérnaga aterrizó sobre un diente de león cercano, y esta vez fue la lengua de Tiana la que salió disparada sin avisar.

—¡Ah, no! ¡No y no! —Se asustó y se tapó la boca con un anca—. Ni hablar, ¡no voy a besar a un sapo y a comerme un bicho el mismo día!

Pero Tiana no podía luchar contra aquello. Su lengua volvió a salir escopeteada en dirección a la luciérnaga regordeta al mismo tiempo que la de Naveen y... ¡plas!, la luciérnaga se fue y sus lenguas se enredaron.

—¡Qué situación más embarazosa! —se rio la luciérnaga, volando a su alrededor—. Yo siempre digo que no hay nada peor en el pantano que un sapo con hambre.

Mayo
15

Disney Princesas
La Bella y la Bestia

La perla perfecta

Bella y Chip estaban en la biblioteca.

—Mi biblioteca es tu biblioteca —le había dicho Bestia—. Lee y disfruta todos los libros que quieras.

Y Bella se lo tomó al pie de la letra. Se pasaba horas allí, leyendo un libro tras otro. Para ella, los libros eran tesoros de un valor incalculable y los trataba con mucho cuidado.

Una mañana, vio que Bestia se había dejado el único libro que había leído abierto encima del brazo de su sillón.

Ella lo cogió y le dio la vuelta. Aunque la cubierta de piel estaba gastada, era un volumen precioso con un cierre de latón decorativo con tres perlas encajadas.

—¡Chip, mira! —le dijo a la taza encantada, señalando el broche.

Había un agujero donde debía haber una cuarta perla. Los dos buscaron por el suelo, por si se les había caído.

—¡He encontrado algo! —gritó Chip.

Allí, en la puerta de la biblioteca, había una perla perfecta y única.

—¡Veamos si encaja! —sugirió Bella.

Metió la perla en el agujero vacío del cierre.

—¡Sí, es de aquí! —dijo Chip.

—Tengo una idea —dijo Bella—. Como este libro es el favorito de tu amo, lo restauraré para él.

—¡Se llevará una gran sorpresa! —exclamó Chip.

Bella asintió. Se sentía feliz por hacer algo bonito por Bestia.

Cogió prestado un poco de pulidor de la señora Potts para limpiar la cubierta de piel. Luego devolvió el libro al sillón de Bestia para que no lo echara de menos. Pero cuando Bestia fue a la biblioteca, no le hizo ni caso. Parecía estar buscando otra cosa.

—¿Te ayudo? —preguntó Bella.

—¡NO! —rugió—. Quiero decir: no, gracias.

Y, sin decir una palabra más, se fue de la habitación.

Aquella tarde, Bella alisó las páginas arrugadas y pulió el broche de latón.

Por la noche, se cruzó a Bestia por el pasillo y le sonrió, pero él sólo dijo: «¡Buenas noches!» y se fue.

Por la mañana Bella estaba a punto de añadir la última perla al cierre cuando Bestia irrumpió en la biblioteca.

—¡Tú! —gritó—. ¡Estaba buscando esa perla!

—Y ¿por qué no lo has dicho? ¡He estado arreglando tu libro para darte una sorpresa! —gritó Bella.

Bestia miró el libro, cogió la perla y se rio.

—Yo también te estaba preparando una sorpresa —dijo, sujetando en la mano un broche antiguo—. Quiero que lo tengas tú, pero, antes, hay algo que debo añadirle.

Colocó la perla en el broche, y encajaba a la perfección.

—Quité la perla y se me cayó... Siento haberte gritado —dijo Bestia.

Ahora la que se rio fue Bella. ¡Aún tenían mucho que aprender el uno del otro!

Mayo
16

La Dama y el VAGABUNDO

Aullando a la luna

Reina había tenido un día muy malo. Primero, tuvo una discusión con dos gatas desagradables y, luego, le habían puesto un bozal; pero, gracias a Golfo, el día mejoró.

—Es increíble cómo un día puede empezar tan mal y acabar de maravilla —dijo Reina a Golfo mientras trotaban por el parque bajo la luz de la luna—. Gracias por ayudarme a deshacerme de ese horrible bozal, y por la cena en el restaurante de Tony.

—No es nada, ¡no hablemos más de ello! —dijo Golfo—. ¿Quieres divertirte de verdad?

—No lo sé —dijo Reina con cautela.

Al mismo tiempo que sentía un gran afecto por Golfo, sabía que eran perros muy diferentes. Golfo estaba acostumbrado a vivir en la calle, así que su idea de «divertido» podía ser muy distinta de la de ella.

—No te preocupes —se rio Golfo—, es algo que creo que te gustará.

—¿Qué es? —preguntó Reina.

—Bueno, como entrante, tienes que mirar hacia arriba.

Reina hizo lo que le dijo. El cielo estaba lleno de estrellas, y se veía una luna grande y brillante.

—¿Qué tengo que ver? —preguntó.

—¡La luna, por supuesto! —gritó Golfo—. ¿Nunca has aullado a la luna?

A Reina le hizo gracia la simple idea.

—¿Qué ocurre? —preguntó él.

—Soy una perrita práctica —explicó Reina—, ladro con delicadeza cuando la situación lo exige, pero no veo ninguna razón para aullarle a la luna.

—¿Por qué no? —preguntó Golfo.

—Bueno —dijo Reina—, ¿qué saco de ello?

—¿Sabes qué, Reina? —dijo Golfo—. Una cosa no tiene que ser útil para ser divertida. Te gusta perseguir pelotas, ¿verdad?

—Verdad —dijo Reina.

—Pues, ahí está —dijo Golfo—. A veces es bueno perseguir una pelota y, otras, dejarte llevar y aullarle a la luna sin más, sin motivo alguno.

Reina lo pensó un momento.

—Está bien —dijo—, ¿qué tengo que hacer?

—Primero, siéntate muy recta. Ahora, mira a la luna, coge aire y deja que todos los problemas del día desaparezcan en un aullido.

Él le hizo una demostración.

—¡Auu, auu, auuuuu!

Reina se unió a Golfo y aulló lo más fuerte que pudo.

—¡Tienes razón! —gritó—, ¡esto sienta muy bien!

—¡Pégate a mí, muñeca! —dijo Golfo—. Yo sé disfrutar de la vida.

Reina supuso que Golfo sabía disfrutar de la vida, pero había una razón aún mejor para pegarse a él: se había convertido en el mejor amigo que jamás había tenido.

Mayo
17

Disney
Peter Pan

Los Niños Perdidos se pierden

Los Niños Perdidos andaban en fila india por el bosque de Nunca Jamás, de camino a casa tras una tarde en busca de aventuras, cuando Zorrillo, que iba en cabeza, paró de repente en la orilla de la Laguna de las Sirenas.

Los otros, Conejo, los Gemelos, Osezno y Mofeta, pararon en seco detrás de él.

—Esperad un segundo —dijo Zorrillo—, ya hemos pasado por este sitio. ¿Qué hacemos aquí otra vez?

Tras un arbusto, Campanilla se reía al observar a los Niños Perdidos mirando a su alrededor confundidos.

El hada los había visto mientras marchaban y no pudo evitar gastarles una broma. Así que voló sobre ellos y usó su magia para encantar algunos puntos de referencia que había de camino a casa. Había hecho que la Roca Calva pareciese la Roca Puntiaguda, haciendo que los Niños Perdidos giraran a la derecha donde tendrían que haber girado a la izquierda. También había conseguido la ayuda de los gorriones para que cambiaran su ubicación normal, la Arboleda de los Gorriones, y se posaran en otros árboles, consiguiendo que los Niños Perdidos giraran de nuevo a la derecha antes de tiempo. Para rematar, había encantado el Olmo Imponente para que pareciera el Sauce Llorón, y los Niños Perdidos hicieron otro giro erróneo, pensando que estaban cerca de casa.

Y, ahora, ahí estaban, andando por la orilla de la Laguna de las Sirenas, cuando Zorrillo recordó haber pasado por allí un rato antes.

—¡Creo que estamos andando en círculos! —anunció Zorrillo—. Niños Perdidos, creo que nos hemos... ¡perdido!

Campanilla oyó aquello e intentó con todas sus fuerzas aguantarse la risa, pero, sin poder contenerse, su risita acabó convirtiéndose en una gran risotada.

—¡Eh! —dijo Osezno—. ¿Habéis oído eso?

Osezno corrió a toda velocidad hacia un arbusto que crecía a un lado del camino y apartó unas hojas. Allí estaba Campanilla, rodando, cogiéndose el estómago y sacudiéndose de risa.

—¡Campanilla! —gritó Mofeta.

No les costó mucho entender que el hada se estaba riendo de ellos y que era ella la que había causado aquella confusión.

Sin dejar de reír, Campanilla revoloteó y restauró la ruta: a la izquierda en el Sauce Llorón, a la derecha justo después de la Arboleda de los Gorriones, a la derecha otra vez en la Roca Puntiaguda y todo recto hacia el Arroyo Chispeante, que te llevaba hasta las Cataratas de la Luna y a la entrada de la Hondonada de las Hadas.

Pero... ¡un momento! Después de girar a la derecha en la Roca Puntiaguda, Campanilla no vio ninguna señal que les llevara hacia el Arroyo Chispeante. ¿Dónde estaba? Se había perdido.

¿Sabéis cómo?

Mayo 18

Disney Princesas La Sirenita

Cacharros y artilugios

Ariel se sentó en una roca, hablando con sus amigos Scuttle, la gaviota, y Flounder, el pez. A ella le encantaba visitar la superficie, aunque sabía que era peligroso para las sirenas. Su padre no lo aprobaba, aunque últimamente parecía desaprobar todo lo que a ella le gustaba.

—¿Cómo es vivir en tierra? —preguntó.

—¿En tierra? —repitió Scuttle—. ¡Ah, en tierra! Bueno, está bien. Yo lo sé todo sobre los humanos.

—¿Como qué? —preguntó Ariel.

—Bueno, por ejemplo... Ya conoces los artilugios que usan para peinarse, ¿verdad? Y los chufladores con los que hacen música.

—Sí —dijo Ariel.

—Bien, ¿sabías que también tienen unos objetos rectangulares con hojas de papel dentro? Los llaman cacharros. A los humanos les gusta tirárselos unos a otros —explicó Scuttle.

—Ay, Scuttle —dijo Ariel sin aliento—. ¿Podrías volar hasta la ventana de Éric y venir y contarme lo que has visto?

Éric era el joven príncipe que Ariel había rescatado después de que su barco naufragara durante una terrible tormenta. Aunque sólo lo había visto una vez, estaba locamente enamorada de él.

Scuttle se fue volando. Mientras, Ariel se tumbó en la roca bajo la calidez del sol, soñando con cómo sería la vida en tierra. Scuttle no tardó mucho en volver.

—¿Lo has visto? —preguntó Ariel—. ¿Qué hacía?

—Sí, ¡lo he visto! —respondió Scuttle, dándose importancia—. ¡Estaba intentando comer con un artilugio! Y tenía un cacharro, pero no parecía que quisiera tirárselo a nadie, sino más bien intentaba leerlo. Ariel, creo que tu príncipe no tiene muchas luces...

Ariel, soñadora, suspiró imaginando a su precioso amor. Aunque se preguntaba por qué Éric usaría un artilugio para comer. A lo mejor estaba muy distraído pensando en ella y no sabía lo que hacía, pensó esperanzada.

—Supongo que no querrás su artilugio para tu colección, ¿no? —preguntó Scuttle con un brillo travieso en los ojos.

—¡Scuttle! ¡No me digas...! —gritó Ariel.

—Sí, tan pronto como lo dejó de usar, entré por la ventana y lo cogí. Se ha quedado boquiabierto.

Ariel abrazó el artilugio.

—Probablemente nunca sabré lo que es vivir en tierra, pero, pase lo que pase, Scuttle, ¡guardaré esto como un tesoro para siempre!

Mayo
19

Disney EL LIBRO DE LA SELVA

El arma secreta de Baloo

Una tarde, Mowgli y su amigo Baloo estaban dando un paseo por la selva. De repente, Mowgli se detuvo.

—¿Has oído eso? —preguntó.

—¿El qué, chico? —preguntó Baloo.

—Parecían unas ramas rompiéndose —dijo Mowgli—, ¡creo que nos sigue alguien!

—Eso era el estómago de tu viejo Papá Oso rugiendo —dijo Baloo—, es hora de comer algo.

—Y yo sé dónde conseguirlo —anunció Mowgli.

Trepó por un árbol, cogió unos plátanos y se los lanzó al oso.

—¡Ése es mi chico! —gritó Baloo orgulloso.

Pero, mientras bajaba, Mowgli vio un destello negro y naranja.

—¡Es Shere Khan! —alertó a Baloo en voz baja—. ¡Tenemos que salir de aquí!

El tigre iba tras Mowgli desde que el chico puso un pie en la selva.

Los amigos no sabían qué camino tomar. Ahora que Shere Khan conocía su olor, sería casi imposible que lo perdiera. Entonces, ambos oyeron un ritmo de tambor por el camino.

—Ay, no —dijo Mowgli—, el rey Louie y su panda de monos locos. ¡Lo que nos faltaba!

Los ojos de Baloo se iluminaron de repente.

—¡Exacto! ¡Justo lo que nos faltaba, pequeño!

Con los plátanos aún en la mano, Baloo y Mowgli corrieron hacia el ritmo que marcaba el rey Louie. Cuando llegaron, el oso se disfrazó de mono. Los primates estaban demasiado ocupados bailando y cantando y no se dieron cuenta del disfraz. Entonces, Baloo encontró rápidamente un enorme barril vacío y lo llenó de plátanos.

—¡Mirad! —gritó Baloo, señalando el barril—. ¡Comida!

Los monos corrieron y saltaron sobre el barril. Comieron con ansias, tirando las pieles cada vez que se acababan un plátano.

Baloo le hizo una señal a Mowgli, que salió de su escondite.

—¡Ven a cogerme, Shere Khan! —dijo el cachorro humano.

En pocos segundos, el tigre apareció con un brillo feroz en sus ojos.

—Hola, Rayas —le saludó Baloo con alegría.

Entonces el oso cogió el barril, lo lanzó y envió al rey Louie y a su tropa volando hacia Shere Khan. Los monos aterrizaron sobre el tigre y le saltaron arriba y abajo sobre el lomo y le estiraron de la cola y de las orejas. Mowgli y Baloo vieron como Shere Khan volvía corriendo al interior de la selva, intentando librarse de los infernales pasajeros.

—Como siempre digo —declaró Baloo sonriendo a Mowgli—, ¡no hay nada más divertido que un barril de monos!

Mayo

20

Woody descubre la verdad

Buzz, Jessie y la mayoría de los juguetes de Andy estaban en la guardería Sunnyside. Ahora sabían que Andy no quería tirarlos a la basura y sólo querían volver a casa con él. Woody ya había escapado de allí, pero lo habían llevado a casa de una niña pequeña llamada Bonnie. El resto de los juguetes, en cambio, se habían convertido en prisioneros del malvado osito de peluche, ¡Lotso!

Lotso y sus ayudantes habían encontrado el botón de reinicio de Buzz, y ahora el guardián del espacio les estaba ayudando a encerrar a sus propios amigos.

La banda de Lotso puso a los juguetes de Andy en unas cajas de rejilla. Cuando el señor Patata se resistió, Grandullón lo metió en «La Caja», un cajón de arena que había en el patio.

De repente, entró Barbie.

—¿Ken? ¿Qué les estás haciendo a mis amigos?

Cuando se dio cuenta de lo que estaba pasando, Barbie insistió en quedarse con los juguetes de Andy y pasó a ser una prisionera más.

—En Sunnyside tenemos un modo de hacer las cosas —explicó Lotso—. La vida aquí puede ser un sueño hecho realidad, pero si rompéis las normas... —dijo, y lanzó el sombrero de Woody que se había encontrado en el suelo.

Los juguetes se quedaron sin aliento.

—¿Qué le has hecho? —gritó Jessie.

Lotso simplemente se rio y se fue, dejando a los prisioneros bajo la supervisión de Buzz.

Mientras tanto, Woody había descubierto que Bonnie vivía a unas manzanas de la casa de Andy.

—Chicos, si alguna vez vais a Sunnyside —dijo el vaquero a los juguetes de Bonnie—, decidles que Woody está en casa.

—¿Sunnyside? —Los juguetes de Bonnie se estremecieron.

Enseguida llevaron a Woody a conocer a Sonrisitas, un viejo payaso que lo sabía todo sobre Sunnyside, y sobre Lotso. El payaso explicó que, tiempo atrás, él, Lotso y Grandullón habían pertenecido a una niña llamada Daisy. Un día se fueron de viaje y a la hora de volver se olvidaron los juguetes. Lotso los guio en un largo viaje de vuelta a casa, pero, cuando llegaron, Daisy tenía un nuevo osito rosa. Con el corazón roto, Lotso se giró hacia Grandullón y le arrancó un colgante que llevaba el nombre de Daisy. Al final, los tres terminaron en Sunnyside, pero Lotso nunca dejó de estar enfadado. Controlaba la guardería con crueldad, y ahora los juguetes de Andy estaban en peligro.

Woody estaba preocupado, quería volver a casa de Andy pero no podía dejar a sus amigos. ¡Tenía que volver y rescatarlos!

Al día siguiente, el vaquero volvió a Sunnyside dentro de la mochila de Bonnie; entró a hurtadillas en la clase de las Orugas y buscó a sus amigos. La escena que presenció fue horrible: estaban siendo maltratados por niños de uno y dos años. ¡Tenía que salvarlos!

Mayo

21

Una buena limpieza

Blancanieves y el príncipe iban a casarse. Sus queridos amigos, los siete enanitos, estaban llenos de alegría al ver a Blancanieves tan feliz. Pero sabían que la iban a echar de menos, por no hablar de su maravillosa comida y de cómo mantenía limpia y ordenada la cabaña.

La joven también estaba preocupada por cómo se las apañarían los hombrecillos sin ella, así que decidió que era hora de que aprendieran a cocinar y a limpiar solos.

—Primero, veamos cómo barréis la cabaña —dijo—. Recordad sacar toda la suciedad por la puerta en vez de sólo moverla por el suelo.

Los hombrecillos cogieron sus escobas y se pusieron a barrer.

—¡Achís! —Mocoso estornudó cuando una enorme nube de polvo se levantó en el aire.

—No olvidéis abrir la puerta primero —añadió Blancanieves, que pasó a la siguiente tarea—. Ahora, vamos a fregar los platos. Tenéis que sumergir el plato en agua con jabón, luego fregarlo y, por último, enjuagarlo y secarlo —dijo, haciendo una demostración.

Sabio se quedó quieto con un plato en la mano.

—Veamos —murmuró—. ¿Fregar, sumergir, secar y enjuagar? ¿O sumergir, enjuagar, secar y fregar? ¿O bien...? ¡Ay, cielos!

Blancanieves se rio de buena gana.

—No importa —dijo—. ¡A por la colada! Antes de todo, calentáis el agua sobre el fuego, luego sumergís la ropa con un poco de jabón, la enjuagáis y finalmente la colgáis para que se seque.

Primero le tocó a Mudito. Saltó a la bañera y frotó con una pastilla de jabón la ropa que llevaba puesta.

—Mudito —dijo Blancanieves—, es más fácil si lavas la ropa después de quitártela.

Un poco más tarde, los enanitos fueron a la cocina para recibir una clase de cocina.

—Hoy vamos a hacer un guiso —dijo Blancanieves—. Echad un poco de todo lo que tengáis a mano en una olla y dejad que hierva a fuego lento.

Cuando Blancanieves por fin se iba, Sabio dijo:

—No te preocupes, Blancanieves, echaremos cien, digo, estaremos bien.

La noche siguiente, los enanitos prepararon la cena. Cuando sus invitados llegaron, Mudito llevó a Blancanieves y al príncipe a ver la gran olla que hervía encima del fuego y levantó la tapa orgulloso. Una bota vieja, unos calcetines, un ramo de flores y una pastilla de jabón flotaban en la superficie.

—Lo hemos hecho con un poco de todo lo que teníamos a mano, como nos dijiste —dijo Dormilón.

—Creo que tendremos que repasar esa receta otra vez —dijo con dulzura Blancanieves.

Entonces sacó cuatro tartas de bayas de la cesta que había traído. Normalmente, a la joven no le gustaba que se tomara el postre antes de cenar, pero esta vez haría una excepción.

Mayo 22

Disney Bambi

¡Vete, lluvia!

¡Buuum! El estruendo de un trueno asustó a Bambi y a sus amigos.

—¡Odio las tormentas! —gritó Tambor, que parecía un poco asustado.

—¡A mí tampoco me gustan! —exclamó Flor.

—¡Bambi! —gritó su madre al ver que el cielo se nublaba cada vez más y la lluvia empezaba a caer. Bambi siguió a su madre para alejarse del prado y adentrarse en el bosque. Desde su cálido y seco matorral, Bambi observó como llovía.

—Odio las tormentas —le dijo a su madre, repitiendo las palabras de Tambor—. Desearía que las tormentas se fueran y no volvieran nunca más.

—Vaya —dijo su madre—. ¿Quieres decir que no quieres beber nunca más el agua fresca del arroyo?

—No, eso no... —respondió Bambi.

—Entonces, ¿quieres que los árboles pasen sed, sus hojas se marchiten y sus ramas se sequen? —preguntó su madre.

—¡No! ¡Claro que no! —exclamó Bambi—. Los árboles nos dan sombra y sus ramas son perfectas para los nidos de los pájaros.

—Entonces, ¿quieres que la sabrosa hierba se ponga marrón? —preguntó su madre.

—No —dijo Bambi—. Nosotros comemos hierba. ¡Pasaríamos hambre si eso ocurriera!

—Bien, entonces, hijo mío, creo que no deberías desear que las tormentas se fueran para siempre. Sus gotas llenan los lagos y riegan los árboles y la hierba.

—Pero dan mucho miedo —dijo Bambi.

Justo entonces, la lluvia empezó a amainar y los amigos de Bambi corretearon hasta el matorral en el que estaba.

—¡Mirad el estanque! —exclamó Flor.

El cervatillo asomó la cabeza entre las ramas del matorral. El estanque estaba lleno de actividad. Las ranas saltaban y jugaban, y una familia de patos sacudía sus plumas y caminaba hacia el agua.

—¡Vaya! —dijo Tambor—. Ese viejo sapo se va a llevar una sorpresa.

Bambi observó al sapo sobre el nenúfar que iba a la deriva, acercándose cada vez más a la fila de patos. El último patito no estaba prestando atención y... ¡Croac! Una repentina colisión derribó al sapo del nenúfar y el pato se sorprendió tanto que, del susto, dio una voltereta debajo del agua.

Bambi, Tambor y Flor se rieron.

—Creo que ya me gustan un poco más las tormentas —confesó Bambi a su madre.

—¿No te gustaban las tormentas? —preguntó Tambor—. ¡Qué tontería! ¿Por qué dirías algo así?

Mayo

23

Sólo tienes que creer

Las hadas de la Hondonada de las Hadas estaban instaurando el verano en Tierra Firme cuando oyeron pasar un coche por una carretera cercana. La curiosa Campanilla había seguido al vehículo y había sido descubierta por una niña llamada Lizzy.

Las hadas creían que era muy peligroso que los humanos las vieran, pero Lizzy y Campanilla se habían hecho amigas. La tintineadora intentó ayudar a la niña a que pasara más tiempo con su ocupado padre, el doctor Griffiths, pero su plan no había funcionado.

Mientras tanto, sus amigos iban de camino a rescatarla porque pensaban que corría peligro. Pero justo cuando Vidia llegó a la planta de arriba, Campanilla se había dejado ver por el doctor Griffiths; quería demostrarle que las hadas sí que existían, pues regañaba a menudo a su hija por creer en ellas.

El doctor Griffiths estaba a punto de capturar a Campanilla en un tarro de cristal, pero Vidia la empujó para apartarla y ¡la atraparon a ella en su lugar!

—¡Tengo que llevar esto al museo de inmediato! —dijo el doctor Griffiths.

—¡Papá, no puedes hacer esto! —gritó Lizzy, pero era inútil.

El doctor Griffiths salió corriendo de la casa, entró en el coche y se fue.

Cuando las otras hadas llegaron al piso de arriba, Campanilla les dijo que Vidia estaba en peligro.

Por desgracia, fuera aún llovía, por lo que las hadas no podían ir volando.

—Nosotras no podemos volar —dijo Campanilla—, pero creo que sé quién puede...

Las hadas se arremolinaron alrededor de Lizzy y la bañaron con polvo de hadas.

—¡Todos a bordo! —gritó Campanilla.

Se metieron en los bolsillos del abrigo de Lizzy y la niña sobrevoló la carretera que llevaba a la ciudad. Poco después de que cayera la noche, las luces de Londres empezaron a cobrar vida.

—¡Ahí está! —gritó Lizzy cuando vio el coche de su padre.

Campanilla voló hacia el vehículo y se metió en el motor. Tras un poco de tintineo, consiguió detenerlo. El doctor Griffiths se bajó y echó a correr hacia el museo, a pie. Campanilla y Lizzy iban justo detrás de él.

—¡Papá! —gritó Lizzy.

El doctor Griffiths se giró y vio a su hija volar detrás de él.

—Hija..., estás... ¡volando! —dijo—. Pero... ¡no lo entiendo! —continuó.

—No tienes que entenderlo —dijo Lizzy a su padre.

El doctor Griffiths miró a todas las hadas diminutas volando a su alrededor. Sus ojos estaban llenos de esperanza.

—Sólo tienes que creer —dijo.

Le dio el tarro de cristal a Lizzy y, unos segundos después, Vidia pudo reunirse con sus amigas, aliviadas y agradecidas. El doctor Griffiths abrazó a su hija al darse cuenta de que tenía razón.

Mayo 24

DUMBO

El mejor regalo del mundo

Aparte de la madre de Dumbo, la señora Jumbo, el resto de los elefantes del circo hacían que el elefantito se sintiera como un don nadie. Se reían de sus enormes orejas y le decían que nunca llegaría a nada.

Pero el ratón Timoteo era diferente. Desde el día en que se conocieron, Timoteo lo había animado. Dumbo estaba muy feliz de tener un amigo así, por lo que quería hacer algo bonito por él.

Una tarde, decidió hacerle un regalo. A la hora de la cena, Dumbo apartó una bala de heno. Luego arrastró el heno detrás de la carpa y buscó a Timoteo. Dumbo lo encontró recostado en la jaula del león y dejó caer el heno.

—¡Hola, Dumbo! —dijo Timoteo—. ¿Qué haces con el heno?

Con la trompa, Dumbo empujó la bala para acercarla más a su amigo.

—¿Es para mí? —dijo el ratón—. ¡Vaya, gracias! Y... ¿qué hago con todo eso?

El corazón de Dumbo se encogió al darse cuenta de que los ratones no comen heno. Y él quería, sin falta, darle a Timoteo algo que le gustara de verdad.

Al día siguiente, se encontró un camino de flores que crecía justo fuera de la tienda de los elefantes. Reunió un gran ramo y lo llevó detrás de la carpa.

—Vaya, Dumbo —dijo Timoteo—, no tenías por qué hacerlo.

El pequeño Timoteo cogió el ramo de la trompa extendida de Dumbo y, de inmediato, cayó al suelo, esparciendo las flores por todas partes.

—Ay, no, mira lo que he hecho —dijo el ratoncito.

Pero a Dumbo le parecía que quien debía sentirse mal era él: no pensó que un ramo sería demasiado pesado para su amigo.

Un día más tarde, dentro de la gran carpa, Dumbo vio un montón de globos atados a un asiento que se había dejado uno de los niños. «¡Globos!», pensó Dumbo. Aquello no era demasiado pesado para Timoteo, flotaba en el aire sin ninguna ayuda. Así, pues, Dumbo los cogió y se los llevó a Timoteo. Pero, cuando el ratón agarró una de las cuerdas, los globos llenos de helio lo levantaron del suelo. El elefante lo sujetó enseguida con su trompa por la cintura y lo dejó con suavidad de nuevo en el suelo.

Entonces, con la decepción dibujada en el rostro, Dumbo recuperó los globos, preguntándose si conseguiría encontrar algún día un buen regalo para Timoteo.

—Dumbo —dijo su amigo—, quería darte las gracias por darme el mejor regalo de todos.

El elefante abrió los ojos de par en par, sorprendido. ¿A qué se refería? Todos los regalos habían resultado inadecuados.

—Eres mi mejor amigo —dijo Timoteo—, y ése es el mejor regalo del mundo.

Mayo
25

Un final feliz

A Lizzy, una niña humana, le encantaban las hadas y, un día, descubrió un hada muy curiosa llamada Campanilla.

Campanilla había ido a Tierra Firme con las otras hadas de la Hondonada de las Hadas para llevar el verano al lugar. Pero Campanilla se aburría porque no tenía nada que arreglar, así que se fue volando para explorar una casa de humanos.

Por suerte, ella y la niña se habían hecho amigas, y entonces Campanilla se dio cuenta de que la pequeña estaba triste porque su padre nunca tenía tiempo para ella. Era un científico, el doctor Griffiths, y no creía en las hadas. Pero Campanilla se había dejado ver para demostrarle que se equivocaba. El doctor Griffiths intentó atraparla, pero, en su lugar, capturó a Vidia en un tarro de cristal y se apresuró a ir al museo con ella.

Lizzy y las hadas intentaron alcanzar al hombre y, al final, consiguieron que creyera en la magia de las hadas.

Vidia se reunió con sus amigas hadas, y entonces todos, incluido el doctor Griffiths, se espolvorearon polvo de hadas por encima y volaron de vuelta a casa.

Al día siguiente, juntos organizaron y disfrutaron de un pícnic.

—¿A que es agradable, papá? —preguntó Lizzy al doctor Griffiths.

—No puedo imaginarme nada mejor que esto —respondió—. Aunque volar sobre el puente de Londres le sigue de cerca —añadió.

Campanilla y Vidia se sentaron juntas, sorbiendo el té. Antes de esta aventura, Vidia había sido un poco solitaria. Era un poco grosera con las otras hadas y se creía superior a ellas. Pero ahora se había dado cuenta de la importancia de la amistad. Sólo gracias al trabajo en equipo, ella y las hadas habían conseguido evitar que acabara siendo expuesta en un museo.

Además de conocerse mejor, Vidia y Campanilla se habían convertido en buenas amigas.

Más tarde, todos entraron en la casa para escuchar al doctor Griffiths leer el diario de hadas de Lizzy. Campanilla había ayudado a la niña a rellenar el libro con cosas sobre ellas: dónde vivían, qué les gustaba comer y muchas cosas más. Fue una lectura mágica.

Entonces, Terence, el mejor amigo de Campanilla, llegó. Había estado repartiendo polvo de hadas a todas las hadas que estaban trabajando en Tierra Firme.

—Bueno —dijo Terence—, al final has encontrado algo que arreglar.

Campanilla miró a Lizzy abrazada a su padre.

—Supongo que sí —respondió con una sonrisa.

Mayo
26

Disney Princesas
La Bella Durmiente

Rosa no se duerme

La luna estaba en lo alto del cielo y las estrellas brillaban a su alrededor. Era tarde y se suponía que Rosa tenía que estar durmiendo. Sin embargo, con todos los búhos ululando y las ranas cerca croando, ¿quién podía dormir? Así que, después de dar mil vueltas en la cama, al final Rosa despertó a sus tres queridas tías, Flora, Fauna y Primavera, para ver si ellas podían ayudarla.

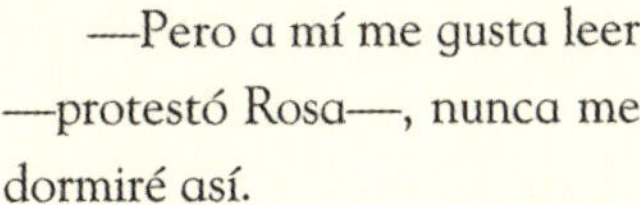

—¡Tengo la solución! —exclamó Fauna—. Tienes que contar ovejas.

—Túmbate y visualiza una valla, querida —dijo Flora—. Ahora, imagina un montón de ovejas saltándola una a una, y no pierdas la cuenta.

Rosa se tumbó e hizo lo que le dijeron. Pero, cuando iba por la oveja 544, supo que aquello no funcionaba. Rosa volvió a acudir a sus tías.

—No ha habido suerte —dijo.

—Ay, querida —dijo Flora—, pensemos en otra cosa.

—¿Dormir? ¡Ja! —intervino Primavera—. La noche tiene su propio brillo. Es una pena dormir durante todo ese tiempo.

—¿De verdad crees eso? —preguntó Rosa.

—¡Por supuesto! —exclamó Primavera—. Mira las estrellas como brillan, y como la luna nos envía su luz especial.

—Eso está muy bien —interrumpió Flora—. Pero si Rosa no duerme por la noche, estará cansada todo el día.

—Bien visto —coincidió Rosa.

—Bueno, entonces, prueba a leer un libro. Leer siempre me da ganas de dormir —dijo Primavera en un bostezo.

—Pero a mí me gusta leer —protestó Rosa—, nunca me dormiré así.

Hubo una pausa mientras cada una de las tías pensaba cómo podía ayudar a Rosa.

—Sé una forma de ayudarte a dormir —dijo Fauna de repente—. Lo único que tienes que hacer —explicó— es pensar en las cosas buenas que hayan pasado durante el día, y en las cosas felices que pasarán mañana.

—¿De verdad? —preguntó Rosa.

—¡Por supuesto! —coincidió Flora.

—Ahora, cierra los ojos —dijo Primavera—, nos veremos en tus sueños.

Rosa no estaba muy convencida al principio, pero Flora, Fauna y Primavera nunca la habían engañado. Así, pues, se tumbó de nuevo y cerró los ojos. Recordó sus cosas favoritas de ese día y entonces pensó en lo que mañana sucedería. Justo cuando estaba se estaba durmiendo, pensó que ojalá a la noche siguiente aquello no le volviera a pasar. Necesitaba dormir. Y, poco después, estaba inmersa en sus sueños.

Mayo
27

ALICIA en el país de las MARAVILLAS

¿Ti-N-s sueño?

Deambulando por el País de las Maravillas, Alicia se encontró con una oruga azul sentada en un hongo que fumaba de una pipa exótica, y mientras hablaba iba soltando caladas que formaban una letra.

—¿Ti-N-s... sueño? —preguntó la oruga.

—¿Que si tengo sueño? —Alicia se rascó la cabeza—. Pues no lo había pensado, estoy tan ocupada intentando volver a casa que es difícil pensar en otra cosa. No lo sé, supongo.

—L-O... sa-B-s —dijo la oruga, soltando una O y una B naranjas.

—¿Lo sé? —preguntó Alicia.

—Sí —dijo la oruga—. Por ejemplo, ¿has abiert-O la b-O-ca sin habl-A-r?

—Ah, ¿te refieres a bostezar? —preguntó Alicia—. No, no he bostezado.

Entonces la oruga bostezó y preguntó:

—¿Has notad-O que T P-san los párpad-O-s?

—¿Que me pesan los párpados? —repitió Alicia. Parpadeó, intentando determinar si sus párpados habían ganado peso desde aquella mañana, y contestó—: No —dijo—, mis párpados no pesan más de lo habitual.

—Ya B-O —dijo la oruga, soltando una B amarilla y una O verde lima. Entonces sus propios párpados empezaron a pesarle y su cabeza empezó a inclinarse.

—Creo que eres tú el que tiene sueño —dijo Alicia, observando a la oruga.

—¿Yo? —preguntó la oruga.

—Bostezas, te pesan los párpados y has empezado a dar cabezazos —explicó Alicia.

—Yo no pued-O estar d-O-rmido —respondió la oruga— Porque nadie me h-A K-ntado una nana.

—Yo puedo cantarte una, si quieres —dijo Alicia.

—Pro-C-D —replicó la oruga.

—A ver... —murmuró Alicia. En el mundo del País de las Maravillas, ninguno de los poemas y canciones que se sabía eran adecuados—. Probaré con una fácil —dijo encogiéndose de hombros.

Arrorró, mi oruga, arrorró.
Duérmete, oruga de cuna,
que a los pies tienes la luna.
Oruguita, dónde estás,
me pregunto quién serás.
Vete a la cama,
que hay que descansar.
Duérmete ya,
que viene el Lirón
y te comerá.

—¿Te ha gustado? —preguntó Alicia cuando terminó de cantar.

—Vuel-B más tar-D —dijo la oruga—. Ti-N-s razón. Yo soy quien ti-N sueñ-O.

Y, con eso, la oruga se durmió.

Disney Princesas
Pocahontas

El jefe de los traviesos

Como todos los mapaches, Meeko era curioso y muchas veces eso le metía en problemas. Y, aunque Pocahontas tenía mucha paciencia con su amigo peludo, los otros miembros de la tribu no eran tan comprensivos.

—¡Tienes que enseñar a ese animal cómo comportarse! —exclamó el jefe Powhatan cuando pilló a Meeko jugando con una pipa de la tribu.

—¡Otra vez no! —gritó una mujer cuando el mapache volcó las cestas de cereales que se habían pasado la mañana recolectando.

—No te preocupes —dijo Pocahontas a su amigo—. No les durará mucho el enfado. Además, ¡mañana es tu cumpleaños!

Meeko parloteó, emocionado. Le encantaban los cumpleaños y, sobre todo, abrir regalos.

—Bueno, ¡no te metas en más líos! —le advirtió Pocahontas—. Vuelvo enseguida.

El mapache se sentó fuera de la cabaña que Pocahontas compartía con su padre. Se preguntaba qué regalo habría elegido su amiga para él este año. Al cabo de poco, incapaz de resistir la tentación, entró en la cabaña y vio un paquete. No tardó nada en desenvolverlo y descubrir... ¡un tocado de plumas justo de su talla!

Meeko no podía esperar a probárselo. No obstante, no quería que le descubrieran, así que cogió su regalo y corrió deprisa hacia el río. Allí, se puso el tocado y observó su reflejo. Mientras se admiraba, el tocado cayó al agua.

El mapache lo pescó y lo arrastró por el barro hacia la orilla. El corazón de Meeko palpitaba con fuerza. Limpió las plumas lo mejor que pudo y se dirigió de nuevo al poblado. De camino, el tocado se enganchó en los arbustos y, para cuando llegó a su destino, todas las plumas excepto una se habían caído.

El pequeño animal sabía lo que tenía que hacer. Fue en busca de Pocahontas y le enseñó lo que quedaba del regalo. La joven miró a Meeko con severidad pero, pasados unos segundos, su rostro se suavizó.

—Meeko, estoy orgullosa de ti. Has tenido el coraje de admitir tu error —dijo—. Pero tienes que intentar mejorar. ¡No vuelvas a meterte donde no debes!

El día de su cumpleaños, Meeko se comportó de maravilla, y, por la noche, Pocahontas le dio un regalo. Era el tocado, que ahora tenía dos plumas en lugar de una.

—Por cada día que seas capaz de dejar en paz las cosas de los demás, le añadiremos una pluma —le dijo Pocahontas.

Meeko le estaba muy agradecido a su amiga por ser tan comprensiva y estaba decidido a hacerle sentir orgullosa. Se esforzaría al máximo para llenar el tocado, pero sabía que para eso seguramente tendría que esperar... ¡hasta el próximo cumpleaños!

Un cuento de oso

Para Mowgli, Bagheera y Baloo era hora de irse a dormir.

—Buenas noches, cachorro humano —ronroneó Bagheera.

—No tengo sueño —protestó Mowgli—. Necesito un cuento para dormir.

—¿Un cuento para dormir? —dijo Bagheera—. ¿A estas horas?

Mowgli se giró hacia el oso.

—Por favor, Baloo.

—Un cuento para dormir, veamos... —dijo Baloo—. ¿Cómo empiezan esas cosas?

—Érase una vez... —dijo Bagheera.

—Ah, eso. Érase una vez... en una casa no muy lejos de esta selva, vivía un clan de hombres —empezó Baloo.

—¿Hombres de verdad? —preguntó Mowgli.

—Sí —dijo Baloo—. Un padre y una madre, y un pequeño cachorro como tú. Bien, pues este clan cocinaba su comida, ¿sabéis?, y un día hicieron un guiso muy sabroso, pero el problema era que cuando se sentaron a comer estaba muy caliente. Así que la madre tuvo una idea. Se fueron a dar un paseo por la selva y así cuando volvieran su guiso estaría frío y rico. Pero ¿sabéis qué pasó entonces?

—No —dijo Mowgli.

—Pues que apenas había pasado un minuto desde que la familia se había ido, cuando un viejo oso se acercó y entró en la casa de los hombres.

—¿Ah, sí? —dijo Mowgli emocionado.

—Bueno, no podemos culparle. Aquel guiso olía demasiado bien. Empezó a probarlo, comenzando por el bol más grande, pero estaba demasiado caliente, así que pasó al mediano, pero estaba demasiado frío, y acabó probando el más pequeño y, ¿sabéis qué?, ¡estaba perfecto! Sin darse cuenta, el oso acabó terminándose toda la comida.

—Y ¿qué pasó? —preguntó Mowgli.

—Pues que, después de eso, empezó a sentirse un poco cansado. Muy cansado. Y, en aquella casa, pequeño, había justo tres cosas que parecían muy blandas y cómodas... creo que los hombres los llaman «camas». En cualquier caso, aquel oso tenía que probarlas. Naturalmente, se tumbó en la más grande primero, pero estaba muy dura. Así que probó la mediana, pero era demasiado blanda, y decidió probar la pequeña y, en fin, sólo te diré que aquella cosa era tan cómoda que se quedó dormido al momento. Y podría haber dormido hasta la próxima luna... si aquella familia no hubiese vuelto y...

—Y ¿qué? —preguntó Mowgli sin aliento.

—Y le hubieran dado un susto de muerte. El oso tuvo que correr de vuelta a la selva, aunque ahora tenía el estómago lleno.

Mowgli sonrió e intentó disimular un gran bostezo.

—¿Es una historia real, Baloo?

El oso sonrió.

—¿Alguna vez te había contado un cuento tan largo, chico?

Mayo
30

Disney Princesas
Enredados

Una taberna de primera

Rapunzel por fin había conseguido salir de la torre donde había vivido toda su vida. Sin embargo, no podía esconder que estar fuera era aterrador. Madre Gothel, una mujer que Rapunzel creía que era su madre, le había contado historias horribles sobre el mundo exterior. Rapunzel no sabía que lo único que quería Madre Gothel era mantenerla oculta.

Rapunzel había hecho un trato con un ladrón llamado Flynn Rider. Ella le devolvería su alforja, que contenía una corona real robada, siempre que él la llevara a ver las luces que cada año por su cumpleaños aparecían en el cielo.

De repente, hubo un ruido entre los matorrales y la joven dio un salto, aterrorizada.

—¿Son rufianes? ¿Han venido a por mí?

Entonces, un conejito apareció de un brinco. Rapunzel se sonrojó. Si seguía comportándose así, Flynn descubriría que nunca antes había salido de la torre.

Pero Flynn ya sabía por qué Rapunzel estaba asustada, y aquello le dio una idea. Decidió que una pequeña taberna llamada El Patito Frito era el lugar ideal para llevarla a comer.

—Conozco una taberna, en el bosque. Podríamos ir —sugirió.

—¡Sí, por favor! —accedió Rapunzel.

Mientras tanto, Madre Gothel había vuelto a la torre y vio a Máximus, el caballo que había estado persiguiendo a Flynn, y pensó que los guardias habían venido a por Rapunzel, que en realidad era la princesa.

Madre Gothel corrió hacia la torre.

—¡Rapunzel! —gritó.

Pero no obtuvo respuesta. Subió deprisa por una entrada secreta que había al pie de la torre y pronto descubrió la terrible verdad: Rapunzel no estaba. Entonces vio algo que brillaba por debajo de la escalera. ¡Era la corona de la bolsa de Flynn! También encontró el cartel de «SE BUSCA». Ahora que ya sabía quién se había llevado a Rapunzel, nada la detendría hasta encontrarlos a ambos.

Entretanto, Flynn y Rapunzel llegaron a la taberna. ¡La muchacha estaba horrorizada! Aquel lugar estaba lleno de rufianes ruidosos y siniestros, uno de ellos incluso le tocó su preciado pelo largo y dorado.

—Estás un poco pálida, rubita —dijo Flynn, encantado con su plan de traer a la delicada joven a aquella taberna asquerosa para que quisiera volver a la torre—. ¿No te gusta este sitio?

Flynn la escoltó hasta la puerta, pensando que ya era hora de que uno de sus planes por fin funcionara. Pero lo que él no sabía era que no iba a engañar a Rapunzel tan fácilmente; era más fuerte de lo que él pensaba.

Mayo
31

Disney · PIXAR

BRAVE

Elinor osa

Mérida era una princesa que vivía en las antiguas Tierras Altas de Escocia, en un reino llamado DunBroch. Su madre, la reina Elinor, quería que se casara con el hijo de uno de los clanes vecinos, a fin de mantener la paz en el reino. Sin embargo, Mérida no estaba preparada para casarse, ella quería vivir sus propias aventuras.

La princesa y su madre no se entendían entre ellas. Discutieron y Mérida acabó rasgando el tapiz familiar, cegada por la ira. Se fue cabalgando por el bosque y conoció a una bruja que le dio una tarta mágica. La muchacha creía que el hechizo cambiaría la forma de pensar de su madre sobre el matrimonio, pero en lugar de eso... ¡la convirtió en una osa!

Mérida y Elinor osa estaban en el piso de arriba del castillo. Abajo, el rey Fergus, el padre de Mérida, captó el olor de oso. Desde que un enorme oso llamado Mor'du le había arrancado la pierna, el rey había cazado cada oso con el que se había topado. Y ahora creía que había uno en el castillo. El rey reunió enseguida a todos los clanes para ir de caza.

La princesa sabía que ella y su madre tenían que salir del castillo y encontrar a la bruja. Mientras los tres hermanos pequeños de Mérida distraían a su padre y a los lores de los clanes, ella y su madre se escabulleron por la cocina.

—Volveré pronto —dijo Mérida a los trillizos.

En el bosque, Mérida y Elinor osa encontraron la cabaña de la bruja... y una nota que había dejado: «Para cambiar el destino, busca en tu interior, restaura el vínculo que el orgullo rompió».

De pronto, una nube las envolvió y, cuando desapareció, la cabaña estaba en ruinas. Buscaron por todos lados algo que pudiera volver a Elinor humana de nuevo, pero no encontraron nada.

Ambas pasaron la noche en los restos de la cabaña de la bruja. Por la mañana, tenían hambre y Mérida pescó un pez para desayunar. Actuando como una reina, Elinor osa se negó a comérselo hasta que estuviese cocinado.

Aunque, poco después, la reina osa se puso a pescar en el río por su cuenta. Luego, madre e hija jugaron juntas en la orilla. Por primera vez en mucho tiempo, estaban disfrutando de la compañía de la otra. Aquella extraña aventura las estaba uniendo.

Entonces, de repente, los ojos de Elinor se llenaron de frialdad; olisqueó a Mérida como si no la reconociera y ésta gritó, pero justo entonces la calidez volvió a los ojos de la osa.

—Has cambiado —le dijo la princesa a su madre—, como si fueras un oso por dentro también.

Mérida y Elinor se inquietaron. ¿Qué pasaría si Elinor se convertía en una osa para siempre? De pronto, su disputa ya no parecía tan importante como unas horas antes.

Junio
1

Disney · PIXAR INSIDE OUT

Una gran imaginación

Desesperada por devolver los recuerdos esenciales de Riley a la Central, Alegría llevó a Tristeza por el laberinto de la Memoria a Largo Plazo de la niña. Ya habían perdido dos islas de la personalidad, la de la Payasada y la de la Amistad, no se podían permitir perder ninguna más o Riley lo olvidaría todo acerca de sí misma.

Enseguida se encontraron con una criatura de apariencia divertida. Parecía hecha de algodón de azúcar, pero tenía la forma de un elefante mezclado con un gato y un delfín. Alegría lo reconoció de inmediato.

—¡Eres Bing Bong! —dijo—. ¡El amigo imaginario de Riley!

Cuando Riley era pequeña, ella y Bing Bong solían jugar juntos: simulaban conciertos en los que golpeaban ollas y sartenes y también tenían un carro cohete que los llevaba a la Luna cuando cantaban una canción especial. Pero, con los años, Riley había olvidado a su amigo imaginario.

El sueño de Bing Bong era ir en cohete hasta la Luna con Riley, así que Alegría le sugirió que fuera a la Central con ellas.

—¡Sí, sí! —gritó Bing Bong, bailando.

Bing Bong ofreció a Alegría un saco para poder llevar los recuerdos esenciales.

—¡Gracias! —dijo—. ¡Así será más fácil volver andando a la Central!

—¿Andar? —preguntó Bing Bong—. ¡No vamos andando! ¡Vamos a coger el Tren del Pensamiento!

Entonces señaló un tren que se dirigía a la Central. Alegría no podía creer que no se le hubiera ocurrido a ella.

—Hay una estación en Imaginalandia —explicó Bing Bong—. Vamos, ¡por aquí!

Imaginalandia estaba llena de lugares extraños que Riley había imaginado. Alegría y Tristeza estaban encantadas con lo que veían. Pasaron por el Bosque de las Patatas Fritas, donde Bing Bong paraba cada dos por tres para saborear una patata. Luego pasaron por Ciudad Trofeo, lleno de medallas, copas y certificados, seguida de Ciudad Nube. Alegría saltó encima de una pequeña nube y flotó por los aires.

—¡Ja, ja! —rio—. ¡Qué blandita!

De repente, un adolescente muy guapo se acercó hacia ellos sobre una cinta transportadora. Un trabajador de la mente de Riley les explicó que el chico era el novio imaginario que Riley había creado en su mente.

—Estoy por Riley —dijo el novio.

—¡Qué asco! —dijo Alegría, a la que no le hacía ninguna gracia.

—Bueno —dijo Bing Bong al pasar junto al novio—. Por aquí, por el Mundo Preescolar. Estamos cerca del tren.

—Riley, ¡allá vamos! —dijo Alegría, feliz.

No tenían tiempo para más distracciones. Tenían que llevar los recuerdos esenciales a la Central, y ¡rápido!

Junio

2

El Bosque del Invierno

Las estaciones van y vienen, o al menos así es en el mundo de los humanos. Pero en un lugar mágico llamado la Hondonada de las Hadas, primavera, verano, otoño e invierno existían una junto a otra. Las hadas de la calidez vivían en las estaciones cálidas. Las hadas del invierno vivían en el nevado Bosque del Invierno. Aunque no importaba dónde vivieran; las hadas siempre se ayudaban unas a otras.

En el Rincón de las Tintineadoras, las hadas fabricaban cestas de copos de nieve para las hadas del invierno mientras el hada Mary las supervisaba.

—No puedo creer que nosotras hagamos las cestas pero no se las podamos llevar a las hadas del invierno —dijo Campanilla a sus amigos Bobble y Clank.

—¡Seguro que te caería encima un glaciar! —bromeó Clank.

Justo entonces, un grupo de búhos de nieve llegaron y empezaron a recoger las cestas. Un búho le trajo al hada Mary una nota escrita en hielo.

—¡Necesitan veinte cestas más para mañana! —anunció.

Campanilla vio como los majestuosos pájaros se dirigían hacia el Bosque del Invierno. Ojalá pudiera ir con ellos.

Unos minutos más tarde, Campanilla corrió hacia su amiga Fawn, que estaba persiguiendo un conejo por los talleres de los reparadores.

—¡Vigila! —gritó Fawn.

Como una de las hadas de los animales, era trabajo de Fawn reunir a los animales para el viaje al Bosque del Invierno. Campanilla la ayudó a atrapar al conejo.

—¿Vas a llevar a los animales hoy? —preguntó—. ¿Te puedo ayudar?

Fawn aceptó alegremente. ¡Por fin! Campanilla tendría la oportunidad de ver el lugar donde vivían las hadas del invierno.

Enseguida, las dos hadas escoltaron a los animales al límite que separaba el otoño del invierno. Fawn le dijo a Campanilla que sólo a los animales se les permitía cruzar la frontera.

—A las hadas cálidas no se nos permite entrar en el Bosque del Invierno.

Sin embargo, Fawn tenía problemas para que uno de los animales cruzara al invierno. ¡Estaba dormido!

—¡Ah, no, nada de hibernar aún! —dijo—. ¡Eso hazlo en invierno!

Mientras Fawn hablaba con el animal, Campanilla se acercó más al límite. Sentía el aire congelado del invierno y no podía frenar su curiosidad. Estaba desesperada por ver el paisaje cubierto de nieve. Reunió toda su valentía, tomó aire y saltó. ¿Sería el invierno la maravillosa tierra blanca que ella imaginaba?

Junio
3

Disney · PIXAR
BRAVE

El vínculo que el orgullo rompió

La princesa Mérida era una adolescente aventurera que vivía en las Tierras Altas de Escocia con su familia. A su padre, el rey Fergus, le faltaba una pierna que había perdido cuando luchaba contra un enorme oso llamado Mor'du.

La madre de Mérida, la reina Elinor, quería que se casara para mantener la paz entre los clanes del reino, pero la princesa no estaba preparada para regalar su libertad. Elinor le contó una historia sobre un antiguo príncipe que rompió la tradición, se separó de sus tres hermanos y su reino cayó en desgracia.

Enfadada con su madre, la joven rajó el tapiz familiar y, más tarde, se topó con una bruja. Le pidió un hechizo que cambiara a su madre.

La bruja le contó una historia sobre un príncipe que, mucho tiempo atrás, había pedido la fuerza de diez hombres, y le mostró a Mérida el anillo que el príncipe le había dado. Tenía dos hachas cruzadas grabadas. Para la princesa haría un hechizo similar.

¡El hechizo convirtió a la reina Elinor en un oso! Ahora, Elinor osa y Mérida buscaban algo que rompiera el hechizo. Pero lo único que encontraron fue una adivinanza: «Para cambiar el destino, busca en tu interior, restaura el vínculo que el orgullo rompió».

Poco después llegaron a un viejo arco de piedra con dos hachas grabadas, igual que el anillo de la bruja. Pertenecía a unas ruinas antiguas.

Cuando exploraban, la princesa cayó por un agujero. Estaba en la sala del trono de un castillo en ruinas. Mérida vio una piedra grabada con la imagen de cuatro príncipes. La roca se había partido en dos y el cuarto príncipe estaba separado del resto.

—Está roto —dijo Mérida—, igual que el tapiz.

De repente, la princesa se dio cuenta de que el príncipe del que hablaba la bruja había vivido allí y era el mismo príncipe de la leyenda de su madre.

—La fuerza de diez hombres —dijo, observando la habitación llena de marcas de garras—. El príncipe se convirtió... ¡en Mor'du!

En aquel momento, Mor'du apareció. El oso endemoniado arremetió contra la heredera de DunBroch, pero Elinor osa tiró de ella para salvarla justo a tiempo. Salieron corriendo de las ruinas. Madre e hija no se detuvieron hasta que llegaron al Anillo de Piedras.

—Ya sé lo que hay que hacer —dijo Mérida.

Tenía que encontrar el tapiz de la familia que había rajado y «restaurar el vínculo que el orgullo rompió».

El hechizo de la bruja le había enseñado a Mérida que tenía que aprender a entender los deseos de su madre, y arreglar lo que se había roto entre ellas.

Junio
4

Disney Princesas
Enredados

El poder de los sueños

Rapunzel por fin había conseguido salir de la torre donde había estado cautiva toda su vida, y ahora Flynn la había llevado a una taberna llena de rufianes.

«Madre Gothel tenía razón—pensó—, el mundo es demasiado peligroso.» Lo que Rapunzel no sabía era que Madre Gothel sólo había estado intentando asustarla para que no saliera nunca de la torre.

Rapunzel había hecho un trato con Flynn: había escondido su alforja de bienes robados y le pidió, a cambio de devolvérsela, que la llevara a ver los farolillos flotantes que veía desde la torre cada año por su cumpleaños.

Estaba a punto de darse por vencida cuando un tipo enorme cerró la puerta y le bloqueó la salida. Llevaba en la mano un cartel de «SE BUSCA». Rapunzel estaba confundida, pero Flynn sabía muy bien que había una recompensa para quien lo encontrara. Tragó saliva, nervioso. Su plan había fallado.

—¡Corre y avisa a la guardia! —dijo el tipo a su secuaz—. Esta recompensa me vendrá bien, y es dinero fácil.

—A mí también —gritó un señor, sujetando a Flynn.

—Calma, amigos, estoy seguro de que podemos llegar a un acuerdo —dijo Flynn.

Rapunzel, atemorizada, tartamudeó:

—Ehm, perdonen, rufianes. —Cogió aire y continuó—: ¿Sería posible que me devolvieran a mi guía? Lo necesito para que me lleve a un sitio.

Los tipos la ignoraron sin más y continuaron agarrando a Flynn.

De repente, Rapunzel se olvidó de que tenía miedo.

¡Clang! Rapunzel se plantó con firmeza encima de la barra y golpeó la sartén contra una olla gigante.

—¡Soltadle! —gritó.

Los hombres se detuvieron. Rapunzel explicó que le necesitaba para que la llevara a ver las luces.

—Un poco de humanidad, caballeros. ¿Nunca habéis tenido un sueño? —preguntó.

Todos se quedaron petrificados. ¿Quién iba a pensar que una joven tan delicada pudiera enfadarse tanto? Y lo que era peor: ¡tenía razón!

—Yo siempre he querido aprender a tocar el piano —admitió uno, con lágrimas en los ojos—, sé que no va mucho con mi apariencia, pero soy un alma sensible.

—¡Yo también! —continuó otro—. Siempre he querido enamorarme.

Y, uno a uno, todos los rufianes de la taberna empezaron a describir sus deseos y sueños ocultos. Flynn no podía creer lo que estaba sucediendo. La chica había conseguido vencer a una sala llena de los hombres más mezquinos y rudos del reino.

Junio
5

Lucky ríe el último

Se estaba haciendo tarde en casa de Pongo y Perdita, pero sus queridos cachorritos aún no se habían dormido. Y no es que no quisieran irse a dormir; de hecho, la mayoría quería. El problema era que uno de ellos no les dejaba: ¡Lucky!

—Y ¿os acordáis, al principio, cuando Relámpago saltó por el acantilado? ¡Fiuuu! Como un cohete. ¡Directo al otro lado! —dijo Lucky.

—Sí, Lucky, nos acordamos —dijo su hermana Penny con un gruñido—. ¿Cómo nos íbamos a olvidar? ¡Nos lo has recordado 101 veces!

—¡Sí, fue increíble! Y luego, cuando...

—¡Lucky! —gritó Rolly—. ¡Todos hemos visto el mismo capítulo de esta noche de *Relámpago*! No tienes que contárnoslo.

—Sí, lo sé, pero sólo quería contaros la parte en la que Relámpago encuentra a la niña y corre para contárselo al *sheriff*.

—¡Lucky, es tarde! ¡Queremos irnos a dormir! —ladró Patch.

Lucky apoyó la cabeza sobre las patas.

—Vale —dijo—, ya me callo.

Todos los cachorros cerraron los ojos.

—¡Ah! Y ¿qué os pareció cuando el *sheriff* le dijo a Relámpago que escalara el acantilado y él llega a la cima y coge esa cuerda con los dientes y tira de la niña hacia arriba...?

—¡Lucky! —gritó Pepper—. Nos da igual Relámpago. ¡Queremos dormir!

—Está bien —suspiró Lucky, tumbándose una vez más—. ¡Esperad un segundo! —Se sentó—. ¿Os da igual Relámpago? ¿Cómo os puede dar igual que cargue con una niña por el puente roto y a través de los rápidos?

—Queremos decir —dijo Freckles— ¡que queremos que te calles para poder dormir!

—¿Queréis decir —dijo Lucky— que no queréis que os cuente la última parte cuando Relámpago corre de vuelta a la montaña y entra en la cueva y allí se encuentra esa cosa tan maravillosa?

—¡Sí! —dijeron los hermanos y hermanas de Lucky al unísono.

—¿Por qué no lo habéis dicho antes? —dijo Lucky—. Buenas noches.

Y con eso, Lucky cerró los ojos y, durante un minuto, todos disfrutaron del silencio. Entonces Penny se sentó.

—Eh, espera un momento —dijo—. ¿Qué es lo que se encuentra?

—Sí —dijo Patch—. Me he perdido esa parte.

—Yo también —dijo Rolly—. ¿Qué es lo que se encuentra exactamente, Lucky? Cuéntanoslo.

Pero no hubo respuesta. Lucky se había dormido y ahora el resto de los dálmatas estaban despiertos.

Junio
6

Campanilla
El Secreto de las Hadas

Alas brillantes

La Hondonada de las Hadas era un lugar mágico donde las cuatro estaciones existían una junto a otra. Las hadas cálidas vivían en primavera, verano y otoño. Las hadas del invierno vivían en el Bosque del Invierno. Los animales de la Hondonada de las Hadas podían ir y venir a través de las estaciones, pero sólo a las hadas del invierno se les permitía estar en el Bosque del Invierno.

Pero Campanilla era un hada curiosa. En un viaje al límite con su amiga Fawn, Campanilla no pudo resistir la tentación de saltar al invierno para ver cómo era.

Y ¡era maravilloso! El hada tintineadora miró a su alrededor con asombro, admirando el paisaje invernal, con copos de nieve brillantes que caían del cielo.

Entonces, las alas de Campanilla se iluminaron de forma colorida y oyó el sonido de la risa de un bebé.

En aquel momento, Fawn le lanzó un lazo alrededor de la cintura y tiró de ella de vuelta al otoño.

—¡Te he dicho que no se nos permite cruzar! —la regañó Fawn, y se dio cuenta de que las alas de Campanilla estaban muy frías—. Será mejor que te llevemos a un hada sanadora.

Fawn llevo a Campanilla directa a un hada sanadora, que le calentó las alas con una lámpara especial. Pronto, las amigas de Campanilla, Silvermist, Iridessa, Rosetta y Vidia, llegaron. ¡Estaban muy preocupadas por ella!

—Parece que tus alas están bien —dijo el hada sanadora.

Las amigas de Campanilla estaban aliviadas, pero ella quería saber qué había hecho que sus alas brillaran en el Bosque del Invierno.

—Seguro que ha sido la luz que reflejaba la nieve —dijo el hada.

Pero a Campanilla no la convencía aquella explicación, de modo que se dirigió al Rincón del Libro para buscar información y encontró un libro con forma de alas en una de las estanterías. Estaba segura de que ahí estarían las respuestas que buscaba. Cogió el libro con entusiasmo, pero éste se fue volando y ella lo persiguió.

—¡Ya te tengo! —gritó, pero cuando pasaba las páginas, descubrió que un ratón se las había comido y las palabras que quedaban no tenían ningún sentido. Campanilla pidió ayuda a un hada que había por allí cerca.

—¿Sabes algo de alas que brillan? —preguntó.

—No, pero el guardián sí —respondió—. Es el guardián de todo el conocimiento de las hadas. Pero es un duende del invierno. Para hablar con él tendrías que ir al Bosque del Invierno.

Así, pues, a la mañana siguiente, Campanilla se cubrió las alas con un abrigo y metió el pesado libro en su bolsa. Había decidido ir al Bosque del Invierno. Sabía que era peligroso, pero tenía que averiguar la verdad.

Junio 7

Disney · PIXAR

WALL·E

Un beso de robot

Cuando Wall·E conoció a EVA, se enamoró de ella. Se agarró a la nave que vino para llevársela de la Tierra. Ahora, aquella nave estaba atracada en otra enorme llamada *Axiom*. Era donde todos los humanos de la Tierra vivían ahora.

El robot ayudante del capitán, Gopher, había envuelto a EVA en unas bandas de energía y se la había llevado. Wall·E corrió tras ella y M-O, un robot limpiador, persiguió a Wall·E. M-O estaba programado para limpiar, limpiar y limpiar. Wall·E, el robot compactador de basura de la Tierra, era su mayor desafío hasta ahora.

Cuando Wall·E perseguía a EVA, desactivó por accidente el sistema electrónico de una pasajera humana. Ésta parpadeó y miró a su alrededor. Vio el mundo que la rodeaba en directo, en lugar de verlo de forma digital a través de su pantalla holográfica, y le gustó.

Mientras tanto, EVA ya estaba preparada para entregarle al capitán la planta que había encontrado entre los tesoros de Wall·E. Al hacerlo, demostraría que la Tierra estaba lo suficientemente limpia como para que una planta creciera allí, lo que significaba que todos podrían volver al planeta.

Pero el compartimento de EVA estaba vacío. ¡La planta había desaparecido!

Decepcionado, el capitán envió a EVA a la sala de reparaciones junto con Wall·E. Cuando llegaron, Wall·E pensó que unos camilleros estaban torturando a EVA y la ayudó a escapar, junto con todos los robots desechados del taller.

Pero había un problema. Al escapar parecían un par de fugitivos, y su huida se emitió por toda la *Axiom*. Todos sus ocupantes intentaban capturarles.

Para evitar ser capturados, EVA llevó a Wall·E hasta una cápsula de escape. Iba a enviarlo a la Tierra, donde él estaría a salvo y ella podría encontrar la planta. En vez de eso, apareció Gopher. ¡Él tenía la planta! La puso en la cápsula de escape y Wall·E y la planta fueron lanzados al espacio, pero no hacia la Tierra, sino más lejos, ¡al espacio exterior! Wall·E sintió pánico y pulsó muchos botones.

Pero pulsó el botón que no debía y la cápsula explotó. No obstante, el robot compactador de basura no sufrió grandes daños y EVA fue a intentar ayudarle. Wall·E se dirigió con un zumbido hacia EVA y le enseñó que había salvado la planta. Maravillada, se inclinó hacia él y un arco de electricidad pasó entre sus frentes: era un beso de robot.

Los dos flotaban en el espacio, bailando y riéndose, emocionados por llevar la planta de la Tierra al capitán.

Junio
8

DUMBO

Un trabajo para Dumbo

Había sido un día duro para el pequeño Dumbo. Ya era bastante malo que todos excepto su madre se rieran de sus orejas, pero además a ella la habían encerrado en una jaula. Dumbo ni siquiera podía estar con la única persona que lo quería y lo trataba con decencia.

Lo que aún empeoraba las cosas era que Dumbo no tenía nada que hacer. Parecía que era la única criatura del circo que no tenía trabajo. Todos tenían un propósito excepto él. Lo único que podía hacer era estar triste y ser objeto de burlas.

El elefantito suspiró y fue a dar un paseo por las tiendas del circo. Pronto se encontró entre los puestos de comida. Allí también todos tenían trabajo. Algunos exprimían limones para hacer limonada, otros hacían palomitas o tostaban cacahuetes. El aire estaba lleno de olores maravillosos.

Por fin, Dumbo se encontró con un carrito de algodón de azúcar. Aquella nube rosa era muy tentadora y Dumbo quería probarla, pero había tantos clientes que no podía acercarse.

De repente, el pequeño elefante oyó un zumbido muy fuerte y todos los clientes levantaron las manos y echaron a correr.

El olor del azúcar había atraído a un montón de moscas.

—¡Fuera! —gritó el hombre del algodón de azúcar—. Marchaos antes de que espantéis a toda la clientela.

Dumbo estiró la trompa para oler el delicioso algodón de azúcar.

—No, Dumbo —gritó el hombre—. Ya tengo bastante con las moscas, no quiero tener que espantar elefantes también.

El pobre elefantito se sobresaltó y, al respirar, succionó algodón de azúcar por la nariz.

¡Achís! Cuando estornudó, las orejas de Dumbo se batieron y pasó algo maravilloso.

—¡Extraordinario! —dijo el hombre del algodón de azúcar—. Todas las moscas se han ido. Han creído que tus orejas eran matamoscas gigantes.

El hombre le dio una palmadita a Dumbo en la cabeza.

—¿Quieres un empleo?

Dumbo asintió con entusiasmo y ondeó las orejas. Enseguida, el carrito del algodón de azúcar fue el más popular del circo y el que menos moscas tenía. Pero lo mejor de todo era que ahora Dumbo tenía algo que hacer para no pensar en sus problemas. Aún estaba triste, pero las cosas ya no parecían tan malas. Y, ¿quién sabe?, quizá pronto podría volver con su madre.

—Me pregunto qué otras cosas maravillosas pueden hacer esas orejas —dijo el hombre del algodón de azúcar, dedicándole al pequeño una sonrisa amistosa—. Seguro que te llevarán muy lejos.

Junio
9

¡Escóndete, tío!

—¡Vamos, Chiqui! —gritó Nemo alegremente—. ¡Una carrera hasta el arrecife de coral!

Nemo salió batiendo sus aletas desiguales tan fuerte como pudo. Su pequeña amiga, la tortuga de mar, se rio y nadó tras él.

Chiqui había ido a visitar a Nemo a su casa en el arrecife de coral.

—¡Por aquí, amigo! —gritó Chiqui, deslizándose por el agua—. ¡Estoy cogiendo una corriente superguay por aquí!

Nemo dudó un segundo al ver a su amigo lanzarse a través de unos corales punzantes. ¡Chiqui era muy valiente! Incluso después de todo lo que había pasado a Nemo, ser capturado por un buceador y escapar de una pecera para volver a casa, aún tenía miedo algunas veces.

Cogió aire y se lanzó a la corriente, batiendo las aletas mientras el agua se lo llevaba. Al final, llegó al otro lado de la corriente y terminó en aguas calmadas, junto a Chiqui.

Se rio.

—¡Oye, qué divertido! —gritó—. ¡Hagámoslo otra vez! ¿Chiqui? Chiqui, ¿qué te pasa?

La tortuga de mar miraba hacia la distancia con los ojos muy abiertos.

—¡Escóndete, tío! —gritó Chiqui.

Antes de que Nemo pudiera responder, Chiqui metió la cabeza y las patas en su caparazón y cayó al fondo del mar con un ¡pop!

El pequeño pez payaso empezó a temblar. ¿Qué había asustado tanto a Chiqui?

Nemo miró a su alrededor esperando ver un tiburón, pero lo único que vio por allí cerca fueron unos cuantos trozos de coral con una solitaria bailarina española que flotaba hacia ellos. Nadó hacia el fondo y dio unos golpecitos en el caparazón de su amigo.

—¡Ey! —dijo—. ¿Qué ocurre? No hay nada.

—¡Uf! —Chiqui asomó la cabeza por el caparazón, miró alrededor y entonces se escondió de nuevo. Cuando habló, el caparazón le hizo eco—. ¡Aún está ahí!

Nemo parpadeó y miró de nuevo. Y, de nuevo, lo único que veía era el coral y la bailarina española.

—Espera un momento —dijo, de repente lo entendió—. ¿Nunca habías visto una bailarina española?

—¿Una bailarina... qué? —preguntó Chiqui.

Nemo volvió a golpear el caparazón de su amigo.

—Es una especie de babosa marina —explicó—. No te preocupes, son buenas, no debes tener miedo. Te lo prometo.

Al final, Chiqui volvió a sacar la cabeza y sonrió a Nemo, avergonzado.

—Perdona, amigo —dijo—. Nunca había visto ninguna y me ha asustado.

—No pasa nada. —Nemo le devolvió la sonrisa. Él, mejor que nadie, sabía que las cosas nuevas podían dar miedo y ahora sabía que no era el único al que le pasaba—. Venga, vamos a jugar —dijo.

Junio
10

Disney EL REY LEÓN

El mejor pescador

Simba y sus amigos, Timón y Pumba, estaban hambrientos. Caminaron por el bosque hasta que llegaron a un viejo árbol podrido. Timón golpeó el tronco.

—¿A qué suena, Timón? —preguntó Pumba.

—¡A nuestro desayuno! —respondió Timón.

Tiró de la corteza y cientos de larvas salieron. Timón le pasó una a Simba.

—No, gracias —suspiró Simba—. Estoy cansado de comer larvas.

—Bueno, las hormigas también son sabrosas —dijo Timón—. Las hay de dos sabores: rojo y negro.

Simba negó con la cabeza.

—¿Sólo coméis bichos?

—¡Y pescado! —dijo Pumba.

—¡Me encanta el pescado! —exclamó Simba.

—¿Por qué no lo has dicho? —dijo Timón—. Hay un estanque al final de este camino.

Los tres amigos se fueron en esa dirección.

—Y ahora, ¿qué? —preguntó Simba cuando llegaron al estanque.

—Ése es el problema! —dijo Timón—. No es que seamos los mejores pescadores del mundo.

—¡Yo os enseñaré! —dijo Simba.

El león trepó a un árbol y reptó por una rama que llegaba hasta el agua. Entonces sacó un pez del estanque.

—¿Lo véis? —dijo Simba saltando al suelo con agilidad—. No hay problema, pescar es fácil.

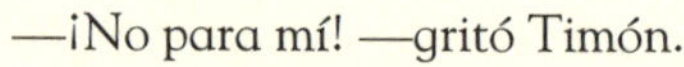

—¡No para mí! —gritó Timón.

El suricato se colgó de la rama, pero sus brazos no eran lo bastante largos como para alcanzar los peces. Simba se rio.

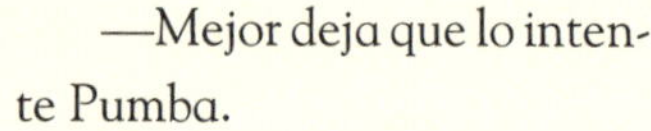

—Mejor deja que lo intente Pumba.

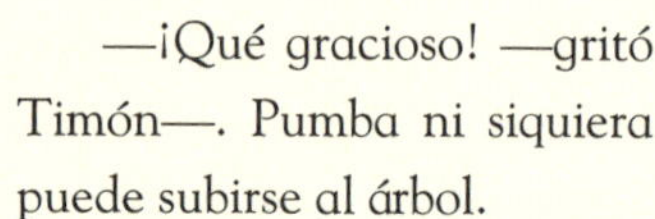

—¡Qué gracioso! —gritó Timón—. Pumba ni siquiera puede subirse al árbol.

—¿Te apuestas algo? —preguntó Pumba.

—Quédate ahí —le advirtió Timón—. No creo que esa rama sea lo suficientemente fuerte para aguantar el peso de los dos.

De un salto, Pumba aterrizó en la rama cerca de Timón y uno de los extremos empezó a doblarse.

—¡Ostras! —gritó Timón mientras saltaba a otro árbol.

¡Crac! La rama se rompió por debajo de Pumba. Con un gritó, aterrizó en el estanque y la salpicadura de agua fue enorme.

Simba, sentado en la orilla, quedó empapado. Timón maldecía desde donde estaba. El agua del estanque les había llovido encima a los tres.

Simba abrió los ojos y empezó a reírse. Timón también.

Pumba estaba sentado en una piscina de barro donde antes estaba el estanque. Había salpicado tantísima agua que docenas de peces se retorcían en el suelo, esperando a ser engullidos.

—¡Vaya! —gritó Timón—. ¡Creo que Pumba es el mejor pescador de todos!

Junio
11

Vestida para espantar

Cenicienta trabajaba de la mañana a la noche cumpliendo las órdenes de su madrastra y sus hermanastras. A cambio, ellas la trataban de una forma muy desagradable y la vestían con harapos viejos. No era un trato justo en absoluto.

Por suerte, Cenicienta tenía la amistad de los animales de la mansión, incluidos dos ratones llamados Jaq y Mary.

—Pobre Cenicienta —dijo Jaq mientras él y Mary observaban a su querida amiga fregando el suelo—. Tenemos que hacerle un regalo.

—Ajá —respondió Mary, que llevó a Jaq al corral para que Cenicienta no pudiese oírles—. ¡Hagámosle un vestido nuevo! —sugirió.

—¡Qué buena idea! —respondió Jaq.

Pero se preguntaba qué podrían usar como tela. Jaq miró a su alrededor, cogió un saco de pienso y lo mordisqueó para abrirlo.

—Jaq, ¡no! —gritó Mary—. ¡Ya comerás después!

—No, no —explicó Jaq—, esta tela es para el vestido nuevo de Cenicienta. ¿Lo ves?

Los otros ratones se unieron para ayudar. En poco tiempo, cortaron el vestido, lo cosieron con hilo que cogieron del costurero de Cenicienta y dieron unos pasos atrás para contemplar su trabajo.

—¡Es demasiado sencillo! —anunció Gus.

—Sí —coincidió Jaq con un tono de decepción—. ¿Qué podemos hacer para arreglarlo?

Los pájaros en el alféizar piaban emocionados. Ellos sabían qué hacer. Enseguida, trajeron bayas y granos de maíz y ayudaron a los ratones a coserlos sobre el dobladillo de las mangas y alrededor del cuello del vestido.

—¡Ahora sí! —dijo Perla—. ¡Mucho mejor!

Con la ayuda de los pájaros, los ratones colgaron el vestido en un poste del jardín donde Cenicienta dejaba su sombrero de paja.

—¡A Cenicienta le va a encantar! —dijo Jaq.

Los ratones volvieron a entrar, cogieron a Cenicienta y le dijeron que cerrara los ojos mientras caminaba hacia el jardín.

—Ahora, ¡abre los ojos! —dijo Jaq.

—¡Sorpresa! —gritaron los ratones.

La joven observó el vestido de tela de saco en el poste con su sombrero colgado en lo alto.

—¡Ay, gracias! —exclamó—. ¡Necesitaba un espantapájaros para el jardín!

Jaq abrió la boca para explicarle que no era así, pero Mary se la tapó con su patita.

—De nada —dijo Mary.

Cuando Cenicienta se fue, Jaq frunció el ceño.

—Hemos hecho un vestido horrible.

—Pero hemos hecho un buen espantapájaros —dijo Mary, intentando ver el lado bueno.

—¡Sí! Y ella está contenta —coincidió Jaq.

Y para los ratones, la felicidad de su amiga humana era lo más importante de todo.

Junio
12

Disney MICKEY Y SUS AMIGOS

¡Adiós, hipo!

Mickey suspiró. Hiciera lo que hiciera, no podía quitarse el hipo.

—¿Qué ocurre, Mickey? —preguntó Minnie por encima de la valla.

—Ah, hola, ¡hip! Minnie. Es este hipo, no se me ¡hip! pasa.

—A lo mejor Daisy y yo podemos ayudarte.

—¿Ayudar en qué? —preguntó Daisy, que justo llegaba.

—¡Mickey tiene hipo! —dijo Minnie.

Minnie llevó a Mickey a la cocina y le puso un vaso de agua.

—Da un sorbito pequeño, y luego otro.

Mickey hizo lo que Minnie le decía.

—¡Creo que funciona! —dijo—. Gra... ¡hip!

—Mmm... Creo que necesitamos otra idea —dijo Minnie.

—¡Parece que necesitáis mi cura del hipo supercomprobada! —dijo Daisy—. Puede parecer una tontería, pero haz lo que hago yo.

Daisy dio dos patadas en el aire, hizo un poco de claqué, dio una vuelta e hizo una reverencia.

Mickey empezó a hacer lo mismo, pero a mitad:

—¡Hip!

—Puede que Donald sepa cómo curar el hipo —dijo Minnie.

Los tres fueron a buscar a Donald, y Minnie y Daisy fueron por delante. Cuando Mickey llegó a casa de Donald, estaban esperándole en la puerta.

—¿Dónde está Donald? —preguntó Mickey.

—¡Bu! —Donald saltó enfrente de Mickey.

—¡Aaah! —gritó él.

—Perdón —dijo Donald—. He pensado que podría quitarte el hipo dándote un susto. ¿Ha funcionado?

Pero no funcionó; el pobre Mickey volvió a hipar. Lo habían intentado todo para quitarle el hipo.

Hizo el pino mientras recitaba el alfabeto al revés.

—¡Hip!

Se tapó la nariz y silbó una canción.

—¡Hip!

—No hay manera —dijo a sus amigos—. Creo que ha ¡hip! venido para quedarse.

Minnie se llevó a Daisy y Donald al otro lado del jardín.

—Creo que tengo una última idea —les dijo.

Los amigos se susurraron cosas al oído y, entonces, Donald entró en la casa y volvió con un gran saco. Minnie sacó unos bloques de juguete y se puso tres en la nariz haciendo malabarismos.

Daisy y Donald sacaron dos aros, colgaron uno en cada brazo de Minnie y ella empezó a rodarlos.

—¡Te toca, Mickey! —dijo Minnie.

Mickey se echó a reír.

—Lo siento, Minnie, ¡estás ridícula!

Cuando Mickey, por fin, dejó de reírse, se dio cuenta de que el hipo se había ido.

—¡Me has curado! —dijo Mickey—. Creo que la risa es la mejor medicina.

Animales extraños

Carl Fredricksen y un explorador intrépido llamado Russell acababan de llegar a Sudamérica. Carl había soñado toda su vida con ver las Cataratas Paraíso y le había prometido a su mujer, Ellie, que la llevaría allí algún día. Por desgracia, Ellie había fallecido antes de que pudieran hacer el viaje.

Cuando a Carl le dijeron que tenía que mudarse de su casa, decidió que era hora de cumplir aquella promesa, así que ató miles de globos a la casa y la levantó por los aires.

Pero Carl no había planeado tener compañía. Un chico llamado Russell estaba fuera, en el porche, cuando la casa despegó.

Habían pasado una tormenta y aterrizado estrepitosamente muy cerca de las Cataratas Paraíso. Sólo había un problema: la colisión los había enviado volando fuera de la casa, y ahora no podían volver a entrar porque planeaba muy alto.

Russell tuvo una idea: podían arrastrar la casa hasta las cataratas. Podían hacer un arnés, atarlo a la manguera del jardín y tirar de la casa.

—Esto es muy divertido, ¿verdad? —dijo Russell mientras caminaban—. No se preocupe, yo le ayudaré a cada paso del camino.

Después de un rato, pararon para descansar. Mientras Russell mordisqueaba una barrita de chocolate, un pico salió de los matorrales y empezó a mordisquearla también.

—No tengas miedo —le dijo Russell a la criatura. Usó más chocolate para sacarla de su escondite.

Cuando la criatura salió por fin, el niño aguantó la respiración. ¡Era el pájaro más grande que había visto! Le gustaba el chocolate, como a él. Le puso de nombre Kevin. No podía esperar a enseñarle su nuevo amigo a Carl, pero éste gritó de terror cuando vio a la enorme ave.

—¿Nos lo podemos quedar? —preguntó Russell.

—No —dijo Carl.

Carl y Russell partieron de nuevo, pero el niño no quería dejar a Kevin atrás y dejó un sendero de migas de chocolate para que el pájaro los siguiera.

No habían andado mucho cuando se encontraron a un perro.

—Hola —dijo el perro—. Me llamo Dug.

¿Un perro que habla? ¡Carl y Russell estaban atónitos!

—Mi dueño me hizo este collar para que pudiera hablar —explicó Dug—. Me han enviado en una misión especial. ¿Habéis visto un pájaro? Quiero encontrar a uno, voy siguiéndole la pista.

De repente, Kevin salió volando de los matorrales y derribó a Dug.

—¡Eh, ése es el pájaro! ¿Puedo llevármelo al campamento como prisionero? —preguntó Dug a Carl.

—¡Sí, sí, llévatelo! —respondió el anciano.

No quería tener que hacerse cargo de todos aquellos animales extraños, sólo quería llegar a las Cataratas Paraíso. ¿Lo conseguiría algún día?

Junio 14

Disney Princesas Tiana y el Sapo

La caza de la rana

En las profundidades del pantano, los sapos Tiana y Naveen se enfrentaban a incontables peligros. Pero, de todos los depredadores, los más aterradores eran los cazadores. Incluso los cocodrilos les temían. Por fortuna, Tiana y Naveen contaban con la ayuda de los amigos que habían conocido por el camino.

—Me llamo Raymond, pero todos me llaman Ray —dijo la gran luciérnaga que acababa de unírseles.

A Tiana y Naveen se les habían enredado las lenguas cuando les entró hambre. La luciérnaga les ayudó a deshacer el enredo.

Tiana explicó a Ray que Louis les estaba llevando a casa de Mamá Odie para que pudiera volverles humanos.

—¿Mamá Odie? Entonces vais en la dirección equivocada. Primera regla del pantano: no sigas las indicaciones de un cocodrilo.

Y Ray silbó en la noche, convocando a su familia de luciérnagas para que acudieran al rescate. Poco después, Naveen, Tiana y Louis seguían una larga hilera de luces de luciérnaga por el pantano. En el brillo romántico de la noche, Ray le habló a Tiana sobre su verdadero amor, Evangeline.

—Es la luciérnaga más bella que jamás ha brillado.

—No sientes la cabeza demasiado pronto —le aconsejó Naveen.

Tiana hizo un gesto de desdén y desembarcó. Se abrió camino entre los matorrales mientras Louis la seguía, intentando evitar los arbustos con espinas. De repente, una red cayó de la nada y atrapó a Naveen. Tres cazadores de sapos, Reggie, Darnell y Dos Dedos, querían cazar a los dos sapos.

—¡Oh, no! —se asustó Ray—. Con valentía, tío, ¡un bicho tiene que hacer lo que un bicho tiene que hacer! —gritó al salir disparado hacia la nariz de Reggie.

Rápidamente, Naveen escapó mientras Ray era expulsado de la nariz del cazador. Mientras tanto, Darnell y Dos Dedos habían capturado a Tiana. Naveen fue a salvarla.

Cuando Naveen captó la atención de los hombres, Tiana saltó de la jaula. Las dos ranas se fueron saltando de aquel lugar mientras los cazadores no hacían más que golpearse unos a otros.

—Estos sapos son distintos a todos los que he visto hasta ahora, ¡son muy elegantes! —Se maravilló Reggie.

—¡Y también hablamos! —le dijo Tiana.

Los cazadores abrieron los ojos como platos. Sin palabras, gritaron de terror y salieron corriendo.

Aquella había sido una caza que nunca olvidarían y, probablemente, la última de sus vidas.

Junio
15

Disney · PIXAR INSIDE OUT

Pruebas de hockey

Habían pasado muchas cosas desde que Riley y su familia se habían mudado a San Francisco. En la mente de Riley, dos de sus Emociones, Alegría y Tristeza, se habían perdido por accidente en la Memoria a Largo Plazo con los recuerdos esenciales de la niña. Ahora, viajaban por su mente intentando volver a la Central.

Mientras tanto, Riley estaba en las pruebas para entrar en un nuevo equipo de hockey y estaba más nerviosa de lo que había estado jamás.

En la Central, las otras Emociones de Riley intentaban permanecer unidas. Miedo había recopilado cada recuerdo de hockey que Riley tenía para intentar reemplazar el recuerdo esencial de este deporte, pero, desde la ventana de la Central, se veía cómo la Isla del Hockey estaba en las últimas. Dos islas de la personalidad, las que hacían a Riley ser como era, ya se habían perdido en el Vertedero de Recuerdos después de que Riley discutiera con sus padres y su mejor amiga.

En la pista de hielo, Riley intentó golpear el disco pero falló y cayó al suelo.

La Isla del Hockey empezó a tambalearse. Ira empujó a Miedo hacia un lado y cogió los mandos. Inmediatamente, Riley lanzó el palo de hockey y salió echando chispas de la pista. La madre de Riley se levantó, preocupada, cuando su hija llegó a las gradas, desde donde la había estado viendo.

—Vámonos —dijo Riley, quitándose los patines.

—¿Estás segura? —preguntó su madre.

Pero Riley ya estaba dirigiéndose a la salida. En la mente de Riley, la Isla del Hockey también cayó en el Vertedero.

Alegría estaba conmocionada.

—¡No, le encanta el hockey! —dijo Alegría—. No puede rendirse.

Pero no había nada que Alegría o Tristeza pudieran hacer, excepto continuar su trayecto con el amigo imaginario de Riley, Bing Bong. Iban de camino a coger el Tren del Pensamiento para volver a la Central.

Ya casi habían llegado cuando un trabajador tiró, por accidente, el cohete mágico de Bing Bong por un acantilado del Vertedero.

—¡No! —dijo Bing Bong, y rompió a llorar.

En lugar de lágrimas, de los ojos de Bing Bong salían caramelos, algo que Riley había soñado cuando era pequeña. Alegría intentó animarle, pero nada funcionaba. Tristeza se sentó al lado de Bing Bong.

—Siento que se hayan llevado tu cohete —dijo.

—Era todo lo que me quedaba de Riley —respondió Bing Bong, todavía llorando. Los dos hablaron un poco más; luego, Bing Bong se levantó—. Ya me siento mejor.

Alegría estaba sorprendida. Tristeza había hecho que Bing Bong se sintiera mejor. Si Tristeza pudiera hacer que Riley se sintiera mejor... De repente, Alegría oyó el tren en la distancia. ¡Tenían que darse prisa!

Junio
16

Disney La Dama y el VAGABUNDO

En la casita para perros

—Buenos días, Golfo —dijo Reina bostezando y estirándose. Rodó por encima de su cojín de seda—. ¿A que has dormido estupendamente?

Pero el sueño de Golfo había sido de todo menos estupendo. De hecho, no había dormido mucho. Aquella noche había sido la primera que se quedaba a dormir en casa de Reina, o en cualquier casa.

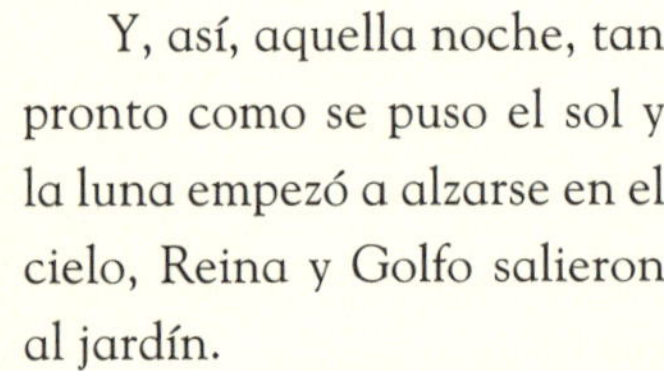

—¿Cómo lo consigues? —se quejó—. La cama es demasiado blanda, me siento como si me hundiera en una piscina de plumas. Y, entre los ronquidos de Jaime y el llanto del bebé, casi no podía oír a los grillos cantar.

—Ay, querido —dijo Reina, que se sentía triste por su compañero—. ¡Ya lo tengo! —exclamó—. Jaime y Linda te quieren mucho, estoy segura de que te dejarán dormir arriba, en su cama, esta noche. No hay nada en el mundo mejor que eso.

Pero Golfo negó con la cabeza.

—Me temo que necesito estar fuera —explicó—. Sé que tú te has criado así, pero es más divertido dormir bajo las estrellas y la luna. No hay nada a lo que aullar en esta habitación.

—Puedes ver la luna por la ventana —le dijo Reina.

Pero Golfo volvió a menear la cabeza.

—No es lo mismo —continuó—, también podemos dormir en la casita para perros del jardín. ¿Qué te parece si dormimos ahí fuera esta noche? Será como nuestra luna de miel.

—Pues... —Reina miró los ojos cansados de Golfo—. Está bien.

Y, así, aquella noche, tan pronto como se puso el sol y la luna empezó a alzarse en el cielo, Reina y Golfo salieron al jardín.

Feliz, Golfo dio tres vueltas y se tumbó.

—Me encanta sentir la tierra fresca en el ombligo —dijo con una sonrisa de ensueño, mientras Reina, con cuidado, miraba en la oscuridad y entraba en la caseta húmeda. Las estrellas ni siquiera habían salido y ya echaba de menos las comodidades de la habitación de Jaime y Linda.

Golfo vio como Reina se acurrucaba en el suelo de la caseta. Entonces se levantó, salió y luego volvió a entrar. No costaba mucho entender lo que le ocurría: Reina no podía relajarse en el frío y duro suelo.

—No te preocupes —dijo Golfo—, tengo una idea.

Dicho esto, corrió dentro de la casa y, segundos después, reapareció con el cojín de Reina entre los dientes. Con cuidado, barrió la caseta con la cola y dejó el cojín justo como a Reina le gustaba.

Reina sonrió y se tumbó y, aquella noche, ambos tuvieron los sueños más dulces que ninguno de los dos hubiera tenido nunca.

Junio
17

Disney
Peter Pan

El barco cocodrilo

—Mi barco, ¡mi precioso barco! —gimió el capitán Garfio.

No había sido un buen día para el pirata. Peter Pan y los niños Darling le habían robado el barco y ahora estaba con Smee y los otros piratas encallado en una isla, con un bote de remos mordisqueado por el cocodrilo.

—Es una bonita isla, Capitán —dijo Smee, intentando animarle—. Podría tomarse unas vacaciones. Mire esos círculos oscuros bajo sus ojos.

El Capitán Garfio se giró hacia Smee hecho una furia.

—¡Los piratas no se cogen vacaciones! —explotó Garfio—. ¡Los piratas se vengan! Que es precisamente lo que vamos a hacer, tan pronto como tengamos un barco nuevo para navegar.

Smee miró a su alrededor.

—¿Dónde vamos a encontrar un barco por aquí, señor? —preguntó.

—No vamos a encontrar ninguno. ¡Tú y el resto de esta panda de sarnosos vais a construir uno! Y no uno pequeño, sino uno grande y amenazador, hecho para un magnífico pirata como yo.

Durante semanas, los piratas talaron árboles y los cortaron en tablones para el barco. Tallaron miles de estacas para usarlas como clavos y machacaron muchísimas bayas para usarlas como pintura.

—¡Sois unos lentos! —se quejó Garfio sentado en la sombra, sorbiendo zumo de una piña.

Finalmente, un exhausto Smee fue a buscar al capitán en cuanto éste despertó de su siesta.

—¡Ya está, Capitán!

Incluso Garfio tuvo que admitir que la nave era gloriosa. Tenía forma de cocodrilo gigante y la pintura era verde como un reptil.

—Nadie se atreverá a acercarse a este barco. Ni siquiera ese cocodrilo molesto. No querrá enfrentarse a nada tan terrorífico —le aseguró Smee.

El Capitán Garfio estaba encantado.

—¡Zarparemos mañana! —se jactó.

Aquella noche, Smee no pudo resistirse a darle el último toque a la nave y pintó una hilera de pestañas en los párpados del cocodrilo.

Por la mañana, Garfio y la tripulación subieron a bordo y zarparon. El cocodrilo pronto apareció.

—¡Smee! —chilló el Capitán aterrorizado—. ¡Creía que habías dicho que no se acercaría!

—Pero mire lo calmado que está —dijo Smee, confuso—. Incluso sonríe.

Smee se asomó por la borda.

—Puede que sean las pestañas que pinté. Quizá piensa que el barco es su madre.

Garfio golpeó con la espada al pirata gordito.

—¿Has hecho que mi barco parezca una mamá cocodrilo? ¡Esta nave debía ser terrorífica!

—Las madres pueden ser terroríficas, señor —dijo Smee—. Tendría que haber visto a la mía cuando le dije que iba a hacerme pirata.

Junio
18

Disney Princesas

Yasmín y la Estrella de Persia

A la princesa Yasmín le encantaban las historias sobre las estrellas. Cada noche, ella y Aladdín contemplaban el cielo.

—¿Cuál es esa estrella? —preguntó Yasmín una noche.

—La Estrella de Persia —dijo Aladdín—. Perteneció a una bella y amable reina. Cuando murió, escondieron la joya en una torre para asegurarse de que nadie sería merecedor de su belleza de nuevo.

Los ojos de Yasmín brillaban de emoción.

—¿Eso es verdad?

Aladdín se encogió de hombros.

—No lo sé, pero sólo hay una manera de averiguarlo.

Por la mañana, Yasmín y Aladdín se subieron a la Alfombra Mágica. Poco después, llegaron a una alta torre que se alzaba en una plaza, en un pequeño reino.

—Bajemos y veamos si hay alguna forma de entrar —propuso Aladdín.

Pero descubrieron que la torre estaba cerrada. Sin una llave, sería un poco difícil entrar.

De repente, oyeron la voz de un guardia.

—¿Qué queréis? —preguntó.

—Hemos oído hablar de la Estrella de Persia —explicó Yasmín—, y hemos venido a ver la joya.

—Eso es imposible —dijo el guardia—. Nadie puede ver la joya excepto una reina tan adorable y digna como la nuestra.

—Bueno —dijo Aladdín—, ella es la princesa Yasmín. No es una reina, pero lo será.

—Soy muy justa —le aseguró Yasmín.

Los ojos del guardia buscaron por la plaza.

—¿Lo bastante justa como para resolver aquella discusión? —preguntó.

Yasmín atravesó la plaza y resolvió la discusión.

—Lo has hecho bien. Pero la respuesta sigue siendo no. Nuestra reina también era amable.

Yasmín se volvió hacia Aladdín.

—No le molestemos más —dijo—. Voy a traerle un poco de agua de la fuente y nos iremos.

Yasmín se encontró la fuente seca. Sin embargo, mientras sujetaba una jarra debajo del grifo, un riachuelo de agua salió. Todos en la plaza la miraron fijamente.

—¡La fuente! —dijo el guardia—. ¡No ha brotado agua desde que nuestra reina murió!

La gente hizo una reverencia y el guardia abrió la puerta de la torre para dejar entrar a Yasmín a la habitación más alta, donde descansaba la brillante Estrella de Persia. El guardia le ofreció la joya a Yasmín.

—Has demostrado ser digna de tenerla. Pero promete que vendrás a visitarnos cuando puedas.

—¡Por supuesto que lo haré! —exclamó la princesa.

Y, como no sólo era justa y amable sino que también era sincera, así lo hizo.

Junio
19

Disney Princesas
La Sirenita

Cartas de amor

—¡Aah! —suspiró Ariel, ensoñada.

—Ay, no —dijo Sebastián preocupado—. Un suspiro como ése sólo puede significar una cosa.

—¿El qué? —dijo Flounder.

—Es evidente que está escribiendo poemas de amor para ese humano con el que está obsesionada —dijo Sebastián.

—Ah —dijo Flounder.

Ariel estaba muy ocupada escribiendo en su bloc de alga.

—Cuánto te amo… —dijo en voz alta.

—¡Puaj! —exclamó el pez.

—Y que lo digas —coincidió Sebastián—. Terriblemente trivial y excesivo.

—¿Qué habrías escrito tú? —preguntó Ariel.

—¿Yo? Bueno, a bote pronto… —Sebastián se aclaró la garganta—, habría escrito algo como «Oh, cangréjido cangrejo, oh, cangrejo de mi corazón, mi más cangrejero cangrejo, que nunca se separe nuestro pinzón».

—¡Doble puaj! —exclamó Flounder de nuevo.

—¡Qué sabrás tú! —dijo Sebastián enfadado.

—Pero ¡si es un completo desconocido! —gritó Flounder, volviéndose hacia Ariel.

—¿Qué quieres decir con eso? —Ariel se había ofendido.

—¿Cómo puedes estar enamorada de alguien a quien ni siquiera conoces? —dijo Sebastián.

—Le conozco —protestó Ariel—. Además, ¿nunca habéis oído hablar del amor a primera vista?

—¡Oh, por favor! —gruñó Flounder.

—¡Eres un pececillo! —gritó Ariel.

—¡Eh! ¿A quién llamas pececillo? —dijo Flounder a la defensiva.

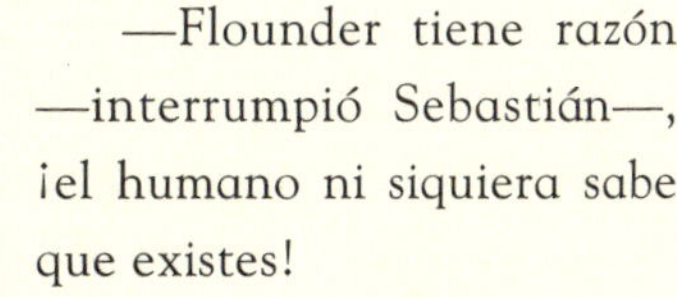

—Flounder tiene razón —interrumpió Sebastián—, ¡el humano ni siquiera sabe que existes!

—¡Eso no lo sabéis! —gritó Ariel. Y volvió a seguir con su poema. Escribió y escribió…

Finalmente, cuando lo hubo terminado, se aclaró la garganta.

—¿Qué os parece? —preguntó a Sebastián y Flounder, y empezó a leer—:

Siempre estoy pensando en ti,
con el corazón batiendo.
Las cosas que brillan, sí,
siempre me han acabado distrayendo.
Que me recuerdas siento,
¿tanto en mí has pensado?
Perdona, te dejo un momento,
voy a ver un barco que ha naufragado.
(Ya he vuelto.)
Te quiero más que a nada,
incluso más que a un chuflador.
Ojalá esto fuera una canción cantada,
de verdad que se me da mucho mejor.

—Vaya… —exclamó Sebastián.

—… ¡Es horrible! —dijo Flounder.

—¡Esto es amor del verdadero! —concluyó Sebastián.

Junio
20

El Ladrido del Crepúsculo

Rolly, Patch, Lucky y el resto de los cachorros estaban viendo el final de *La hora de aventuras de Relámpago*. Cuando empezaron los títulos de crédito, Pongo apagó la televisión.

—¡Venga, papá! —se quejó Patch.

—Os hemos dejado estar levantados hasta el final del episodio —dijo Pongo.

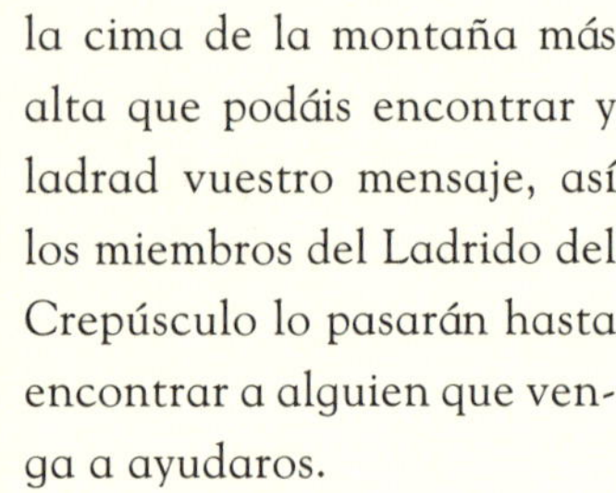

Lucky se sentó mirando hacia la pantalla de la televisión en negro, esperando que se encendiera sola por arte de magia.

Perdita lamió su cara animándolo.

—Sentaos, niños. Vuestro padre y yo tenemos que hablar con vosotros.

—Oh, oh… —dijo Penny, preocupada.

—Nada de eso —le aseguró Pongo—. Creemos que es hora de contaros la leyenda del Ladrido del Crepúsculo.

—¡Suena bien! —dijo Pepper con alegría.

—¿Qué es el Ladrido del Crepúsculo? —preguntó Freckles.

—Cuenta la leyenda —empezó Perdita—, que los perros tienen una forma especial de enviarse mensajes entre ellos. Va desde la parte más lejana de la ciudad hasta el campo.

—¡Vaya! —sopló Penny—. Y ¿para qué sirve eso?

—A veces —empezó Pongo—, hay que enviar información de un lugar a otro rápidamente, y no hay tiempo para ir a ese otro lugar en persona.

—¡Yo no necesito ese Ladrido del Crepúsculo! —dijo Patch—. Sé cuidarme solo.

—¡Eso es poco probable! —dijo Lucky muy bajito.

—¿Y tú qué sabrás? —ladró Patch.

—Si alguna vez os metéis en algún problema —dijo Perdita a los cachorros—, id a la cima de la montaña más alta que podáis encontrar y ladrad vuestro mensaje, así los miembros del Ladrido del Crepúsculo lo pasarán hasta encontrar a alguien que venga a ayudaros.

—A mí todo eso me parecen tonterías —dijo Patch a sus padres.

—¡Patch! —regañó Pongo al cachorro—. Eso no está bien.

Justo entonces, Lucky empezó a aullar a pleno pulmón en la sala de estar.

—¿Qué te pasa? —preguntó Perdita.

—Estoy probando a ver si funciona —dijo Lucky—. Para que nos rescaten de Patch.

—Lucky —le regañó Perdita—, pide perdón a tu hermano.

—No pasa nada —dijo Patch—. No necesito sus disculpas. Tenía razón de todas formas. Todo ese aullido y ni una palabra del Ladrido del Crepúsculo.

En ese momento, sonó el timbre. Todos los cachorros aguantaron la respiración y se giraron a mirar a Patch.

Perdita y Pongo sonrieron, sabiendo que, en realidad, era Roger que volvía de la tienda con leche para el desayuno del día siguiente.

Junio
21

De vuelta al Bosque del Invierno

Para Campanilla, aquel día era ideal para una aventura. Ella vivía en un lugar mágico llamado la Hondonada de las Hadas, donde todas las estaciones existían unas junto a otras. Las hadas cálidas como Campanilla sólo podían estar en las estaciones cálidas, pero ella había entrado a hurtadillas en el invierno para ver cómo era.

A la tintineadora le encantó el paisaje nevado, pero le gustó aún más cuando sus alas empezaron a brillar de forma extraña. Descubrió que la única persona que podía explicar por qué sucedía aquello era el guardián del conocimiento de las hadas, un duende del invierno. Campanilla tenía que volver al Bosque del Invierno.

Se envolvió en un abrigo de invierno y se escondió dentro de una cesta de copos de nieve que las hadas cálidas fabricaban para las hadas del invierno cada año. Así, los búhos blancos la llevarían al Bosque del Invierno. Era un plan ingenioso, aunque peligroso. Sus amigos, Bobble y Clank, intentaron razonar con ella, pero estaba decidida a averiguar por qué sus alas habían brillado de una forma tan mágica.

Pronto, un búho bajó en picado y cogió la cesta de Campanilla. Se alzó hacia el cielo y voló en la distancia. El hada sintió una corriente de aire helado cuando el búho cruzó el límite del invierno.

—¡Vaya! —Campanilla estaba maravillada mientras cruzaban el magnífico valle del invierno—. ¡Lo he conseguido!

Unos minutos después, un duende animal del invierno llamado Sled apareció.

—¿Estás preparado para aterrizar? —le preguntó al búho.

El búho ululó nervioso y dejó caer la cesta. ¡Campanilla empezó a descender!

—¡Mirad! —gritó un hada de los copos de nieve.

La cesta de Campanilla se rompió y soltó copos de nieve por todas partes. El libro que el hada llevaba consigo salió volando de su bolsa y cayó al hielo. Ella se precipitó tras él, pero una sombra gigante se cernió sobre ella. Era lord Milori, el señor del invierno.

—Qué raro —dijo, recogiendo el libro—. Devuelve esto al guardián —dijo a Sled, el duende de talento animal—. Que lo envíe al lado cálido en su próxima entrega.

«¡Ajá! —pensó Campanilla—. Sólo tengo que seguir a Sled y él me llevará directa al guardián.»

Iba justo detrás de Sled hasta que llegaron al Salón del Invierno. La tintineadora entró en el helado salón y se topó con un lince de las nieves. Campanilla dio un salto hacia atrás de la sorpresa, pero el lince la miró sin más y bostezó.

Campanilla vio al guardián sentado tras un caballete. Entonces, vio la sombra de otra hada. ¡Tenía las alas brillantes! Sus alas empezaron a brillar también. Algo muy especial estaba ocurriendo, y Campanilla estaba impaciente por averiguar qué era.

Un cambio de imagen bestial

Una noche, Bestia se dirigía hacia el comedor cuando Lumiere lo paró de repente.

—No puede ir a cenar con ese aspecto —le dijo el candelabro.

—¿Por qué no? —preguntó Bestia—. Llevo puesto mi mejor traje.

—La ropa no es suficiente. —Din Don se metió en la conversación—. Tiene que dar una buena impresión.

—Siempre me decís que la apariencia no importa. Siempre —dijo Bestia.

—Hay una diferencia entre la apariencia y el estilo —le dijo Lumiere.

—Y puede que no tenga ningún control sobre su apariencia —añadió Din Don—, pero sí que puede hacer algo con su estilo.

—¿Qué tiene de malo mi estilo? —dijo Bestia, un poco herido.

—Está bien —empezó Din Don—, hablemos de su pelo.

—¿Qué le pasa a mi pelo? —gritó Bestia, ofendido.

—A las mujeres les gusta el pelo largo pero arreglado, no desgreñado —explicó Din Don—. ¿Cuándo fue la última vez que se lo recogió en una coleta?

—Yo... —empezó Bestia.

—No sabes nada —interrumpió Lumiere—. A las mujeres les gusta el pelo corto, casi rapado —dijo mostrándoles unas tijeras.

—¡No quiero cortármelo! —dijo Bestia.

—Podemos probar con tirabuzones —dijo Din Don, asintiendo esperanzado.

—O trenzas —sugirió Lumiere.

Después de oír aquello, Bestia se subió a una estantería que oscilaba bajo su peso.

—¿Y un moño francés? —dijo Din Don.

Un gruñido por lo bajo empezó a formarse en la garganta de Bestia, pero, justo entonces, apareció Bella en la habitación y esto fue lo que vio: un candelabro y un reloj con gomas y cintas de pelo que acorralaban al gruñón de Bestia, que luchaba por mantenerse en lo más alto de la estantería. Bella se echó a reír.

—¿Qué está pasando aquí? —preguntó.

—Estábamos intentando arreglarle el pelo —dijo Lumiere—, ¡parece una leonera!

—En realidad —dijo Bella—, a mí me gusta tal y como está. Bestia, ¿vas a estar ahí arriba toda la noche?

Bestia saltó de la estantería y se dirigió hacia ella.

—¿De verdad te gusta mi pelo? —preguntó.

—Está perfecto —le aseguró Bella—. ¿Me acompañas a cenar?

—Será un honor —respondió Bestia.

Din Don y Lumiere estaban confusos al ver a ambos dirigirse al comedor.

—¡Estos jóvenes de hoy en día...! —dijo Din Don.

Junio

23

Un baile con Blancanieves

Nadie recordaba un día más maravilloso que aquél. El sol brillaba, el cielo era azul y el príncipe celebraba un glorioso baile en honor a su amor verdadero, Blancanieves. Casi todo el reino se había unido a la diversión, incluidos los siete enanitos a los que Blancanieves tanto quería. Nunca antes habían estado en un baile real.

Tras un gran banquete, todos los invitados entraron en el salón de baile después de ser anunciado.

—¡Sabio, Feliz, Mocoso, Tímido, Gruñón, Mudito y Dormilón! —gritó el presentador en el gran salón a medida que los siete enanitos entraban uno a uno.

—¡Hala! —dijo Tímido, escondido detrás de Sabio, abrumado por el mármol y las lámparas de araña.

Entonces, cuando la orquesta empezó a tocar, el príncipe tomó a Blancanieves del brazo y bailaron un vals en la pista.

Los enanitos suspiraron. No podían apartar la vista de Blancanieves.

—¿No sería maravilloso poder bailar con ella? —dijo Feliz.

Aquello le dio una idea a Sabio, que llevó a los enanitos al guardarropa para coger algunas cosas.

—Mocoso, ponte aquí. Tímido, tú súbete a sus hombros. Mudito, ¿crees que puedes subir encima de Tímido?

Cuando Mudito estaba subido a los hombros de Tímido, Sabio envolvió la torre de enanitos con un abrigo y luego lo abotonó.

Tambaleándose, el príncipe de enanitos llegó a la pista de baile.

—¿Nos concedes este baile? —preguntó Tímido desde dentro del abrigo.

—¡Por supuesto! —sonrió Blancanieves cuando vio las caras familiares asomar por el abrigo.

Cuando la canción empezó, Blancanieves y el príncipe de enanitos se balancearon y tambalearon con torpeza en medio del salón.

—¡Canastos! —dijo Mocoso—. ¡Este abrigo hace que me pique la nariz!

Encima de ellos, Mudito se lo estaba pasando en grande cuando, de repente, los enanitos oyeron un sonido que les congeló la sangre.

—A..., a..., a...

—¡Sujetaos! —gritó Sabio.

—... ¡CHÍS!

El abrigo se hinchó. El príncipe de enanitos perdió el equilibrio.

—¡Os tengo! —El príncipe sujetó a los enanitos justo antes de que se derrumbaran.

Cuando recuperaron la estabilidad, se volvió a Blancanieves y cogió su mano.

—¿Me concedes este baile? —preguntó.

Junio 24

Disney Bambi

Más dulce que un trébol

—Hola, Bambi —dijo una voz suave.

Bambi levantó la cabeza de la hierba que estaba comiendo y su amigo Flor dejó de buscar bayas. Allí estaba la cervatilla que Bambi había conocido aquella primavera.

—Hola, Faline —dijo Bambi—. ¡Me alegro de verte!

—Yo también me alegro de verte —dijo Faline con vergüenza.

—¡Faline! —dijo un ciervo desde la pradera—, ¡ven a jugar conmigo!

Bambi entrecerró los ojos. No le gustaba la idea de que Faline se fuera a jugar con otro. Faline pestañeó confundida.

—¿Quieres que me vaya? —le preguntó a Bambi.

—No, no te vayas —dijo Bambi.

Pero ¿qué podía decirle para que se quedara? De repente, se le ocurrió una idea.

—Quiero enseñarte algo especial —le dijo.

—¿Algo especial? —preguntó Faline.

—Sé dónde encontrar los tréboles más dulces que jamás hayas probado —presumió Bambi. Tambor le había enseñado exactamente dónde encontrarlos.

—¿Dónde? —preguntó Faline.

—Tú sígueme —dijo Bambi.

Guio a Faline por el prado hasta el riachuelo. Entonces, siguió el arroyo hasta una colina empinada cubierta de hierba.

Al final, llegaron a una gran catarata.

—Los tréboles dulces están justo ahí, bajo aquel sauce llorón —dijo Bambi.

Bambi no podía esperar a compartirlos con Faline. Pero, cuando llegaron al árbol, no quedaba ni un solo brote de trébol.

—¡Este Tambor! —se quejó Bambi.

—¿Qué ocurre? —preguntó Faline.

Bambi sacudió la cabeza. Se sentía muy tonto. Había llevado a Faline hasta allí y ahora no tenía nada especial que compartir con ella. Pero, justo entonces, Bambi alzó la cabeza.

—Mira —susurró—, allí arriba, en el cielo.

Faline miró hacia arriba y sonrió.

Unas bandas brillantes de colores habían formado un arco por encima de la catarata.

—Es muy bonito —susurró Faline—. Nunca había visto nada así.

—Ni yo —dijo Bambi—. Pero recuerdo haber oído a mi madre hablar de esto. Creo que lo llaman arco... arcoíris.

—¡Es maravilloso! —dijo Faline.

—Me alegro de que te guste —dijo Bambi, un poco aliviado—. Y siento haberte traído hasta aquí y que no haya tréboles.

—Oh, Bambi —dijo Faline—. He venido porque quería estar contigo y, además, un arcoíris es una sorpresa mucho mejor que cualquier trébol.

Junio
25

Un descubrimiento mágico

Las hadas de la Hondonada de las Hadas vivían en un lugar dividido: las hadas cálidas, en la primavera, el verano y otoño; las hadas del invierno, en el invierno. Sólo los animales podían cruzar de una estación a otra. Pero la curiosa Campanilla se escondió en una cesta de copos de nieve para que un búho blanco la llevara hasta el Bosque del Invierno.

No era la primera vez que visitaba el invierno. Ya había cruzado el límite antes, y sus alas habían brillado de forma extraña. Estaba decidida a averiguar por qué y el único que conocía la respuesta era el guardián del conocimiento de las hadas.

Cuando Campanilla encontró al guardián, él estaba con un hada del invierno que se llamaba Periwinkle. Tan pronto como Campanilla y Periwinkle estuvieron cerca la una de la otra, sus alas empezaron a brillar. Volaron una alrededor de la otra, sorprendidas. ¿Qué estaba pasando?

El guardián, que se llamaba Dewey, no podía creer lo que veían sus ojos.

—En toda mi vida... —dijo maravillado, y añadió—, seguidme.

Dewey las guio hasta un copo de nieve gigante. Se iluminó y, cuando Campanilla y Peri pusieron sus alas en la luz, la cámara se llenó de imágenes. Las hadas vieron el trayecto de la primera risa de un bebé, una risa que se partió en dos. Una mitad viajó hasta el Árbol de Polvo de Hadas en el lado cálido de la Hondonada de las Hadas y nació Campanilla. Y la otra mitad voló hasta el Bosque del Invierno y nació Periwinkle.

Las dos hadas suspiraron. ¿Qué significaba aquello? Dewey tenía la respuesta: habían nacido de la misma risa.

—Por eso vuestras alas brillan —dijo Dewey—. ¡Son idénticas!

—¡Somos hermanas! —gritaron a la vez Campanilla y Peri.

De repente, oyeron la voz de lord Milori y Dewey les dijo a las dos hadas que se escondieran.

—Guardián, ¿estás aquí? —preguntó lord Milori.

Quería hablar con Dewey sobre el extraño libro que había encontrado. Estaba preocupado por si un hada cálida había entrado en el invierno. Y tenía razón. ¡Era el libro de Campanilla! Se le había caído al aterrizar.

—Está prohibido cruzar la frontera —le recordó lord Milori a Dewey—. Si un hada cálida entra aquí, deberás enviarla de vuelta.

—Por supuesto —respondió Dewey.

Cuando el señor del invierno se hubo marchado, el guardián les dijo a las chicas que podían pasar un poco de tiempo juntas antes de que Campanilla volviera a casa. Las hermanas hablaron sin parar para averiguar tanto como pudieran la una de la otra. Pronto descubrieron que tenían muchas cosas en común: a Periwinkle también le gustaba coleccionar cosas. Las hermanas estaban emocionadas por haberse encontrado.

Junio
26

Disney Princesas Enredados

El final del túnel

Flynn el ladrón era muy astuto. Para asustar a Rapunzel, la había llevado a una horrible taberna llena de matones. ¡Eran los peores rufianes del reino! Él pensó que aquel sitio haría que quisiera volver a su torre enseguida y que dejaría a un lado la idea de ver los farolillos flotantes.

En primer lugar, si Rapunzel no se hubiera quedado su bolsa con la corona de oro, nunca habría accedido a llevarla por el bosque.

«Rapunzel volverá a casa como una buena chica y me devolverá la alforja», pensó mientras entraban en la taberna. Pero Flynn no había contado con que la joven hiciera arrodillarse a todos aquellos matones en cuestión de minutos. Incluso se pusieron a describir sus sueños uno a uno. Era una estampa verdaderamente increíble.

Mientras Rapunzel se hacía amiga de los rufianes, Madre Gothel se asomó por una ventana de la taberna y tampoco pudo creer lo que estaba viendo.

—Al fin he encontrado a Rapunzel y parece que se las apaña perfectamente sin mí. Voy a tener que inventarme algo muy efectivo para hacerla volver a la torre —murmuró.

Aún estaba pensando aquello cuando un rufián llegó a la taberna con los guardias reales.

—¿Dónde está Rider? ¿Dónde está? —preguntó el capitán.

Los hermanos Stabbington entraron en la taberna con grilletes, seguidos de Máximus. El caballo aún tenía el rastro de Flynn caliente, pero, por suerte, Flynn y Rapunzel tuvieron tiempo de esconderse detrás de la barra antes de que nadie los viera.

De pronto, el dueño se fue a por Flynn y lo agarró del brazo. El joven ladrón estaba muerto de miedo. El dueño de la taberna estaba obligado a llevarlo ante los guardias si quería conseguir la recompensa, pero, en lugar de eso, levantó una trampilla que había detrás de la barra.

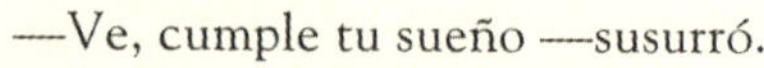

—Ve, cumple tu sueño —susurró.

—Lo haré —respondió Flynn.

—Tu sueño apesta, ¡estaba hablando con ella! —dijo señalando a Rapunzel.

—¡Oh, gracias! —dijo la joven.

Flynn se deslizó el primero dentro del túnel. Rapunzel estaba nerviosa por tener que seguirlo. Posado en su hombro, Pascal, su camaleón, le indicó que debía hacerlo. Rapunzel tomó aire, entró en el túnel tras Flynn y el dueño cerró la trampilla.

Rapunzel temblaba.

—No te preocupes —dijo Flynn intentando tranquilizarla—. Siempre hay una luz al final del túnel.

Junio 27

Winnie the Pooh

El jardín de Conejo

Conejo se despertó pronto y alegre. Tenía mucho trabajo que hacer en su jardín: había mala hierba que arrancar, parras que podar y un montón de hortalizas deliciosas y maduras esperando a que las recogieran. El único problema era que Conejo había prestado todas sus herramientas a sus amigos, y todavía no se las habían devuelto.

Mientras tanto, Pooh y Piglet estaban disfrutando de un desayuno en casa de Cangu y Rito cuando éste entró en casa con un ramo de flores para su mamá.

—¡Gracias, Rito! —exclamó Cangu, dándole un beso—. Deja que las ponga en agua. —Rebuscó en un cajón de la cocina y encontró las tijeras de esquilar de Conejo—. ¡Ay, no! —dijo Cangu—. Aún no se las he devuelto a Conejo.

—Eso me recuerda que... —dijo Piglet—, yo aún tengo el rastrillo de Conejo. Y, Pooh, seguro que tú aún tienes su pala.

Los amigos decidieron que la acción amistosa del día sería ir a devolverle a Conejo sus herramientas cuanto antes. Aunque, cuando llegaron a casa de Conejo, su amigo no estaba en casa. Estaba justo de camino a sus casas para recuperar sus herramientas.

—Al jardín de Conejo le hace falta un poco de trabajo —dijo Cangu—. ¿Por qué no nos ocupamos nosotros como disculpa por quedarnos sus cosas tanto tiempo?

A todos les encantó la idea. Pooh se puso a quitar la mala hierba y Piglet a rastrillar.

Cangu cortaba tomates, pimientos y pepinos maduros y Rito los metía en cestas grandes.

Cuando terminaron, vieron que unos pájaros hambrientos miraban la cosecha.

—¡Este jardín necesita un espantapájaros! —gritó Rito.

El grupo de trabajo se puso en acción, y pronto plantaron un espantapájaros justo en el medio del jardín. Apoyaron las herramientas contra el espantapájaros, colocaron las cestas de comida delante de él y se dirigieron a casa.

—¡Conejo se va a sorprender muchísimo! —dijo Piglet con orgullo.

Cuando Conejo volvió a casa unos minutos después, no podía creer lo que veían sus ojos. Primero miró a las hortalizas, que habían sido cosechadas. Luego, vio las herramientas de jardín que habían reaparecido misteriosamente. Y, por último, miró al extraño espantapájaros, que parecía que le estaba mirando directamente.

—¿Ha... ha... has sido tú? —tartamudeó.

Entonces, una ráfaga de viento golpeó el rastrillo que descansaba en el brazo del espantapájaros.

Convencido de que su jardín estaba encantado, Conejo se dio la vuelta y corrió, temiendo por su vida.

—¡Aaaaaaahhh! —gritó mientras pasaba corriendo al lado de sus amigos.

—Os dije que se iba a llevar una sorpresa —dijo Piglet.

Junio
28

Disney · PIXAR
TOY STORY 3

La gran evasión

Buzz, Jessie y la mayoría de los juguetes de Andy estaban atrapados en la guardería Sunnyside. Woody había escapado, pero había vuelto después de que le contaran que el malvado oso llamado Lotso controlaba la guardería. Woody había entrado en la clase donde estaban atrapados sus amigos y vio como los niños jugaban con ellos. ¡Era estremecedor!

¡Ring, ring! Un teléfono de juguete avanzó hacia Woody. El vaquero cogió el auricular y escuchó.

—Tú y tus amigos no vais a salir nunca de aquí.

Lotso estaba al tanto de todo. El único momento en que los juguetes eran libres era cuando se los tiraba a la basura. El teléfono dijo que había un mono de juguete que, cuando veía a un juguete que intentaba escapar, chillaba hasta que lo pillaban.

Cuando los niños salieron al patio a jugar, Woody salió de su escondite. Los otros le hablaron de la crueldad de Lotso y del comportamiento extraño de Buzz. Lotso había reiniciado a Buzz y ahora ya no reconocía a sus amigos. También le devolvieron el sombrero que se había dejado.

—Oh, Woody —dijo Jessie—, nos equivocamos al abandonar a Andy.

—La culpa es mía por haberos dejado —respondió Woody—. A partir de ahora, no nos separaremos.

Pero Jessie sabía que Woody necesitaba ir a casa antes de que Andy se fuera a la universidad.

Woody asintió.

—Nos iremos esta noche —dijo, señalando la ventana. El conducto de la basura sería su ruta de escape.

Aquella noche, los juguetes pusieron en acción un complicado plan de huida. Unos cuantos distraían a Buzz, lo que daba a Woody y a Slinky la oportunidad de sorprender a Mono y coger las llaves de la guardería.

Barbie forzó a Ken a confesar que habían reiniciado a Buzz y que lo habían devuelto al modo de demostración. Entonces, el señor Patata distrajo a Grandullón para que los juguetes capturaran a Buzz. ¡Las partes del señor Patata se escaparon y se unieron en una tortita! Se quedó vigilando mientras Slinky les daba las llaves a Jessie y los demás, permitiendo que salieran todos al patio.

Barbie encontró el manual de instrucciones de Buzz. Entonces, ella, Woody y Slinky sujetaron al guardián espacial mientras Jam buscaba en las instrucciones cómo reiniciar a su amigo. De repente, Buzz pitó y empezó a hablar con acento andaluz. No tenían tiempo para averiguar qué había pasado, así que empujaron a Buzz por la puerta hacia el patio. Cuando Buzz vio a Jessie, se arrodilló.

—¡Mi florecita del desierto!

—¿Habéis arreglado a Buzz?

—Algo así —respondió Woody.

¿Volvería Buzz a la normalidad?

Junio
29

Disney · PIXAR
BRAVE

Elige tu propio destino

«Restaura el vínculo que el orgullo rompió.» Eso era lo que la princesa Mérida tenía que hacer.

La madre de Mérida, la reina Elinor, siempre había querido que su hija se casara con el hijo de un lord local con el objetivo de mantener la paz en el reino escocés. Los clanes habían llegado al castillo y los primogénitos tenían que participar en un torneo de arco para ganar la mano de la heredera de DunBroch.

Pero Mérida no estaba preparada para casarse. Decidida a elegir su propio destino, cogió su arco y ganó a los tres primogénitos en la competición.

La reina se enfadó con su hija y ésta se puso furiosa con su madre, por lo que rajó el tapiz familiar con su espada.

Decepcionada, Mérida salió con su caballo al bosque, donde se encontró a una bruja y le pidió un hechizo que cambiara la mente de su madre; pero, en lugar de eso, el hechizo acabó convirtiendo a su madre en una osa.

Mérida y Elinor osa tenían que romper el hechizo y la única pista que tenían era un acertijo de la bruja: «Para cambiar el destino, busca en tu interior, restaura el vínculo que el orgullo rompió».

Mérida, por fin, había entendido lo que aquello significaba: tenía que restaurar el tapiz. Juntas volvieron al castillo.

En el gran salón se encontraron al padre de Mérida, el rey Fergus, y al resto de los clanes enzarzados en una batalla, todo porque Mérida no quería casarse con uno de los primogénitos.

La princesa miró a su madre en busca de ayuda, pero no había nada que Elinor osa pudiese hacer. Detener la pelea estaba sólo en sus manos.

Caminó hasta el centro de la sala. Estaba a punto de aceptar el matrimonio con uno de los hijos de los lores cuando, desde las sombras, su madre la detuvo.

Elinor osa le indicó con gestos lo que quería que dijera.

—La reina cree... que debemos encontrar el amor a su debido tiempo —tradujo Mérida.

—¡Una gran idea! —exclamó feliz el joven Macintosh.

Los hijos de los otros lores coincidieron. Todos querían ser capaces de elegir su propio destino. Todos se alegraron.

—Esto lo resuelve todo —dijo lord MacGuffin—. Dejemos que estos jovencitos se ganen su corazón antes de ganarse su mano.

La reina osa se sentía muy orgullosa de su hija y Mérida se dio cuenta de la importancia de lo que su madre quería que hiciera. Había hecho falta un hechizo que convirtiera a la reina Elinor en una osa, pero al final se entendieron la una a la otra.

Ahora seguro que se rompería el hechizo. ¿Verdad?

Junio 30

Disney Princesas
La Bella Durmiente

Una sorpresa salada

Rosa cogió una cesta grande y salió por la puerta. Era una tarde preciosa y sólo podía mejorarla cantando una canción mientras se adentraba en el bosque.

Rosa había pasado muchas tardes en el bosque y sabía exactamente dónde crecían los árboles de cerezas. Dejó el cesto bajo su árbol favorito y empezó a llenarlo de jugosas cerezas. Un par de pájaros azules se acercaron y se le posaron en el hombro mientras ella recogía cerezas. Pronto la cesta estaba llena de fruta.

—Debería ser más que suficiente para un pastel —dijo a los pájaros. Iba a hacerles un pastel sorpresa a sus tías.

Tarareando, Rosa llevó las cerezas a la cabaña. Dejó la cesta y miró la diminuta cocina. Estaba nerviosa. Nunca antes había horneado un pastel ella sola. Ni siquiera estaba segura de dónde encontrar todos los ingredientes.

—No tiene que ser muy complicado encontrar mantequilla, harina y azúcar —afirmó.

Tomó aire y buscó por los armarios. Entonces se puso a trabajar, cortando la mantequilla en la harina para la masa crujiente. Tras añadir agua fría, metió la masa en un bol.

—Y, ahora, la parte más complicada —dijo a los pajaritos, que la habían seguido a casa.

Rosa puso la masa en la tabla y empezó a amasarla hasta que estuvo grande y circular.

—Allá vamos —dijo mientras la doblaba por la mitad y la ponía en la bandeja. Después, dobló los bordes. Tenía una pinta estupenda.

—Y, ahora, el relleno.

Lavó las cerezas y les quitó el hueso. Entonces, mezcló un poco de especias y las espolvoreó con unas cucharadas de azúcar.

El pastel estaba saliendo del horno cuando sus tías entraron por la puerta.

—¿Qué es ese olor tan delicioso, querida? —preguntó Flora mientras se quitaba su sombrero puntiagudo.

Rosa sonrió.

—Es un pastel de cerezas —dijo—. ¡Lo he hecho yo sola!

Fauna aplaudió.

—¡Qué maravilla!

Después de cenar, Rosa cortó cuatro grandes trozos de pastel y, sonriendo, todas dieron un bocado a sus trozos. Pero sus sonrisas pronto se arrugaron. Entonces Rosa se puso a llorar.

—¡Sal! —gritó—. ¡He puesto sal en lugar de azúcar!

—No pasa nada, querida —la consoló Flora—. Yo cometí, una vez, el mismo error que tú ¡con veinte tartas de fruta! Y pasó mucho tiempo antes de que nadie volviera a probar mi comida. Pero lo superaron, con el tiempo.

Rosa se secó las lágrimas cuando Primavera empezó a reír.

—¡Me acuerdo de aquello! —dijo.

Rosa sonrió y se rio también. Después de todo, ella sólo había arruinado una tarta.

Julio
1

ALICIA
en el país de las
MARAVILLAS

¿Cómo crece tu jardín?

Todo lo que rodeaba a Alicia era gigantesco. Incluso las flores parecían tan altas como las farolas.

—La oruga dijo que un lado del hongo me haría más grande y el otro me volvería más pequeña —le dijo Alicia a un diente de león cercano, sujetando dos trozos de hongo—. Pero no sé qué trozo hace qué.

—¿Qué quieres? —le preguntó el diente de león—. ¿Crecer o encoger?

—¡Crecer! —gritó Alicia.

—Pon las raíces en el suelo y gira tus hojas hacia el sol —dijo el diente de león—. ¡Crecerás enseguida!

—Pero ¡yo no soy una flor! —dijo Alicia.

—Pues claro que no —dijo un narciso—. ¡Es un bicho!

De repente, Alicia oyó otra voz.

—Bichiiiiitooo —cantó la voz—. Puedo darte lo que deseas. Salta a mis pétalos, bichín.

Alicia se metió los trozos de hongo en los bolsillos y se aproximó a la planta. Sus brotes eran muy extraños, como guisantes verdes con pelos en los bordes.

—Entra —dijo la planta.

Alicia trepó y entró en uno de aquellos extraños brotes. Inmediatamente, notó cómo empezaba a cerrarse y la atrapaba dentro.

—¿Qué tipo de planta eres tú? —gritó Alicia.

—Una dionea atrapamoscas —dijo la planta.

—Pero ¡yo no soy una mosca! —protestó Alicia.

—No importa —dijo la atrapamoscas—. También como otros bichos.

—¡No soy ningún bicho! —gritó Alicia, golpeando las paredes verdes—. Déjame salir.

La atrapamoscas se rio.

—Creo que serás un gran manjar, bichito —murmuró.

—¿Sabes qué? —dijo Alicia enfadada—. Es de mala educación hablar con la boca llena, sobre todo cuando tienes la boca llena de mí. Porque, si tuviera mi tamaño normal, te...

«¿Tamaño normal?», pensó. Y, de pronto, recordó que en los bolsillos guardaba los trozos de hongo. Sacó los dos y le dio un bocado a uno.

Alicia se hizo más y más grande, salió de la atrapamoscas y cayó al suelo.

Aún enfadada, miró a la atrapamoscas. Ahora parecía inofensiva, ni siquiera le llegaba al tobillo. Le lanzó una mirada fulminante y siguió su camino.

Las flores la observaron mientras se marchaba.

—Es el bicho más grande que jamás he visto —dijo la violeta, con voz temblorosa.

—No puedo creer que lo haya dejado escapar —dijo la dionea atrapamoscas con tristeza—. ¡Ese bicho podría haber sido el desayuno, la comida y la cena de los próximos cincuenta años!

Julio
2

La Dama y el VAGABUNDO

Objetos perdidos

Reina estiró las patas y rodó un poco. ¡Qué bien se estaba en la butaca de la ventana! Los rayos del sol brillaban a través del cristal y rebotaban en la placa en forma de diamante que llevaba su nombre. Reina suspiró contenta. Esa placa era su posesión más preciada. Después de sus dueños, claro.

Jaime y Linda eran muy buenos con ella. Justo la noche anterior les habían dado a ella y a Golfo unos huesos de primera calidad, tantos que no pudieron comérselos todos.

«¡Los huesos!» Reina se había olvidado de ellos. Bajó de la butaca de un salto y se apresuró hacia la cocina. Por suerte seguían ahí, junto a su cuenco de comida.

Reina comenzó a llevar los huesos al jardín. Después de tres viajes, al final los tuvo todos apilados sobre la hierba. Entonces se puso manos a la obra.

Cavar, cavar y cavar. Cada vez que hacía un hoyo, la tierra quedaba amontonada detrás de ella. Con cuidado, empujó con el hocico el último hueso dentro del agujero y lo tapó. Dio unos cuantos saltitos encima y se dejó caer en el suelo, exhausta. ¡Qué duro era enterrar huesos!

Reina se puso panza arriba para que le diera el sol. El jardín era el sitio ideal para echarse una siesta a media tarde. Estaba a punto de quedarse frita cuando, de repente, empezó a picarle el cuello.

Se sentó para rascarse y entonces sintió que le faltaba algo.

Se palpó con cuidado el cuello y... ¡notó que su collar no estaba! Reina fue presa del pánico y buscó por todo el jardín. No lo encontró por ninguna parte.

«¡Debo de haberlo enterrado con algún hueso!», pensó la perrita con gran sobresalto. Observó todos los hoyos que acababa de cavar. Tardaría toda una noche en desenterrar los huesos... pero ¡tenía que encontrar su collar!

«Golfo me ayudará», pensó Reina. Corrió al interior de la casa a buscarle. Estaba jugando con los cachorros, pero, en cuanto escuchó lo sucedido, salió enseguida al jardín. Juntos se dedicaron de inmediato a deshacer el duro trabajo de Reina.

—¡Veo algo que brilla! —exclamó Golfo.

Reina acudió a su lado al instante, pero no era su collar. Sólo era un tapón viejo. La perrita bajó la cabeza, triste.

Los dos perritos retomaron la excavación. Cuando ya estaba anocheciendo, Golfo vislumbró una cinta azul y gruesa con una placa dorada. ¡Era el collar de Reina!

La perrita soltó un feliz ladrido. Entonces, entró con el collar en casa y se sentó junto a los pies de Jaime.

—¿Se te ha caído, Reina? —preguntó mientras volvía a atarle el collar—. ¡Suerte que no lo has enterrado sin querer con los huesos!

Julio
3

DISNEY MICKEY Y SUS AMIGOS

El perro más valiente

Minnie estaba en el jardín cuando vio que Mickey se subía al coche con prisas.

—¿Adónde vas? —preguntó.

—¡Cuando el tren del circo estaba pasando por la ciudad algunos animales se han escapado! —respondió Mickey—. El *sheriff* me ha pedido que le ayude a encontrarlos.

Pluto quiso acompañarlo, pero Mickey lo detuvo.

—Tú quédate aquí con Minnie —le dijo, y se marchó.

Entonces, Pluto empezó a tirarle de la falda a Minnie, que entendió que quería salir a pasear.

—De acuerdo —dijo—. No creo que vayamos a encontrarnos con ninguno de esos animales.

Minnie y Pluto fueron paseando hasta el río. De pronto, oyeron un siseo que provenía de un tronco.

—¡Serpientes! —exclamó Minnie—. ¡Deben de haberse escapado del tren del circo!

Pluto no estaba asustado. Se lanzó entre la hierba... y encontró a una gatita con sus cachorros.

Minnie soltó una risita.

—Vamos, Pluto, dejémosles tranquilos.

Minnie no se separaba de Pluto. Si había alguna serpiente por allí, no tenía ningunas ganas de toparse con ella.

—Sería gracioso encontrar una foca —dijo.

Justo entonces, oyeron que algo chapoteaba en el río. Pluto corrió pendiente abajo y saltó al agua.

Sin embargo, no se trataba de una foca, ¡sino de un perrito!

—Tranquilo, Pluto —rio Minnie mientras volvían a casa—. ¡Te quiero igual aunque no atrapes nada más salvaje que una gatita y un perrito!

Cuando entraron en la cocina de Mickey, vieron que la leche estaba derramada, la vajilla rota y ¡una ventana abierta!

—¡Ay, Pluto! ¡Alguien ha estado aquí! ¿Y si ha sido uno de los animales del circo? —gritó Minnie.

Pluto olisqueó la zona. Al final, saltó por la ventana y cruzó corriendo el jardín hasta el cobertizo.

—¡Ten cuidado! ¡Podría ser algo peligroso! —exclamó Minnie.

En ese momento apareció Mickey.

—Ay, Mickey, ¡algo ha entrado en tu cocina! ¡Pluto lo está rastreando! —Minnie señaló el cobertizo, al que Pluto acababa de entrar. ¿Qué encontraría allí?

Cuando la puerta se abrió y salió Pluto... iba acompañado. Llevaba en la espalda a un mono con un pequeño sombrero y un chaleco.

—¡Es el último animal que faltaba! —dijo Mickey. El monito saltó a sus brazos—. Este pequeñín no es tan peligroso, pero se necesitaba coraje para entrar en el cobertizo.

—Hoy Pluto ha sido muy valiente —afirmó Minnie.

Pluto y Mickey devolvieron al mono.

—Gracias, Pluto —dijo el director del circo—. ¡Sin tu ayuda el espectáculo se habría cancelado!

Julio
4

El deber de un héroe

Rompe Ralph trabajaba en el videojuego de *Repara Félix Júnior* y estaba harto de ser siempre el malo. Al final de cada partida, los demás personajes lo tiraban desde el tejado, y ya no lo aguantaba más. Quería conseguir una medalla y demostrar que podía ser el bueno, como Repara Félix.

Así, pues, Ralph hizo algo que nunca antes había hecho ningún personaje: decidió abandonar su juego. Iba en busca de una medalla en otro juego cuando se topó con un soldado que se quedó a cuadros.

El pobre estaba tan pasmado que acabó chocando contra la pared. Se llamaba Markowski y, balbuceando, le explicó que acababa de llegar de un nuevo juego llamado *Hero's Duty*, donde luchaba contra enjambres de ciberbichos.

Según el soldado, el objetivo del juego era escalar una torre para conseguir la Medalla del Héroe.

De pronto, un diminuto escarabajo cruzó correteando la mesa y Markowski se desmayó. Aquello le dio una idea a Ralph. Quizá él podría sustituir al soldado en el juego... y ¡ganar esa medalla! ¡Por fin podría demostrarles a todos que podía ser el bueno por una vez!

Ralph tomó prestada la armadura de Markowski y se infiltró en *Hero's Duty*.

Mientras esperaba junto a los demás soldados y el tirador en primera persona (el robot que manejaba las acciones del jugador), ¡parecía que su plan podría funcionar!

Pero cuando el juego empezó, ¡unos enormes y hambrientos ciberbichos atacaron! Engullían personajes, vehículos y armas y luego se convertían en una versión extravagante de lo que comían. ¡Ralph estaba aterrorizado!

Ralph agarró al tirador en primera persona y le suplicó auxilio. Pero antes de que la niña pudiera preguntarse por qué un personaje de juego decía cosas tan raras, un ciberbicho devoró a su personaje. Una voz grave retumbó: «Fin de partida».

Dentro de *Hero's Duty*, el juego comenzó a reiniciarse. Los personajes regresaron a la posición de inicio, y un haz de luz apareció encima de la enorme torre del centro del escenario. Los ciberbichos volaron hacia la luz, que los tragó a todos.

La líder del batallón, la sargento Calhoun, estaba furiosa.

—¡Jamás interfieras con el tirador en primera persona! —gritó a Ralph.

Pero él no la escuchaba. Él quería la Medalla del Héroe de la cima de la torre, ¡pues era su oportunidad de demostrar que podía ser un buen tipo!

Ralph se dirigió a la torre. Estaba decidido a conseguir la medalla y probar su valía, costara lo que costara.

Julio

5

Al otro lado de la frontera

Campanilla y Periwinkle eran hermanas y ambas vivían en la Hondonada de las Hadas... pero ¡nunca se habían conocido! Periwinkle era un hada del invierno que vivía en el Bosque del Invierno y Campanilla vivía en las estaciones cálidas.

A las hadas cálidas no se les permitía cruzar la frontera del invierno porque el frío era peligroso para ellas. Pero, un día, Campanilla la cruzó y sus alas empezaron a brillar de forma extraña. Quería averiguar por qué, así que se adentró aún más en el invierno. No imaginaba que estaba a punto de conocer a su hermana perdida, ¡cuyas alas también brillaron cuando Campanilla se acercó!

Pronto las hermanas descubrieron que tenían muchas cosas en común. Peri le enseñó un fardo con objetos que había coleccionado.

—¿Tú también coleccionas Cosas Perdidas? —preguntó Campanilla, fascinada.

Periwinkle rio.

—Yo las llamo «Cosas Recuperadas» —dijo.

Peri enseñó durante toda la tarde el Bosque del Invierno a Campanilla. Entonces fueron al Bosque Helado, donde Campanilla conoció a las amigas de Peri: Gliss y Spike. Todas juntas, fueron a patinar sobre hielo, que era como bajar por una montaña rusa helada. ¡Qué bien se lo pasaba Campanilla allí!

Por la noche, Campanilla encendió una hoguera para mantenerse caliente, y ella y Periwinkle se quedaron charlando hasta tarde. Le explicó a Peri todas las cosas preciosas que había en las estaciones cálidas de la Hondonada de las Hadas. ¡A Periwinkle le gustaría tanto ir!... Pero no podía, porque el calor dañaría sus alas.

De pronto, el suelo de la casa de Peri se derrumbó. ¡Se había derretido por el fuego!

En ese momento, Dewey, el guardián del conocimiento de las hadas, llegó montado en su lince de las nieves y ¡salvó a las hermanas!

—Lord Milori tenía razón —dijo Dewey—. Cruzar la frontera es muy peligroso. Tenemos que llevar a Campanilla de vuelta a casa.

Los tres se dirigieron a la frontera. Las hermanas, tristes, se abrazaron y se despidieron. Cuando el guardián se dio la vuelta, Campanilla le susurró a Peri:

—Vale, éste es el plan: reúnete aquí conmigo mañana. Necesitaré que traigas una cosa.

Campanilla tenía un plan que les permitiría volverse a ver. Las dos hadas sabían que podían meterse en problemas, pero, ahora que se habían conocido, nada las separaría.

De nuevo al otro lado de la frontera, Campanilla fue a buscar a sus amigos, Clank y Bobble, para que la ayudaran.

—Es algo un poco secreto... —les dijo.

¡A Clank y Bobble les encantaban los secretos! Entonces, Campanilla les habló de la hermana perdida que había conocido.

Julio
6

Disney Princesas
La Bella y la Bestia

Día de limpieza en el castillo

Una mañana bastante soleada y cálida, Bella y Chip, la tacita de té, contemplaban desde la ventana del castillo el cielo azul y los árboles y las plantas que crecían.

—Bien, Chip —dijo Bella—, hace un día espléndido. ¿Sabes lo que eso significa?

Chip empezó a dar brincos, emocionado.

—¿Significa que saldremos a jugar? —preguntó.

Bella rio.

—Bueno, sí, eso también —respondió—. Pero, antes de eso, hoy toca día de limpieza. ¡A trabajar!

Así, pues, Bella fue a buscar unos cuantos utensilios para limpiar.

—Creo que empezaré por el comedor —dijo. Cogió la cubertería de plata y comenzó a sacarle brillo a un tenedor.

—¡Ay! —exclamó el tenedor encantado—. ¡Cuidado! ¡Au! ¡No frotes tan fuerte las puntas!

—¡Ostras! Lo siento —dijo Bella, y siguió puliendo el resto de los cubiertos con cuidado.

Luego cogió toda la vajilla. Pero cuando hundió el primer plato encantado en agua jabonosa, éste gritó:

—¡Aaah! ¡Qué fría! ¡Está muy fría!

Bella casi dio un grito de la sorpresa... y se apresuró a añadir agua caliente.

Después de lavar los platos, Bella fue a su dormitorio y comenzó a quitar el polvo del armario con el plumero.

Pero en cuanto tocó el armario con el plumero, ambos objetos estallaron en carcajadas.

—¡Ji, ji, ji! ¡Ja, ja, ja! —soltó la señora Armario—. ¡Qué cosquillas!

—¡Y que lo digas! ¡Ja, ja! —dijo la joven Plumero.

Bella fue a la biblioteca a tomarse un descanso, y Chip fue con ella.

—Ay, Chip —dijo exhausta—, limpiar en este castillo es todo un reto ¡No estoy acostumbrada a limpiar objetos encantados que se quejan!

Chip soltó una risita.

—Supongo que nosotros tampoco. ¡Siempre nos lavamos nosotros mismos!

—¿Vosotros mismos? —preguntó Bella.

Aquello le dio una idea. Si los objetos encantados podían limpiarse a sí mismos, ¡también podrían limpiar otros objetos!

Bella llamó a todos los objetos encantados.

—Me gustaría pediros ayuda en un pequeño proyecto —empezó Bella.

Enseguida, Bella tuvo un ejército de objetos limpiando por todo el castillo. Al cabo de pocas horas, todo el castillo brillaba, y Bella y Chip fueron a relajarse a la biblioteca.

—En fin —dijo Bella mientras se dejaba caer en una cómoda silla—, ya sabes lo que dicen: es mejor trabajar en equipo. Y ¡un poco de magia nunca está de más!

Julio

7

Disney · PIXAR INSIDE OUT

Una pesadilla

Dentro de la mente de Riley, dos de sus Emociones —Alegría y Tristeza— intentaban volver a la Central con los recuerdos esenciales de Riley. Estas esferas contenían los recuerdos más importantes para la niña y mantenían en funcionamiento sus islas de la personalidad.

Alegría, Tristeza y el viejo amigo imaginario de Riley, Bing Bong, consiguieron subirse al Tren del Pensamiento, la vía más rápida para viajar por el Mundo de la Mente hasta la Central. Sin embargo, al poco rato el tren se detuvo abruptamente; Riley se había dormido, y cuando Riley dormía el tren no iba a ninguna parte.

Tristeza tuvo una idea. Avistó a lo lejos El Sueño Producciones, el lugar en el que se creaban todos los sueños de Riley, y pensó que podrían despertarla con un sueño.

Alegría, Tristeza y Bing Bong se introdujeron en el plató en el que se grabaría el sueño de aquella noche. Por todas partes había actores disfrazados, ensayando, y el cámara hablaba con el director del sueño. Colocaron un filtro especial en la cámara para que a Riley le pareciera todo real.

Tristeza opinaba que podrían despertarla con algo que le diera miedo, pero Alegría quería que fuera con un sueño feliz.

—Eso no ha ocurrido nunca —replicó Tristeza, pero Alegría estaba segura de que funcionaría. Ella y Tristeza se metieron en un disfraz de perro muy mono y se precipitaron al plató, mientras Bing Bong cuidaba de los importantísimos recuerdos esenciales que habían recuperado.

En la Central, Miedo estaba al mando de la Consola. En la pantalla, veía corretear al perro; hasta que, de pronto, ¡el animal se partió en dos! ¡A Miedo se le cayó la taza que tenía en la mano y el té se derramó por todas partes!

En El Sueño Producciones, el disfraz se había rasgado por la mitad porque Tristeza no pudo seguir el ritmo y los movimientos de Alegría. Ahora, Tristeza perseguía a Alegría por el plató. Esto, a través del filtro de realidad, resultaba terrorífico...

Cuando Riley comenzó a revolverse en la cama, los guardias del lugar se dieron cuenta de las intenciones de Alegría y Tristeza.

—¡Ellas no forman parte del sueño! —gritó el director a los de seguridad—. ¡Cogedlas!

Alegría y Tristeza lograron esconderse, pero Bing Bong acabó arrestado.

Llevaron a Bing Bong al subconsciente de Riley, donde residían los temores más profundos de la niña. Alegría y Tristeza decidieron intentar salvarlo. Ahí abajo, se encontraron a un enorme y siniestro payaso llamado Jangles. Aquello les dio una idea. Instantes más tardes, Jangles irrumpió en el plató de El Sueño Producciones y Riley dio un bote en la cama, con los ojos abiertos de par en par y aterrorizada. ¡La idea de Tristeza había funcionado! ¡El Tren del Pensamiento partiría en breve de nuevo!

Julio

8

Disney Princesas Enredados

Un secreto extraordinario

Flynn y Rapunzel pasaron volando por el pasadizo secreto de la taberna: ¡no había tiempo que perder!

Cuando chantajeó a Flynn para que la guiara hasta los farolillos flotantes, Rapunzel no había imaginado ni por un momento que acabaría escondiéndose de la guardia real en un túnel mugriento.

En el Patito Frito, Máximus guio a los guardias directamente al pasadizo secreto, e irrumpieron en él.

Entretanto, Madre Gothel había visto como se desarrollaban los acontecimientos y se acercó a un rufián que estaba en la entrada del bar.

—¿Adónde lleva ese túnel? —preguntó Gothel, y lo amenazó hasta que se lo confesó.

Flynn y Rapunzel corrían por el túnel con los guardias pisándoles los talones.

—¡Rápido! —gritó Flynn.

Salieron del túnel como un rayo y se detuvieron derrapando justo antes de caer en una enorme gruta.

Rapunzel ató su pelo a una viga, cruzó colgada de él y aterrizó en una plataforma de roca. Flynn se dio la vuelta y se enfrentó a Máximus y a los guardias ¡con la sartén de Rapunzel!

Entonces, Rapunzel lanzó a Flynn su pelo y lo sujetó mientras también atravesaba el barranco.

¡Flynn voló justo por encima de los hermanos Stabbington!

Pero Rapunzel y Flynn no estaban a salvo. Máximus tenía otros planes: ¡derribó la presa de agua dando coces! El agua empezó a inundar la gruta rápidamente.

¡La fuerte corriente barrió a los guardias y a los Stabbington!

Flynn y Rapunzel se metieron en una cueva, justo cuando una columna de piedra se estrelló contra el suelo y bloqueó la entrada. ¡Estaban atrapados!

El agua comenzó a entrar en la cueva a una gran velocidad. Flynn se hizo un corte en la mano tratando de mover las enormes rocas que los rodeaban, pero no logró desplazarlas de su sitio ni un centímetro. No había escapatoria.

—¡Es todo culpa mía! —sollozó Rapunzel—. ¡Lo siento mucho, Flynn!

—Eugene. En realidad me llamo Eugene Fitzherbert —admitió Flynn—. Ahora ya lo sabes.

—¿Eugene? —exclamó Rapunzel—. Bueno, ya que tú me has contado tu secreto... —continuó—: Mi pelo es mágico y brilla cuando canto.

El ladrón se la quedó mirando, atónito.

De pronto, Rapunzel se dio cuenta de que su cabello podría salvarlos. ¡Al final, quizá saldrían de ésta!

Un cachorrito con suerte

—¿Adónde vamos? —preguntó Penny.

—¿Por qué tenemos que subir al coche? ¡Nos perderemos *Relámpago*! —lloriqueó Pepper. A los cachorros no les gustaba perderse la serie de su héroe canino. Gruñeron mostrando su descontento.

—Esto será aún más divertido —dijo Perdita con ternura, persuadiéndolos para que subieran al vehículo—. Os lo prometo.

Roger y Anita se sentaron delante y pronto salieron de la ciudad. Al cabo de poco, recorrían con tranquilidad una carretera rural. A los cachorros les llegaban todo tipos de aromas: de flores, de heno… Y entonces sus hocicos detectaron algo dulce: ¡melocotones!

—¡Ya hemos llegado! —Anita abrió la puerta del coche.

—¿Adónde? —preguntó Freckles a Lucky.

—¡Parece un huerto de árboles frutales! —chilló Lucky, a quien le encantaba la fruta.

Roger se desperezó.

—Venga, perritos, a correr y a jugar —dijo—. Os llamaremos a la hora del pícnic.

—No comáis demasiados melocotones —ladró Pongo, pero los pequeños ya habían salido en tropel.

Durante toda la mañana, los cachorros corretearon y jugaron por la hierba verde, hasta que Pongo y Perdita los llamaron.

—¡A comer! —ladró Pongo.

—Yo no tengo hambre —dijo Rolly, rodando sobre la hierba.

—Espero que no te hayas empachado —dijo Perdita.

Los perros adultos llevaron a sus pequeños colina arriba, donde Roger y Anita ultimaban el pícnic.

Perdita examinó al grupo.

—Un momento —le dijo a Pongo—. ¿Dónde está Lucky?

La jauría blanca y negra se detuvo. Pongo los contó a todos y, definitivamente, ¡Lucky no estaba!

Perdita suspiró y empezó a gimotear.

—Tranquila, mamá —dijo Pepper con dulzura—. Tengo una idea. Se dio la vuelta y se dirigió a sus hermanos y hermanas—. ¡Escuchadme todos! ¡Vamos a jugar a *Relámpago*! ¡Tenemos que encontrar a Lucky!

Todos los cachorros soltaron un grito de emoción y comenzaron a buscar el rastro de Lucky, tropezándose unos con otros. Enseguida estuvieron todos olfateando el suelo.

Penny olisqueó alrededor de un árbol y detrás de una alta mata de hierba y ¡encontró su olor!

—¡Está aquí! —ladró Penny.

Los demás se reunieron alrededor del perrito, que dormía sobre la hierba.

Las orejas le cubrían los ojos, pero las manchas en forma de herradura de la espalda y los huesos de melocotón junto al hocico lo delataban.

—Lucky tiene suerte de que lo hayamos encontrado —dijo Perdita, suspirando aliviada.

—Y ¡tendrá aún más suerte si no se despierta con dolor de barriga! —bromeó Pepper.

El viaje de Periwinkle

Campanilla vivía en la Hondonada de las Hadas. Su hermana Periwinkle, también, pero ¡se habían conocido hacía muy poco! Y es que Campanilla era un hada cálida que vivía en las zonas en las que siempre era primavera, verano u otoño. Su hermana Peri era un hada del invierno que vivía en el Bosque del Invierno. Las hadas tenían prohibido traspasar la frontera.

Entonces, ¿cómo se conocieron? Bien, Campanilla, tan curiosa como era, ¡no iba a permitir que ninguna norma le impidiera echar un vistazo al Bosque del Invierno! Así descubrió que tenía una hermana. Pero el señor del invierno, lord Milori, sospechó que había un hada cálida en el frío bosque, por lo que Campanilla tuvo que volver a casa.

Antes de marcharse, las hermanas idearon un plan para que Peri fuera a visitarla a la zona cálida. Sólo necesitaban la ayuda de sus amigos.

Al día siguiente, Periwinkle llegó a la frontera con sus amigos: dos hadas y un duende de la escarcha, y un duende de los glaciares. Traían un gran bloque de hielo.

Campanilla trajo a sus amigos tintineadores, Clank y Bobble, y el artilugio más raro que las hadas del invierno habían visto nunca: ¡una máquina de fabricar nieve!

Clank y Bobble introdujeron hielo en el aparato, que lo trituró y lo transformó en nieve.

—¡Lo has conseguido! —exclamó Peri.

Peri cruzó volando la frontera y se colocó debajo de la nieve que caía. ¡Le encantaba! Aquello significaba que podría mantenerse fría mientras visitaba las estaciones cálidas.

El *tour* comenzó enseguida. Primero tocaba que Peri conociera a las demás amigas de Campanilla.

—¡Ésta es Periwinkle, mi hermana! —anunció Campanilla.

Sus amigas sorprendieron al hada del invierno con un arcoíris y un gran campo de flores como bienvenida.

Rosetta le dio una flor morada.

—Se llama *periwinkle* o vinca

—¡Gracias! —dijo Peri—. La conservaré siempre. —Cogió la florecita morada y la cubrió de escarcha. Las otras se maravillaron al ver cómo brillaba con la luz del sol.

Al cabo de unos instantes, Peri empezó a sentirse débil. ¡Sus alas se adormecían! Clank y Bobble se dieron cuenta de que el hielo se acababa y no había suficiente nieve para mantener fría al hada. ¡Debían volver a la frontera!

Cuando Campanilla y Vidia llevaban a Periwinkle al invierno, lord Milori apareció. Ella le suplicó que ayudara a Peri, mientras Vidia la arrastraba con delicadeza de vuelta al lado cálido.

Campanilla corría el mismo peligro que Peri si no se iba de allí.

Campanilla estaba triste. ¿Podría volver a estar junto a su hermana?

Julio
11

DUMBO

Teléfono loco

—¿Te has enterado, querida? —dijo una de las elefantas del circo a otra.

—¿De qué?

La primera miró de reojo a su alrededor para asegurarse de que nadie podía oírla.

—Pues, conoces a Dumbo, el hijo de la señora Jumbo, ¿verdad? —le susurró al oído.

—Por supuesto —respondió la segunda elefanta—. El pequeño de las orejas enormes. El que se convirtió en un... payaso —dijo con una mueca de disgusto.

—Exacto —dijo la primera elefanta—. ¡Un pajarito me ha dicho que la primera función fue todo un éxito! A todos les gustó el número del «edificio en llamas». Dumbo saltó de una plataforma de veinte metros de altura, y ¡piensan ponerla más alta la próxima vez!

—¡Madre mía! —exclamó la segunda elefanta.

—Pero ¡no se lo cuentes a nadie!

No obstante, en cuanto la primera elefanta se dio la vuelta, la segunda se dirigió a otra de sus amigas.

—¡Querida, no vas a creer lo que acabo de oír!

—¿Qué ocurre? —preguntó la tercera elefanta.

La segunda elefanta bajó la voz y susurró:

—¡No te lo vas a creer! —empezó—. ¡Dumbo se negó a saltar de una plataforma y veinte payasos tuvieron que empujarlo!

—¡¿Qué me dices?! —exclamó la tercera elefanta, ahogando un grito—. ¡Menudo escándalo!

—Pero ¡que no se te escape!

—¡Claro que no!

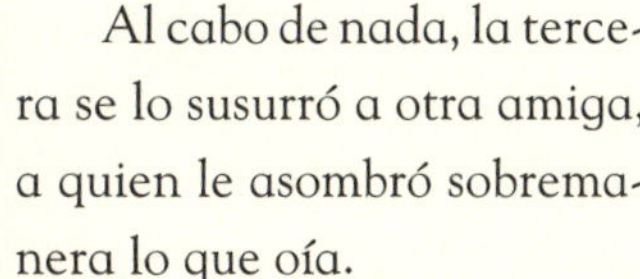

Al cabo de nada, la tercera se lo susurró a otra amiga, a quien le asombró sobremanera lo que oía.

—... entonces, Dumbo prendió fuego a la plataforma, y veinte payasos tuvieron que apagar las llamas —le confió la tercera.

La cuarta elefanta se lo contó a una quinta, y la quinta a una sexta. Pronto, todo el circo estaba al día de lo ocurrido en la primera función de Dumbo actuando como payaso.

Un pajarito que volaba sobre la gran carpa vio a dos elefantas charlando y descendió para ver qué ocurría.

—Buenos días, señoras —dijo posado sobre la trompa de una de ellas—. ¿Qué se cuece esta noche por el circo?

—Se trata de Dumbo —dijo una, alterada—. Al parecer se cayó de una plataforma en el último número y aplastó a veinte payasos. ¡Ahora planean prenderle fuego en la siguiente función!

El pajarito no se esperó a oír cómo seguía la conversación.

—¡Debo decírselo a todo el mundo! —pio, y alzó el vuelo de nuevo—. Cuando lo cuente, ¡la gente no se lo va a creer!

Disney · PIXAR
BUSCANDO A NEMO

Felices sueños, Nemo

Bien entrada la noche, en el fondo del mar, el pequeño Nemo seguía despierto.

—Nemo —dijo Marlin, asomando la cabeza por la anémona—, ¿todavía no te has dormido?

—No puedo. Necesito que me leas otro cuento —contestó Nemo.

—No más cuentos, ya te he contado cinco.

—Y ¿algo para picar? —insistió Nemo.

Marlin puso los ojos en blanco, cansado de la insistencia de su hijo.

—No, Nemo. Hace cinco minutos que has picoteado plancton. Ahora, pececito payaso, ¡lo que tienes que hacer es dormir!

—Vale, papá —dijo Nemo, y cerró los ojos como le pedía su padre. Pero, unos segundos después, los volvió a abrir de par en par.

—¡Papá! —gritó Nemo—. ¡Papáaa!

—¡Nemo! ¡Empiezo a perder la paciencia! —gruñó Marlin.

—Es que, papá, he... he... he oído un ruido.

—¿Qué tipo de ruido? —preguntó Marlin.

—Eh... un... un ruido que daba miedo —respondió el pequeño.

—Mmm... —Nemo sabía que a su padre no le parecería una razón para estar despierto. Aun así, Marlin se detuvo a escuchar... y a escuchar... y a escuchar.

—No oigo nada, Nemo —repuso al cabo de un rato.

Así, pues, Nemo se esforzó en cerrar los ojos y ponerse cómodo. Se giró hacia un lado... hacia el otro... Pero nada daba resultado.

—¡Papáaaaaaaa!

—Hijo, por última vez: es hora de irse a dormir —dijo Marlin. Si vuelves a llamarme, espero que sea por una buena razón o... o... o ya verás. ¡Buenas noches!

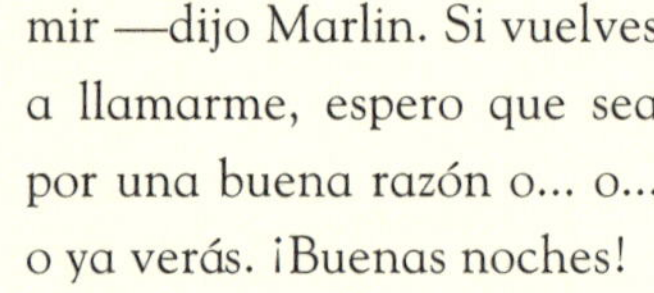

Nemo sabía que su padre se había enfadado un poquitín de nada sin importancia ni relevancia con él. Pero también sabía que cuando no puedes dormir, no puedes dormir. Da igual cuántos peces luna, peces ángel o estrellas de mar cuentes; da igual cómo de fuerte cierres los ojos; no importa cuánto se enfade tu padre: no te dormirás hasta que estés completa, total e innegablemente preparado. Y él no lo estaba. Pero ¿por qué no?

De pronto, Nemo se incorporó de golpe.

—¡Papá! ¡Papá! ¡Papiiii!

—Muy bien, Nemo, ¡se acabó! —dijo Marlin.

—Pero, papá, hay una última cosa que necesito muy mucho. Luego te prometo que me dormiré.

Dicho esto, se lanzó a las aletas de Marlin para darle un enorme abrazo de buenas noches.

—Te quiero, papá. Hasta mañana.

Julio

13

¡Mi héroe!

Carl y el pequeño Russell estaban en Sudamérica. Habían llegado volando en la casa de Carl, ¡que estaba atada a miles de globos! El hombre había estado casado mucho años con una mujer llamada Ellie. Siempre habían soñado con convertirse en exploradores y visitar las Cataratas Paraíso, en Sudamérica. Por desgracia, nunca pudieron reunir el dinero suficiente para realizar aquel viaje, y finalmente Ellie falleció. Pero Carl quería hacer realidad el sueño de ambos.

Desde que llegaron a ese continente, Carl y Russell conocieron a una enorme y extraña ave, a la que Russell bautizó como Kevin, y a un perro parlante llamado Dug, que tenía la misión de encontrar y capturar a Kevin.

Iban de camino a las Cataratas Paraíso, arrastrando la casa flotante con la manguera del jardín. Por la noche, pararon a descansar.

—Dug dice que quiere llevarse a Kevin prisionero. ¡Tenemos que protegerlo! —dijo Russell a Carl mientras los demás dormían. Carl accedió a que Kevin fuera con ellos hasta las cataratas.

—¿No lo abandonará? ¿Lo jura? ¿Con el corazón? —pidió Russell a Carl.

Carl meditó unos segundos. La última vez que había jurado haciendo una cruz con el corazón fue cuando prometió a Ellie que la llevaría a las Cataratas Paraíso.

—Con el corazón —dijo finalmente.

A la mañana siguiente, encontraron a Kevin sobre el tejado de la casa. El ave gritaba hacia las lejanas rocas.

—Está llamando a sus crías —explicó Dug.

—¿Kevin es una chica? —Russell no se lo esperaba.

El pájaro partió hacia su hogar. Russell quiso ir con ella, pero Carl tenía prisa por llegar a las cataratas.

—Puede cuidar de sí misma —le dijo a Russell.

De pronto, tres perros fieros aparecieron de detrás de unos arbustos. Rodearon a Carl, Russell y Dug y les pidieron que les entregaran el ave. Formaban parte de la misma jauría que Dug. Cuando se dieron cuenta de que Dug había perdido al pájaro, decidieron llevar a los viajeros ante su dueño.

Los canes llevaron a Carl y a Russell hasta la entrada de una enorme cueva, donde vieron a un hombre mayor rodeado de más perros. Cuando el desconocido vio la casa de Carl, se echó a reír. Había creído que eran exploradores... pero ¡los exploradores de verdad no viajarían en una casa flotante!

—Mis perros se han confundido —le dijo a Carl.

A Carl le resultaba familiar aquella figura.

—Oiga, ¿usted es Charles Muntz?...

¡No podía creer lo que veían sus ojos! ¡Muntz era el héroe de la infancia de él y de Ellie!

—¡Mi esposa y yo éramos sus mayores fans! —dijo, estrechándole la mano a Muntz. Ojalá Ellie estuviera allí con él... sabía que le habría encantado.

Julio
14

Disney EL REY LEÓN

¡Hipopótamo a la fuga!

Una mañana, Simba, Timón y Pumba estaban desayunando.

—¡Mmm! ¡Qué bichos más crujientes! —dijo Pumba.

—Prueba los grandes y rojos —dijo Timón—, tienen un montón de patas. ¡Vienen con palillos incorporados!

De pronto, todos oyeron unos gritos que procedían de la selva.

—Parece que alguien está en apuros —dijo Simba.

—El llanto viene de allí —dijo Pumba, y los guio hasta un charco de barro lleno de gruesas lianas. En medio del barrizal había un bebé de hipopótamo. Se había enredado en las lianas y el barro le cubría medio cuerpo.

—¡Socorro! —gritaba el hipopótamo, intentando liberarse. Pero, cuanto más se movía, más se enredaba y más se hundía en el lodo.

Cuando el pequeño vio a Simba, el terror se apoderó de él.

—¡No! ¡Un león! ¡Me va a comer! —chilló.

—Cálmate. Estos dos me han enseñado a vivir a base de insectos —lo tranquilizó Simba.

Timón se colgó de una liana y se columpió hasta la cría. Comenzó a sacar al hipopótamo del barro.

Mientras tanto, Simba saltó a la espalda del mamífero acuático y empezó a cortar las gruesas plantas con los dientes.

¡Aquello aterrorizó aún más al hipopótamo!

—¡Sí que quieres comerme! —gritó.

Al fin, Simba y Timón consiguieron liberar al pequeño. Libre por fin, el hipopótamo se puso a gritar.

—¡Por... por favor! ¡No... no... no me comas!

—No te voy a comer, te lo prometo —dijo el león—. Sólo quiero saber cómo has acabado atascado en el barro.

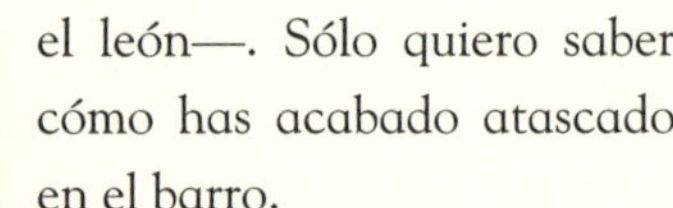

—Me enojé con mi hermano pequeño. Le mordí la cola y le hice llorar. Tenía miedo de que mis padres se enfadaran, así que me escapé de casa —explicó la cría.

—Seguro que están enfadados, porque has desaparecido, y estarán preocupados por ti.

—No creo que les importe —dijo el hipopótamo.

—Venga, vamos —dijo Simba, y lo llevó hasta la orilla del río. Cuando llegaron allí, oyeron que unos hipopótamos gritaban:

—¡Oyo!... ¡Oyo!... ¡Oyo!

—¡Eh! —dijo el hipopótamo—. ¡Yo me llamo Oyo! ¡Me están llamando! ¡Me echan en falta!

—Por supuesto. Si te vas, seguro que alguien te echa de menos. Cuando formas parte de una familia, no importa lo que hagas, siempre serás miembro de ella.

—¿Y tu familia, Simba? —preguntó Timón mientras veían como el pequeño hipopótamo se reunía con los suyos—. ¿No crees que te estarán echando de menos?

—Hasta ahora pensaba que no —respondió Simba, pensativo—, pero quizá me equivoque...

Julio
15

Disney Princesas
La Cenicienta

Digna de una princesa

Cenicienta tarareaba mientras cosía una colorida tela. Había estado trabajando duro en su nueva colcha durante semanas y ¡por fin estaba a punto de terminarla!

Aunque la estaba haciendo con trozos de vestidos viejos de sus hermanastras y otros pedazos de ropa, sabía que su nueva colcha sería digna de una princesa. Las telas eran coloridas y suaves y, con el forro de algodón que había encontrado en el desván, seguro que incluso dormiría bien calentita. ¡Ya no temblaría de frío bajo la sábana harapienta que tenía!

Gus estaba de acuerdo. Incapaz de resistir la tentación, se subió a la colcha y se metió entre el relleno de algodón.

—Qué agradable, Cenicienta —dijo desde lo más profundo de la colcha—. Voy a comprobar si es cómoda para dormir...

Suzy y Perla, las ratonas que ayudaban a Cenicienta a coser, se rieron.

—Ve a traernos más hilo, dormilón —dijeron. Pero Gus ya se había quedado frito. Sus ronquidos se oían a través de las capas de la colcha.

—¡Gus! —gritó Jaq, pero Gus roncó aún más fuerte—. ¡Ese ratón no ha ayudado ni un poquito! —suspiró Jaq, y fue a buscar las bobinas de hilo él mismo.

Cenicienta, los ratones y los pájaros trabajaron sin descanso hasta que anocheció. Justo cuando estaban cosiendo la última esquina, oyeron unos sonoros pasos que subían por las escaleras, hacia el desván.

—¡Cenicienta! —bramó una voz. Era Anastasia, su hermanastra. Un instante después, irrumpió en la habitación con un bonito vestido azul en la mano—. ¡Mira cómo has planchado mi vestido! ¿Es que no puedes hacer nada bien? —Entonces vio la colcha—. ¡Es preciosa! ¡Quedará estupenda sobre mi cama!

Cenicienta miró consternada a Anastasia. ¿De veras su hermanastra sería capaz de robarle la colcha? Sabía que ella y Drizella podían ser malas, pero ¡aquello sería muy cruel!

De pronto, la colcha empezó a moverse. Entonces, la naricita de Gus asomó por el trozo que aún faltaba por coser.

—¡Un ratón! —chilló Anastasia.

Asustada, soltó el vestido y se subió de un brinco a una pequeña silla de madera—. ¡Esa colcha no sirve ni para los caballos!

Cenicienta se aguantó la risa mientras su hermanastra se bajaba de la silla y corría escaleras abajo. Gus salió por completo de la colcha, bostezando y desperezándose.

—Bueno, Gus, ¡al final parece que sí que nos has ayudado con la colcha! —dijo Jaq con admiración.

Julio
16

Disney Princesas
Blancanieves y los Siete Enanitos

Una visita real

Blancanieves era muy feliz. Se había casado con el amor de su vida y vivía en un castillo precioso. Sin embargo, echaba mucho de menos a sus amigos del bosque, los siete enanitos.

—¿Por qué no vamos a visitarlos? —propuso el príncipe.

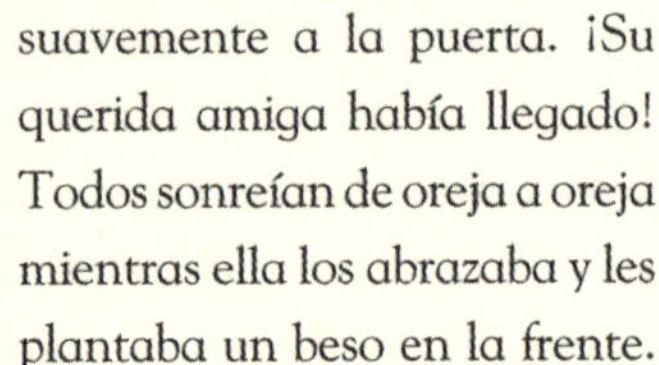

—¡Eso sería maravilloso! —exclamó Blancanieves. Enseguida, escribió un carta a sus amigos para avisarles de su llegada y se la entregó a un pajarito para que se la llevara.

En la cabaña de los enanitos, Sabio recibió el mensaje y bajó corriendo las escaleras para leer la nota a los demás.

—¡Viva! —exclamó Feliz—. ¡Viene Blancanieves!

Los otros seis enanitos miraron a su alrededor: la cabaña estaba hecha un desastre.

—Señores, ¡tenemos mucho trabajo que hacer!

—Seguro que querrá comer algo —resopló Gruñón—. ¡Alguien tendrá que cocinar algo!

—¿Por qué no preparáis tú y Feliz algo decente para la princesa? —sugirió Sabio.

Los enanos se pusieron manos a la obra al momento. La cosa no fue muy bien. Dormilón se cansó y se echó un rato; Mocoso no paraba de estornudar mientras quitaba el polvo; y Mudito derribó varios muebles mientras barría.

Entretanto, Feliz y Gruñón no se ponían de acuerdo con los bocadillos.

—Hazme caso, a Blancanieves le gusta la manteca de cacahuete y la gelatina —afirmó Feliz.

—Le gusta el jamón y el queso, todo el mundo lo sabe —gruñó el otro.

Para cuando Sabio logró que se pusieran de acuerdo, el reloj marcó las doce y alguien llamó suavemente a la puerta. ¡Su querida amiga había llegado! Todos sonreían de oreja a oreja mientras ella los abrazaba y les plantaba un beso en la frente.

—¡Os he echado tanto de menos!

—Disculpa el desorden, princesa —susurró Tímido—. No nos ha dado tiempo a limpiar.

—¡No, por favor! ¡Disculpad vosotros por avisar con tan poca antelación! —exclamó Blancanieves—. Además, he venido a veros a vosotros, no la cabaña.

—¿Te apetece un bocadillo de manteca de cacahuete con queso? ¿O uno de jamón y gelatina? —le ofreció Sabio, acercándole una bandeja.

—¡Ay, qué detalle! —respondió Blancanieves con dulzura—. De haber sabido que os causaría tantas molestias, no habría traído un pícnic.

—¡¿Un pícnic?! —exclamaron los enanitos.

—Eso es. Recordé lo mucho que os gustaba que cocinara, así que hice algunos de vuestros platos favoritos. Pero primero nos comeremos vuestros bocadillos.

Los enanos se miraron los unos a los otros y Sabio se aclaró la garganta.

—Siempre podemos comer jamón y gelatina —dijo—. Disfrutemos de tu pícnic y de tu visita.

Y eso es exactamente lo que hicieron.

Julio
17

Disney · PIXAR
BRAVE

Remendando vínculos

En lo más profundo de las antiguas Tierras Altas de Escocia, en un reino llamado DunBroch, la princesa Mérida vivía en compañía de su familia.

Su madre, la reina Elinor, quería casarla a fin de mantener la paz en el reino. Pero ella era una adolescente aventurera y no estaba preparada para casarse.

El vínculo entre Mérida y su madre se había roto, pues ya no se entendían entre ellas.

La joven le pidió a una bruja un hechizo para hacer que su madre cambiara de opinión. Un encantamiento... ¡que convirtió a Elinor en una osa!

Ahora la princesa intentaba romper aquella magia y sabía que para ello debería arreglar el tapiz familiar que había rasgado en un arrebato de rabia.

Sin embargo, el rey encontró a Mérida y a Elinor osa en el castillo. A Fergus no le gustaban los osos porque, años atrás, un oso enorme llamado Mor'du le había arrancado una pierna.

El rey atacó a la osa, sin percatarse de que era su querida esposa, ¡que cada vez actuaba más como un oso! Elinor contraatacó y tiró a Fergus al suelo. El ruido atrajo a los lores y el resto de los clanes que estaban de visita en el castillo.

—¡Mamá, corre! —gritó Mérida.

Elinor empezó a huir, perseguida por los hombres. La princesa intentó explicar a su padre lo que había ocurrido, pero él no la creyó. La encerró en la alcoba del tapiz por su propia seguridad y le dio la llave a la niñera. Entonces partió a la caza de la osa.

Mérida intentó salir de allí desesperadamente. Por la ventana de la puerta, vio a tres oseznos. ¡Eran sus hermanos, los trillizos! ¡Se habían comido el resto del pastel hechizado y se habían transformado también! Mérida les pidió que consiguieran la llave de la habitación para poder salir.

Mientras tanto, Elinor osa huía con terror de los cazadores. Fergus y los lores se estaban acercando...

Los trillizos lograron liberar a Mérida, que agarró el tapiz, subió a su caballo y corrió hacia el bosque para salvar a su madre. Mientras cabalgaba, la princesa remendó el tapiz.

Por fin, alcanzó a los cazadores y llegó justo cuando Fergus alzaba la espada para matar a la osa. Mérida se interpuso entre ellos.

—¿Te has vuelto loca, hija mía? —exclamó el rey.

La princesa reunió todas sus fuerzas y blandió la espada para cortar la pierna de madera de su padre. El rey no entendía por qué su hija se estaba comportando de aquella manera. Mérida estaba dispuesta a hacer lo que hiciera falta para salvar a su madre. El vínculo entre ellas al fin empezaba a remendarse.

Una pequeña ayuda

—Qué desastre —dijo inquieto Din Don, el reloj, que paseaba de arriba abajo al pie de la escalera del castillo—. ¡Qué desastre!

—¿Qué ocurre, amigo mío? —preguntó Lumiere, el candelabro.

—Bestia ha herido los sentimientos de Bella. Y, entonces, Bella ha herido los suyos. Ahora están en sus respectivos cuartos, enfurruñados.

—Vaya, sí que es un desastre —coincidió Lumiere—. Nunca volveremos a ser humanos, a menos que la maldición de Bestia se rompa, y eso no pasará si Bella no se enamora de él.

—Y ¡ahora es imposible que eso suceda! —gimió Din Don.

—Bobadas. A veces el amor necesita una pequeña ayuda —dijo Lumiere.

El candelabro le explicó su plan al reloj y se pusieron manos a la obra. Cuando estuvo todo listo, Lumiere llamó a la puerta del dormitorio de Bella.

—*Mademoiselle* —dijo con dulzura—. He venido a transmitirle que Bestia siente mucho lo ocurrido.

—¿De veras? —preguntó la joven.

—Ah, sí —dijo Lumiere—. ¿Quiere ver la sorpresa que le ha preparado?

La puerta se abrió lentamente.

—¿Una sorpresa? ¿Para mí? —preguntó Bella.

—*Oui, mademoiselle*. Sígame.

Din Don, a su vez, estaba junto a la puerta de la habitación de Bestia, y los engranajes le temblaban de miedo.

—Maldito Lumiere —murmuró el reloj—. ¿Por qué me toca a mí Bestia?

Din Don reunió todo su valor y finalmente llamó a la puerta.

—¡Largo! —rugió Bestia con enojo.

¡Ya le gustaría a él largarse! No obstante, se mantuvo:

—Amo, ¡he venido a decirle que Bella siente mucho lo ocurrido!

Tras una larga pausa, Bestia dijo:

—¿De veras?

—Ah, sí, por supuesto. Sígame, Bella le ha preparado una sorpresa.

La puerta se abrió lentamente.

—¿Una sorpresa? ¿Para mí? —preguntó intrigado Bestia.

—Sí, amo.

Llevaron a Bella y a Bestia a la gran sala de estar, que estaba repleta de flores frescas del invernadero. Allí les esperaba Harpe, el arpa dorada.

—¡Ooooooh! —exclamaron ambos al escuchar la hermosa música.

—¿Sientes que hayamos discutido? —preguntó Bella.

—Sí —admitió Bestia.

—Yo también.

Se sonrieron el uno al otro, y Lumiere y Din Don suspiraron.

—¿Lo ves, amigo mío? En el fondo, los dos se arrepentían. ¡Sólo necesitaban una pequeña ayuda para admitirlo! —dijo Lumiere.

Julio
19

Mi corazón le pertenece a Daisy

Los juguetes de Andy huían de la guardería Sunnyside y del malvado oso Lotso. Querían volver a casa antes de que Andy se marchara a la universidad.

Juntos, los amigos pasaron con sigilo por al lado de Grandullón y cruzaron el patio del recreo. Se dirigieron veloces hacia la caseta de las herramientas... y el conducto de residuos.

Woody se subió al conducto y lo bajó deslizándose en la oscuridad. Cuando se detuvo, se encontraba fuera: con el cielo sobre él y un gran contenedor a sus pies.

—¡Bajad! —gritó.

Cuando todos los juguetes hubieron bajado, Slinky formó un puente entre el conducto y el contenedor. Sin embargo, Lotso apareció y le dio una patada al perro salchicha en las patas que había apoyado en el contenedor.

El juguete teléfono rodó hasta dejarse ver y se unió al oso y su pandilla. ¡El osito Abracitos lo había forzado para que le desvelara el plan de huida de Woody!

—Lo siento, vaquero —dijo el teléfono, lleno de moratones y heridas—. ¡Me torturaron!

Ambos bandos se quedaron mirándose los unos a los otros, y entonces el camión de la basura asomó por la esquina del callejón. Los juguetes podían oír cómo se acercaba rugiendo.

—¿Por qué no volvéis y os unís de nuevo a la familia? —les preguntó Lotso.

—Eres un mentiroso y un abusón, ¡antes me pudriría entre la basura que unirme a tu familia! —respondió Jessie.

Lotso frunció el ceño y replicó

—Yo no me deshice de vosotros, fue vuestro niño. Ningún niño quiere de verdad a sus juguetes.

—Y ¿qué hay de Daisy? —preguntó Woody—. Ella te perdió, fue sin querer.

Woody había descubierto que Lotso había pertenecido a una niña llamada Daisy, y que fue reemplazado cuando se perdió. Woody le enseñó un viejo colgante que le había dado un payaso que también perteneció a Daisy. En él ponía: «Mi corazón pertenece a DAISY».

Lotso quedó estupefacto.

—¿De dónde has sacado eso? —preguntó.

—Ella te quería, Lotso —afirmó Woody—. ¡Igual que todos los niños quieren a sus juguetes! —Lanzó el colgante por encima del contenedor, que llegó a los pies de Lotso.

—¡Ella nunca me quiso! ¡Ella me abandonó! ¡Si no se está juntos para siempre, no es amor!

La pandilla de Lotso lo observó con incredulidad. Nunca lo habían visto tan enfadado y fuera de sí. Grandullón se acercó al collar y lo cogió. Con los ojos llenos de lágrimas y los labios temblando, dijo: «¡Mamá!». Él también había sido juguete de Daisy. La niña había querido a sus juguetes tanto como Andy a Woody, Buzz y el resto. ¿Acaso Lotso dejaría a los juguetes de Andy irse a casa?

Julio
20

Disney Princesas
La Bella y la Bestia

El libro misterioso

—¿Qué miras, Bella? —preguntó Chip. Bella sonrió a la tacita de té.

—Ah, estaba soñando despierta —dijo ella—. Estaba mirando allí arriba.

Señaló uno de los estantes más altos de la biblioteca de Bestia. En él sólo había un libro, que la había intrigado casi todos los días desde que Bestia le mostró la biblioteca. El problema era que ninguna de las escaleras llegaba tan alto, así que el libro seguía siendo un misterio.

La curiosidad de Bella había crecido tanto que casi no podía pensar en otra cosa. ¿De qué trataría? ¡Seguro que era el libro más mágico, extraño y maravilloso del mundo!

Le explicó la situación a Chip, que fue directo a comentárselo a su madre, la señora Potts.

Ella, a su vez, llamó a todos los objetos encantados. En cuanto les contó lo del libro, todos quisieron ayudar a Bella.

—Necesitamos un plan —dijo Din Don.

—¡Exacto! —saltó Lumiere—. Y ¡yo tengo uno!

Al anochecer, los objetos se reunieron en la biblioteca. Primero, Armario se colocó a los pies de la estantería; luego, el chef Bouche, la estufa, se subió a ella, y Perchero encima de él. Al cabo de poco, una torre de objetos encantados casi alcanzaba la cima de la estantería.

Finalmente, Lumiere comenzó a escalar. Llegó arriba de todo, pero el libro aún quedaba a unos centímetros de distancia. Se estiró todo lo que pudo...

—¿Qué estáis haciendo? —exclamó Bella desde la puerta.

—¡Ah, *mademoiselle*! —dijo Lumiere—. ¡Ha llegado justo a tiempo! *¡Voilà!*

Dicho esto, logró alcanzar el libro y lo tiró, consiguiendo que cayera justo en las manos de Bella.

Unos instantes más tarde, la torre de objetos se desmoronó entera.

Después de cerciorarse de que todos estaban bien, Bella abrió el libro. Estaba ansiosa por conocer las nuevas maravillas que escondía tras la cubierta...

—¡Vaya! —dijo al ver la primera página.

—¿Qué ocurre? —preguntó Chip, nervioso.

Bella sonrió con timidez.

—No me lo puedo creer. ¡Ya lo he leído!

Los objetos soltaron un suspiro. ¡Todo el plan había sido en vano!

—Gracias de todos modos —se apresuró a decir Bella—. Habéis tenido un gran detalle al conseguirlo para mí. —Cogió el libro con fuerza entre sus brazos—. Aunque ya lo he leído, es uno de mis favoritos. Está lleno de lugares muy lejanos, hechizos mágicos... Os lo mostraré.

Sus nuevos amigos hicieron un círculo y ella, en el centro, les leyó la historia. Y, como era de esperar, ¡también se convirtió en uno de sus libros favoritos!

Julio
21

La Dama y el Vagabundo

Un cuento de Golfo

Era una noche calurosa, la primera estrella estaba a punto de brillar, y los cachorritos de Reina y Golfo hacía un buen rato que debían estar durmiendo.

—Sólo un cuento más, papá —suplicó Golfillo.

Golfo y Reina pusieron los ojos los ojos en blanco.

—Está bien... pero sólo uno —accedió Golfo.

Los pequeños se acurrucaron felices en el cojín. Golfo se tumbó a su lado.

—¿Os he contado alguna vez cómo robé mi primera salchicha, niños? —preguntó.

—¡¡Golfo!! —le advirtió Reina desde su asiento, al otro lado del salón—. No me parece en absoluto una historia apropiada para cachorros.

—¡Va, explícanoslo, papá! —insistió Golfillo.

—Bueno, quizá «robar» no sea la palabra exacta —dijo Golfo para tranquilizar a su esposa—. Además, ¡tiene una buena moraleja!

Así, pues, comenzó a narrar:

—Todo esto ocurrió cuando yo no era más que un cachorrito y ya vivía por mi cuenta en la gran ciudad. Espero, niños, que sepáis la suerte que tenéis de vivir en esta bonita casa, con Júnior, Jaime y Linda. Vuestro viejo padre, en cambio, no lo tuvo tan fácil. Tenía muchos amigos y me divertía mucho, pero lo cierto es que pasaba hambre, un poquito, casi todos los días. Bien, un día tenía muchísima hambre y mi olfato detectaba todo tipo de aromas deliciosos. Si alguien cocinaba beicon a un kilómetro de distancia, era capaz de decir cuántas tiras. Así que podéis imaginaros el gran interés que despertó en mí cierto olor procedente de la carnicería. Seguí mi buen olfato, que nunca falla, y, en efecto, allí había una montaña de salchichas recién hechas. Increíble, ¿eh?

—¡Entonces las cogiste de un salto y te las zampaste! ¿A que sí? —interrumpió Golfillo.

—¡Ése es mi chico! —rio Golfo—. Pero no, no fue así. Recordad que yo era un simple muchacho, no llegaba tan alto. No podía dejar de pensar en cómo conseguir una de esas salchichas... cuando me crucé con una mujer con un carrito de bebé que salía de allí. Al principio me invadió la ira porque ¡era la competencia! Entonces, me di cuenta de que el carrito estaba lleno de migajas. «¡Eh! Ésta podría ser mi oportunidad», pensé para mí mismo. Era evidente que el niño no era muy hábil. Como ya esperaba, cuando la mujer le dio al pequeño un trozo de salchicha, se le cayó y... ¡acabó dentro de mi boca! ¡Era deliciosa!

—¿Lo ves, Reina? —añadió Golfo con una sonrisa—. ¡Nada de robar!

—Y ¿cuál se supone que es la lección de esta historia? —preguntó ella.

Golfio rio y dijo:

—¡Que todo llega para quien sabe esperar, por supuesto!

Julio
22

Cenar bajo las estrellas

Tiana y Naveen, las dos ranas, no tardaron en llegar a casa de Mamá Odie. La hechicera vudú les devolvería a su forma original y ¡todo aquello acabaría de una vez por todas!

A Tiana le pareció que aquél sería un buen momento para descansar.

—¡Tomémonos un respiro! —dijo decidida a Louis el caimán, Ray la luciérnaga y Naveen—. ¿Alguien tiene hambre?

—¡Yo me muero de hambre! —admitió Louis.

—¿Qué me dices de un gumbo en el pantano? ¡Es mi especialidad! —propuso Tiana.

—¡Perfecto! —dijo Naveen, sentándose contra un árbol, con los pies sobre un champiñón.

Se cubrió las rodillas con una hoja como si fuera una manta y añadió:

—Suena delicioso. Empezaré con un cóctel de aperitivo y algo para picar mientras espero, gracias.

—No, no, no, no. ¡Su alteza real! —protestó Tiana enseguida, con un leve tono de ironía—. Las cosas no van así conmigo. ¡Tú vas a picar las setas!

—Pero yo no sé picar verduras —replicó Naveen, cortando lenta y cuidadosamente un trozo de champiñón.

Tiana rio entre dientes, divertida.

—¡A esa velocidad, no cenaremos hasta mañana, Naveen!

Se colocó detrás de Naveen y le guio la mano. ¡Tiana picaba muy rápido! Naveen hizo una mueca.

—Vale, de acuerdo. No estoy acostumbrado a esto. Normalmente los criados lo hacen todo por mí: me visten, me cepillan los dientes e ¡incluso me levantan de la cama!

—Ay, pobrecito... —se burló Tiana.

No obstante, Naveen cortó las setas y pronto tuvieron listo el gumbo para la hora de la cena.

De pronto, Ray alzó la vista al cielo y vio la estrella de la tarde.

—Ahí está. La luciérnaga más dulce de toda la creación... ¡Evangeline! —suspiró—. Sé que está muy lejos de mí, pero ¡sé que su corazón me pertenece!

Por supuesto, nadie quería arruinarle su felicidad confesándole que se equivocaba y que le estaba hablando a una estrella.

Empezó a cantar, suave y románticamente, y Naveen invitó a Tiana a bailar.

—¡Ni hablar! —se negó ella—. Nunca he bailado.

—Si yo puedo picar, tú puedes bailar —insistió. Tiana cedió y bailaron un vals delicadamente.

Mientras Naveen guiaba sus pasos, le dijo:

—¿Lo ves? Bailar, picar... ¿cuál es la diferencia? ¡Lo importante es intentarlo!

Julio
23

Disney
Peter Pan

Para quitarse el sombrero

Peter Pan y Campanilla habían salido de aventura y los Niños Perdidos estaban aburridos.

—Nunca Jamás es un rollo si no está Peter Pan —se quejó Zorrillo.

—¡Juguemos a piratas! —saltó Conejo—. Eso siempre es divertido.

—No puedo, he perdido la pluma de mi sombrero —dijo Zorrillo.

—Podemos encontrarte otra —sugirió Mofeta.

—Una pluma extraordinaria, como la del Capitán Garfio —coincidió Osezno.

—¡Eso es! —gritó Zorrillo—. ¡Robaré la pluma del Capitán Garfio!

Al cabo de poco, los Niños Perdidos abordaban con sigilo el barco pirata. Por suerte para ellos, la tripulación estaba durmiendo la siesta.

Vieron el sombrero del Capitán Garfio colgado de un gancho en el mástil.

—Ahí está —susurró Mofeta—. ¡Cógelo!

—¿Me... me... me toca a... a mí? —tartamudeó el niño zorro.

Smee, el primer oficial de Garfio, se despertó de un sobresalto. Pensaba que alguien le había llamado.

—¡Smee, a sus órdenes! Pero ¿quién me llama?

Abrió los ojos y vio a los Niños Perdidos.

—¡Niños a la vista! —gritó, y despertó al resto. En un instante, los Niños Perdidos fueron capturados y el Capitán salió de su camarote hecho una furia.

—¡Amarradlos al mástil! —ordenó—. Atraparemos a Peter Pan cuando venga a rescatarlos.

Peter Pan y Campanilla, flotando sobre una nube, vieron como aquellos canallas hacían prisioneros a sus pequeños amigos.

Bajaron volando hasta la Bahía del Pirata y se posaron sobre el mástil del navío. Entonces, Peter colocó las manos alrededor de sus labios y emitió un sonido de lo más peculiar:

—¡Tic, toc, tic, toc!

Sobre la cubierta, el Capitán Garfio se asustó mucho.

—¡Es el cocodrilo! ¡El que se comió mi reloj y mi mano! ¡Ha vuelto para devorarme!

—Tic, toc, tic, toc... —siguió Peter.

—¡A los cañones! ¡Disparad a ese cocodrilo! —gritó Garfio.

Los Niños Perdidos pasaron a un segundo plano. Mientras los piratas corrían en círculos, Campanilla comenzó a sacudir las alas y el polvo de hada cayó sobre los niños. Al momento estuvieron todos flotando, libres de sus ataduras y hacia las nubes. De camino, Zorrillo agarró la pluma del sombrero de Garfio y se la colocó en el suyo.

Peter Pan, Campanilla y los demás se reunieron en una nube.

—¡Gracias por salvarnos! —gritó Mofeta.

—¡Me habéis ayudado a asustar al viejo Garfio! ¡Me quito el sombrero ante vosotros! —exclamó Peter Pan

—¡Pues cuidado con tu pluma! —dijo Zorrillo, enseñando la que acababa de robarle al capitán de los piratas.

Julio
24

Disney Princesas La Sirenita

Con los pelos de punta

Ariel se miró el pelo en el espejo y suspiró. ¡Ay, era tan liso... y rojo... y aburrido! Normalmente no le importaba demasiado; podía recogérselo con un cachivache y listo, tenía cosas más importantes que hacer. Pero ese día, por algún motivo, le apetecía un cambio.

Ariel seguía mirándose al espejo cuando sus seis hermanas sirenas aparecieron.

—Hola, Ariel, ¿qué haces? —preguntó Aquata, la mayor.

—Ah, nada. Estaba pensando qué podría hacerme en el pelo —contestó Ariel.

—Si te cambias la raya de lado, te quedará muy diferente —dijo Aquata—. ¿Te lo hago?

—¡Vale! —accedió Ariel.

Cuando Aquata hubo acabado, otra hermana de Ariel, Andrina, meneó la cabeza.

—No es suficiente. Deberías rizarte un poco el cabello.

—De acuerdo —dijo Ariel, encogiéndose de hombros. Se sentó, Andrina le enrolló el pelo en rulos, y esperó paciente durante media hora a que se los quitara.

—Caray... —dijo Ariel, observando su reflejo.

—Sigue sin ser suficiente —intervino otra hermana, Arista—. ¡Imagina lo bien que te quedaría teñido de negro con tinta de calamar! —Y dicho esto se puso manos a la obra.

—Vaya, sí que es algo distinto —dijo Ariel, contemplando su nueva melena oscura.

—Es distinto, sí, pero si quieres algo mejor deberías recogerte el pelo. Con una coleta o dos... ¡No, ya sé, con tres!

Poco después, Ariel tenía el pelo recogido en, ni más ni menos, tres coletas rizadas y negras... de punta, hacia arriba.

—¿Sabes qué te quedaría bien? —dijo su hermana Adela viendo el resultado—. ¡Trenzas! ¡Sin duda! Chicas, ayudadme.

Y, en un abrir y cerrar de ojos, las coletas de Ariel acabaron divididas en 99 trencitas firmes cayendo en tirabuzón.

Ariel se miró en el espejo y apartó la mirada al momento.

—¿Y si te lo cortamos? —propuso Alana.

—¡Quietas! —exclamó Ariel, y se levantó de la silla de un salto—. ¡No vais a cortarme el pelo! ¡Quería un cambio, no una reconstrucción total! —Alzó los brazos y comenzó a destrenzarse el pelo.

—Como quieras —dijeron sus hermanas, que la ayudaron a deshacer el duro trabajo. Al cabo de unos instantes, el pelo de Ariel volvió a la normalidad, y ella sintió un gran alivio. Aun así, pensó que el experimento había sido interesante. El cambio de peinado no había resultado muy bien, pero quizá podría cambiar otra cosa. Sacudió la cabeza y suspiró. Era una princesa sirena pelirroja, y punto.

Julio 25

Winnie the Pooh

Altibajos

—Rito, mañana por la noche tendré que salir —dijo Cangu—. Tendrá que venir alguien a cuidarte. ¿Quién quieres que venga?

—¡Tigger! —exclamó Rito.

A Cangu no le sorprendió esa respuesta. No conocía a nadie aparte de Tigger a quien le gustara saltar más que a un canguro bebé. Al día siguiente, el tigre se presentó en casa de Cangu.

—Escúchame, Tigger, sé que a ti y a Rito os gusta saltar, pero, como adulto, deberás saber cuándo hay que dejar de saltar e ir a dormir.

—¡No te preocupes, Cangu! —respondió Tigger.

Los dos amigos se lo pasaron en grande durante horas saltando de aquí para allá. Entonces, Tigger miró la hora y dijo:

—¡Es hora de ir a la cama!

Rito saltó directo hacia su cuarto.

—Qué fácil ha sido —se dijo a sí mismo Tigger—. Voy a arroparte y... ¡Oye! ¡He dicho a la cama, no a saltar a la cama! —exclamó el tigre.

Pero Rito no paró y Tigger se rindió y se unió a él.

Tigger recordó lo que le había dicho Cangu.

—¡Un segundo! Hoy soy yo quien te cuida, y se supone que debo meterte en la cama.

—Pero ¡no quiero ir a dormir! —dijo Rito.

—¿Quieres que te lea un cuento? —preguntó Tigger.

—No. No tengo sueño. ¡Podría ir saltando hasta la casa de Pooh!

—Pero ahora toca dormir, no saltar. Te traeré un vaso de leche, te dará sueño.

Pero cuando Tigger volvió a la habitación de Rito, ¡el cangurito había desaparecido!

—Ay, no... —dijo Tigger, y corrió hacia la casa de Pooh.

—Lo siento, Rito no está aquí —dijo Pooh.

Entonces, Tigger se acercó corriendo a la casa de Piglet. Pero tampoco estaba allí el pequeño; ni en casa de Búho, ni de Conejo.

Al final, el tigre volvió a casa de Cangu. ¿Adónde habría ido Rito? Pasó por delante de su cuarto y... ¡vio que Rito estaba en la cama!

—¿Dónde estabas, Tigger? —preguntó el pequeño canguro.

—¿Yo? ¿Dónde estabas tú? —dijo Tigger.

Rito le explicó que mientras él había ido a por la leche, había decidido que sí que le apetecía oír un cuento, pero su favorito estaba debajo de la cama y se había agachado a recogerlo.

—¿Te habías metido bajo la cama? —exclamó el tigre.

—¡Ya estoy en casa! —anunció Cangu desde la entrada.

Tigger suspiró de alivio.

—¿Cómo ha ido? —preguntó la madre.

—Cangu, lo mejor de ser un Tigger es saltar arriba y abajo... y desde ahora pienso dedicarme sólo a eso. ¡Cuidar de niños tiene demasiadas complicaciones!

Julio
26

El motivo de la norma

Campanilla y su hermana Periwinkle vivían en la Hondonada de las Hadas, pero hacía poco que se habían conocido. Una norma del mundo de las hadas decía que las hadas cálidas como Campanilla debían vivir en la primavera, el verano y el otoño; las hadas del invierno como Peri vivían en el Bosque del Invierno. Ninguna podía cruzar la frontera, pero Campanilla entró a hurtadillas en el Bosque del Invierno. Más tarde, Peri le devolvió la visita, gracias a una magnífica máquina de nieve que habían construido los amigos de Campanilla, Clank y Bobble. Sin embargo, la máquina se quedó sin hielo y las alas de Periwinkle comenzaron a debilitarse. Tenían que volver al invierno y, en el camino, se encontraron con lord Milori, el señor del invierno.

Le indicó a Peri que debía alzar las alas y dejar que el aire frío las envolviera. Sus alas se recuperaron enseguida.

—Por este motivo no debemos cruzar la frontera —explicó lord Milori—. La norma está para protegeros.

—¡Tu norma no nos separará! —gritó Campanilla.

—Esta norma no la impuso él —dijo la reina Clarion—. Fui yo. Lo siento.

Campanilla y Peri estaban desoladas. Se dieron un último abrazo y partieron. Lord Milori se fue volando en su lechuza, empujando la máquina de fabricar nieve al río.

Sin embargo, en lugar de caer por la cascada, se quedó atrapada en un tronco, ¡creando una pequeña tormenta de nieve con el hielo que caía dentro de ella!

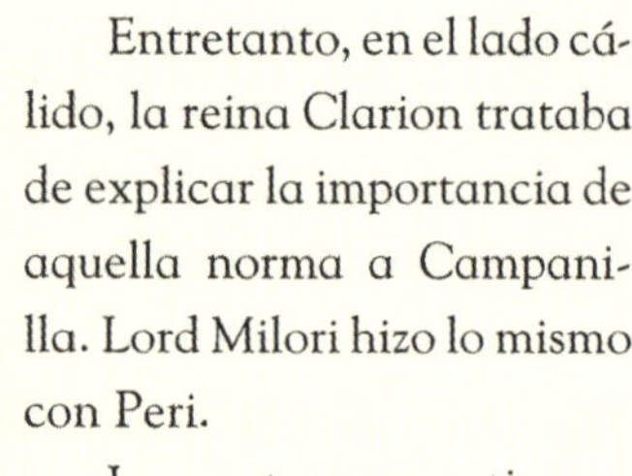

Entretanto, en el lado cálido, la reina Clarion trataba de explicar la importancia de aquella norma a Campanilla. Lord Milori hizo lo mismo con Peri.

Les contaron que, tiempo atrás, dos hadas se habían enamorado; una procedía de las estaciones cálidas, el otro era del invierno. Cada atardecer, la pareja se encontraba en la frontera. Un día, uno de ellos cruzó la frontera y se rompió un ala, que nunca más se recuperó. Después de aquello, la reina impuso la norma para mantener a todos a salvo.

Mientras escuchaba, Campanilla miró por la ventana. ¡Estaba nevando! La reina y la tintineadora corrieron al exterior, hacia la nieve... ¡que procedía de la máquina!

La reina se detuvo en la orilla del río. Clank y Bobble intentaban desesperadamente liberar la máquina, pero siguió nevando y todo el reino comenzó a enfriarse.

—Las estaciones han perdido el equilibrio —anunció la reina Clarion con preocupación. La nieve estaba congelando la zona cálida de la Hondonada de las Hadas. Si el Árbol de Polvo de Hada se helaba, ¡se acabaría el polvo de hada! Campanilla sabía que tenía que actuar, y ¡rápido!

Julio
27

Disney MICKEY y SUS AMIGOS

Un día de verano

Era un caluroso día de verano, y Minnie y sus amigos se relajaban en su sala de estar. Estaban decidiendo qué hacer ese día cuando, ¡pof!, el aire acondicionado de Minnie se rompió.

—Salgamos al jardín. Quizá corra algo de aire —propuso Minnie. Pero no había la más mínima brisa.

—Y ahora, ¿qué hacemos? —preguntó Daisy.

Minnie echó un vistazo a su alrededor.

—Podríamos fabricarnos unos abanicos, o sentarnos a la sombra de un árbol... —dijo.

—¡Esos aspersores nos darán fresco! —dijo Goofy, señalando el jardín de Minnie.

Donald hizo un gesto con la cabeza y dijo:

—Pero no sale agua suficiente para refrescarnos a todos.

Minnie tuvo una idea.

—¡Ya lo sé! —gritó—. ¡Vayamos al lago! Ahí siempre corre el aire y hay muchas cosas que se pueden hacer.

—Hoy es un día estupendo para nadar —añadió Daisy.

¡Minnie y sus amigos estaban tan emocionados! Se apresuraron a llegar al lago.

—¿Qué hacemos primero? —preguntó Minnie.

Todos querían una cosa diferente. Daisy quería jugar al baloncesto; Mickey y Pluto querían lanzarse la pelota; y ¡Donald quería ir a pescar!

Antes de que nadie pudiera detenerle, Donald corrió hacia una pequeña barca. Justo cuando iba a subirse, Minnie gritó desde lejos:

—Donald, no creo que quepamos todos ahí. ¡Hagamos algo todos juntos! Podríamos ir a nadar —sugirió Minnie—. ¡A eso podemos apuntarnos todos!

A pesar de que quería pescar, Donald accedió.

Los amigos se zambulleron en el agua...

—Ah... Tenías razón, Minnie. ¡Qué buena idea!

Ella sonrió. Estaba contenta de que hubieran encontrado un modo de refrescarse.

—¡Me quedaría en el agua todo el día! —dijo Daisy. Y eso hicieron.

Cuando el sol comenzó a ponerse y empezó a hacer algo de fresco, Minnie y sus amigos salieron del agua y Minnie les dio una última sorpresa... ¡nubes de golosina!

—Minnie, ¡desde luego sabes cómo montar un día perfecto! —dijo Mickey mientras tostaban las nubes de golosina sobre una pequeña hoguera.

Al final llegó la hora de irse.

—¡Ha sido tan divertido! —dijo Donald en el coche, de vuelta a casa—. ¡Repitámoslo mañana!

Julio
28

Disney Princesas
Blancanieves y los Siete Enanitos

Un pícnic relajante

—¡Es un día estupendo para un pícnic! —exclamó Blancanieves cuando llegó de visita a la cabaña de los enanos.

—No podemos hacer un pícnic —dijo Gruñón—. Tenemos trabajo.

—Hemos estado trabajando muy duro en la mina de diamantes —bostezó Dormilón—. ¿No podemos tomarnos un día libre?

Los otros enanos aclamaron la idea; todos excepto Gruñón. Se cruzó de brazos y frunció el ceño.

—No te preocupes, Gruñón —dijo Blancanieves—. Un pícnic relajante te animará.

—Lo dudo —gruñó él.

—Bien, ¿qué podemos nevar, digo, llevar al pícnic? —preguntó Sabio.

—¿Qué tal unas gachas? —sugirió Dormilón con un bostezo.

—No es un plato muy adecuado para un pícnic —dijo Blancanieves—. Es mejor preparar cosas que no necesiten cubiertos.

—Ostras, ¿como bo... bo... bocadillos? —titubeó Tímido.

—¡Exacto! —afirmó alegremente la princesa.

—¿Y fruta? —preguntó Sabio.

—¡Y galletas! —propuso Feliz.

—Y huevos duros —añadió Mocoso.

—¡Estupendo! —exclamó Blancanieves.

Los enanos ayudaron a la princesa a prepararlo todo.

—Después de comer nos apetecerá jugar a algo, así que llevaos algo para divertirnos —aconsejó la princesa.

Le hicieron caso y entonces partieron, marchando por el bosque. Llegaron a un prado con un arroyo y Blancanieves extendió una sábana en la hierba para sentarse todos a comer.

Después del pícnic, Sabio y Feliz jugaron a las damas, Tímido y Mocoso se lanzaron una pelota, Dormilón se echó una siesta y Mudito alzó una enorme cometa azul.

Blancanieves observaba a Mudito correr por la pradera, aplaudiendo cada vez que el viento agarraba la cometa en el aire. Entonces, ¡la cometa se llevó a Mudito también por los aires!

—¡Ay, no! —gritó Blancanieves—. ¡Auxilio, que alguien baje a Mudito!

Gruñón, que estaba enfurruñado junto al arroyo, se puso en pie de un salto. Corrió tras Mudito. Siguió la cometa colina arriba y abajo bufando y con la lengua fuera.

Por fin, el enanito trepó a lo alto de un roble y atrapó a Mudito justo cuando pasó volando por su lado.

Blancanieves estalló en vítores.

Resoplando, Gruñón se dejó caer en la sábana.

—¡Recórcholis! —exclamó—. ¡Qué ganas de volver mañana a la mina de diamantes! ¡Los pícnics relajantes son agotadores!

Julio 29

El Secreto de las Hadas

El plan de Campanilla

Campanilla y su hermana Periwinkle acababan de conocerse. Fueron separadas al nacer: llevaron a Peri a vivir al Bosque del Invierno y a Campanilla a las estaciones cálidas.

Una norma estricta de la Hondonada de las Hadas decía que no se podía cruzar la frontera entre ambas estaciones. Sin embargo, Campanilla y Peri se saltaron la norma para verse. Los amigos de la tintineadora construyeron una máquina de fabricar nieve para que el hada de la escarcha pudiera visitar las estaciones cálidas. Pero la máquina comenzó a fabricar demasiada nieve y las estaciones se estaban desequilibrando. Si el Árbol de Polvo de Hada se congelaba, ¡se acabaría el polvo de hada!

Mientras unas hadas cálidas cubrían el árbol con mantas de musgo, otras ayudaban a refugiar a los animales. Entonces, Campanilla vio que una flor cubierta de escarcha que le había regalado Peri estaba floreciendo de nuevo. Quería saber por qué, y ¡sabía quién podía darle una respuesta! Campanilla voló hacia el invierno, pero sus alas se congelaron y cayó. Peri y sus amigos acudieron en su ayuda. La tintineadora les enseñó la flor, y una de las hadas de la escarcha le explicó que la escarcha conservaba el aire caliente dentro del capullo, como una mantita. Aquello le dio una idea a Campanilla: ¡quizá podían salvar todas las flores y el Árbol de Polvo de Hada si los cubrían con escarcha!

Lord Milori, el señor del invierno, y todas las hadas de la escarcha volaron hasta la estaciones cálidas.

—Id a la helada y desplegaos hacia la primavera y el verano —ordenó lord Milori—. ¡Los demás cubrid el árbol!

Más tarde tapó con su capa a la reina Clarion, que tiritaba de frío. A ella le partió el corazón ver su ala dañada. Muchos años atrás, habían estado enamorados y solían verse donde la primavera roza el invierno; pero un día lord Milori cruzó la frontera y se dañó un ala. Por esa razón, la reina Clarion ordenó que ningún hada cruzara la frontera.

El tiempo pasó y los rayos del sol comenzaron a bañar las ramas del helado Árbol de Polvo de Hada. Esperaron en vilo.

¡Cuando la escarcha se fundió, el polvo de hada volvió a fluir! ¡El plan había funcionado!

No obstante, Campanilla confesó que ella también había perdido un ala. Peri estaba desolada, pero tenía que volver al Bosque del Invierno antes de que hiciera demasiado calor. Las hermanas se tocaron las alas para despedirse.

En ese momento, ¡hubo una brillante explosión de energía! ¡La magia que había entre las hermanas sanó el ala de Campanilla!

Desde aquel día, las hadas cálidas pudieron visitar a las hadas del invierno siempre que quisieron, con una capa de escarcha que les protegiera las alas. ¡Nuevas amistades nacieron y viejos amores perdidos se reencontraron al fin!

Julio
30

Disney
Bambi

Un modo de hablar

Bambi y su madre habían salido a pasear. Como siempre, se detuvieron en la madriguera de los conejos, donde vivía Tambor.

—¿Cómo estás hoy, Tambor? —preguntó la madre de Bambi.

—¡Estaría mejor si mi madre no me acabara de dar un baño, jopé!

—¡Tambor! ¿Qué modales son esos? —le riñó su madre.

—Lo siento, mamá —dijo él. Volvió a mirar a la cierva—. Estoy bien, gracias —contestó.

Bambi y Tambor tuvieron permiso para ir a jugar y se adentraron en el bosque.

—¿A qué quieres jugar? —preguntó Bambi.

—¿Al escondite? —propuso Tambor—. Yo me escondo primero, ¿vale?

Bambi se dio la vuelta, cerró los ojos y empezó a contar.

—Uno... dos... tres... cuatro... cinco...

—¡Socorro! ¡Ayuda! ¡Socorro, Bambi! —gritó Tambor. Bambi se giró y vio como el conejo saltaba hacia él con cara de horror. Segundos después, apareció una mamá oso de una cueva cercana, con tres oseznos tambaleándose tras ella.

Aunque estaba aterrorizado, Tambor soltó un comentario grosero de todos modos.

—¡Es la criatura más fea y terrorífica que he visto nunca!

—¿Cómo dices? —dijo la mamá oso—. ¿Primero entras en mi casa y despiertas a mis cachorros y luego aún tienes la cara de llamarme fea y terrorífica? Creo que me debes una disculpa.

—Hazlo —susurró Bambi—. Discúlpate.

—Sie... sie... siento que sea terrorífica —titubeó el conejo.

—¡Tambor! No tiene gracia —gritó Bambi.

Su amigo parecía confundido:

—No intentaba ser gracioso.

—¡Vuelve a intentarlo! —explotó la osa.

—Eh... —comenzó Tambor—. Yo, eh... siento haber molestado a sus cachorros... y, eh, parece una mamá osa normal... o sea, grande. Y amable. Sí, parece amable.

Antes de que la madre oso dejara que Tambor y Bambi se fueran, les dijo:

—Como siempre explico a mis hijos: ¡el modo en que se habla es importante!

Los dos amigos corrieron lo más rápido que pudieron hasta casa. Cuando llegaron a la madriguera de Tambor, su madre anunció:

—Has llegado a tiempo para un buen plato de verduras.

Tambor estuvo a punto de decirle a su madre lo horribles que le parecían las verduras, pero cambió de opinión.

—Gracias, mamá. Suena delicioso —dijo.

La madre coneja sonrió de oreja a oreja.

—¡Qué buenos modales! ¡Parece que al final me has hecho caso! —dijo encantada.

Julio
31

Disney Princesas
Enredados

Historias increíbles

Flynn y Rapunzel estaban atrapados en una cueva. ¡El nivel del agua subía y ya les llegaba por la barbilla!

Flynn intentó sumergirse para encontrar una salida, pero estaba demasiado oscuro y no podía ver nada. Luego, probó a desplazar una roca grande en vano y se hirió la mano. Eso le complicaba las cosas a la hora de palpar las paredes para buscar una salida.

—¡Mi pelo brilla en la oscuridad! —Recordó de pronto Rapunzel.

Flynn la miró extrañado, convencido de que se había vuelto loca.

—¡Te lo prometo! Cuando canto, mi pelo brilla —insistió Rapunzel.

Flynn seguía descolocado cuando Rapunzel comenzó a cantar una preciosa canción y se sumergió en el agua. Él la siguió enseguida y quedó asombrado al ver que sus cabellos brillaban tanto que iluminaban toda la cueva.

Flynn divisó una apertura entre las rocas y nadó hacia ella, arrastrando a Rapunzel. Instantes después emergieron al aire abierto y salieron a la orilla del río.

—¡Lo conseguimos! ¡Estamos vivos! —exclamó Rapunzel, mientras ayudaba a revivir a Pascal.

Vio que Flynn estaba conmocionado, y no porque hubieran estado a punto de ahogarse.

—Su pelo brilla —murmuró. Entonces se giró hacia Pascal—. Menuda sorpresa. ¿Por qué le brilla?

Rapunzel sacó toda su melena del río y empezó a escurrirla.

—No sólo brilla —explicó ella con calma.

Echaron a andar para encontrar un sitio tranquilo en el que secarse. Flynn recogió algo de leña para encender una hoguera.

—No te asustes —previno Rapunzel cuando tuvieron el fuego encendido; enrolló con sus cabellos la mano en la que Flynn se había hecho un corte. Rapunzel comenzó a cantar y su pelo volvió a brillar. En pocos segundos, la herida estuvo curada.

—Tu pelo es mágico —murmuró asombrado—. ¡Es increíble! ¿Desde cuándo es así?

—Desde siempre. Por eso mi madre me tenía encerrada en la torre, para que nadie me lo robara. ¿Cuánto hace que te cambiaste el nombre?

Flynn se sonrojó, avergonzado.

—Flynn era el nombre del héroe de mi cuento favorito cuando era niño, en el orfanato. ¡Siempre quise ser un héroe como él!

Rapunzel estalló en carcajadas.

—¡Lo cierto, Eugene, es que ambos tenemos, a nuestro modo, una historia increíble que contar!

Agosto
1

Disney Princesas
La Bella Durmiente

Colada en el bosque

—La, la, la, la, la —cantaba Rosa mientras colgaba las sábanas en el tendedero. Sentía el calor del sol en la espalda y era agradable. Había estado lloviendo los últimos días y el cambio del tiempo era una grata y bienvenida sorpresa. Al fin podía hacer la colada y salir de casa.

—¿Acaso el sol no te da ganas de cantar? —preguntó a un pajarito que piaba junto a ella. El pájaro trinó una nueva canción como respuesta y Rosa se echó a reír mientras cogía el vestido rojo de su tía Flora del cesto de la ropa limpia. En cuanto acabara, podría salir a dar un paseo por el bosque.

Luego, cogió el vestido azul de su tía Primavera. Justo cuando lo estaba colgando por uno de los hombros, un par de ardillas rayadas saltaron sobre el tendedero desde una rama y corrieron a lo largo de la cuerda, manchando todas las sábanas y los vestidos con sus huellas.

—¡Mirad qué habéis hecho! ¡Ardillas malas! —las riñó Rosa, sacudiendo un dedo hacia las descarriadas criaturas—. ¡He tardado dos horas en limpiar toda esta ropa!

Las ardillas saltaron a una rama y parlotearon con tono de culpa. Entonces se dieron la vuelta y desaparecieron bosque adentro, meneando sus colitas rayadas.

Rosa exhaló un suspiro de frustración, descolgó las sábanas y llenó un barreño con agua limpia del pozo. Luego cogió la tabla de lavar y la pastilla de jabón y comenzó a frotar las huellas de barro. Al parecer, ese día tampoco podría ir a pasear pese al buen tiempo.

De repente, un charloteo captó su atención. Alzó la vista y vio a las ardillas, que salían corriendo del bosque, ¡acompañadas de otros animales! Había dos conejos, cuatro ardillas, tres pajaritos, un ciervo, una mofeta y un búho. Rosa rio.

—¡Vaya, habéis traído a todos vuestros amigos!

Las ardillas parlotearon contentas y todos se pusieron manos a la obra. Los pájaros sujetaron la sábana en el aire para que las puntas no se ensuciaran mientras Rosa frotaba; el ciervo, la mofeta y los conejos trajeron agua del pozo; y las ardillas corretearon sobre el jabón para luego pasar por encima de las partes manchadas de las sábanas, hasta que quedaron limpias. Al acabar, todos ayudaron a colgar la ropa recién lavada en el tendedero por segunda vez.

Rosa sonrió a sus amigos animales y les dio una palmadita a las ardillas.

—Hemos terminado, por fin —dijo—. Ahora podemos ir a dar una vuelta por el bosque... ¡juntos!

Agosto

2

ALICIA en el país de las MARAVILLAS

Los locos modales de Alicia

—¡Taza limpia! ¡A cambiar! ¡A cambiar! —El Sombrerero Loco arrastró a Alicia hacia otro lado y casi le derramó el té encima. La pobre Alicia había llegado a la hora del té hacía un rato y aún no había podido tomar ni un sorbo. Era un té de lo más inusual.

Tomó un nuevo asiento y esperó pacientemente mientras el Sombrerero Loco y la Liebre de Marzo servían una nueva ronda. Posó las manos en el regazo e intentó recordar lo que su madre y su hermana solían hacer cuando tomaban el té; normalmente sólo se sentaban y charlaban, por lo que Alicia decidió que eso es lo que debía hacer.

—Disculpe —se dirigió a la Liebre de Marzo, pues el Sombrerero Loco parecía ocupado poniendo mantequilla en la salsera—. Nuestros vecinos acaban de traer a un perro nuevo que...

—¿Un perro? ¿Un perro? —gritó la liebre—. ¿Dónde? —Saltó sobre la mesa, volcando una bandeja con tostadas.

—Ah, lo siento muchísimo. —Alicia se levantó de la silla e intentó calmar a la pobre liebre—. Debí imaginar que no le gustan los perros. Dinah también los odia, ¿sabe? —La Liebre de Marzo daba brincos sobre la mesa de aquí para allá y la niña tenía que correr en círculos a su lado para seguir la conversación—. Cuando Dinah ve un perro, prácticamente se sube a las cortinas.

—¡Muy sensata! —dijo el Sombrerero, sacudiendo el cuchillo de la mantequilla—. Y ¿quién es esa tal Dinah tan inteligente?

—Ah, es mi... —Alicia se detuvo. Hacía un rato ya la había armado al mencionar a su gato. El Lirón había entrado en pánico y el Sombrerero y la Liebre habían tenido que atraparlo. No quería repetir el mismo error, por lo que susurró al oído del Sombrerero.

—Es mi gatita.

—¡Ah, una gata bebé! —gritó el Sombrerero Loco.

Tal y como Alicia había temido, el Lirón salió corriendo. La Liebre de Marzo echó a saltar en cuando la palabra «gata» salió de la boca del Sombrerero, que persiguió al Lirón por todo el jardín. Al final, el Sombrerero lanzó su sombrero encima de la pequeña criatura. Alicia lo atrapó con la tetera y cerró la tapa.

—¡Querida, es de muy mala educación amenazarnos en nuestro no cumpleaños! —exclamó el Sombrerero.

—Lo siento mucho —suspiró Alicia, dejándose caer en una silla. Ella sólo pretendía ser amable. Se le ocurrió que tal vez en aquel lugar era mejor decir lo que parecía inapropiado que lo que parecía apropiado. Se giró hacia el Sombrerero y dijo:

—¡Este té es muy aburrido y vosotros no sois nada simpáticos!

El Sombrerero sonrió.

—Ah, muchas gracias, querida jovencita. ¿Té? —preguntó.

—Ah, muchas gracias —dijo ella. ¡Por fin le estaba cogiendo el truco!

Agosto
3

Disney · PIXAR
INSIDE OUT

La huida

Después de que Alegría y Tristeza crearan un sueño horripilante para despertar a Riley, el Tren del Pensamiento volvió a ponerse en marcha y ambas Emociones reemprendieron el viaje de vuelta a la Central, con los recuerdos esenciales de Riley.

En la Central, las cosas no iban demasiado bien. Ira, Miedo y Asco tenían dificultades para hacer feliz a Riley sin Alegría. Riley había llorado delante de sus nuevos compañeros de clase y se había discutido con sus padres y su mejor amiga. Tres islas de la personalidad habían caído en el Vertedero y Riley empezaba a olvidar quién era. Tras todo aquello, Ira decidió que lo mejor para Riley era huir de vuelta a Minnesota; al fin y al cabo, los recuerdos esenciales felices de Riley se habían creado allí. Seguro que, si volvía, podría crear otros tan felices como aquéllos.

—¿Quién está conmigo? —preguntó.

Miedo y Asco accedieron e Ira enroscó una bombilla de idea en la Consola Emocional.

La idea llegó a Riley en cuanto se despertó de su pesadilla. Salió de la cama y se puso delante del ordenador.

—Lo va a hacer —dijo Ira al ver que Riley aceptaba la idea—. Ya no hay vuelta atrás.

Riley consultó una web de autobuses y un mapa y escogió el trayecto.

En ese momento, Alegría y Tristeza iban en el Tren del Pensamiento, hacia la Central.

Alegría se giró hacia Tristeza.

—Eh, ha sido una gran idea, lo de asustar a Riley para que despertara.

—¿De veras? —dijo Tristeza.

Le alegraba haber sido de ayuda. Entonces, en el tren, cogieron un recuerdo y descubrieron que era el favorito de ambas. Tristeza lo recordaba como el día en que el equipo de hockey de Riley había perdido la liga porque ella había fallado en el último momento. En cambio, Alegría adoraba ese recuerdo porque todo el equipo había acudido a animar a Riley.

Mientras, Riley había cogido en secreto la tarjeta de crédito de su madre para comprar un billete de ida. Riley no solía mentir a sus padres; de hecho, normalmente se lo contaba todo.

En la Memoria a Largo Plazo, las vías bajo el Tren del Pensamiento comenzaron a desmoronarse. Unos trabajadores ayudaron a Alegría, Tristeza y Bing Bong a escapar antes de que el tren cayera por el precipicio. Alegría miró hacia arriba y vio un enorme vacío donde la Isla de la Honestidad solía estar... pero ¡ya no estaba!

—¡Ése era nuestro camino a casa! —gritó Alegría—. Hemos perdido otra isla... ¿Qué está ocurriendo?

—¿No os habéis enterado? ¡Riley se está escapando! —respondió un obrero de la mente.

Agosto

4

¡ROMPE RALPH!

Fuera de servicio

Dentro del juego *Hero's Duty*, la sargento Calhoun, la líder de los soldados, gritaba a Rompe Ralph.

—¡Jamás interfieras con el tirador en primera persona! —Ralph tenía su propio juego, *Repara Félix Júnior*, pero quería conseguir la Medalla del Héroe de *Hero's Duty* para demostrar que podía ser el bueno. Estaba cansado de ser siempre el malo.

Mientras tanto, una niña que estaba jugando en los Recreativos Litwak se puso a jugar a *Repara Félix Júnior*. Introdujo las monedas, pero hubo un fallo... ¡No estaba Ralph para romper cosas!

—¡Señor Litwak! ¡Esta máquina está averiada!

El señor Litwak colocó un cartel de «fuera de servicio» en la pantalla. ¡Los personajes del juego estaban estupefactos! ¿Y si apagaban su máquina? Por suerte, alguien había visto a Ralph entrando en el *Hero's Duty*. Félix decidió traerlo de vuelta. «¡Yo lo arreglaré!», dijo a todo el mundo.

En *Hero's Duty*, Ralph acababa de subir a la torre que guardaba la Medalla del Héroe. A esas horas, el salón recreativo estaba cerrado, así que ningún jugador podía descubrirle. En la torre había huevos de ciberbichos por todas partes. Cada vez que se iniciaba el juego, éstos eclosionaban y ¡los soldados debían combatir contra cientos de peligrosos ciberbichos! Ralph pasó a hurtadillas cerca de los huevos y... ¡lo consiguió! ¡La medalla era suya!

Sin embargo, un instante después Ralph rompió sin querer un huevo, que se abrió, y el ciberbicho que había dentro se lanzó a su cara. Ralph cayó de espaldas dentro de una cápsula de escape que salió despedida automáticamente hacia el cielo... ¡con el ciberbicho aún sujeto a su cara!

En ese momento, Félix entró en *Hero's Duty*.

—¿Ha visto a mi amigo Ralph? —preguntó a Calhoun. De pronto, una cápsula de escape pasó volando. ¡Pudieron ver que dentro iba Rompe Ralph (con el ciberbicho)! La nave zumbó por el túnel, hacia la Estación Central de Juegos.

La cápsula de Ralph rebotó por toda la estación, hasta que al fin aterrizó en un mundo hecho enteramente de dulces. La nave eyectó a Ralph y al ciberbicho, que acabó en un lago de *toffee*.

Ralph se dio cuenta de que estaba en un juego de carreras llamado *Sugar Rush*. ¡Su medalla había acabado colgada en un árbol de caramelo!

De pronto apareció una niña llamada Vanellope, que pensó que la medalla era una moneda de oro.

—¡Una carrera! —gritó.

El pobre Ralph perdió la carrera... ¡y la medalla! ¿Cómo iba a demostrar que ahora era un tipo bueno?

Agosto
5

Disney Princesas
La Bella y la Bestia

Bella y el cachorro del castillo

Un día, Bella paseaba por el jardín del castillo cuando vio un cachorro hecho un ovillo en las puertas del castillo. Estaba sucio y frío.

—¡Ay, pobrecito! —exclamó Bella—. ¡Vamos a darte calor y comida!

Una vez dentro, Bella bañó al perrito. Cuando estuvo limpio y seco, le dio un buen bol de estofado caliente.

—¡Ojalá podamos quedárnoslo! —gritó Chip.

Todos los objetos encantados estaban entusiasmados de tener un invitado. Sin embargo, Sultán, el reposapiés otomano, recordaba cómo era su vida cuando era un perro de verdad. ¿Y si a Bella le gustaba más el nuevo cachorro?

—¿Quieres jugar? —preguntó Bella, dejando salir al recién llegado. Mientras que Bella y los demás lo siguieron, Sultán se escabulló.

Pasado un rato, Bestia se acercó a Bella.

—¡Alguien ha desenterrado las raíces de mis rosales! —exclamó. Entonces vio al cachorro—. Deshaceos de él, ¡ahora! —rugió Bestia, y se fue haciendo temblar el suelo.

En ese momento, Sultán pasó corriendo al lado de Bella, tras Bestia. Bella vio sus patas llenas de mugre y lo entendió todo.

—¡Sultán ha escarbado en las rosas! Sólo quería que le prestaran atención también —reflexionó Bella.

El perrito corrió tras Sultán, ladrando con ganas de jugar.

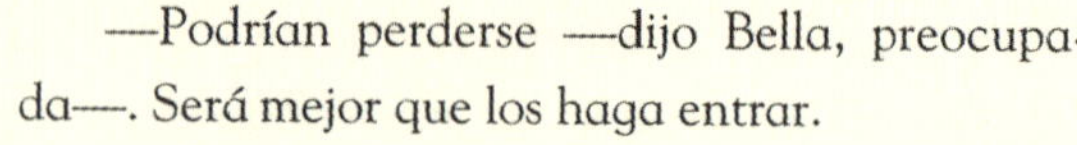

—Podrían perderse —dijo Bella, preocupada—. Será mejor que los haga entrar.

—Te acompañaré y te iluminaré el camino —se ofreció Lumiere.

Bella, con Lumiere en la mano, anduvo por un camino oscuro.

—¡Cachorrito! ¡Sultán! —llamó.

De pronto, la chica oyó unos ladridos y siguió el sonido hasta un prado, donde vio a los dos perros... ladrando muy fuerte. Bella reprimió un grito. Había un lobo enorme.

—¡Mira! ¡El cachorro está protegiendo a Sultán! —gritó Lumiere.

Bella dejó deprisa a Lumiere en el suelo y prendió un palo grande que encontró.

—¡Vete! ¡Fuera de aquí! —gritó, blandiendo la antorcha hacia el lobo.

Bestia apareció con un fuerte rugido. El lobo aulló asustado y salió corriendo.

Aquella noche, todos se sentaron alrededor de la chimenea apagada. Bella observaba como Bestia acariciaba a Sultán y le daba galletas al nuevo perrito.

—¿Puede quedarse hasta que le encuentre un hogar? —preguntó ella.

Bestia se aclaró la garganta.

—Su hogar está aquí, con nosotros —respondió con brusquedad.

Bella sonrió. Le encantaba el lado amable y sensible que Bestia comenzaba a mostrar.

Agosto

6

Disney · PIXAR

BRAVE

Juntos de nuevo

Mérida era una princesa de espíritu libre que vivía en las antiguas Tierras Altas de Escocia. Su madre, la reina Elinor, quería que se comportara como una princesa «de verdad» y contrajera matrimonio a fin de mantener la paz en el reino. Los clanes fueron al castillo a competir por la mano de Mérida, pero ella se negó a elegir a un pretendiente. Discutió con su madre y rasgó el tapiz de la familia.

Poco después, una bruja dio un hechizo a Mérida ¡que acabó convirtiendo a su madre en una osa! Ahora, la princesa únicamente quería recuperar a su madre. Un acertijo de la bruja le dijo que debía «restaurar el vínculo que el orgullo rompió». Así pues, Mérida remendó el tapiz.

Sin embargo, su padre, el rey Fergus, y los demás jefes de los clanes persiguieron a Elinor osa hasta el bosque, sin darse cuenta de que en realidad era la reina.

Justo cuando estaban a punto de atacar a Elinor, otro oso apareció.

—¡Mor'du! —jadeó Mérida. Era el oso que le había arrancado una pierna a su padre.

Los lores avanzaron para atacar al oso gigante, pero Mor'du los apartó de un zarpazo con facilidad. Entonces agarró a Fergus y lo tiró a un lado.

Mor'du se acercó a Mérida, quien valientemente alzó su arco y apuntó. Elinor osa, con un rugido ensordecedor, cargó contra Mor'du y lo alejó de su hija.

Tras una feroz batalla, Elinor empujó al oso contra una roca enorme que acabó cayendo y aplastando al animal.

Aprovechando el silencio que siguió, Mérida cubrió a su madre con el tapiz arreglado... pero no ocurrió nada. Los ojos de Elinor se volvieron fríos y más parecidos a los de un oso.

—Quiero que vuelvas. Quiero que vuelvas, mami —lloró Mérida—. ¡Te quiero!

De pronto, Mérida sintió una mano que le acariciaba el pelo. Alzó la vista y vio a su madre, que le sonreía. Su vínculo se había restaurado y el hechizo se había roto. ¡Elinor se había transformado de nuevo en la reina!

Los trillizos también volvieron a ser niños. La familia volvía a estar junta.

De vuelta en el castillo, Mérida y Elinor comenzaron un nuevo tapiz, uno que contaría para siempre la historia del desafío al que se habían enfrentado (y que habían superado) juntas.

Más tarde, vieron partir a los clanes a casa. La reina Elinor nunca más dudaría de que el espíritu fuerte y libre de su hija fuera propio de una princesa de verdad, y de la futura reina de DunBroch.

En cuanto a Mérida, al fin apreciaba la fuerza y el coraje de su madre, y sabía que jamás cambiaría nada en ella.

Agosto
7

Un hada curiosa

Era otro día ajetreado en la Hondonada de las Hadas. Un hada entusiasta llamada Zarina iba caminando hacia el almacén de polvo de hada, el lugar de donde procedía todo el polvo de hada. A Campanilla y sus amigas les pareció extraño que caminara en vez de volar. Zarina solía andar allá donde fuera, aunque era una guardiana del polvo y su trabajo consistía en empaquetar el dorado polvo de hada que ayudaba a todas las hadas a volar.

Zarina tomó su puesto en la línea de montaje del almacén. Toda la Hondonada de las Hadas dependía del polvo dorado que ellas almacenaban. La mayoría lo usaba para volar, pero ¡Zarina estaba completamente fascinada con aquel material!

Acababa de esparcirse un poco sobre el pelo para ver qué ocurría, cuando aparecieron el guardián jefe, el duende Gary, y Terence. El duende Gary anunció que ese día Zarina sería la encargada del polvo de hada.

Mientras seguía con emoción al duende Gary hacia la cámara acorazada de polvo azul, Zarina recordó que no estaba permitido tocar directamente el polvo. Dentro de la cámara, el duende le dio instrucciones sobre cómo tratarlo.

—Tienes que poner exactamente veintiséis motas —dijo, observándola de cerca.

—¿Por qué? —preguntó ella.

—Zarina, eres el hada más curiosa que he conocido. Corrijo: estás empatada, eres como la Campanilla de las guardianas. —A Zarina no le pareció que fuera algo malo.

Cuando el polvo azul estuvo listo, Zarina y el duende Gary volaron hasta las ramas del Árbol de Polvo de Hada, donde el duende Gary vertió el polvo en un contenedor especial.

Al instante, el polvo de hada dorado que producía el árbol fluyó con mayor rapidez y brilló con mayor intensidad que de costumbre.

—Convierte el goteo de polvo dorado en un torrente —dijo el duende Gary.

—Si hay polvo azul —reflexionó Zarina en voz alta—, ¿por qué no hay otros colores? ¿Y si hubiera polvo rosa? ¿Podemos hacerlo nosotros?

—El polvo de hada no debe alterarse —afirmó el duende Gary con voz seria—. Es demasiado poderoso.

Pero la curiosidad de Zarina era superior a ella, y sumergió su brazalete en el polvo dorado. Cubierto de polvo, el brazalete se alzó en el aire, se topó con una mota de polvo azul y ¡voló por toda la habitación!

El brazalete chocó contra la cara del duende Gary... ¡PAF! Zarina se sintió muy mal al ver la expresión de decepción dibujada en el rostro del duende jefe.

—Espero que a partir de ahora quede muy claro, Zarina. Los guardianes del polvo tienen prohibido experimentar con el polvo de hada.

Agosto
8

Disney MICKEY y SUS AMIGOS

Una sorpresa para Pluto

Era una soleada mañana y Mickey miraba por la ventana.

—¡Hoy es un día perfecto para construir! —exclamó.

—¿Qué vas a construir? —preguntaron Morty y Ferdie.

—¡Una casita en el árbol!

—¿Podemos ayudarte? —preguntaron sus sobrinos.

—Seguro que sois unos ayudantes excelentes, pero habrá muchas herramientas y será un poco peligroso. ¿Podéis llevar a Pluto al parque?

—¡Sí! —contestaron.

Mickey llamó a sus amigos, Minnie, Donald, Daisy y Goofy, que enseguida se presentaron para echar una mano con la casita.

—Es un trabajo complicado, así que repartiremos tareas —explicó Mickey—. ¿Puedes cortar las tablas de madera, Goofy? Donald y yo las clavaremos.

—Tengo una idea —dijo Minnie, y enseñó a Mickey un dibujo que había hecho.

—¡Bien pensado! —opinó él—. Ésa será una de las partes más importantes.

Goofy dejó caer su caja de herramientas sobre el césped y comenzó a serrar.

—Goofy, ¿podrías cortar algunas planchas para mí también? —preguntó Minnie.

—¡Claro! ¿Qué necesitas? —respondió Goofy.

Goofy miró el dibujo y empezó a cortar.

Donald y Mickey trabajaron juntos para fabricar una escalera de cuerda, que luego Mickey ató a la rama más gruesa y fuerte del árbol.

—Cuando acabemos, podremos usar esta escalera para subir al árbol —dijo Mickey.

Goofy les trajo unas cuantas tablas.

—Aún tengo que hacer las del techo, pero, mientras, puedes usar éstas para el suelo y las paredes —explicó.

—¡Gracias, Goofy!

Mickey y Donald apoyaron las maderas en el árbol y comenzaron a dar forma a la casita.

Minnie se acercó un momento a ellos.

—¿Os sobran algunos clavos? —pidió desde el suelo.

—Sí, ten —dijo Donald, y le pasó unos cuantos.

Cuando volvía a su puesto, Minnie se paró en el jardín de Mickey a ver cómo Daisy mezclaba la pintura.

—¡Vaya! ¡Cuánta pintura!

—Demasiada —rio Daisy—. ¿Quieres un poco?

—Sí, me irá genial, gracias —dijo Minnie.

¡En el jardín, todos andaban atareados!

Cuando Morty, Ferdie y Pluto volvieron a casa, no podían creer lo que veían sus ojos.

—¡Qué pasada! —exclamaron los niños, subiendo por la escalera de cuerda.

Pero Pluto no podía subir como el resto.

—¡Por aquí, Pluto! —le llamó Minnie.

Pluto trotó hasta el otro lado del árbol y vio unos escalones ideales para él.

—Minnie los ha hecho para ti —le contó Mickey—. ¡Venga, sube y únete al resto!

¡A Pluto le pareció la mejor casa árbol del mundo!

Agosto
9

Disney Princesa
Enredados

Un ladrón profesional

Madre Gothel estaba furiosa. Rapunzel, la niña que había secuestrado y mantenido oculta toda su vida, ¡había osado escapar de la torre! Aunque Madre Gothel le había advertido de los peligros del exterior, la chica había seguido a aquel ladrón bosque adentro.

—Se las puede apañar perfectamente sin mí —reflexionó Gothel, irritada.

Gothel siguió el rastro de Rapunzel hasta una taberna en la que la muchacha se había hecho amiga de unos rufianes; éstos la habían ayudado a escapar con Flynn cuando unos guardias llegaron para arrestarlo por robar la corona real.

—¿Cómo convenceré ahora a Rapunzel para que vuelva a la torre? —se preguntó Madre Gothel—. ¡Ya nunca creerá mis historias sobre monstruos!

La mujer siguió pensando hasta que ideó un plan. Espió a los rufianes del local y descubrió que los hermanos Stabbington habían sido compinches de Flynn. Sin embargo, Flynn los había engañado y se había quedado la corona, por lo que los hermanos buscaban venganza. Como Madre Gothel había encontrado la corona escondida en la torre, les hizo una oferta.

—Prometo devolveros la corona si, a cambio, capturáis a Flynn y lo entregáis a los guardias. Así no será tan complicado traer de vuelta a Rapunzel... —añadió esto último para sí misma.

Los Stabbington aceptaron de inmediato. Madre Gothel se dispuso entonces a buscar a Flynn y a Rapunzel.

Mientras Flynn había ido a buscar leña, Gothel sorprendió a Rapunzel, apareciendo de detrás de un árbol hecha una fiera.

—¡Ah, madre! ¿Cómo me has encontrado?

—Siguiendo el rastro de mentiras y traición —respondió Madre Gothel con desprecio—. Ven conmigo, volvemos a la torre.

—Pero ¡aquí no corro peligro! —protestó la joven—. Creo que a Flynn le gusto y...

—Se está riendo de ti, tontita: ¡es un ladrón profesional! En cuanto le devuelvas la corona, ¡te olvidará por completo! Toma, aquí la tienes. Dásela y verás lo rápido que te abandona.

Madre Gothel se marchó deprisa, antes de que Flynn volviera.

Rapunzel suspiró. ¡Su madre estaba muy equivocada! Flynn era sin duda un ladrón profesional, pero él no le había robado el corazón... ella se lo había entregado voluntariamente. Sabía que podría demostrarle a Madre Gothel que se equivocaba.

Agosto
10

Disney Peter Pan

Tigrilla

Era una noche calurosa de verano en Nunca Jamás; tan calurosa que, de hecho, los pobres Niños Perdidos no podían dormir. Por ello, los niños y Peter Pan decidieron que, en vez de intentar quedarse en su escondite del Árbol del Ahorcado, acamparían al aire libre.

Seguro que en el bosque se estaría fresco, pensaron, seguro que la brisa correría entre los árboles. Pero no imaginaban lo misterioso (y terrorífico) que podía ser un bosque después de que cayera el sol.

—Qué oscuro está esto —dijo Osezno.

—Y qué silencio tan inquietante —añadió Mofeta.

—¿Nos cuentas un cuento, Peter? —preguntó Zorrillo, que temblaba bajo su traje de zorro, a pesar del calor.

—De acuerdo —accedió Peter—. ¡A ver si así os calmáis! Os contaré la historia de la primera vez que acampé en la naturaleza, la misma vez que conocí a Tigrilla... Había encendido una hoguera, una bien grande porque era otoño y por las noches refrescaba. Justo cuando apoyé la cabeza en un trozo de musgo suave y cómodo, oí un crujido en las sombras.

—¿Eran los indios? —exclamaron los Niños Perdidos.

Peter sacudió la cabeza.

—No, no eran los indios. Al principio pensé lo mismo, pero se trataba de algo peor. ¡Era un oso! Saltó de entre los árboles, gruñendo y dando zarpazos al aire como el Capitán Garfio intentando espantar moscas. ¡Nunca he visto una bestia tan feroz como ésa!

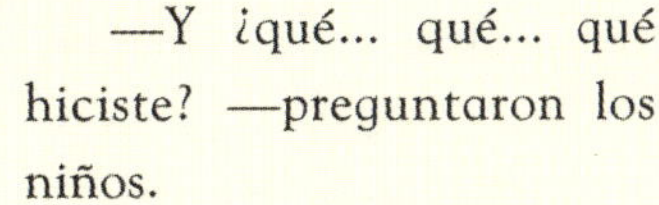

—Y ¿qué... qué... qué hiciste? —preguntaron los niños.

—Le dije que se fuera a tomar viento, claro, ¡que se largara! Pero, al parecer, no hablaba mi idioma, porque siguió amenazándome. No os voy a mentir: empecé a ponerme muy nervioso. Y, entonces, apareció Tigrilla, silenciosa como un ratoncito. Sin decir ni «hola, ¿qué tal?», cogió un palo de mi hoguera y lo blandió contra el oso. ¡El animal dio media vuelta al momento y huyó gimiendo! Creo que esa noche Tigrilla me salvó la vida —dijo Peter—. Y no sería la última vez. Fin.

—Eh..., Peter —dijo Osezno, escudriñando la oscuridad—, ¿sabes qué le pasó a ese oso?

Peter pensó unos segundos.

—No —dijo, y se encogió de hombros—. Probablemente seguirá ahí fuera, deambulando, imagino. —Dio un gran y travieso bostezo—. Ahora dejad de berrear, cerrad los ojos y ¡a dormir!

Agosto
11

Disney Campanilla Hadas y Piratas

Los experimentos de Zarina

Después de un duro día de trabajo en el almacén de polvo de hada, Zarina volvió a su cabaña y vació su paga diaria de polvo en un bote grande. Lo guardaba todo para sus experimentos: por eso siempre caminaba a todos lados.

Hasta ese momento, los intentos de fabricar polvo de hada con diferentes poderes habían fracasado. Con un suspiro, cerró su diario de experimentos y apoyó su cabeza en él. Por el rabillo del ojo, vio algo azul y brillante que le caía del pelo. ¡Era una mota de polvo azul! ¡Debió de habérsele quedado enredada mientras trabajaba en el almacén!

El simple hecho de ver aquella mota inspiró a Zarina.

Con la ayuda de una lupa y una hoja afilada, cortó el grano en trocitos con cuidado. A continuación volvió a intentar su último experimento fallido, pero añadiendo un pedacito de polvo azul.

De repente, el polvo se volvió naranja. Zarina cubrió su mano de aquel polvo y de pronto fue capaz de doblar un rayo de luna.

—¡Lo sabía! —exclamó el hada. ¡Se moría de ganas de enseñarle aquel descubrimiento a su amiga Campanilla! La tintineadora siempre descubría cosas por su cuenta, y Zarina sabía que sabría valorar aquella emocionante noticia.

Campanilla quedó asombrada cuando vio el polvo naranja que había creado la guardiana.

—¡Estoy haciendo más! —anunció Zarina.

Entonces puso a Campanilla, que estaba inquieta, a trabajar removiendo una nueva receta. Esta vez el polvo se volvió morado, y ¡Zarina creó con él un remolino de viento!

Sin embargo, a Campanilla le preocupaba que su amiga no le hubiese contado nada al duende Gary sobre sus experimentos.

—Zarina, creo que deberías parar —dijo con firmeza.

Zarina, tan sorprendida por aquellas palabras, chocó contra una mesa y volcó todo el polvo rosa que acababa de crear sobre una maceta. Las ramas de la planta crecieron de golpe, tanto que atravesaron la cabaña; se revolvieron y se revolvieron por toda la Hondonada de las Hadas, destrozando todo a su paso: ¡incluido el almacén de polvo!

La reina Clarion se sintió aliviada al ver que nadie resultó herido; el duende Gary vio el polvo rosa y fijó directamente su mirada en Zarina. Le dijo que ya no podría ser guardiana del polvo nunca más.

A Zarina se le llenaron los ojos de lágrimas. Le encantaba el polvo de hada y le encantaba ser guardiana. Voló de vuelta a casa para empaquetar el polvo que le quedaba y algunas pertenencias. Echó un último vistazo a la Hondonada de las Hadas, esparció polvo sobre sus alas y partió hacia la orilla de Nunca Jamás.

Agosto
12

Tiana y el Sapo

Mamá Odie al rescate

El malvado hechicero, el Dr. Facilier, estaba preocupado. Con la ayuda de su talismán mágico, había hecho que Lawrence, un mayordomo, obtuviera la apariencia del príncipe Naveen para que pudiera casarse con Charlotte. De este modo, el hechicero esperaba poder hacerse con la gran fortuna de la chica.

Pero su talismán estaba perdiendo su poder, por lo que necesitaba encontrar a Naveen y restaurar su magia con unas cuantas gotas de su sangre...

—¡Sombras, venid a mí! —invocó—. ¡Traedme al príncipe sapo sin demora!

Las bestias con garras salieron volando por la ventana y pronto encontraron el rastro de Naveen, en la charca. Él y Tiana iban de camino a casa de Mamá Odie, la hechicera vudú buena. Querían preguntarle cómo podían recuperar su forma humana.

Pero, de pronto, las sombras atraparon a Naveen y se lo llevaron.

—¡Auxilio! —gritó.

Tiana, Louis el caimán y Ray la luciérnaga trataron de aguantarlo. Sin embargo, nadie podía luchar contra las fuerzas de la oscuridad... ¡excepto una poderosa hechicera vudú! Y... ¡fua! ¡Mamá Odie hizo desaparecer las sombras malvadas!

—No está nada mal para una vieja ciega de 197 años, ¿eh? —rio.

Mamá Odie y su serpiente, Juju, vivían en un barco en el pantano, entre las ramas de un árbol. La sabia mujer era un tanto excéntrica. Sin embargo, albergaba tanto conocimiento que el grupo de amigos no podía más que respetarla.

—Bien, ¿quién de vosotros ha estado tonteando con el hombre de las sombras? —preguntó a Naveen y a Tiana, mientras removía una olla de gumbo—. Queréis ser humanos pero estáis ciegos, no veis lo que necesitáis.

—Qué queremos, qué necesitamos... es lo mismo, ¿no? —insistió Naveen.

—¡No! Ahora escuchad a Mamá Odie. Sólo importa lo que tenemos bajo la piel... Hay que saber llegar al fondo. —Mamá Odie sabía que las ranas tendrían que entenderlo por las malas—. Gumbo, gumbito, ¿quién es una princesita? —La hechicera conjuró una imagen de Charlotte y de su padre en el gumbo.

—¡Charlotte no es una princesa! —dijo Naveen.

—¡Claro que lo es! —le contradijo Tiana—. Su padre fue coronado rey en Mardi Gras, ¡así que es una princesa hasta medianoche!

—Una princesa de Mardi Gras es mejor que cero princesas, ¿verdad? —apuntó Mamá Odie con voz traviesa.

Naveen se sonrojó. Sí, ¡un beso de Charlotte le bastaría!

Agosto
13

Disney MICKEY Y SUS AMIGOS

Un buen día para navegar

Un precioso día de verano, Mickey Mouse le preguntó a Minnie si le apetecía dar un paseo en barca.

—Me encantaría —respondió con una sonrisa.

Mickey y Minnie se preparaban para zarpar cuando Goofy se acercó corriendo a la orilla.

—¡Eh, chicos! ¡Hace un día estupendo para navegar!

Goofy no vio una ardilla que había delante de él y le pisó la cola sin querer. La ardilla chilló, dio un brinco y aterrizó en la barca. Mickey y Minnie, que no se lo esperaban, dieron un salto y el barco se tambaleó.

Mickey intentó detener el balanceo, pero la barca acabó volcando y Minnie gritó cuando ella y Mickey cayeron al agua.

El Pato Donald apareció con su lancha motora y los rescató.

—¿Queréis dar una vuelta conmigo? —les propuso.

Mickey y Minnie, aliviados, se sentaron y se relajaron. Pero, al cabo de un rato, el motor se paró en seco.

—Y ¿ahora qué hacemos? —preguntó Minnie.

—Tengo una idea —dijo Donald. Se quitó el sombrero y empezó a remar con él. Mickey y Minnie hicieron lo mismo. Consiguieron llegar a la orilla, con la lengua fuera.

—¿Os apetece comer algo mientras nos secamos? —preguntó Mickey. Juntos, comieron unos perritos calientes al sol.

Mientras disfrutaban de la comida, Pluto vino corriendo. Cuando vio las salchichas, decidió que también quería; saltó sobre el regazo de Mickey para intentar quitarle la comida.

—¡No! —gritó Mickey.

Pero era demasiado tarde: ¡Pluto empujó a Mickey y a Minnie de nuevo al agua!

Los ratones nadaron hasta la orilla y salieron del lago. Tosiendo y renqueando, hartos, se tumbaron en la hierba otra vez para secarse.

Pasado un rato, Juanito, Jorgito y Jaimito aparecieron en su velero.

—¿Queréis que os lo dejemos un rato? —preguntó Jorgito—. Hoy hace buen viento.

—¡Sí, gracias! —dijo Mickey. Él y Minnie subieron al barco de los niños y zarparon.

—Ah... Esto es vida —dijo Mickey.

En ese momento, el viento dejó de soplar.

—¡Ay, no! ¡Otra vez no! —gruñó Mickey.

Mickey y Minnie trataron de remar con las manos, pero fue inútil. El barco navegaba en círculos. Entre resoplidos, Mickey vio que Goofy y Donald se acercaban en barcas.

—Nos pareció que necesitabais ayuda —dijo Donald.

Mientras Donald y Goofy los remolcaban, Mickey y Minnie se sentaron y se relajaron. ¡Por fin disfrutaban de un tranquilo y bonito paseo en barco!

Agosto
14

Disney Princesas
MULAN

Las apariencias engañan

Yao, Ling y Chien-Po echaban de menos a Mulán. Se habían hecho amigos en el ejército. Aunque cuando se conocieron Mulán iba disfrazada de chico, ellos perdonaron su engaño porque la chica partió con valentía a salvar a China de Shan-Yu y los demás hunos. Mulán era famosa; ¡hasta el emperador se había inclinado ante ella!

Los tres amigos habían decidido ir a su aldea y acompañarla en cualquier aventura en la que se embarcara.

—¿Y si Shan-Yu busca venganza? —dijo Ling—. Puede que nos esté buscando. Al fin y al cabo, nosotros ayudamos a Mulán a derrotarlo.

Yao pensó que debían disfrazarse. Así pues, se vistieron con quimonos, se pusieron pelucas y se maquillaron; a continuación, fueron en busca de Mulán vestidos de mujer.

Cuando llegaron, la casamentera del pueblo se les acercó.

—¿Quiénes son estas preciosas damas? —preguntó. Estaba desesperada, pues apenas había chicas solteras en la aldea y ella tenía una larga lista de solteros en un kilómetro a la redonda.

—Venimos de tierras lejanas —respondió Chien-Po con voz aguda.

—Y ¿estáis casadas? —insistió la mujer.

—¡No, no estamos casadas! —dijo Ling.

—Bien, dejad que os dé la bienvenida a nuestro pueblo —dijo la casamentera, llevándolos a su casa—. ¿Os apetece un té?

Los tres hombres estaban hambrientos y muertos de sed tras el largo viaje, y no se dieron cuenta de que la mujer quería comprobar si podían ser buenas esposas.

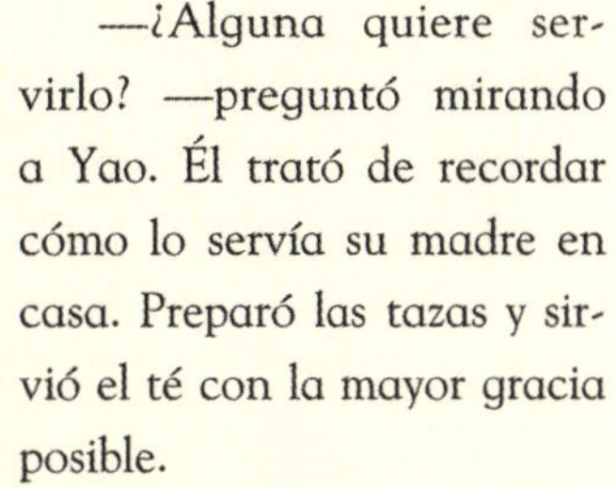

—¿Alguna quiere servirlo? —preguntó mirando a Yao. Él trató de recordar cómo lo servía su madre en casa. Preparó las tazas y sirvió el té con la mayor gracia posible.

—¿Una galleta? —ofreció encantada la casamentera a Chien-Po, acercándole una bandeja.

Chien-Po se resistió a agarrar un puñado entero; en cambio, cogió una sola, alzó el meñique y se la comió en delicados bocados.

¡Perfecto! La casamentera estaba entusiasmada con las forasteras.

Seguidamente, preguntó a Ling cuál era su pasatiempo favorito.

—La lucha libre —contestó él.

Al ver la expresión de conmoción de la casamentera, enseguida añadió:

—Sí, las duchas al aire libre mantienen mi cutis precioso. —Batió las pestañas.

La casamentera los acompañó a la puerta justo cuando Mulán llegaba al pueblo.

—¡Detente! ¡No puedes buscarles marido! —exclamó Mulán al ver a sus amigos con la mujer.

—Claro que puedo —respondió la casamentera—. A diferencia de ti, Mulán, ¡ellas son damas de verdad!

Agosto 15

DUMBO

Préstanos tus orejas

—Podré subir, podré subir, podré subir —resoplaba Casey Júnior, el tren del circo, que avanzaba lentamente por una cuesta—, podré subir, podré su... ¡Achús! —estornudó.

El tren se paró en seco.

—No podré subir —admitió al fin. Los animales y los artistas del circo asomaron las cabezas, preguntándose qué ocurría.

—¿Y bien? —preguntó el director del circo.

—Casey Júnior se ha resfriado —contestó el maquinista—. Tendrá que reposar un poco antes de seguir.

El director del circo frunció el ceño.

—Pero tenemos que estar en la feria en unas horas. ¿Qué vamos a hacer? ¡El espectáculo debe continuar!

El conductor del tren se encogió de hombros y volvió a centrar su atención en los estornudos, la tos y los chisporroteos del pequeño motor.

El director del circo se bajó del tren y abrió las puertas de todos los vagones y de las jaulas.

—Todo el mundo abajo, aprovechad para estirar las piernas.

Los animales se pisaron unos a otros, apresurándose para salir a campo abierto. Después, los payasos, los acróbatas y los domadores fueron a dar un paseo. Algunos colocaron cajas sobre la hierba y jugaron a las cartas, otros ensayaron su número y otros tantos sacaron su almuerzo y se sentaron en el suelo a comer.

Dumbo, el elefante, y su madre, la señora Jumbo, bebieron un poco de agua del cubo que el director había preparado.

La señora Jumbo miró a su alrededor.

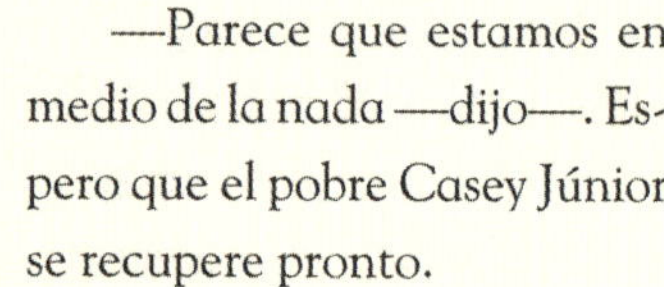

—Parece que estamos en medio de la nada —dijo—. Espero que el pobre Casey Júnior se recupere pronto.

—Ojalá —coincidió Timoteo, el ratón amigo de Dumbo.

Justo entonces se oyó un trueno y la lluvia comenzó a caer. Animales y artistas corrieron a refugiarse en los vagones. Dumbo se agarró a la cola de su madre para subir. Sin embargo, el viento cogió fuerza y una ráfaga atrapó las enormes orejas de Dumbo y lo lanzó volando hacia atrás.

—¡Ya lo tengo! —gritó el director del circo por encima de los aullidos del viento—. ¡Dumbo, ven conmigo!

Llevó al elefante a la cabeza del tren, se subió a la locomotora y, con un gesto, indicó al pequeño que hiciera lo mismo.

—¡Despliega tus grandes orejas! —dijo el director. Las orejas de Dumbo se abrieron de par en par, atrapando el viento como si fueran las velas de un barco, y el elefante comenzó a arrastrar el tren por las vías.

—¡El espectáculo continuará! —exclamó feliz el director del circo.

—Podré subir, podré subir, podré subir —entonó Casey Júnior, y añadió—: ¡Gracias a Dumbo!

Agosto 16

Nemo se esfuerza al máximo

—¡Venga, papá! ¡Llegaremos tarde! —gritó Nemo. Nemo y su padre, Marlin, corrían por los concurridos carriles de la colorida Gran Barrera de Coral.

—¿Seguro que quieres jugar al voleiperla? —preguntó Marlin, nervioso—. Tienes muchas otras opciones, como saltar a la esponja. O danza coralina.

—¿Danza coralina? —exclamó Nemo, horrorizado—. Ni hablar, ¡eso es para bebés! ¡Yo quiero jugar a voleiperla!

Cuando llegaron al estadio Erizo de Mar, el maestro Raya ofreció el discurso de inauguración.

—¡Quiero daros la bienvenida a todos! Antes de empezar, os pido una gran ovación para la señora Ana Carada, que ha donado la pelota para el partido de hoy.

—¡Que empiece el juego! —gritó el maestro Raya.

—Buena suerte, hijo —dijo Marlin—, recuerda lo que siempre te digo...

—Sí, ya lo sé —le interrumpió Nemo, poniendo los ojos en blanco—. Cuando te esfuerzas al máximo, incluso cuando pierdes, ganas.

Los jugadores se colocaron a ambos lados de la red de abanico de mar. Los Piratas de Raya por un lado, y el equipo de Nemo, los Plánctones Luchadores, por el otro.

Marlin observaba nervioso. Estaba seguro de que Nemo no podría jugar tan bien como los otros peces por culpa de su pequeña aleta. No era el único que tenía dudas al respecto. Turbot Trucha se acercó a Nemo en la pista.

—El entrenador te deja jugar hoy, pero más te vale no fastidiar la buena racha de los Plánctones Luchadores —le espetó Turbot.

Pero Turbot no sabía que Nemo había estado horas lanzando guijarros en el acuario de un dentista.

—Mira y aprende —murmuró Nemo.

De pronto, la perla voló directa hacia Nemo. ¡Pam! Con su aleta buena, la izquierda, Nemo envió la esfera por encima de la red. La perla iba a tanta velocidad que el otro equipo no consiguió devolvérsela. ¡Nemo había marcado su primer tanto para los Plánctones Luchadores!

El pequeño pez payaso jugó como un profesional. Volvió a anotar un punto con su aleta buena y luego con la cola; y, para demostrar su valía a su padre y a Turbot Trucha, sumó el punto que les daría la victoria con la aleta pequeña.

—¡Así se hace, aleta corta! —gritó Turbot Trucha—. ¡Contigo en el equipo seguro que llegamos a la final de la Copa Crustampions!

—Nemo, ha sido muy emocionante —le felicitó Marlin al acabar el partido.

—Gracias, papá. Me he esforzado al máximo, como me dijiste. Y ¡también hemos ganado de verdad!

Agosto
17

EL REY LEÓN

Hip... hip... ¡hipo!

—Qué día tan precioso —dijo Pumba mientras iba con Simba y Timón por la selva.

—Precioso, sí —coincidió Timón.

—¡Hip! —dijo Simba.

—¿Qué ha sido eso? —gritó Timón.

—No te asustes, es que me ha dado... ¡hip! Me ha dado hipo —explicó Simba.

—Ah. Pues haz lo que te digo: no pienses en ello y al final se te irá —dijo Timón.

—¿Que no piense en ello? ¡Hip! Así no puedo rugir —dijo Simba. Y, para demostrárselo, el león abrió sus fauces de par en par. Justo cuando estaba a punto de rugir, ¡le entró el hipo!—. ¿Lo veis? —dijo algo triste.

—¿Has probado a lamer corteza de árbol? —preguntó Pumba.

—¿Lamer corteza de árbol? —dijo Simba.

—A mí siempre me funciona —contestó Pumba.

—O puedes cerrar los ojos, taparte el hocico y saltar sobre una pata mientras dices tu nombre cinco veces... del revés.

Timón contempló a Simba saltar con una sola pata y tapándose el hocico con los ojos cerrados.

—Abmis, Abmis, Abmis... ¡Hip! ¡No funciona! —exclamó Simba.

—Quizá se le ha quedado algo atascado en la garganta —sugirió Timón.

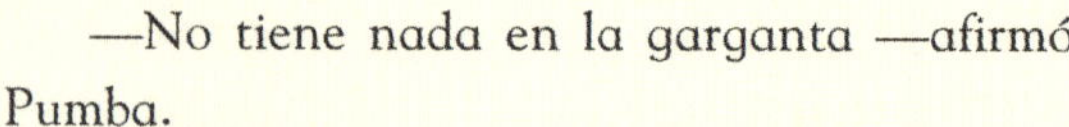

—No tiene nada en la garganta —afirmó Pumba.

—¿Cómo lo sabes? —preguntó Timón.

—Se me dan bien estas cosas —respondió él.

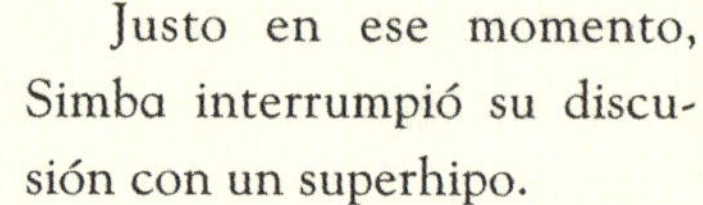

Justo en ese momento, Simba interrumpió su discusión con un superhipo.

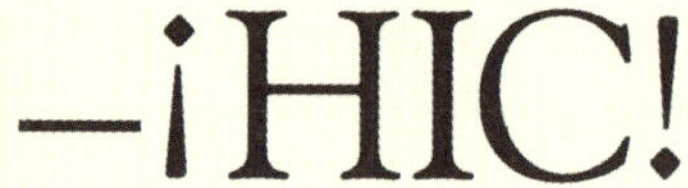

—¡HIC!

Y, sorprendentemente, de su boca salió disparada una mosca enorme, que se estampó contra un árbol y cayó al suelo.

La mosca, atontada, se levantó y se sacudió.

—¡Ya era hora! —le dijo a Simba.

El león estuvo a punto de contestar, pero dos voces lo interrumpieron al unísono...

—¡LA CENA!

La mosca chilló aterrorizada y se marchó por alas, mientras Timón y Pumba se lanzaban sobre el lugar en el que había estado segundos antes.

Agosto
18

Disney Princesas
La Cenicienta

El baño de Lucifer

A las hermanastras de Cenicienta no les hacía ninguna gracia que ella también fuera al baile del príncipe.

—La madrastra me dijo que podía ir —replicó Cenicienta.

—Sólo si acababas tus tareas —apuntó Drizella—. Lo cual incluye bañar al gato, Lucifer.

—Eso me recuerda que yo también necesito darme un baño —dijo Anastasia.

—Y yo —añadió Drizella.

—Ya has oído a mis hijas, Cenicienta —dijo la madrastra—. ¡Prepara las bañeras enseguida!

Cenicienta ya tenía suficientes cosas que hacer, pero no discutió.

Mientras Anastasia y Drizella estuvieran flotando entre sus pompas de jabón, sólo tendría que remendar sus vestidos, limpiar la casa, lavar las cortinas, darle un baño a Lucifer... y, por fin, podría prepararse para ir al baile.

Por desgracia, sus hermanastras no la dejaban en paz.

—¡Cenicienta! ¡Tráeme mi crema facial! —gritó Drizella.

—¡Cenicienta! ¡Quiero mis sales de baño! —gritó Anastasia.

Cada vez que la llamaban, Cenicienta tenía que dejar lo que estuviera haciendo y atenderlas.

Cuando Drizella le pidió un té, Cenicienta bajó a la cocina y puso la olla en el fuego. Aprovechó para dejar pasar a Bruno, el perro, y darle algo de comer.

—Ay, Bruno —dijo, tirándole un hueso—, si mis hermanastras no salen pronto de la bañera, nunca acabaré mis tareas a tiempo.

Bruno puso mala cara. Las hermanastras eran de lo más egoístas, vagas y malas; y su gato era igual que ellas. Bruno quería ayudar a Cenicienta. Por eso, cuando el té estuvo listo, la siguió escaleras arriba y por el pasillo.

Cuando Cenicienta estaba a punto de entrar en el cuarto de baño de Drizella, el perro vio a Lucifer durmiendo cerca.

—¡Guau! ¡Guau! —ladró con fuerza—. ¡Guau, guau!

Lucifer chilló y corrió hacia el cuarto de baño, despavorido.

¡Chof! Bruno persiguió al gato hasta la bañera... y ¡entonces él también saltó adentro!

Drizella gritó, Lucifer salió de un brinco y Bruno siguió al gato por el pasillo, hasta el cuarto de baño de Anastasia.

¡Chof! Ahora Lucifer se había metido en la bañera de Anastasia. ¡Y Bruno también!

—¡Salid de la bañera ahora mismo! —gritó la madrastra—. ¡O acabaréis oliendo a perro!

Cenicienta suspiró aliviada. Aunque todavía le quedaba mucho por hacer, al menos había acabado una de las tareas. ¡Gracias a Bruno, Lucifer ya se había dado un baño!

Agosto
19

Winnie the Pooh

Tigger se muda

Después de desayunar, a Tigger le gusta saltar. ¡Boing, boing, boing! Le gusta saltar durante todo el día, pero siempre choca con algo. ¡Pom!

—Tigger, no hay suficiente espacio para saltar en esta casa tan pequeña —dijo Conejo—. Tienes que buscar una más grande, ¡ya verás qué bien!

Por la tarde, todos estaban emocionados con la nueva casa que habían encontrado para él.

—Aquí sí que podré saltar sin problemas —dijo Tigger—. ¡Es la casa ideal! —Saltó arriba y abajo sin chocar contra nada—. Pero ahora ya no viviré cerca de Rito... —suspiró.

—Sé que echarás de menos vivir en la casa de al lado de Cangu y Rito —dijo Christopher Robin—, pero ahora vivirás mucho más cerca de mí. Seguro que nos lo pasaremos bien siendo vecinos.

Cangu le dijo a Tigger que Rito podría ir a visitarle. Tigger se sintió mejor e invitó a todos a quedarse un rato. Entonces Conejo posó las patitas sobre las caderas.

—Aún no hemos terminado. Tenemos que traer todas tus cosas. —Conejo indicó a todo el mundo que llevara todas las cajas de cartón que encontraran a casa de Tigger. Entonces, le pidió a Ígor que fuera a buscar su carreta.

—¡Ja, ja! ¡Qué divertidas son las cajas! —exclamó Rito, mientras él y Tigger saltaban adentro y afuera de las cajas que consiguieron entre todos.

—Más tarde habrá tiempo para divertirse —gruñó Conejo.

Tigger empaquetó todos sus juegos y peluches en una caja. Sacó a su león favorito y lo abrazó. Conejo guardó la vajilla. Cangu, los gorros y las bufandas. Pooh y Piglet, la comida. Pronto llegó Ígor con su carro, y Christopher Robin y Búho colocaron encima la cama, la mesa y las sillas de Tigger.

—Ahora mi nuevo hogar será perfecto —declaró Tigger mientras descargaban el carro y entraban las cosas en la casa—. ¡Gracias a todos por ayudarme!

Cuando sus amigos se fueron, Tigger desempaquetó y colocó todas sus cosas. Una vez que hubo terminado, se sentó a descansar. «Mmmm. En esta casa hay demasiado silencio», pensó. Dio unos cuantos brincos, pero decidió que no le apetecía mucho en realidad. Justo en ese momento, oyó una vocecita:

—¡Holaaa!

—¡Rito! ¡Cangu! ¡Pasad! —exclamó Tigger.

—¡Holaaa! —Todos sus amigos fueron llegando, y ¡todos traían regalos para la inauguración!

—Ahora que hemos hecho el trabajo, ¡podemos pasarlo bien! —dijo Conejo.

Juntos, mejor

Bestia caminaba arriba y abajo por el largo pasillo del castillo. Clic, clic, clic, sonaban sus zarpas contra el suelo de mármol.

—Hace horas que está ahí dentro —gruñó—. ¿Qué es lo que hace? —preguntó a Lumiere.

—Está leyendo. Al fin y al cabo, *monsieur*, está en la biblioteca —respondió Lumiere.

—¡Ya sé que está en la biblioteca! —bramó Bestia—. ¡Conozco bien mi propio castillo!

Las puertas se abrieron de golpe y Bella apareció hecha una furia. Miró por todo el pasillo.

—¿Qué está pasando? Menudo escándalo hay aquí fuera.

—Son los sirvientes, hacen demasiado ruido —se quejó Bestia.

—No les eches la culpa a ellos —dijo Bella—. Hace horas que oigo tus pasos arriba y abajo.

—No era yo —dijo Bestia, avergonzado.

—¡Claro que sí! —insistió ella—. Y ¡me estabas volviendo loca!

—Te lo habrás imaginado —dijo él.

—Y luego has empezado a gritar —continuó Bella.

—¿Y qué? —rugió Bestia—. ¡Es mi castillo!

De pronto llegó la señora Potts en un carro del servicio.

—¿A alguien le apetece un té?

—A mí no —resopló Bella.

—Ni a mí —bufó Bestia.

—Ah, vamos. Un poquito —insistió la tetera, y sirvió dos tazas de todos modos. Mientras tarareaba alegremente, llevó el carrito a la biblioteca.

Bestia y Bella la siguieron y se sentaron dentro.

—¿Por qué estabas tan enfadado? —preguntó la muchacha, tomando un sorbo.

—Me aburría. Supongo que... te echaba de menos.

—Y ¿por qué no me has dicho nada? —preguntó Bella.

—Porque... pensé que tú no me echabas de menos —respondió él.

—Estaba leyendo, me encanta leer.

—Lo sé —dijo Bestia.

Bella pensó un instante.

—Tengo una idea: ¡leamos juntos!

Bella cogió un libro sobre una princesa y un dragón y comenzó a leer en voz alta para Bestia; luego se turnaron.

—Ha sido divertido —dijo Bestia.

—Sí —dijo Bella—. ¿Repetimos mañana por la noche?

—Mañana... y todas las demás noches.

Lumiere, que estaba en el pasillo escuchando, suspiró de alivio.

—¡Por fin algo de paz! —dijo para sí mismo.

Las verduras desaparecidas

De todas las cosas que le gustaban del castillo de Bestia, lo que más le gustaba a Bella era el jardín de atrás. Había leído decenas de libros sobre jardinería, y cada estación experimentaba con algo nuevo. Aquel verano había decidido intentar cultivar verduras, y ya estaban listas para ser cosechadas.

—No se lo cuentes a Bestia —susurró a la señora Potts—, pero hoy le voy a preparar una ensalada para la comida.

—Ah, ¿de veras? —dijo la señora tetera.

—Ajá —dijo Bella con un gesto de cabeza, orgullosa—. Ayer vi que ya habían madurado muchas cosas: lechugas, zanahorias, pepinos, guisantes... ¡incluso tomates! Es increíble, ¡qué sorpresa se va a llevar Bestia!

—El almuerzo va a ser toda una sorpresa, sin duda —dijo la señora Potts sonriendo.

Bella se enfundó los guantes de jardinería y el sombrero, cogió el cesto más grande que había y salió contenta al jardín.

—Primero —dijo en voz alta, a nadie en particular—, ¡cogeré algo de lechuga!

Pero cuando se agachó en el sitio en el que debía estar la lechuga, en su lugar encontró un hoyo vacío.

—¡Mi lechuga! ¿Dónde está? —exclamó.

¿Habrían sido los conejos? ¿Ciervos? Desconcertada, Bella se acercó a la parcela en la que había cultivado unas zanahorias tiernas y dulces.

—¡Ay, no! ¡También han desaparecido!

Tampoco quedaban guisantes.

—No lo entiendo... —dijo.

Pero los hechos eran los hechos. El huerto estaba vacío y no podía hacer nada para remediarlo. Decidió volver al castillo y buscar un libro sobre cómo construir vallas para huertos, de cara al siguiente verano.

Cuando entró en el castillo, con las manos vacías y decepcionada, la joven pasó por el lado de la señora Potts y su hijo, Chip.

—¿Qué ocurre? —preguntó la señora Potts.

—Es un desastre —suspiró Bella—. Me han robado todo lo que había cultivado. —Se encogió de hombros—. Ya puedo olvidarme de mi idea de preparar una ensalada.

—No te pongas triste, Bella —la animó Chip—. Ven a comer algo.

—No tengo hambre —contestó Bella, con una triste sonrisa.

—¿Seguro? —dijo la señora Potts, empujándola al comedor—. Yo creo que sí...

—¡Sorpresaaa! —gritó Bestia.

—Pero ¿qué...? —exclamó Bella. Allí, en la mesa, estaban todas las verduras de su huerto, lavadas, cortadas y preparadas en deliciosos platos.

—Has trabajado tan duro cultivando el jardín que pensé que sería bonito hacer algo para ti. Espero que te guste.

Bella sonrió. ¡Menuda sorpresa!

Ígor combate el calor

Un día que parecía que el sol brillaba más soleadamente que nunca en el Bosque de los Cien Acres, Ígor deseaba entre suspiros que el otoño se diera prisa y llegara ya, si no era demasiada molestia, claro.

—¿Te ocurre algo, Ígor? —preguntó Rito.

—Ah, nada, es que hace tanto calor... —respondió el burrito—. Si no estuviera relleno de serrín, creo que me derretiría.

—Pues ¡ven conmigo! —gritó Rito—. Voy a ir al lago a refrescarme.

Pero Ígor meneó la cabeza.

—No puedo, Rito. Por el serrín y eso... Me hundiría. Y eso con suerte.

Así pues, Rito, al que le sabía mal por Ígor pero estaba ansioso por ir a nadar, siguió su camino.

Después apareció otro amigo. Ese amigo era Winnie the Pooh.

—Se te ve acalorado, Ígor —dijo Pooh.

—Lo mismo digo —dijo Ígor con un suspiro—, lo mismo digo.

—Ah, yo voy a que me dé un poco el aire... y a hacer una visita de cortesía a las abejas... con mi fiel globo. ¿Te apetece acompañarme?

—No, gracias, Pooh. No me gusta notar que me falta el suelo bajo los pies. Además, con mi suerte, seguro que el globo explotaría.

—Bueno, Ígor, lo entiendo. Deséame suerte entonces —contestó Pooh.

—Buena suerte, Pooh —dijo el burro—. Aunque las cosas que deseo nunca se cumplen...

El siguiente amigo que acudió a ver a Ígor fue Piglet, el cerdito.

—Hola, Ígor, ¿qué tal? ¡Buf! ¿Tú también estás incómodo por el calor?

—Ah, no. Yo estoy muerto de calor. Seco. Ardiendo. «Incómodo por el calor» se queda corto.

—Pobre Ígor —dijo el cerdito—. ¡Vente conmigo a jugar en el barro fresco!

Sin embargo, una vez más, Ígor sacudió la cabeza.

—Me temo que el barro no es una opción, Piglet. Si me mancho, jamás volveré a estar limpio. No, ve tú a disfrutar de este caluroso día como todos. Todos excepto yo. Yo lo pasaré mal, como de costumbre.

Y bien mal que lo pasó el pobre Ígor... hasta que, no demasiado tarde, todos sus amigos volvieron con algo que seguro que refrescaría incluso a Ígor en aquel día tan bochornoso.

—Adivina qué te hemos traído, Ígor —exclamó Rito con emoción.

—Es un helado —susurró Pooh.

—¿Un helado? —Ígor suspiró—. Supongo que será mejor que me lo coma antes de que se derrita.

Y ¿sabéis qué? ¡Eso hizo!

Disney · PIXAR
BRAVE

La gema desaparecida

—¡Aj! —resopló Mérida—. He dedicado todo un mes a hacer un broche para el cumple de mamá y sigue sin convencerme. Y ¡es mañana!

Maudie le mostró su apoyo, pero, como cocinera y niñera del castillo de DunBroch, estaba más preocupada por sus magdalenas.

—¡Mm! ¿Para quién son? —preguntó Mérida.

—Para el brownie de DunBroch, ese duendecillo que vive fuera de los muros.

—¿Le has visto alguna vez? —se interesó Mérida.

—Los brownies no quieren que los vean los humanos —explicó Maudie—. Pero yo le llevo cada día magdalenas, leche y cardo, para la buena suerte. Si no está contento, quién sabe qué maldades podría llevar a cabo. Sobre todo teniendo en cuenta que mañana es el cumpleaños de la reina.

Mérida suspiró pensando en el broche. Al principio había sido una buena idea: había elegido un precioso cuarzo ahumado, la gema favorita de su madre, pero no conseguía que el conjunto quedara bien.

Mérida fue a darle otro vistazo a la gema... pero ¡había desaparecido!

La princesa vio a sus hermanos pequeños con un brillo travieso en la mirada.

—¿Qué habéis hecho esta vez?

Pronto descubrió lo que había sucedido. Los trillizos habían «tomado prestado» el broche porque quedaba «muy de la realeza» en sus capas, pero lo perdieron en algún momento mientras jugaban.

Mérida analizó más de cerca la camisa de Hubert.

—¿Eso es un cardo? —preguntó. Entonces miró a los otros dos—. Y ¿tenéis migas en los zapatos y leche en la cara?

Mérida supo dónde habían estado jugando sus hermanos aquella mañana, y los llevó hasta una gran roca plana que había bajo el puente.

—Como imaginaba —dijo Mérida—. ¡Os habéis comido las ofrendas de Maudie para el brownie de DunBroch!

Juntos buscaron por todo el claro... pero no encontraron el broche.

—¿Y si el brownie se los ha llevado porque os habéis comido sus ofrendas? —dijo Mérida—. Maudie dijo que si no se le tenía en cuenta podía volverse malvado.

Se apresuraron a buscar más magdalenas, leche y cardos y dejaron de nuevo una bandeja en el lugar.

Esperaron, pero nada sucedió.

Al cabo de un rato, Mérida recordó que a esas criaturas no les gustaba que los humanos las vieran. Cerraron los ojos y Mérida susurró en el viento:

—Lo sentimos. Hemos intentado enmendarnos. ¿Podrías ayudarnos a cambio?

Silencio.

No obstante, cuando por fin abrieron los ojos, Harris divisó un brillo en la horcadura de un árbol. ¡El broche! ¿Acaso había estado allí todo el tiempo?

Mérida lo examinó y vio que ahora ¡la gema estaba enmarcada por un precioso cardo de plata! A la reina le encantó, y Mérida sintió que todo encajaba bien. De hecho, todo encajaba a la perfección.

Agosto 24

La Dama y el Vagabundo

Triste es de fiar

—¡Golfo! —gritó Reina una mañana—. ¡No encuentro a uno de los cachorros!

—No te preocupes —dijo Golfo, bostezando—. Golfillo siempre se mete en líos.

—No es golfillo, ¡es la pequeña Annette! Ella nunca se mete en líos. Golfo, ¿qué hacemos?

—Búscala por la casa, yo miraré fuera —respondió con preocupación. Registró el jardín de atrás y después el del vecino, y el del otro, y el del otro...

Desde el porche de un vecino, Triste el sabueso dijo:

—¡Hola! ¿Qué andas buscando?

—¡A mi hija Annette! No sabemos dónde está —contestó Golfo.

Triste alzó sus largas y caídas orejas.

—¿Un cachorro desaparecido? Esto es serio. Lo sé bien, pues solía ayudar a mi abuelo a rastrear personas desaparecidas por los pantanos.

—Lo sé —dijo Golfo. Había oído las historias de Triste cientos de veces.

—¿Has encontrado su rastro? —preguntó Triste.

Golfo dijo que no con la cabeza.

—Bien, ¡déjamelo a mí! —Triste corrió a grandes zancadas hasta el jardín de Golfo. Puso la nariz contra el suelo. Snif, snif, snif...

—Golfo, ¿la has encontrado? —gritó Reina desde el portillo.

Él se acercó hasta ella.

—No, pero Triste se ha ofrecido... eh... a ayudar.

—Su olfato ya no es bueno —susurró Reina—. Sé que rastreó el carro del lacero y que te salvó... pero no ha vuelto a olfatear nada desde entonces.

—Ya nos ayudó una vez. Creo que deberíamos confiar en él de nuevo —declaró Golfo.

En ese momento, Triste levantó el hocico y gritó:

—¡Mirad esto!

Había encontrado una pluma de un pajarito en el césped, bajo una ventana.

—Ésa es la ventana por la que suelen mirar los pequeños —dijo Reina.

—¡Aquí! ¡Hay algo de pelo de cachorro! —exclamó Triste—. ¡Y huellas! —Triste siguió el rastro de las huellas hasta detrás de una caseta.

Y ¡ahí estaba la pequeña desaparecida! La cachorrita estaba estaba a punto de quedarse dormida, bajo un gran árbol.

—¡Annette! ¿Qué ha pasado? —exclamó Reina.

—Me desperté y vi un pajarito —explicó ella, bostezando—. No quería que Golfillo le ladrara y lo asustara como siempre. Así que no desperté a nadie y seguí al pájaro hasta el árbol. Y entonces me dio sueño.

Reina se acercó a Triste y le dio un beso.

—Gracias —le dijo al sabueso.

—Ah, pamplinas... —dijo Triste, sonrojado—. No ha sido nada.

El sabueso trotó de vuelta a casa y Golfo se giró hacia Reina.

—¿Lo ves? —dijo con una sonrisa—. ¡Te dije que Triste era de fiar!

Agosto

25

Disney Princesa
Enredados

La encantadora de caballos

Flynn y Rapunzel habían acampado en el bosque. Los guardias reales pisaban los talones al ladrón, pero pensaba escoltar a la joven hasta la ciudad de todos modos. Para empezar, deseaba recuperar la corona que ella le había quitado, y ahora también quería ayudarla de corazón a realizar su sueño: ver cómo lanzaban los farolillos.

—¡Buenas noches, rubita! —dijo, tumbándose junto al fuego.

—¡Buenas noches, Eugene! —dijo Rapunzel, usando su nombre real.

Pronto se quedaron profundamente dormidos. Pero, al amanecer, Flynn se despertó con un pequeño sobresalto al sentir lo que le parecieron gotas de lluvia. ¡Plic! Una gota le cayó en la sien. ¡Ploc! Otra en la mejilla.

El ladrón abrió los ojos.... y se encontró cara a cara con Máximus, ¡el caballo del capitán de los guardias! Estaba empapado porque acababa de salir del túnel inundado por el que les había seguido la noche anterior.

—¡No lo puedo creer! El noble corcel del jefe de los guardias —se burló Flynn—. Espero que hayas venido a disculparte por tu actitud de ayer.

Máximus había ido a capturarlo, por supuesto, y Flynn era plenamente consciente de ello.

Los enemigos comenzaron a pelearse de inmediato. El ruido de la reyerta despertó a Rapunzel, que vio como el caballo arrastraba a Flynn hacia la carretera y se levantó de un brinco para ayudarlo. El animal tenía cogido a Flynn por el pie, Rapunzel lo agarró por un brazo, y ¡Flynn sintió que acabarían partiéndolo por la mitad!

Entonces... ¡pop! Máximus se quedó con la bota del ladrón en la boca. Flynn, al fin libre, huyó rápido, y Máximus fue tras él, pero Rapunzel le bloqueó el paso.

—¡So, so! ¡Cálmate! Calma, caballito. Eso es. Ahora, ¡siéntate! —dijo la joven.

Máximus quedó fascinado por la adorable muchacha y, ante los ojos de Flynn, el caballo comenzó a obedecer a la chica como si fuera un perro bien adiestrado.

—Muy bien, sí, eso es —continuó Rapunzel—. ¿Estás cansado de perseguir a este señor tan malo por todos lados? Eres un verdadero encanto. Hoy es mi cumpleaños, para que lo sepas. Y me haría muy feliz que dejaras en paz a Eugene durante veinticuatro horas. ¿Vale?

Máximus estrechó su pezuña como señal de paz. El ladrón se la estrechó también, incrédulo; había oído historias sobre encantadores de serpientes, pero ¡era la primera vez que conocía a una encantadora de caballos!

Agosto
26

Disney · PIXAR
TOY STORY 3

Grandullón se venga

Los juguetes de Andy estaban huyendo de la guardería Sunnyside: querían volver a casa antes de que el chico se fuera de casa para ir a la universidad. Sin embargo, un malvado oso rosa, Lotso, los detuvo. No quería dejarles marchar.

De pie junto al borde de un contenedor de basura enorme, Woody mencionó a una niña llamada Daisy. El vaquero había descubierto que la antigua dueña de Lotso y su secuaz, Grandullón, los había querido mucho, pero un mal día los perdió.

Grandullón se entristeció al oír hablar a Woody sobre su «mamá». Furioso, el oso rosa empujó al bebé sobre la tapa del contenedor.

—¿Qué pasa, quieres volver con tu mami? ¡Ella nunca te quiso!

Lotso se giró hacia Pulpi, que estaba detrás de Woody y los demás.

—¡Empújalos a todos! —ordenó—. ¡O serás el siguiente!

Pero Grandullón estaba muy decepcionado y, de pronto, alzó a Lotso en el aire... y lo tiró al contenedor. Luego cerró la tapa de un golpe y sonrió. Estaba harto de la crueldad del oso, listo para una vida mejor.

—¡Vamos, rápido! —gritó Woody, y echó a correr por encima del contenedor para ponerse a salvo. El camión de la basura estaba a punto de llegar y corrían peligro de que se los llevaran.

Los juguetes siguieron al vaquero y escalaron un muro para salvarse. Pero entonces Woody oyó un pitido y, al girarse, ¡vio que uno de los aliens se había quedado atrapado en la tapa!

—¡No abandonaremos a nadie! —gritó el vaquero, y reculó para liberar a su amigo.

En ese momento, ¡una pata de Lotso surgió del contenedor y le agarró la pierna a Woody! Los juguetes vieron con horror como lo arrastraba hacia dentro... ¡justo cuando llegaba el camión de la basura!

Jessie, Buzz y los demás juguetes de Andy saltaron sin miedo sobre el enorme contenedor para intentar abrirlo. Sin embargo, el camión lo agarró y empezó a acercarlo a la parte trasera del vehículo.

La tapa se abrió y Woody, que se aferraba al borde, gritó desesperado:

—¡Jess!

—¡Woody! —gritó la vaquera, y le agarró de la mano justo cuando Lotso caía por su lado.

Pero cuando el camión sacudió el contenedor, boca abajo, al final Woody y Jessie no pudieron resistir.

Todos los juguetes, con Woody a la cabeza, cayeron dentro del camión, ¡que iba camino al vertedero de la ciudad!

Ahora lo tenían muy difícil para volver a casa de Andy.

Agosto

27

Disney Princesas La Sirenita

Vacaciones atareadas

Sebastián, el cangrejo, adoraba su ajetreado trabajo como compositor de la corte del rey Tritón. Escribía canciones, dirigía los ensayos, consultaba aspectos con el rey... e incluso vigilaba que Ariel se mantuviera lejos de los problemas.

Un día, el rey Tritón irrumpió en la sala de ensayos y anunció:

—¡Sebastián! Necesitas tomarte unas vacaciones. ¡Quiero que te olvides del trabajo unos días y te relajes! Es una orden.

—Sí, señor —dijo Sebastián sin entusiasmo alguno, pues al cangrejo no se le daba bien relajarse.

Una vez que se hubo ido, el rey Tritón reunió a sus hijas y a los músicos de la corte.

—Sebastián ha sido mi compositor durante muchos años —explicó—, y hace tiempo que quiero honrarle con un gran concierto. Ahora que se ha ido, por fin podremos prepararle una maravillosa sorpresa. —El rey sonrió—. Tengo ganas de ver la expresión de su rostro cuando llegue el gran día.

Mientras tanto, Sebastián estaba en el hotel Arrecife de Coral.

—Bien, estoy en el lugar más hermoso del océano —se dijo a sí mismo—... pero ¡estoy muerto de aburrimiento!

Llegó un momento en que estaba tan inquieto que decidió volver en secreto al castillo un ratito para ver cómo iban las cosas por allí. Entró en la sala de conciertos y allí encontró a la orquesta y a las hijas de Tritón listos para ensayar.

—¡Sebastián! —exclamó Ariel—. ¿Qué haces aquí?

—Ah, nada, me olvidé la batuta. Nunca me voy de vacaciones sin ella. —Miró a Ariel a los ojos—. Y ¿qué hacéis *vosotros* aquí?

Ariel pensó rápido una respuesta y le dijo que estaban preparando un concierto improvisado para su padre. ¡Sebastián no necesitaba oír más! Se puso manos a la obra de inmediato, a ensayar con los músicos.

Hacía semanas que no trabajaba tan duro, y le encantaba.

Al tercer día, Sebastián volvió al palacio haciendo teatro.

—¡Qué relajado estoy! —le dijo al rey—. Gracias, señor, era justo lo que necesitaba.

—Me alegra oír eso, Sebastián —contestó Tritón—. Ahora, sígueme, por favor.

El rey llevó a Sebastián al auditorio, donde dio un gran discurso sobre el constante y enorme servicio del cangrejo durante los años. A continuación, el elaborado programa musical comenzó. La orquesta tocó de maravilla, Ariel y sus hermanas cantaron como los ángeles, y el rey sonreía con profundo orgullo.

—¿Qué te parece? —preguntó Tritón.

—¡Es perfecto! ¡Ni yo mismo podría haberlo hecho mejor! —respondió Sebastián.

Agosto
28

Zarina vuelve

Había transcurrido un año desde que Zarina se marchó de la Hondonada de las Hadas. Había abandonado el lugar después de que su experimento con el polvo azul destruyera el almacén de polvo de hada y el duende Gary le dijera que ya no podía ser guardiana.

Aquel día se celebraba el Festival de las Cuatro Estaciones, y el estadio estaba lleno hasta la bandera con un público muy emocionado, incluidos Clank y Bobble. ¡Habría una exhibición de todos los talentos de hadas de todas las estaciones!

Campanilla estaba entre bambalinas, poniendo todo su empeño en colocar un cerrojo en una cajita de música. Ella y sus amigos actuarían en la gran final.

—¡Ya empieza! —gritó Clank cuando se apagaron las luces. Entonces pensó que sería mejor ir al baño... y ¡deprisa!

Todos quedaron fascinados con el espectáculo sobre hielo de las hadas del invierno.

—¡Ésa es mi hermana! —exclamó Campanilla con orgullo cuando Periwinkle pasó patinando cerca de ella, escarchando flores delante del público. Sin embargo, mientras todo el mundo estaba disfrutando del espectáculo, Zarina surgió de entre las sombras y esparció polvo rosa detrás de la multitud. En unos instantes, unas amapolas empezaron a brotar alrededor del estadio.

—Un momento. ¿Es... Zarina? —preguntó Campanilla.

Rosetta, el hada de jardín, sabía que el polen de aquellas flores haría que todos se durmieran.

—¡Tenemos que resguardarnos! ¡Ahora! —gritó Rosetta, y guio a sus amigas dentro de la caja de música de Campanilla.

Cuando Clank regresó al estadio quedó estupefacto al ver que el público entero (incluido Bobble) dormía. De pronto, oyó gritos de auxilio procedentes de los bastidores: ¡eran las hadas dentro de la cajita de música!

Una vez que Clank las liberó, las hadas contemplaron a los espectadores dormidos.

—¿Por qué ha hecho esto Zarina? —preguntó Vidia.

—Clank, ¿tú la has visto? —inquirió Campanilla.

Clank le contó que la había visto volando hacia el almacén de polvo.

Las hadas volaron directas hacia el almacén, pero ¡llegaban demasiado tarde! ¡Ya no había polvo azul!

Todas sabían que debían encontrar a Zarina y recuperar el polvo. El suministro del polvo de hada dorado y el bienestar de la Hondonada de las Hadas dependían de ello.

—Clank, quédate aquí y vigila a todos —le pidió Campanilla—, sobre todo a las hadas del invierno. Asegúrate de que les nieve encima constantemente.

El duende prometió ocuparse de todo. Campanilla y sus amigas cogieron todo el polvo de hada que pudieron y se marcharon a toda prisa en busca de Zarina y el polvo de hada azul.

Disney
Campanilla
Hadas y piratas

Cambio de dones

Campanilla y sus amigas de la Hondonada de las Hadas estaban a punto de alcanzar a Zarina, que había robado el polvo azul.

—¡Allí! —gritó Iridessa, señalando un brillo azul. ¡Tenía que ser Zarina!

Las hadas se apresuraron a llegar hasta ella, pero una repentina niebla espesa vino del mar. Las hadas alzaron más el vuelo y vieron un barco pirata a lo lejos.

—Los piratas deben de haberla capturado y obligado a robar el polvo —dijo Campanilla.

En efecto, una pequeña barca en la que viajaban tres piratas se dirigía hacia el navío. Las chicas descendieron y se asomaron por un agujero. ¡Campanilla vio un brillo azul procedente del interior!

Dentro, Zarina sostenía el polvo azul con actitud triunfante.

—Permíteme que te diga que tu plan ha funcionado a la perfección, capitana —dijo James, el mozo de camarote.

Los otros piratas, Port y Starboard, se inclinaron ante su diminuta líder. Las hadas no podían creerlo... ¡Zarina se había convertido en la líder de los piratas!

—Cojamos el polvo y vayámonos de aquí —indicó Campanilla. Las amigas saltaron a la acción. Rosetta hizo crecer unas algas que se enredaron en los remos y los retuvieron, Iridessa envió a James un potente rayo de luz a los ojos y Silvermist desestabilizó el bote con las olas. James perdió el equilibrio y estampó a Zarina contra la barca. Vidia le quitó el polvo de hada azul de las manos y se lo lanzó a Campanilla.

Las hadas volaron hacia la orilla, pero Zarina las alcanzó enseguida y les exigió que le devolvieran el polvo. Prometió darles cuartel si obedecían.

Sin embargo, Campanilla se negó.

—Esto polvo pertenece a la Hondonada de las Hadas —dijo.

Zarina respondió a sus antiguas amigas con un espolvoreo multicolor. El extraño polvo dejó inconscientes a las hadas y Zarina aprovechó para escapar con el polvo azul.

Cuando Campanilla y las demás se despertaron, ¡descubrieron que el polvo colorido les había cambiado el vestido y los dones! ¡Campanilla se había convertido en un hada de agua! Intentó separar el agua de una cascada, pero Silvermist (que ahora era un hada de vuelo veloz) le dio sin querer al pasar por su lado y el agua arrastró a las demás hacia abajo, por un recorrido de hojas largas y lacias, hasta la playa. ¡Rosetta aterrizó sobre un huevo de cocodrilo! El bebé eclosionó y abrazó bien fuerte al hada, que estaba aterrada.

—¡No pasa nada! —la tranquilizó Fawn—. Dejan su huella en lo primero que ven.

El cocodrilo pensaba que Rosetta era su madre. ¡Había pasado de ser una hada de jardín a ser un hada de los animales!

Agosto
30

Benditos veranos

Los siete enanitos volvían a casa después de un largo día en la mina. Todos llevaban una pala en una mano y un cubo en la otra.

Mientras marchaban por el bosque, Feliz disfrutaba del canto de los pájaros y del calor del sol en la cara.

—¡El verano es una época maravillosa del año! —exclamó.

—¿Ah, sí? —espetó Gruñón—. ¿Qué tiene de maravilloso?

—Pues... que los días son más largos —dijo Feliz.

—Los días son más calurosos —se quejó Gruñón.

Sabio intervino:

—A mí también me gusta el verano. Es una estación muy saludable.

—¿Saludable? ¿Este calor? —dijo Gruñón.

—En verano hay tantas verduras y frutas frescas... —dijo Sabio.

—¿Como cuáles?

—Melocotones —bostezó Dormilón—. A mí me gustan con nata, antes de ir a la cama.

—Y mira qué melones hay en esas enredaderas —añadió Sabio—, ¡son tan grandes como la cabeza de Mudito!

Mudito sonrió y dijo que sí con la cabeza.

Gruñón puso los ojos en blanco y dijo:

—¡Mudito es un cabeza de melón, vale!

—¡No seas tan desagradable! —le riñó Sabio.

—Eso, anímate, ¡el verano es una estación genial! —dijo Feliz, sonriendo.

—Hace mucho calor —siguió Gruñón—. Y ¡todo lo que florece hace que Mocoso estornude aún más!

—Sí, lo siento, pero... ¡achís! Creo que Gruñón tiene razón.

—Para nada. El verano es la mejor estación de todas —reafirmó Feliz.

—¡Yo digo que hace demasiado calor! —repitió Gruñón.

En ese momento, los enanos llegaron a un pequeño puente que cruzaba un arroyo.

—Bien, pues si tanta calor tienes, Gruñón, aquí tienes un remedio especial para ello —dijo Sabio, deteniéndose a mitad del puente.

—¿Sí? ¿Cuál? —soltó Gruñón.

Sabio indicó con un gesto a los demás enanos que se acercaran. Hicieron una barrera para que Gruñón no viera como cogía agua fría del pequeño río.

—¿Y bien? ¿Me vas a dar tu remedio especial?

—Por supuesto —dijo Sabio. Con un gran «allá va», Sabio vació el cubo de agua sobre Gruñón.

¡Chof!

—Eso te refrescará —dijo Feliz.

Gruñón farfulló, sorprendido. ¡Aunque debía admitir que ahora estaba fresquito!

Agosto
31

Disney Bambi

El poder de Flor

Era una tarde calurosa en el bosque, y una pequeña y tímida mofeta llamada Flor que jugaba al escondite buscaba a su amigo Tambor. Hacía rato que lo buscaba.

—¡Sal! ¡Sal de donde estés! —dijo Flor—. Me rindo.

—¡Sorpresa! —gritó el conejo, saliendo de unos arbustos—. ¡Aquí estoy! ¡Puaj! —Tambor arrugó la nariz—. ¿Qué es ese olor?

A Flor se le puso la cara roja como un tomate.

—Lo siento. Se me ha escapado. Me ocurre cuando me asusto.

—¡Uf! —El conejo espantó el aire delante de su cara—. Deberías avisar antes de soltar esa peste.

—No, tú deberías avisarme a mí antes de aparecer así —dijo Flor—. En fin, el olor se irá... en uno o dos días.

Pero uno o dos días eran demasiado tiempo, y ¡el olor era demasiado fuerte!

—Perdona, creo que, eh, mi madre me llama —dijo Bambi.

—Sí, eh, y a mí —dijo Faline—. Hasta la vista, Flor... en un día o dos.

—¡O tres! —añadió Tambor con una risita.

De pronto, Flor se había quedado solo.

Pobrecito. «Ojalá no fuera una mofeta», pensó. Ojalá no apestara de aquel modo cuando se asustaba. ¿Qué sentido tenía? Sólo servía para espantar a sus amigos y ahora no podía ni jugar al escondite con ellos.

No importaba lo que le dijeran sus padres, ¡ser una mofeta apestaba!

Por eso a Flor no le sorprendería que pasados dos días sus amigos siguieran sin aparecer. Pero cuál fue su alegría cuando se presentaron Bambi y Faline, con Tambor brincando justo detrás de ellos.

—¿Quieres jugar? —le preguntó el cervatillo alegremente.

—¡A todo menos al escondite! —dijo Flor.

—¿Y al pillapilla? —propuso Tambor—. ¿Listo? ¡La paras!

Pero antes de que el juego empezara siquiera, un leve crepitar de las hojas alertó a los amigos.

—¿Qué... qué... qué ha sido eso? —dijo Bambi, mirando fijamente a una cara roja con pinta de hambrienta.

—¡Es un zorro! —gritó Tambor.

—¡¿Un zorro?! —chilló Flor—. ¡Ay, no! —Se dio la vuelta, levantó la cola y enterró la cabeza... Cuando se dieron cuenta, el zorro había huido gimiendo y frotándose el hocico.

—Lo siento —suspiró Flor, sonrojado.

—¡No lo sientas! —dijeron Bambi y Tambor.

Así, pues, ¿sabéis qué? ¡Flor no se sintió mal por ello!

Septiembre
1

Disney 101 DÁLMATAS

El plan de Patch

—¡Guau! —exclamó Patch—. ¡Cuántos cachorros!

Sus hermanos y hermanas aún temblaban de miedo. Los acababan de secuestrar y, tras un viaje largo y lleno de baches en coche, se encontraban en una casa enorme en la que el viento no paraba de silbar. Pero Patch ya estaba intentando encontrar una salida para volver a casa. Observó el cuarto en el que estaban, grande y sucio.

—Oye, ¿dónde estamos? —preguntó al desconocido más cercano.

—Ah, debéis de ser nuevos. ¿De qué tienda de animales venís? —preguntó sonriendo el cachorro de manchas negras.

Patch frunció el ceño.

—No venimos de ninguna tienda. Nos robaron de casa.

Otros cachorros le oyeron y se acercaron.

—¿Os robaron? ¿En serio? —exclamaron.

El primero de todos se encogió de hombros.

—Bueno, comprados o robados estamos todos atrapados aquí.

—Puede que vosotros lo estéis —dijo Patch con osadía—. Nuestros padres y sus mascotas humanas vendrán pronto a rescatarnos, ¡ya lo veréis!

—Eso espero —dijo Pepper, la hermana de Patch—. ¿Por qué nos habrán secuestrado?...

Patch no lo sabía, pero estaba seguro de que sus padres los encontrarían. Mientras tanto, quería asegurarse de que sus hermanos se mantuvieran alejados de los cachorros de las tiendas de animales, para evitar posibles confusiones.

—No sabemos por qué somos tantos —le explicó el cachorro desconocido a Pepper—. Supongo que simplemente a Cruella le gustan los perritos.

Patch ahogó un grito.

—¡¿Cruella de Vil?!

Sus hermanos y hermanas sintieron un escalofrío. Sus padres les habían contado historias terribles sobre aquella mala mujer. ¿Sería todo cierto?

—Sí, ella nos compró —dijeron algunos a la vez, mientras otros asentían.

Aquello lo cambiaba todo.

—¡Tenemos que salir de aquí! —anunció Patch.

Rolly suspiró.

—Ya lo sabemos. Mamá y papá vendrán pronto. Espero que lo suficiente para llegar a la hora del desayuno...

—¡No lo entiendes! —Patch sacudió la cabeza—. Cruella nunca trae nada bueno, es lo que siempre dice papá. Tenemos que escapar deprisa, ¡todos! —Hizo un gesto hacia el grupo entero de cachorros, los comprados y los robados. No importaba de dónde procedieran, lo importante era que estaban juntos en aquel enredo—. Debemos trabajar en equipo.

El primer cachorrito con el que había hablado sonrió.

—¡Estoy contigo! Cuando nos deshagamos de ella, ¡las únicas manchas que verá serán las del suelo!

Septiembre 2

La vuelta al cole

Era el primer día de colegio de un nuevo curso para Nemo y sus amigos.

—¡Hola, Tad! ¡Hola, Perla! —gritó Nemo mientras cruzaba el patio—. Qué ilusión volver a la escuela, ¿verdad?

—Bueno, yo no diría tanto... —dijo Tad.

—¿A qué te refieres? —preguntó Nemo—. ¡Será genial! He oído que este año aprenderemos a restar y a hablar langostino.

—Ya, pero ¿has oído quién nos va a dar clase? —dijo Tad.

—No —respondió Nemo—. ¿Quién?

En ese momento, se acercaron Sheldon, Jimmy y Jib.

—Eh, Sheldon —lo llamó Tad—. Háblale a Nemo sobre nuestra nueva profesora, la señora Langosta.

—¿La señora Langosta? —repitió Nemo.

—Sí. ¡Uf, dicen que es lo peor! —dijo Sheldon.

—¿Quién lo dice? —preguntó Nemo.

—Pues Pepe Plancton, por ejemplo. Dice que su primo, Krill, la tuvo el año pasado y que era tan mala que no quiere volver nunca más a clase.

—¿Sabéis qué me contó a mí? —dijo Tad—. ¡Que tiene unas pinzas enormes y que con ellas pellizca bien fuerte a los alumnos cuando se equivocan!

—¡Ay! —dijo Perla—. No digas eso, ¡harás que me tinte encima!

—La verdad es que suena horrible —dijo Nemo.

—Sí. Y Pepe dice que la señora Langosta nunca lleva a los niños de excursión como hacía el maestro Raya —añadió Jimmy—. Y que pone muchos deberes y ¡te obliga a quedarte después de clase si no los entregas al día siguiente!

¡Ay, no! Nemo se estremeció. Había esperado aquel día durante todo el verano, y ahora que ni siquiera habían empezado las clases ya tenía ganas de que se acabaran.

—No os giréis —susurró Sheldon—, pero ¡creo que ya viene!

—¡Me voy a tintar! —sollozó Perla.

Nemo cerró los ojos y deseó con todas sus fuerzas que su padre fuera a buscarlo y lo llevara a casa...

—Hola, niños —dijo una voz cálida—. ¡Vosotros debéis de ser mis nuevos alumnos! Soy la señora Langosta.

«¿Cómo?», pensó Nemo. Ésa no podía ser la misma profesora de la que le habían hablado. Pero cuando abrió los ojos, allí estaba, pasando lista.

—Jib, Jimmy, Nemo, Perla, Sheldon, Tad... ¡Vaya! Parece que tengo una clase muy inteligente. Espero que estéis listos para divertiros.

Nemo suspiró. ¡Ese bobo de Pepe Plancton...! A esas alturas ya deberían saber que no tenían que creer todo lo que decía. Ahora Nemo estaba bastante seguro de que, al final, ¡aquél iba a ser un curso estupendo!

Pedir bien las cosas

—Calma, Sansón —dijo el príncipe Felipe distraído, tirando de las riendas—. No hay prisa. Llegaremos pronto y... necesito tiempo para pensar.

Felipe tenía mucho en que pensar. Galopaba por el bosque hacia el castillo del rey Estéfano y la reina Leah, donde se encontraría con su padre, el rey Huberto... y con la chica con la que estaba destinado a casarse: la princesa Aurora.

Felipe había oído hablar de ella desde que la joven nació, dieciséis años atrás. Sus padres tenían planeado su matrimonio desde hacía mucho tiempo, pero Aurora sufrió una maldición de la malvada Maléfica al nacer y se vieron obligados a esconderla hasta su decimosexto cumpleaños, el día en que el hechizo se rompería.

Aquello significaba que Felipe aún no había visto a su futura esposa ni hablado con ella. Siempre se había preguntado cómo sería.

—Espero que me guste —murmuró a su caballo. Luego otro pensamiento le vino a la cabeza—. ¡Espero gustarle a ella! —añadió—. Debo impresionarla. Pero ¿cómo? —se preguntó—. ¡Ya lo sé! Haré una entrada espectacular. Entraremos al galope y derraparemos hasta detenernos justo delante de ella. ¡Eso la dejará boquiabierta! —Silbó y le dio una leve patada a Sansón—. ¡Vamos, tenemos que practicar!

El caballo, sobresaltado, resopló y miró a Felipe con mala cara. Plantó sus pezuñas en el suelo y se quedó quieto como una piedra.

Felipe, impaciente, frunció el ceño.

—¡Venga! ¡Vamos, Sansón! —urgió al caballo.

Pero su compañero se negaba a moverse.

—Parece que no quieras ayudarme —murmuró. De pronto, Felipe se quedó mudo—. Un segundo. Claro. ¿Por qué querrías ayudarme si no hago más que gritarte? —Le dio unas palmaditas en el lomo—. Lo siento, muchacho.

Buscó en su bolsillo y sacó una zanahoria. Sin dejar de darle palmaditas, se la ofreció al caballo.

Sansón se comió la zanahoria y resopló. Entonces rompió a galopar, dando un brinco y una coz al aire. Felipe se agarró como pudo, reprimiendo un grito de sorpresa cuando el caballo se detuvo en seco después de derrapar.

El príncipe rio.

—¡Vaya! —exclamó—. Gracias, Sansón, ha sido perfecto. Veo que sólo tenía que pedirte bien las cosas. Espero que podamos repetirlo ante la princesa...

Se calló de repente. Oyó cómo alguien cantaba con una voz preciosa y prestó atención. ¿Quién estaría cantando así en el bosque?

—Vayamos a ver, Sansón —dijo—. ¡Si no te importa, por supuesto!

Septiembre
4

Tiana y el Sapo

Amor verdadero

A Tiana y a Naveen se les acababa el tiempo para volver a la ciudad. Tenían que encontrar a Charlotte y conseguir que besara a Naveen mientras aún fuera la princesa de Mardi Gras, es decir, antes de medianoche. Más tarde su beso no podría deshacer el maleficio y ¡Tiana y Naveen serían ranas para siempre!

—No vamos a cruzar todo el pantano nadando, ¿verdad? —planteó Tiana, preocupada.

—¡Tengo una idea! —anunció Louis, su amigo caimán.

Los llevó hasta un barco de vapor que bajaba por el río, en el que viajaba un grupo de gente disfrazada que se dirigía al carnaval de Nueva Orleans. Tiana, Naveen, Louis y Ray, la luciérnaga, subieron a bordo. Por suerte, una banda de jazz confundió a Louis con un trompetista disfrazado y ¡lo invitaron a tocar con ellos! ¡El sueño del caimán por fin se había hecho realidad!

Naveen suspiró. Él también quería que se cumplieran sus sueños. Mamá Odie le había ayudado a darse cuenta de algo importante; al fin había descubierto qué era lo más valioso para él: Tiana.

—¡Es el amor de mi vida, Ray! —le confesó a su amigo—. Es con ella con quien me quiero casar, no con Charlotte. ¡Esta noche le pediré la mano!

Evidentemente, Naveen dejaría escapar la fortuna de Charlotte, pero con Tiana sería rico en amor.

—Luego le conseguiré a Tiana un restaurante —concluyó mientras preparaba una cena a la luz de la velas en el techo del barco—. Trabajaré duro y ahorraré el dinero que necesita.

Lleno de buenas intenciones, corrió a buscar a Tiana.

—¡Oh, Naveen! —exclamó maravillada cuando vio la preciosa mesa—. ¿Qué celebramos?

—Eh... ¡Nuestra última noche como ranas! —respondió con timidez.

Intentaba reunir el valor suficiente para declararse cuando la joven gritó:

—¡Estamos atracando, Naveen! ¡Ése es el edificio que voy a comprar para mi restaurante! ¡Cuando te cases con Charlotte, podré pagar a la inmobiliaria! Es mi última oportunidad. Si no entrego el dinero mañana a primera hora, se lo quedará otro cliente.

Al oír aquellas palabras, Naveen cambió de idea. Se sacrificaría y se casaría con Charlotte; de lo contrario, Tiana perdería su restaurante y su único sueño, y sería infeliz.

«La amo de veras —pensó—. Sólo quiero que sea feliz.»

Ahora estaba seguro de ello. ¡Ella era sin duda su amor verdadero!

Septiembre
5

Disney Princesas
Enredados

Un sueño hecho realidad

Rapunzel había vivido encerrada en una torre toda su vida, pero ahora su sueño de ver los farolillos de cerca estaba a punto de hacerse realidad, gracias a la ayuda de un ladrón llamado Flynn Rider.

Cuando llegaron a la ciudad, Rapunzel no podía creer lo que veían sus ojos. En la parte más alta del reino, se erigía un castillo, como si protegiera a la gente que vivía a sus pies... y ¡cuánta gente había!

Un grupo de niñas quedaron fascinadas al ver el pelo de Rapunzel, que todo el mundo pisaba sin parar.

—¡Nosotras te podemos ayudar a recogértelo! —gritaron las pequeñas.

Rapunzel rio y aceptó su oferta, y al cabo de poco pudo admirar su nuevo peinado: una trenza magnífica decorada con flores recién cortadas. ¡Ahora nadie tropezaría con su cabello!

Ella y Flynn, que procuraban esconderse de los guardias, llegaron a una plaza en la que un animador invitaba a los transeúntes a bailar en honor a la princesa desaparecida.

Rapunzel se lo estaba pasando en grande, por lo que Flynn se ofreció a enseñarle la ciudad. La llevó a una sastrería, donde se probó un vestido precioso. Después, se dieron un capricho y se comieron unos pasteles deliciosos. En la librería, Rapunzel admiró los cientos de libros que había. Disfrutaron de un día fantástico y, al atardecer, Flynn llevó a la joven en un paseo en barca.

—Y ¿adónde vamos? —le preguntó.

—Cerca del castillo. Desde ahí veremos mejor los farolillos. Ha llegado la hora de cumplir tu sueño: ¡pronto veremos las luces flotando hacia el cielo!

La chica sintió un miedo repentino. Si su mayor sueño se hacía realidad, ¿cuál sería su próximo sueño?

Sin embargo, en ese momento el rey y la reina soltaban el primer farolillo desde su balcón y, en cuanto lo vio, toda tristeza se esfumó. ¡Era incluso más bello de lo que había imaginado! El cielo se llenó enseguida con cientos y cientos de luces. Rapunzel miró a Flynn a los ojos y sonrió.

«Ojalá se detuviera el tiempo —pensó ella—. ¡Me quedaría aquí para siempre!»

Flynn sacó un farolillo y se lo tendió para lanzarlo juntos.

—¿Sabes qué? —dijo Rapunzel—. Voy a devolverte tu corona. Tendría que habértela dado antes, pero tenía miedo de que te fueras. Aunque ya no tengo miedo. ¿Me entiendes?

—Te entiendo perfectamente —respondió Flynn, y dejó la corona en el suelo. Ya no le importaba ser rico. Su único deseo era estar con Rapunzel, y parecía que aquel fantástico sueño estaba a punto de hacerse realidad.

Septiembre 6

INSIDE OUT

En el Vertedero

Desde que se fue de Minnesota, a Riley no le había ido nada bien. No había hecho amigos y no había conseguido entrar en el equipo de hockey sobre hielo. Y lo que era peor: se había peleado con sus padres y su mejor amiga de Minnesota. Así pues, Ira decidió que lo mejor que podía hacer la niña era escaparse.

Riley le cogió la tarjeta de crédito a su madre para comprar un billete de autobús; por culpa de ello, ¡la Isla de la Sinceridad de su mente se desmoronó y cayó en el Vertedero de la Memoria!

Cuando la isla se derrumbó, el Tren del Pensamiento cayó también. Alegría y Tristeza viajaban en él, intentando llegar a la Central con los recuerdos esenciales de Riley, antes de que todo lo que la hacía ella misma se perdiera para siempre. Las dos Emociones y el viejo amigo imaginario de Riley, Bing Bong, consiguieron saltar por los pelos del tren antes de que desapareciera bajo sus pies.

Después del accidente, Alegría y Tristeza se dieron cuenta de que podían volver a la Central por uno de los tubos de recuerdos que servían para enviar esferas de recuerdos desde la Memoria a Largo Plazo.

Alegría y Tristeza se introdujeron en el tubo, pero era demasiado estrecho y Tristeza tocó sin querer uno de los recuerdos esenciales. ¡Las esferas empezaron a volverse azules!

—¡Tristeza, para! —gritó Alegría, y la empujó fuera del tubo—. Lo siento, pero Riley necesita ser feliz. —Alegría comenzó a subir por el tubo sola, pero el suelo empezó a desquebrajarse. ¡Riley estaba huyendo de casa y la Isla de la Familia se derrumbaba! Bing Bong corrió para intentar ayudar, pero el tubo se rompió y tanto él como Alegría cayeron al Vertedero de la Memoria.

—¡Alegría! —gritó Tristeza, que se quedó sola en lo alto del acantilado, mirando hacia el abismo.

En ese momento, Riley iba de camino a la estación de autobuses sin sentir nada.

En el Vertedero, Alegría perdió la esperanza por primera vez. Comprobó que todos los recuerdos esenciales siguieran en la mochila. Después sacó el recuerdo favorito de ella y Tristeza, el de aquella tarde en el árbol. Una de sus lágrimas cayó sobre la esfera y el recuerdo rebobinó y se volvió azul. Alegría observó cómo Riley había estado sentada triste y sola antes de que se convirtiera en un recuerdo feliz. De pronto entendió que Tristeza era importante.

—El equipo... —murmuró—... ¡vinieron a animarla gracias a Tristeza!

Alegría volvió a guardar la esfera en la mochila y comenzó a escalar por la pila de recuerdos más cercana. Pero los recuerdos olvidados resbalaban bajo sus pies y era imposible aferrarse.

Bing Bong vio lo que estaba haciendo, pero sabía que no serviría de nada intentarlo y le dijo que parara.

—¿No lo entiendes, Alegría? —dijo—. ¡Estamos atrapados aquí abajo!

Septiembre
7

Un trato con Vanellope

Rompe Ralph estaba en un juego de carreras llamado *Sugar Rush*. Acababa de perder una carrera contra una niña pequeña llamada Vanellope, ¡quien le ganó la Medalla del Héroe! Ralph había abandonado su juego y había conseguido la medalla en otro, llamado *Hero's Duty*, para demostrar que podía ser el bueno. En su propio juego siempre era el malo... y estaba cansado de ello.

En la Estación Central, *Repara Félix Júnior*, el bueno del juego de Ralph, intentaba encontrarlo. Estaba con la sargento Calhoun, la líder de los soldados de *Hero's Duty*. Félix y Calhoun siguieron el rastro de destrucción de Ralph hasta el túnel que llevaba a *Sugar Rush*.

Félix necesitaba traer de vuelta a Ralph para que no desenchufaran el juego. Calhoun tenía el deber de capturar al ciberbicho que había escapado de *Hero's Duty* con Ralph: ¡uno solo de esos bichos podía poner en peligro al salón recreativo entero!

En el Estadio *Sugar Rush*, ¡la carrera para decidir la parrilla del día siguiente estaba a punto de empezar! El rey Candy explicó que el precio para inscribirse era una moneda. Los primeros en pasar la meta aparecerían en la pantalla de personajes cuando abrieran la sala de recreativos por la mañana. Vanellope salió de entre las sombras y tiró la medalla de Ralph en el bote. Aguantó la respiración y...

¡Su nombre apareció en la lista de corredores! El público en las gradas quedó asombrado. Para ellos, Vanellope era una *glitch*, un fallo en la programación del juego. Nadie quería que ella ni su desvencijado bólido participaran. El rey Candy ordenó enseguida a las rosquillas policía que se la llevaran.

Justo entonces, Ralph irrumpió en la pista, desesperado por recuperar su preciada medalla.

—¡Ladrona! —gritó, refiriéndose a Vanellope. Mientras la perseguía, rompía todo a su paso. Vanellope logró escapar, pero a Ralph lo llevaron al castillo del rey Candy. Éste le explicó que la medalla pertenecería al ganador de la carrera que tendría lugar aquella noche, después de que arreglaran la pista. Entonces ordenó a Ralph que se marchara de *Sugar Rush*. Pero Ralph tenía otros planes...

Ralph siguió a Vanellope por un bosque de piruletas. Pero justo cuando estaba a punto de encararse con ella, llegaron otras corredoras. Le dijeron a Vanellope que debía abandonar la carrera y, a continuación, le destrozaron el coche y la lanzaron al barro. Aquello indignó a Ralph, que espantó a las crueles pilotos.

Más tarde, Vanellope le prometió que si ganaba la carrera le devolvería su medalla. Pero para ganar necesitaba un bólido nuevo. Aunque reticente, Ralph accedió a ayudarla... ¿Conseguiría al fin recuperar su medalla?

Septiembre 8

Winnie the Pooh

Jugar a los profesores

Daba la casualidad de que cuando el viento cambiaba ligeramente, las hojas empezaban a volverse rojas o doradas (según prefirieran) y la noche caía con más prisa de lo normal, era también la época en que Christopher Robin volvía a la escuela; y, como era de esperar, sus amigos del bosque a la vez sentían que debían hacer lo mismo.

Pero jugar a los profesores, ya imaginaréis, no es tan parecido a la escuela de verdad como debería. Para empezar, no tenían un profesor que les dijera lo que debían hacer; y, cuando parecía que ya llevaban unas tres horas y cuarto en sus pupitres (aunque sólo fueron cinco minutos o así), Winnie the Pooh y sus amigos concluyeron que les faltaba algo bastante esencial en el juego.

—A lo mejor deberíamos picar algo —sugirió Pooh.

—No creo que sea eso, Pooh —dijo Piglet.

—Nuestro problema es que no tenemos un profesor —dijo Búho—. Todo el mundo sabe que una clase no está completa sin un maestro. Por eso, estoy encantado de ofreceros mi considerable experiencia.

—Un momento, Búho —interrumpió Conejo—. ¿Por qué deberíamos, exactamente, dejar que seas tú el profe? Algunos, y me incluyo, piensan que tal vez soy más adecuado para el puesto.

—¿Tú? —dijo Búho frunciendo el ceño.

—¿Qué os parece si votamos? —intervino Piglet—. Yo nomino a Pooh.

—¿A mí? Vaya, gracias, Piglet. Acepto con gusto. Pero... ¿qué era un «profesor»?

—¿En serio? —replicó Búho, bastante enojado—. Un profesor, querido Pooh, es alguien que está de pie delante de los alumnos.

—¿Y les da dulces? —preguntó Pooh, esperanzado.

—No. Les da conocimiento.

—Ah. Creo que eso no lo disfrutaría tanto —dijo Pooh.

—Bien, pues si a todos os es igual y a nadie le importa, yo seré el maestro —dijo Ígor, cabizbajo—. Total, tampoco habría sido un buen alumno.

—¿Profesor, tú? —exclamó Conejo.

—¡Hola! —dijo Christopher Robin, que volvía de un día en el colegio en el que había disfrutado y aprendido mucho—. ¿Qué estáis haciendo?

—Jugar a los profesores... me parece —contestó Pooh.

—Pero no tenemos maestro —explicó Piglet.

—Yo puedo enseñaros, hoy he aprendido muchísimas cosas —dijo Christopher Robin.

—¡Hurra! —gritó Rito—. ¡Que empiece ya!

Septiembre
9

Los nuevos amigos de Zarina

Campanilla y sus amigas seguían en la playa, intentando controlar sus nuevos dones. Tenían que recuperar el polvo de hada azul que habían robado Zarina y los piratas, pero ¡el barco pirata había desaparecido!

Vidia, que para su desgracia se había convertido en una tintineadora, se puso al mando de la situación. Construyó un bote con el huevo de cocodrilo y todas se subieron. Silvermist, que ahora era un hada de vuelo veloz, las arrastró sobre el agua.

Al cabo de poco, una ola gigante lanzó a las hadas directas al barco pirata, al interior de uno de los cañones.

—¡Veintiuna salvas en honor de la capitana! —anunció un pirata llamado Yang.

—¡Fuera, fuera, fuera! —ordenó Campanilla a sus compañeras.

¡BUM!

Las hadas escaparon justo a tiempo y pudieron ver como los piratas brindaban por Zarina. Al parecer, ahora era la capitana porque les había prometido que les haría volar.

Los piratas estaban ansiosos: se imaginaban surcando los cielos, aterrizando donde quisieran. Así sería muy fácil robar los grandes tesoros del mundo. Después de todo, ¡nadie podría detener a un barco volador!

Campanilla y las hadas volaron hasta el puesto del vigía y el miedo las paralizó. ¡El barco navegaba hacia la Roca Calavera! Aquella cueva oscura y horripilante era el último lugar en el que querrían estar.

Cuando el navío cruzó la entrada, las chicas quedaron estupefactas al ver que dentro había un Árbol de Polvo de Hada.

—¡Zarina ha debido de cultivarlo! —exclamó Silvermist.

—O sea, que así es cómo piensan volar. ¡Va a fabricar polvo de hada! —concluyó Campanilla.

El barco atracó en el interior de la cueva y las hadas siguieron a Zarina hasta su camarote. Cuando James le trajo algo de comer, Campanilla, Vidia y Silvermist se colaron detrás de él a hurtadillas mientras las demás se quedaron al otro lado de la puerta.

—Eres un verdadero geniecillo —dijo James mientras observaba a Zarina tamizar el polvo azul—. Me cuesta creer que las otras hadas no valorasen tu talento.

Zarina tintineaba contenta mientras introducía el polvo azul en una botella. James era el único pirata que entendía lo que decía y se había convertido en su más fiel amigo.

Cuando ella y James se dieron la vuelta, las hadas volaron para esconderse en un cajón del escritorio. Vidia intentó pescar la preciosa botella con una caña que había fabricado.

Sin embargo, Zarina volvió, cogió la botella brillante y se fue con James. Las hadas habían perdido su oportunidad.

El estofado encantado

Bella tarareaba para sí misma mientras paseaba por el castillo. Ya hacía meses que vivía allí, y por fin comenzaba a sentirse en casa. Sus habitantes encantados eran muy buenos con ella, e incluso Bestia empezaba a ablandarse.

Cuando acabó la canción, entró a la cocina para charlar con la señora Potts y el chef Bouche, quienes siempre se alegraban de verla. A Bella le encantaba hablar con ellos y aprender nuevas recetas.

—¡Hola, querida! —saludaron al unísono la tetera y la estufa cuando Bella apareció en la gran cocina. El olor de la carne y las verduras asadas le dio la bienvenida y la boca se le hizo agua. La cena sería deliciosa, como siempre.

—Hola —contestó Bella.

—Llegas justo a tiempo para una taza de té —dijo la señora Potts.

Bella sonrió al ver a Chip acercarse dando botes por la encimera.

—Yo seré tu taza —dijo, deteniéndose frente a ella—. Nada de burbujas, lo prometo —añadió serio.

—De acuerdo —aceptó Bella. La señora Potts llenó a Chip con té caliente y le puso un terrón de azúcar.

—¿Qué tal has pasado la mañana en la biblioteca, querida? —preguntó la tetera.

—¡Muy bien! —exclamó Bella—. He acabado de leer el libro sobre caballeros de armaduras brillantes y he empezado uno sobre un príncipe convertido en rana.

—¡En rana! —exclamó el chef Bouche—. ¡Ay, madre!

De pronto, un humo negro comenzó a salir por las rendijas de la puerta del horno.

—¡Ay, madre! —dijo de nuevo la estufa, y abrió de golpe la puerta. El humo invadió la habitación. Cuando por fin se disipó, Bella vio que las verduras se habían achicharrado.

—¡Ay, madre! —repitió la estufa.

—¿Qué le vamos a dar de cenar a Bestia? —preguntó la señora Potts, preocupada.

La puerta de la cocina se abrió y Lumiere apareció corriendo.

—¿Qué es este horrible olor? —preguntó, y vio la comida quemada—. ¡No podemos darle eso a Bestia! ¿Qué vamos a hacer?

Bella se puso en pie.

—Un estofado encantado —dijo con calma. Cogió una gran olla y unas cuantas verduras, las cortó y las puso a cocer. El ingrediente final era el asado quemado.

—Esto le dará un toque ahumado perfecto —explicó. En ese momento, Bestia entró en la cocina.

—¿Qué es lo que huele tan bien? —preguntó.

—La cena —contestó Bella con una sonrisa, guiñando un ojo al chef Bouche y a la señora Potts—. ¡Es un estofado encantado y lo hemos cocinado todos juntos!

Septiembre
11

El verdadero capitán

En el barco pirata, Campanilla, Vidia y Silvermist se reunieron de vuelta con las otras hadas y, juntas, siguieron a Zarina hasta el Árbol de Polvo de Hada que había cultivado dentro de la Roca Calavera.

Por desgracia, Iridessa, que ahora era un hada de jardín, tocó sin querer una rama cuando intentaba espantar una abeja, y la rama creció de forma tan abrupta que las empujó fuera de su escondite... ¡plantándolas justo delante de Zarina!

La antigua guardiana silbó y los piratas aparecieron y capturaron a las intrusas en una red.

—No lo hagas —rogó Campanilla—. Vuelve con nosotras. Éste no es tu sitio.

Zarina se negó:

—Éste es exactamente mi sitio.

—Nosotros valoramos mucho su don —intervino James—. Como si fuera un tesoro.

Zarina ordenó a Oppenheimer, el cocinero, que se llevara a las hadas. Él las introdujo en una jaula para cangrejos en la cocina y las encerró a cal y canto.

—Bienvenidas a vuestro camarote —dijo. Entonces sonó la alarma de su reloj favorito—. ¡Ah, el caldo ya está listo! —exclamó encantado.

Entretanto, la exguardiana colocaba la botella de polvo azul en la cima del árbol. Todos aguardaron conteniendo la respiración.

El árbol brilló y se sacudió y... ¡produjo un poquitín de polvo de hada dorado!

—¡Vamos a volar! —gritó James.

Zarina le sonrió de oreja a oreja, feliz.

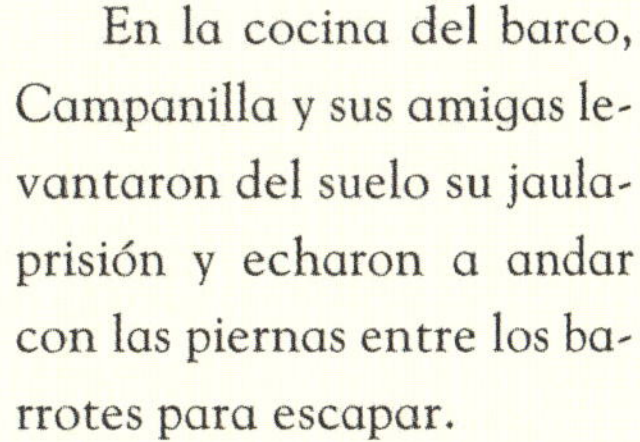

En la cocina del barco, Campanilla y sus amigas levantaron del suelo su jaula-prisión y echaron a andar con las piernas entre los barrotes para escapar.

—Ah, no. Hoy no toca, queridas mías —dijo Oppenheimer, y colocó un saco de patatas encima de la jaula.

Los piratas seguían de celebración junto al nuevo Árbol de Polvo de Hada. Ahora el polvo dorado fluía de forma constante. Zarina espolvoreó un poco encima de James y le enseñó a volar.

—Mientras tengamos polvo azul, siempre tendremos polvo para volar, ¿no es cierto? —preguntó cuando aterrizaron.

—Exactamente, James —respondió ella.

—En ese caso, no te necesitaremos más —anunció James, sonriendo con maldad.

Agarró a Zarina, que estaba confusa, y ¡la encerró dentro de un farol!

—Una vez que pasemos la segunda estrella... ¡el mundo estará a mis pies! —dijo James.

Los piratas vitorearon a James: ¡él había sido el verdadero capitán todo el tiempo!

¡Gracias, cocodrilo!

Atrapadas en la cocina del barco pirata, Campanilla y sus amigas se alegraron al ver aparecer al cocodrilo de Rosetta por el agujero de un cañón.

Rosetta animó un poco al bebé cocodrilo para que rompiera la caja que las retenía. ¡El pequeño quería a su mami!

Oppenheimer, el cocinero, intentó evitar que escaparan con una olla y una tapa, pero ¡el cocodrilo le mordió el trasero! Las hadas ya no tendrían que preocuparse de él.

Fuera, en la cubierta, mientras los piratas preparaban el barco para zarpar, un extraño pirata salió de la cocina: ¡eran Campanilla y sus amigas disfrazadas! En el momento oportuno, se deshicieron de sus ropas de pirata y quitaron la botella de polvo azul del Árbol de Polvo de Hada.

—¡Volved con el polvo! —ordenó James, y aguantó el farol que contenía a Zarina sobre el agua—. O despedíos de vuestra amiga.

Las hadas no querían que Zarina saliera herida, así que Campanilla regresó volando con solemnidad al árbol y colocó de nuevo el polvo azul. El polvo dorado enseguida volvió a brotar.

James accionó una palanca y el polvo de hada cayó sobre el barco. Mientras el velero se alzaba, cogió la botella con el polvo azul.

—¡*Bon voyage*, capitanita! —le dijo con voz burlona a Zarina, y ¡dejó caer el farol en el mar sin pensarlo dos veces!

Las hadas se apresuraron a recuperarla y llevarla a la superficie, pero ¡Zarina seguía en peligro, pues el agua comenzaba a filtrarse en la lámpara! Las chicas intentaron abrir el cierre con todas su fuerzas, y lo lograron justo en el último segundo. Las hadas llevaron a Zarina a unas rocas seguras para que se le secaran las alas.

La exguardiana les estaba muy agradecida... y se sentía culpable por haberlas traicionado. Decidió que debía arreglar las cosas.

—Tenemos que recuperar el polvo azul antes de que lleguen a la segunda estrella o jamás les encontraremos —dijo.

Cuando alzó el vuelo para salir de la cueva, las demás se unieron a ella.

Las hadas enseguida alcanzaron el barco volador, pero ¡pronto llegarían a la segunda estrella! Necesitaban un plan, y rápido.

Se deslizaron dentro del camarote del capitán sin ser vistas... y reaparecieron como diminutas espadachinas, ¡preparadas para luchar! Los piratas no podían creer lo que veían sus ojos.

Septiembre
13

Disney Princesas
MULAN

El invencible Mushu

Después de ayudar a Mulán a derrotar a los hunos y a restaurar el honor de la familia Fa, Mushu había recuperado su antiguo trabajo como guardián de la familia. Debía ayudar a proteger el templo de los ancestros Fa.

Un día, el dragón estaba tomando el sol en el tejado del templo cuando un enorme lagarto apareció. Parecía mirarle fijamente, y Mushu frunció el ceño.

—¿Qué estás mirando? —le dijo al lagarto.

El reptil sacó rápidamente la lengua.

Mushu, ofendido, dijo:

—¿Ah, sí? ¿Osas sacarme la lengua, a mí? ¡Pues toma esto! —Mushu escupió una chispita de fuego desde el pecho, no más grande que la llama de una cerilla.

El lagarto se lo quedó mirando, confuso.

—No es suficiente para ti, ¿eh? —dijo el dragón—. Muy bien, tipo duro. ¡¿Qué tal esto?! —Mushu se aclaró la garganta teatralmente. Tomó aire, abrió la boca y le lanzó una llama más grande.

El lagarto se agachó y posó el pecho en el suelo. Entonces estiró las patas. Luego se agachó de nuevo. El lagarto estaba haciendo flexiones, como todos los lagartos.

—¡Ajá! —gritó Mushu—. Te crees muy duro, ¿verdad? Bien, escamitas, ¡no estuve en el Ejército Imperial para nada! —Dicho esto, Mushu se agazapó a cuatro patas y también comenzó a hacer flexiones.

—... noventa y ocho... noventa y nueve... ¡cien! —contó Mushu, jadeando. Se puso en pie de un salto y empezó a correr en círculos en torno al lagarto—. Pregunta a quien quieras. Soy el dragón que derrotó a cientos de hunos. Podrías ser mi almuerzo, pelagatos.

El lagarto se limitó a quedarse quieto. Mushu, resoplando, se detuvo frene al reptil inmóvil. Comenzó a boxear contra el aire, basculando el peso de una pierna a la otra.

—¿Crees que puedes vencerme? Ten cuidado. Soy tres veces campeón en la categoría de peso pluma. «Flota como una libélula, pica como una abeja», ése soy y...

¡Flop!

El lagarto atrapó de un lengüetazo una mosca que se había posado en la nariz de Mushu.

—¡Aaaah! —gritó el dragón. Le cogió tan desprevenido que saltó hacia atrás... y cayó al suelo, levantando una nubecilla de polvo.

—¡Ja, ja, ja, ja, ja, ja, ja! —se oyó una gran carcajada. Los ancestros lo habían visto todo.

—Alégrate, Mushu —dijo un ancestro—. Al parecer has hecho un nuevo amigo.

En efecto, el lagarto había seguido a Mushu hasta abajo.

—Bueno. Siempre quise tener una mascota —dijo Mushu.

Septiembre 14

101 DÁLMATAS

Cruella ve manchas

Cruella contempló el salón de la vieja mansión de Vil y se frotó las manos. La habitación estaba llena de cachorros de dálmata. ¡Mirara donde mirara veía manchas y más manchas! Su sueño al fin se había hecho realidad. Mientras reía a carcajadas, recordó cómo había empezado todo aquello...

Todo comenzó un día desastroso. Cruella había salido a comprarse unas pieles pero no encontraba nada que le gustara y sorprendiera.

—¡Demasiado largo! ¡Demasiado corto! ¡Demasiado negro! ¡Demasiado blanco! —chillaba, lanzándole al dependiente de la tienda un montón de abrigos—. ¡Quiero algo original, un abrigo que nadie antes haya visto!

Cruella salió de la tienda hecha una furia, y cerró la puerta de un golpe tan fuerte que rompió los cristales. Necesitaba animarse con algo. Entonces recordó que su vieja amiga de la infancia, Anita, vivía cerca.

Al cabo de poco, Cruella estaba delante de su puerta, llamando al timbre con impaciencia. A través de una ventana abierta, podía oír cómo alguien tocaba una pieza alegre en un piano.

Justo entonces, una preciosa mujer de pelo castaño abrió la puerta. Se sorprendió mucho al ver a la esquelética mujer cubierta de pieles.

—¡Cruella! —gritó—. ¡Qué sorpresa!

—Hola, Anita, querida —dijo Cruella, y pasó a la sala de estar. En ese momento, un hombre delgado que fumaba en pipa bajó las escaleras y, al ver a Cruella, ¡dio un bote del susto!

—Ah, el caballero andante —dijo Cruella, burlándose del marido de Anita. Roger frunció el ceño. De pronto, algo captó la atención de Cruella: había dos perros blancos con manchas negras sentados en un rincón de la sala.

—Pero ¿qué tenemos aquí? —preguntó Cruella.

—Ah, son Pongo y Perdita —explicó Anita—. Son muy buenos. —Sin embargo, a Cruella no le interesaban los perros en sí... sino sus pieles. Tenían un pelo brillante ni demasiado largo ni demasiado corto, ni demasiado negro ni demasiado blanco. La mujer nunca había visto nada como eso. Era perfecto—. Y pronto tendremos otra alegría —continuó Anita—. ¡Perdita va a tener cachorros!

—¡¿Cachorros?! —gritó Cruella. Una idea le cruzó la mente y sonrió malvadamente—. Ay, Anita, acabas de alegrarme el día. Bueno, avísame cuando nazcan los perros. Creo que son lo que andaba buscando.

Pongo gruñó, pero la mujer no se dio cuenta.

—Qué día tan maravilloso —se dijo Cruella mientras salía por la puerta.

... y así fue cómo empezó todo.

Septiembre 15

El monstruo de las Cataratas Paraíso

Carl Fredricksen había soñado con ser explorador desde que era niño. Conoció a una niña llamada Ellie que tenía el mismo sueño, y crecieron juntos y se casaron.

Carl le prometió que un día la llevaría a las Cataratas Paraíso, pero nunca fueron capaces de ahorrar lo suficiente para realizar aquel viaje. Cuando Ellie murió, Carl la echó mucho de menos. Un día en que querían echarlo de su casa, ató miles de globos a ésta y voló hasta Sudamérica: hacia las Cataratas Paraíso. Por accidente, se llevó consigo a un niño llamado Russell.

Carl y Russell se encontraron un ave grande y rara a la que Russell llamó Kevin (¡aunque después descubrieron que era una chica!). También conocieron a un perro parlante llamado Dug. Su manada lo había enviado para capturar a Kevin; más tarde aparecieron otros tres perros para llevarlos a todos ante su dueño. Para la gran sorpresa de Carl, el líder de los canes era Charles Muntz, ¡un famoso explorador que había sido su héroe de la infancia y el de Ellie!

Muntz invitó al anciano y al niño a su gigante dirigible: el *Espíritu de la Aventura*. Cuando Dug hizo ademán de seguirlos, los otros perros le bloquearon el paso.

—Ha perdido al pájaro —dijo Alfa, el líder de la manada, y lo dejaron de lado.

A bordo de la aeronave, los perros sirvieron la cena mientras Muntz hablaba a Carl y a Russell sobre el monstruo de las Cataratas Paraíso.

—Me he pasado la vida rastreándolo —dijo Muntz.

—¡Anda, si se parece a Kevin! —exclamó Russell al ver un esqueleto de pájaro.

—¿Kevin? —preguntó Muntz.

—Sí, Kevin es mi nueva mascota —explicó Russell—. Le he enseñado a seguirnos.

Muntz montó en cólera al pensar que Carl y Russell querían robarle el ave.

Justo en ese instante, oyeron un ruido fuera. ¡Kevin había seguido el rastro del anciano y del niño hasta la cueva! Todos los perros comenzaron a ladrar y, aprovechando el caos, Carl y Russell se escabulleron.

—¡Cogedlos! —bramó Muntz a sus secuaces caninos.

Carl y Russell desataron la casa de una roca y echaron a correr. Una jauría rabiosa corrió detrás de ellos. Kevin subió a sus amigos al lomo y se apresuró a salir de la cueva, arrastrando también la casa flotante.

Pero Kevin no era lo bastante veloz como para dejar atrás a los perros. Los canes les pisaban los talones. De pronto, hubo un desprendimiento de rocas que bloqueó el paso a los perros.

—¡Sigue tú, amo, yo detendré a los perros! —gritó alguien.

¡Era Dug! Había venido a rescatar a Carl y a Russell. Pero ¿lograrían Carl, Russell y Kevin escapar?...

Septiembre 16

Disney · PIXAR

BRAVE

El emocionante paseo de Mérida

Mérida estaba sentada en el establo, leyendo un viejo libro de cuentos de las Tierras Altas. Ella y su caballo, Angus, querían ir a dar un paseo, pero aquella tarde llovía.

—Mira esto —le dijo la princesa al caballo, señalando un dibujo del libro—. Caballos mágicos. Éste de aquí es un kelpie, un caballo acuático.

Angus resopló y meneó la cabeza. Era evidente que quería tener la magia bien lejos.

La lluvia se apaciguó y las nubes se dispersaron. Cuando por fin salió el sol, Mérida dijo:

—Venga, chico. Vamos a dar un paseo.

Cruzaron el puente al galope, colina abajo, hacia el bosque. Mérida vio un destello gris.

—¿Qué ha sido eso? —exclamó—. ¡Síguelo!

Pero Angus no quería seguirlo... fuera lo que fuera.

—No seas miedica —le provocó Mérida—. Estoy segura de que no era un oso.

Llevó a Angus, reticente, hasta un claro; allí vieron un magnífico caballo gris. Tenía el pelo brillante y su crin parecía fina seda negra.

El animal inclinó su cabeza ante la princesa cuando ésta se le acercó, pero Angus se interpuso entre ambos.

—¡No seas celoso, chico! Debe de haberse perdido, tenemos que ayudarle.

Mérida habló con el caballo gris, que le respondió con un suave relincho, y así ella subió a su lomo. No tenía riendas, pero podría guiarlo con la crin.

Aunque el animal echó a correr de golpe, Mérida no se asustó, pues había vivido rodeada de caballos toda su vida. Sin embargo, cuando quiso tranquilizar al caballo, se dio cuenta de que no podía apartar las manos de su melena.

El caballo rozó unas ramas y unas gotas de lluvia cayeron sobre su mano, liberándola milagrosamente. Intentó agarrar una brida que colgaba de otro árbol pero no llegó.

—¡Angus, ayúdame! —gritó. ¡Ella y el caballo gris se dirigían a un acantilado!

Mérida tiró y tiró de la crin del caballo, en vano. De pronto, Angus los alcanzó, se colocó junto a ellos y lanzó una brida a Mérida. Ella la cogió y la lanzó por encima de la cabeza del animal desbocado. Riendas en mano, consiguió guiar al caballo hasta un lugar seguro.

El caballo se detuvo al fin cuando llegaron a un lago. La princesa se bajó y le miró a los ojos. Algo le dijo que debía quitarle las bridas y así lo hizo, y el caballo asintió antes de partir galopando por la orilla neblinosa. ¿Corría sobre el agua o acaso la niebla engañaba a los ojos de Mérida?

De vuelta en el establo, Mérida siguió leyendo sobre la leyenda del kelpie:

—Cuando colocas una brida sobre el caballo de agua, creas un vínculo con él. —Miró a Angus. ¿De veras había montado un kelpie?

Septiembre 17

Disney · PIXAR BUSCANDO A NEMO

¡Un mal cangrejo!

Nemo tenía un problema en el colegio... que se llamaba Ruddy. El cangrejo grandote se portaba mal con Nemo y los demás niños a todas horas. Lo peor era que se las ingeniaba para llevar a cabo sus maldades cuando los profesores no miraban.

Un día, empujó a Nemo a una piscina de olas, y por culpa de eso llegó tarde a su clase de coral. En otra ocasión, le chinchó diciéndole:

—¡Mi padre es más grande y más fuerte que el tuyo!

—Pasa de él —dijo Marlin a su hijo—. Y, para que lo sepas, puede que su padre sea más grande y más fuerte, pero seguro que yo soy más listo y más guapo.

—Mis amigos y yo lo hemos intentado todo —se quejó Nemo más tarde, con sus amigos tiburones: Bruce, Chum y Ancla—. Pero no nos deja en paz. ¿Qué creéis que debería hacer?

—¡Nosotros nos encargamos! Somos expertos en modificación de conducta —dijo Bruce.

Al día siguiente, tres sombras enormes se cernieron sobre los compañeros de clase de Nemo cuando jugaban en el patio de recreo.

—Hola —dijo Bruce, rodeando al cangrejo con una aleta—. Tú debes de ser el nuevo amiguito de Nemo. —Ruddy temblaba de miedo y Bruce masculló—: Sólo queríamos que supieras que los amigos de Nemo son nuestros amigos. Tú eres amigo suyo, ¿verdad?

Todos se quedaron mirando a Ruddy.

—¡Ah, sí! —consiguió pronunciar, y rodeó a Nemo con una pinza—. ¡Y que lo digas! ¡Somos colegas, sí, señor!

—¡Estupendo! —dijo Ancla—. No quieras saber lo que les ocurre a quienes no tratan bien a nuestro compi.

Chum se limpió un trozo de alga de entre los dientes con un pincho de erizo de mar.

—Podríamos quedar un día para comer —le dijo a Ruddy, y le guiñó un ojo.

La señora Langosta llegó para recoger a la clase y los tiburones se despidieron del cangrejito y se fueron.

Ruddy se emparejó con Nemo en la fila.

—¿Esos tres tiburones son tus amigos? ¡Hala! ¡Es alucinante! Ojalá tuviera amigos como ésos. De hecho, ojalá tuviera amigos...

—¿Cómo esperas que nadie quiera ser tu amigo si siempre eres un... mal cangrejo? —dijo Nemo.

Ruddy confesó que odiaba ser el nuevo y que había decidido meterse con los demás antes de que los demás se metieran con él.

—Si me prometes que dejarás de ser cruel, yo te prometo que seremos amigos —le propuso Nemo.

—Trato hecho —aceptó Ruddy—. Además, más me vale ser tu amigo, o tus compis tiburones me comerán.

Nemo no le dijo que Bruce, Chum y Ancla eran vegetarianos. ¡Al menos no de momento!

Septiembre 18

Un día especial para Blancanieves

Con un beso, Blancanieves despertó. El príncipe la subió en brazos a su caballo y, juntos, trotaron hasta su castillo. Cuando estaban a punto de llegar, el príncipe ayudó a Blancanieves a bajar de la montura.

—Quiero preguntarte algo antes de que crucemos esas puertas —dijo—. ¿Me harías el honor de casarte conmigo?

¡Blancanieves dijo que sí, por supuesto!

Entonces las puertas del castillo se abrieron de par en par. ¡Casi toda la gente del reino estaba allí para recibir a la nueva pareja!

Enseguida comenzaron el trajín para preparar la boda. Ella miró al príncipe nerviosa, pero su sonrisa la tranquilizó. Sabía que él siempre estaría allí para ayudarla.

Poco después, Blancanieves se encontraba en la sastrería real, intentando elegir un estilo para el vestido de novia, lo cual le estaba costando mucho, a decir verdad.

Cuando anocheció, Blancanieves se retiró a sus aposentos: una habitación enorme... y ¡muy solitaria! Echaba de menos a sus amigos. Entonces alguien llamó a la puerta...

—Hola, querida. —Era el príncipe—. No sé tú, pero yo estoy teniendo algún que otro problema con los preparativos de la boda, sobre todo a la hora de encontrar el anillo perfecto para ti, así que pensé en traer a los mejores consejeros que conozco...

El príncipe abrió la puerta del balcón del dormitorio. ¡Abajo estaban los siete enanitos y todos sus amigos del bosque! ¡Estaba tan contenta de verlos a todos!

Al día siguiente, Mocoso, Sabio y Dormilón ayudaron a Blancanieves con el vestido; ¡Mudito y Feliz buscaron en la mina el diamante perfecto para el anillo!

El día de la boda llegó y los amiguitos del bosque ayudaron a Blancanieves a ponerse su vestido de novia. El sastre real no podía borrar su sonrisa de la cara: los detalles de los animales completaban su trabajo a la perfección.

Lista para caminar hacia el altar, Blancanieves miró a sus siete queridos amigos.

—¿Sabéis? Necesito que alguien me lleve hasta el altar. ¿Me haríais ese favor?

¡Los siete enanitos estaban emocionados! Acompañaron a su querida Blancanieves hasta el príncipe. Mudito incluso se subió encima de Mocoso para llegar a la altura de la princesa.

Gracias a la colaboración de sus amigos, Blancanieves tuvo una boda maravillosa y, al caer la noche, la pareja se marchó en un carruaje decorado con flores. Todos estaban seguros de que Blancanieves y el príncipe serían felices y comerían perdices.

Septiembre 19

La Bella Durmiente

Un caballo con buen gusto

—¡Qué ganas tengo de verla! —dijo el príncipe Felipe a su caballo, Sansón. Acababa de conocer a la mujer de sus sueños cantando en el bosque, y ella lo había invitado a su cabaña aquella noche.

De pronto, el príncipe detuvo a su caballo con las riendas. Sansón paró con brusquedad, enfadado.

—Perdona, chico —se disculpó el príncipe—. Acabo de caer en que debería llevarle un regalo... Algo que refleje mi amor por ella. Acerquémonos al pueblo.

Sansón sacudió la crin y se negó a mover una sola pezuña, porque no le gustaba nada ir de compras. Estaba cansado y quería volver al castillo a comer un poco de avena.

—Venga, chico —le suplicó Felipe—. Te daré unas manzanas frescas y crujientes.

¡Manzanas! Sansón abrió los ojos como platos. ¡De repente ya no estaba tan cansado! Relinchó alegremente, chocó las pezuñas y partió.

Cuando llegaron a la plaza del pueblo, el príncipe se rascó la cabeza, pensativo. Había tantas tiendas distintas...

—¿Qué crees que le hará ilusión? —preguntó.

Sansón, que era un caballo, no tenía demasiada idea pero, aun así, se esforzó por dar alguna idea.

—¿Rosas rojas? —preguntó Felipe al pasar junto a una floristería.

Sansón negó con la cabeza.

—Sí, tienes razón. Vive en el bosque, así que debe de ver flores todos los días.

Pasaron por delante de una tienda de vestidos y el príncipe contempló el escaparate.

—¿Qué te parece un vestido nuevo?

Sansón sacudió la crin irritado.

—No, ¿verdad? —dijo el príncipe—. A las chicas les gusta elegir ellas la ropa.

Vieron otras tiendas: una panadería, una sombrerería y una herrería.

El caballo suspiró. Si no ayudaba al príncipe a encontrar un regalo pronto, ¡se pasarían el día entero allí! Sansón relinchó y bajó por la calle principal.

A Felipe se le escapó un grito de sorpresa. Cuando logró recuperar el control de las riendas, Sansón lo había llevado a una joyería.

—¡Sansón, eres un genio! —exclamó el príncipe al ver las joyas que brillaban en el escaparate—. Ese brillante anillo de zafiros es tan precioso como sus ojos azules.

El príncipe compró el anillo, lo guardó en un bolsillo y montó de nuevo en Sansón.

—¡Hacia el castillo! ¡Tengo que decirle a mi padre que he conocido a la chica de mis sueños!

Sansón relinchó y echó a galopar. No sabía cuál sería la reacción del rey, pero, desde luego, ¡él se había ganado unas ricas manzanas!

Septiembre
20

Disney EL REY LEÓN

La historia de Timón y Pumba

Era un día muy caluroso en la sabana. Simba, Timón y Pumba estaban tumbados a la sombra, sin apenas moverse. Hacía demasiado calor para hacer otra cosa que no fuera hablar. Pumba acababa de contar una historia sobre el mayor insecto que se había comido (por cómo lo describía parecía que tuviera el tamaño de una avestruz), y se hizo el silencio en el pequeño grupo de amigos.

—Ya sé —dijo Simba—. Oye, Timón, ¿por qué no me explicas cómo os conocisteis tú y Pumba?

Timón y Pumba se miraron entre ellos.

—¿Crees que está preparado para oírlo? —preguntó.

—¡Déjalo de piedra! —dijo Pumba.

—Todo empezó en una pequeña aldea de suricatos, en un lugar muy muy lejano —comenzó Timón.

—No, te equivocas —interrumpió Pumba—. Todo empezó cerca de un bebedero de facóqueros, en un lugar muy muy lejano.

—Si no recuerdo mal, Simba me ha pedido a mí que explique la historia —dijo Timón—. Y esta historia es desde mi punto de vista.

—Muy bien —dijo Pumba enfurruñado.

—Y en esa aldea de suricatos había un suricato que sentía que no encajaba con los demás. Todos eran felices cavando, cavando y cavando todo el día —dijo Timón—. Yo era ese suricato aislado. ¡Cómo odiaba cavar! Sabía que tenía que irme de allí, encontrar mi propio hogar, un lugar en el que encajara. Así que me fui, y por el camino me encontré a un viejo y sabio babuino que me reveló qué era lo que estaba buscando («*hakuna matata*»), y decidí ir hasta la Roca del Rey. Partí valientemente hacia dicha roca. Y cuando estaba de camino...

—¡Me conoció! —interrumpió Pumba.

Timón le lanzó una mirada asesina y continuó.

—Oí un crujido extraño entre los arbustos. Me asusté. ¿Qué podía ser? ¿Una hiena? ¿Un león? ¡De repente me encontré cara a cara con un facóquero grande y feo!

—¡Eh! —se quejó Pumba, que parecía ofendido.

—Pronto nos dimos cuenta de que teníamos mucho en común: nos encantaban los bichos y ambos buscábamos un sitio al que llamar hogar. Así, pues, nos dirigimos juntos hacia la Roca del Rey. Nos ocurrieron un montón de cosas malas durante el viaje: hienas, estampidas, ¡de todo! Pero al cabo de poco, dimos con el lugar ideal para vivir. Y ¡entonces te conocimos a ti, Simba!

—Qué historia más chula —dijo Simba, bostezando—. Creo que voy a echarme una siesta...

Pumba se aclaró la garganta.

— Todo empezó cerca de un bebedero de facóqueros, en un lugar muy muy lejano —comenzó.

—¿Es que siempre tienes que tener la última palabra? —dijo Timón.

—No, siempre no —contestó Pumba, y prosiguió con su versión de la historia.

Septiembre
21

Disney Princesas
La Cenicienta

El sueño del príncipe

El gran duque estaba un poco preocupado por príncipe Encantador. En el baile de aquella noche, el príncipe al fin había conocido a la chica de sus sueños. Pero, a medianoche, la muchacha se había ido corriendo. Ahora era imposible razonar con él.

—¡Tienes que traerla de vuelta! —ordenó al gran duque.

—Por supuesto, su alteza. Ya he enviado a los guardias reales tras el carruaje... ¡como ya le he dicho cuatro veces! —añadió en voz baja.

Pero los guardias no tuvieron suerte. El capitán se inclinó ante el príncipe.

—Lo siento mucho, su majestad —dijo—. No entiendo qué ha ocurrido. Teníamos su carruaje justo delante, un carruaje extraordinario, casi parecía que brillara.

El príncipe recordó que el vestido y la tiara de la chica también brillaban. El duque suspiró al ver al príncipe Encantador con la mirada perdida. El príncipe no volvería a centrarse hasta que encontraran a la joven misteriosa.

—¿Qué ha pasado? —preguntó el duque.

—Cuando torcimos una esquina el carruaje simplemente había... desaparecido —explicó el capitán.

—Ni siquiera sé cómo se llama —dijo el príncipe, ensimismado.

—De momento debe intentar centrarse en sus obligaciones como anfitrión del baile —le aconsejó el duque—. Todavía quedan muchas doncellas en la sala.

El príncipe sacudió la cabeza.

—No hay otra doncella. No para mí. ¡Si me hubiera dejado al menos una pista! —exclamó, desesperado—. ¡Alguna señal que la identifique!

El duque puso los ojos en blanco, exasperado.

—Quizá su alteza deba investigar el bolsillo derecho de su chaqueta, entonces.

Confundido, el príncipe introdujo la mano en el bolsillo y ¡sacó un zapato de cristal! Estaba tan distraído con el amor que había surgido por aquella chica que se había olvidado por completo del pequeño objeto de cristal que se había dejado en las escaleras. Miró el zapato y luego al duque.

—Yo... yo... —titubeó el príncipe.

—Le sugiero que deje que me encargue yo de la organización —dijo amablemente el duque, y le cogió el zapato—. Encontraremos a su misteriosa joven, alteza.

El príncipe asintió, agradecido, y se dio la vuelta para contemplar la noche por la ventana. Allá fuera, en algún lugar, le esperaba su princesa.

—Los sueños pueden hacerse realidad —murmuró—. Esta noche estoy seguro de ello.

No imaginaba que, al otro lado del reino, Cenicienta estaba apoyada en su ventana, con el otro zapato de cristal en la mano... y ¡diciendo exactamente las mismas palabras!

Septiembre 22

Disney Princesas Enredados

Engañados

Flynn Rider se dio cuenta de que se había enamorado de Rapunzel. Ahora lo más importante para él era estar a su lado, por lo que decidió dejar su antigua vida de ladrón atrás. ¡Adiós a la corona, adiós a las riquezas, adiós a las monedas de oro! Por fin había encontrado un verdadero tesoro. A partir de ese momento, cuidaría de su preciosa Rapunzel con todo su corazón.

Mientras flotaban en el bote contemplando los farolillos, Flynn se armó de coraje para besar al fin a Rapunzel... pero entonces divisó en la orilla a sus antiguos compañeros delincuentes, los hermanos Stabbington. Los villanos querían recuperar la corona que él se había negado a compartir con ellos, y sabía que serían capaces de cualquier cosa para vengarse. Tenía que devolverles la corona lo antes posible. Flynn se apartó de Rapunzel.

—¿Va todo bien? —dijo sorprendida, decepcionada por no haber tenido su primer beso.

—¿Eh? Ah, sí, claro. Perdona, tengo un asunto que resolver. Enseguida vuelvo. —Así, Flynn se fue por la orilla con la cartera en la que guardaba la corona. Pascal, el camaleón de Rapunzel, se mostró preocupado. ¿Y si Flynn no volvía, como Madre Gothel había predicho?

—Volverá —dijo Rapunzel.

Pero la joven no sabía que los hermanos Stabbington estaban bajo las órdenes de Madre Gothel. Cuando Flynn les dio la corona de oro y les dijo que podían quedarse con su parte del botín, ellos rechazaron la oferta.

—Has encontrado un tesoro mucho más valioso que una corona. Rapunzel tiene un pelo mágico que cura enfermedades. ¡La queremos a ella! —Los Stabbington dejaron inconsciente a Flynn, lo ataron a un bote y lo empujaron lago adentro. ¡Entonces se dispusieron a capturar a Rapunzel!

Ella los esquivó y corrió hacia el bosque, ¡aunque su melena se enredó en una rama y no llegó muy lejos! Mientras intentaba liberarse, oyó dos ruidos secos y luego la voz de su madre.

—¡Rapunzel!

—¿Madre? —Rapunzel retrocedió y vio a Madre Gothel junto a los hermanos, que estaban en el suelo, inconscientes. Rapunzel aún creía que Gothel era su madre de verdad, pero en realidad la malvada mujer sólo quería su cabello mágico para mantenerse joven.

—Tenías razón, madre —sollozó Rapunzel.

—Lo sé, cielo, lo sé —la consoló Madre Gothel, y llevó a Rapunzel de vuelta a la torre en la que había estado encerrada toda la vida.

Septiembre
23

Disney Princesas
La Bella y la Bestia

¿Cómo se juega al escondite?

—¿Bella? —llamaba la señora Potts—. ¡Ah, Bella!

La chica estaba en la biblioteca, rodeada de montañas de libros.

—¡Aquí estás! —exclamó la tetera.

—Hola, Bella —saludó Chip, el hijo de la señora Potts.

—Hola, chicos. ¿Me estabais buscando? —preguntó Bella.

—De hecho, sí. Pasaba a preguntar si te apetecía un poco de té —dijo la señora Potts.

—Sí, gracias, me encantaría —dijo Bella.

La tetera le sirvió una taza de té bien caliente. Bella se la tomó y le dio las gracias.

—De nada, Bella —dijo la señora Potts—. Ven conmigo —llamó a Chip.

—Pero, mamá —gimió Chip—, ¡quiero quedarme aquí con ella!

—Está ocupada —le dijo su madre—, le estorbarás.

—No pasa nada —intervino Bella—, ya tenía pensado acabar por hoy. Me haría ilusión pasar un rato con Chip.

—De acuerdo. Pero, Chip, vuelve a la cocina en cuanto te lo diga Bella —dijo la señora Potts.

—Vale, lo prometo —dijo Chip.

—Bueno —dijo Bella cuando la tetera se fue—, ¿jugamos al escondite?

—¿Cómo se juega? —preguntó Chip.

—Es muy fácil. Uno se esconde y el otro intenta encontrarle.

—¡Eso puedo hacerlo! —exclamó la tacita.

—Claro que sí —dijo Bella—. ¿Quieres esconderte o buscar?

—Prefiero esconderme —dijo el pequeño.

—Vale. Cerraré los ojos y contaré hasta diez. Uno, dos, tres...

Chip fue a esconderse detrás de las cortinas y entonces Bella gritó:

—¡Y diez! ¡Allá voy! Hummm... ¿Dónde estará? —preguntó en voz alta. Miró bajo la mesa—. Aquí no —dijo. Después buscó en un rincón—. Aquí tampoco. —Bella siguió. Miró por todos lados, pero no encontraba a Chip—. Me rindo —dijo Bella—. ¡Sal de donde estés!

Chip rio ente dientes desde detrás de las cortinas, procurando no hacer ruido. ¡Qué bien se lo estaba pasando!

—Parece que Chip no quiere salir de su escondite. Supongo que tendré que comerme un trozo de pastel de chocolate yo sola.

Al oír aquello, Chip salió de un salto de su escondite y corrió tras Bella.

—¡Estoy aquí! ¡Espérame!

Septiembre 24

Disney Princesas La Sirenita

«Badmontón»

Después de cenar en el castillo del príncipe Eric, Ariel, el príncipe y Grimsby fueron a la sala de estar a relajarse.

—¿Os apetece, querida? —preguntó Grimsby a Ariel, señalando una mesa en la que había un tablero a cuadros rojos y negros.

Ariel no podía contestar, por supuesto, ya que había cambiado su voz por unas piernas; pero asintió con entusiasmo.

—Yo empiezo —dijo Eric, y desplazó un disco negro de un cuadrado a otro.

«Parece bastante fácil», pensó Ariel. El juego se parecía a un juego sirénido, la «concha». Cogió la misma ficha negra y la colocó en otra casilla.

Eric rio.

—No, yo soy las negras. Tú, las rojas. Tú... mueves... las... rojas. ¿Lo entiendes?

Ariel se lo quedó mirando y suspiró.

—¿Me permite que le enseñe, señorita? —sugirió Grimsby.

Tomó el asiento de Ariel y los dos humanos comenzaron a mover fichas por todo el tablero cuadriculado. Sin embargo, Ariel seguía sin entender lo que hacían: ¡al final no se parecía en nada a la concha!

De pronto oyó el sonido de unas alas en el alféizar. ¡Era Scuttle!

Ariel señaló a los hombres que jugaban y gesticuló con los labios:

—¿Qué están haciendo?

—Juegan al badmontón, un juego humano muy popular —dijo la gaviota.

Ariel abrió los ojos de par en par. Si quería encajar en el mundo de Eric, tendría que aprender a jugar a eso.

—¿Ves esas fichas? —preguntó Scuttle—. Son patatas. Al finalizar la partida, los jugadores amontonan sus patatas. Entonces, el repartidor, la persona que no juega...

—¿Yo? —dijo sin voz Ariel.

Scuttle asintió.

—Sí, tú tienes que acabar el juego quitando todas las patatas del tablero.

Ariel sonrió. Le demostraría a Eric que sabía cómo jugar.

Se acercó con decisión a los hombres, que parecía que habían acabado de jugar: estaban mirando el tablero... y casi no quedaban patatas sobre él. Así, pues, Ariel se inclinó y barrió todas las fichas.

Eric y Grimsby se dieron un pequeño susto. La sirenita les sonrió de oreja a oreja. Eric no pensó que la joven supiera jugar, pero, a decir por la expresión de asombro de su rostro, ¡la chica lo había impresionado!

Ariel sonrió y comenzó a colocar las «patatas» como si fueran las conchas del juego que ella conocía. El badmontón no estaba mal, pero tenía muchas ganas de enseñarle a Eric y a Grimsby un buen juego de verdad. Cogió la primera «concha» y le enseñó a Eric cómo debía moverla. Él sonrió y el corazón de Ariel latió muy deprisa. Por fin las cosas empezaban a ir por el buen camino.

Septiembre
25

Ahora estamos juntos

Cuando los juguetes de Andy escapaban de Sunnyside, Lotso, el malvado osito rosa que mandaba en la guardería, frustró sus planes... y ¡ahora estaban atrapados en un camión de la basura! Querían llegar a casa de Andy antes de que se fuera a la universidad.

En el camión, los juguetes estaban a oscuras.

—¿Estamos todos? —preguntó Woody cuando se reunieron en el mismo sitio.

El vehículo avanzaba rugiendo; de pronto se detuvo. Woody podía oír el brazo mecánico que levantaba otro contenedor.

—¡Todos contra la pared, rápido! —gritó.

Pero Jessie quedó atrapada. Buzz corrió hacia ella y la liberó, justo cuando el contenedor comenzó a vaciarse encima de ellos. Él la apartó del torrente de basura... pero ¡a él lo aplastó un televisor!

Sus amigos intentaron desesperadamente sacarlo de allí debajo y ¡entonces vieron que Buzz volvía a ser él mismo! (Lotso lo había reseteado al modo «demostración» y, cuando sus amigos intentaron arreglarlo, acabó hablando con acento andaluz.)

El camión llegó al vertedero de Tri County y vació toda la carga en el suelo. Los juguetes, sucios y asustados, salieron del montón de residuos y vieron un gran montón de basura; a lo lejos, vieron una grúa enorme.

—¡El ganchooo! —gritaron los alienígenas, emocionados, y echaron a andar hacia la grúa.

Woody intentó detenerlos, pero un *bulldozer* los barrió primero y desaparecieron. Luego, les tocó a él y a los demás. Al cabo de poco volvieron a estar atrapados en una marea de basura, cada vez más lejos de la salida. La cinta en la que cayeron avanzaba sin parar mientras ellos intentaban huir. Entonces, Buzz se quedó atascado en una lata y, de repente, voló y se enganchó en otra cinta que había en el techo. ¡Era magnética! Slinky también fue atraído... y ¡vio que la cinta de abajo conducía directamente a una trituradora! Los otros juguetes intentaron salvarse agarrándose a cualquier cosa metálica que encontraran.

Una pata rosa apareció de debajo de una mochila vieja.

—¡Ayudadme! —suplicó Lotso.

Woody y Buzz se soltaron y usaron un palo de golf para hacer palanca y apartar la mochila de encima del oso. ¡La trituradora estaba a unos centímetros!

Cuando Lotso pudo ponerse en pie, Woody le cogió la pata y apuntaron con el palo hacia la cinta imantada de arriba, y todos lograron salvarse.

—Ahora estamos juntos —le dijo Woody al agradecido oso, y se reunieron con los demás.

Aunque Lotso había sido cruel con ellos, el *sheriff* sabía que en los momentos difíciles debían estar todos juntos.

Septiembre
26

Vuelta a casa

—¡Echadlas ahora mismo de mi barco! —ordenó el capitán James cuando vio a Campanilla y a sus pequeñas amigas pirata. Las hadas intentaron luchar con ellos, pero sus diminutas armas sólo provocaban risa a los piratas.

Las amigas pronto se dieron cuenta de que necesitaban algo más efectivo: ¡sus dones! Aquella mañana les habían intercambiado los talentos, así que todas tenían uno nuevo.

Fawn quemó a un pirata llamado Bonito con un rayo de sol y lo tiró por la borda. Rosetta persiguió a Oppenheimer montada en su cocodrilo, ¡que engulló el reloj del cocinero de una sola vez!

Mientras Zarina luchaba contra James, las otras hadas viraron el barco y lo alejaron de la segunda estrella. Echaron el ancla y la inmovilizaron con algas, por lo que el barco quedó encallado. Pero James se colgó por uno de los costados de la cubierta y cortó las algas. A continuación, atrapó a las amigas de Zarina bajo una vela.

Zarina pensó rápidamente y soltó la botavara del barco, que aplastó a James contra el mástil. Le quitó el polvo azul y giró el timón de forma tan brusca que el barco empezó a inclinarse. El polvo dorado de los piratas cayó por la borda y, cuando James intentó recuperarlo, cayó al vacío.

Mientras Zarina liberaba a las chicas, James, ahora cubierto de polvo de hada, se alzó volando detrás de ella y recuperó el polvo azul.

No obstante, a James se le cayó una mota y Zarina, veloz, la cogió y se la lanzó.

—¡De un goteo a un torrente! —dijo con satisfacción al ver al capitán salir volando sin control.

Campanilla usó su nuevo don de agua y bloqueó el paso de James con una ola enorme. El capitán chocó contra ella y el agua le quitó el polvo de hada de encima. El hombre cayó al mar, donde el cocodrilito del tictac comenzó a perseguirlo...

—¡No! —gritó James—. ¡Que no soy bacalao! ¡Soy un pirata!

¡Las hadas habían ganado! Retomaron el control del barco y volaron hacia la Hondonada de las Hadas. Cuando llegaron, Zarina usó el polvo para despertar al público dormido del anfiteatro.

—¡¿Zarina?! —exclamó el duende Gary—. Has vuelto... —La envolvió en un enorme abrazo.

—¡Incluso ha cultivado un Árbol de Polvo de Hada! —exclamó Rosetta. Ahora las hadas tenían dos árboles.

La reina Clarion estaba tan impresionada que le concedió permiso a Zarina para demostrar su don. Cuando Zarina devolvió a sus amigas sus dones originales, el aire se llenó de colores. ¡El público estaba asombrado!

El tiempo pasó y la vida en la Hondonada de las Hadas transcurría felizmente. Sin embargo, en los mares de Nunca Jamás, las cosas nunca volverían a ser como antes para el capitán James.

Septiembre 27

La Dama y el Vagabundo

Noche de tormenta

—¡Guau! —ladró Golfillo a una ardilla que roía una bellota en el césped. Su hermano y sus hermanas estaban durmiendo la siesta bajo un enorme roble, y no tenía a nadie con quien jugar.

—¡Guau! —ladró de nuevo, y la ardilla huyó por la parcela. Golfillo la persiguió, pero la pequeña escaló por una farola y saltó a la rama de un árbol. El perrito gimió y se sentó, dando golpes en el suelo con la cola. Ése era el problema de las ardillas: siempre se escapaban con mucha facilidad.

Decepcionado, Golfillo echó a trotar y se detuvo al llegar a un espacio abierto. La hierba era alta y las mariposas volaban de una flor a otra.

—¡Guau! ¡Guau! —Golfillo corrió entre la alta hierba, cazando las mariposas hasta el espacio abierto y luego de vuelta en sentido contrario.

Empezaba a oscurecer, así que el cachorro decidió que era hora de volver a casa. No había logrado cazar ninguna mariposa, pero se lo había pasado bien intentándolo. ¡Qué ganas tenía de explicarles a sus hermanos el nuevo juego que había inventado! ¡Seguro que quedarían impresionados!

Golfillo llegó a la puertecita del porche delantero y cuando intentó entrar... ¡Pom! Su hocico chocó contra la puerta, que no se movió. ¡Estaba cerrada!

—¡Guau! ¡Guau! ¡Estoy en casa! —ladró—. ¡Dejadme entrar!

Golfillo esperó sentado varios minutos, ladrando, pero nadie acudió. De pronto... ¡bum!, un trueno retumbó en el cielo. Con un relámpago, la lluvia empezó a caer.

El perrito corrió hacia el roble; se tumbó y se cubrió los ojos con las patitas. ¡Las tormentas siempre le daban mucho miedo!

—No voy a llorar —se dijo a sí mismo cuando se le empezaron a humedecer los ojos. Temblaba en medio de la oscuridad. ¡Seguro que mañana estaría constipado!

Golfillo sollozó y se acercó un poco más al tronco. Hundió la nariz mojada bajo sus patas mojadas y cerró los ojos.

Justo cuando estaba a punto de quedarse dormido, un ruido lo sobresaltó. ¡Se acercaba un coche!

Cuando Jaime Querido y Linda bajaron del taxi, Golfillo cruzó el jardín como un rayo y entró por la puerta en cuanto la abrieron.

—¡Golfillo, estás empapado! —exclamó Linda cuando el cachorro se reunió con sus hermanos, que dormían frente a la chimenea. Mientras el pequeño se acurrucaba junto a los demás, Jaime trajo una toalla seca y calentita para secarlo.

«Hogar, dulce hogar», pensó Golfillo, feliz, y se quedó dormido.

Septiembre

28

Peter Pan

Nos vamos de pícnic

—¿Capitán? —El señor Smee llamó suavemente a la puerta del Capitán Garfio. No hubo respuesta. El primer oficial abrió y entró con una bandeja—. Le traigo el desayuno, Capitán.

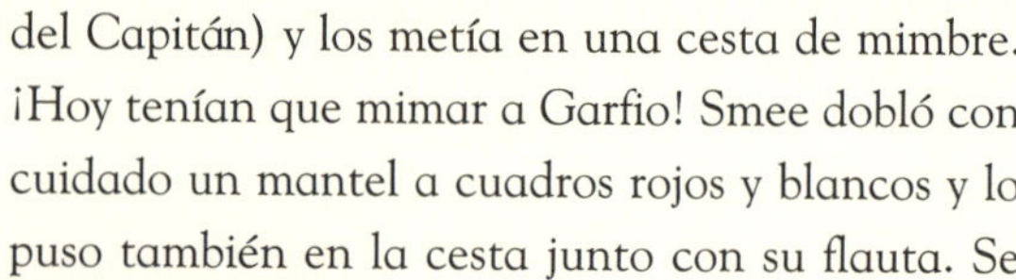

—¡No tengo hambre! —contestó Garfio—. ¡Fuera de aquí!

—Pero, mi Capitán, tenéis que comer. —Smee estaba preocupado porque el Capitán hacía días que no comía. De hecho, ¡ni siquiera había salido de la cama!—. Sé que os sentís mal por Pet... —evitó pronunciar el nombre prohibido justo a tiempo— por ese niño volador. Y por el coc... quiero decir, ese reptil del reloj. —El Capitán Garfio estaba muy enfadado por haber sido derrotado de nuevo por Peter Pan. Y, para colmo, el niño había conseguido que el cocodrilo volviera a perseguirle—. Pero hace una semana que no vemos ni rastro de ninguno de los dos. Creo que no hay moros en la costa.

El Capitán Garfio no contestó.

Smee meditó unos segundos.

—¡Ya sé cómo animaros! —gritó—. ¡Nos iremos de pícnic! ¡Será fantástico!

De nuevo, silencio por parte del Capitán Garfio.

—¡No y no! ¡No se admiten quejas! —Smee dejó la bandeja con el desayuno y bajó corriendo a la cocina. ¡Un pícnic en la Laguna de las Sirenas sería la medicina ideal!

Smee silbaba con alegría mientras preparaba bocadillos de arenque y pepinillos (los favoritos del Capitán) y los metía en una cesta de mimbre. ¡Hoy tenían que mimar a Garfio! Smee dobló con cuidado un mantel a cuadros rojos y blancos y lo puso también en la cesta junto con su flauta. Se aseguraría de que Garfio lo pasara bien, ¡lo quisiera o no!

Cuando tuvo todo listo, Smee llamó a Garfio.

—¡Es hora de irse, Capitán!

Al cabo de un rato, el Capitán Garfio por fin se presentó en la cubierta, parpadeando ante la luz del sol.

—De acuerdo —refunfuñó—. Pero seguro que no lo pasaré bien.

Smee bajó el bote al agua y Garfio comenzó a descender por la escalera de cuerda. Cuando llegó a la barca, Smee se agachó para coger la cesta con la comida del pícnic.

TIC, TOC, TIC, TOC, TIC, TOC.

—¡Smee! —gritó Garfio—. ¡Socorro!

Smee se asomó corriendo por la borda y ¡vio como el cocodrilo estaba a punto de darle un bocado a la barquita!

Entró en pánico y le lanzó lo único que tenía a mano: la cesta. Acertó de lleno en la boca abierta del cocodrilo, que se lo quedó mirando, perplejo. Luego, sin causar ruido ninguno, se sumergió de nuevo en el agua.

—¡Mi pícnic! —gritó Smee—. ¡Mi flauta!

—La próxima vez que tengas una idea brillante para animarme, ¡guárdatela! —dijo el Capitán, fulminándolo con la mirada.

Septiembre
29

Un precio demasiado alto

El malvado hechicero consiguió atrapar a la rana Naveen e introdujo unas gotas de su sangre en un talismán; aquello permitiría que Lawrence mantuviera el aspecto que le había robado al príncipe Naveen.

Su plan era que Lawrence se casara con Charlotte, la joven más rica de la ciudad de Nueva Orleans.

—¡Me convertiré en el amo del mundo! —rugió el hechicero entre carcajadas. Desde su balcón, contemplaba el desfile de Mardi Gras.

La carroza principal parecía un pastel de boda, y allí es donde Charlotte y el falso príncipe Naveen se casarían de verdad. El sacerdote ya había iniciado la ceremonia.

—¡No hay tiempo que perder! —susurró el sapo Naveen, encerrado en un cofre del hechicero. ¡Tenía que evitar que Charlotte se casara con el falso príncipe!

Se armó de valor y saltó sobre la carroza y, en ese preciso instante, Tiana (que también seguía siendo rana), vio como el príncipe Naveen estaba a punto de casarse con su amiga...

—Ah... Pensaba que Naveen me quería —sollozó.

—¡Claro que te quiere! —gritó Ray, su amigo luciérnaga—. Debe de haber un error. ¡Voy a aclarar este asunto!

Ray voló hasta la carroza y oyó la voz del sapo Naveen, que gritaba dentro de la caja. Ray se apresuró a salvarlo y, veloz como un rayo, ¡el sapo saltó sobre el falso príncipe y le quitó el talismán del cuello!

El villano recuperó de inmediato su forma original.

—¡Ray! —gritó Naveen, lanzándole el talismán a la luciérnaga para que lo vigilara. Pero las sombras malvadas del hechicero los persiguieron enseguida.

Las sombras lo alcanzaron rápidamente, pero Ray se encontró a Tiana y le tiró el talismán a ella. Tiana intentó escapar... pero el hechicero le impidió el paso.

—Devuélveme el talismán, Tiana, y te daré los medios para abrir tu restaurante —susurró—. Podrás honrar la memoria de tu pobre padre, que nunca pudo cumplir su sueño.

—¡Mi padre me enseñó a saber lo que realmente importa en la vida! —respondió con brusquedad—. Y ¡abrir mi restaurante a costa de que te salgas con la tuya sería un precio demasiado alto!

Mientras hablaba, rompió el talismán y el malvado hechicero se esfumó.

—Puede que sea una camarera para siempre —suspiró Tiana—. Pero ¡al menos seré una camarera honrada!

Septiembre 30

Disney Princesas La Sirenita

En agua caliente

Ariel no podía creer que su plan fuera a funcionar tan bien. Había convencido a Úrsula, la bruja del mar, de que la convirtiera en una humana. Aunque Ariel tuvo que pagar con su voz esa transformación, por fin había encontrado a su querido príncipe Eric. El único problema que había era que él no la reconocía, y Ariel no podía hablar para explicarle quién era ella.

Sin embargo, Ariel no estaba preocupada. Sabía que él se enamoraría de ella con o sin voz. Entonces estarían juntos y serían felices para siempre.

—Ven conmigo, querida —le dijo una criada, y llevó a Ariel a una espaciosa habitación con paredes de color celeste.

Ariel estuvo a punto de tropezar con el extremo de una alfombrilla, pero recuperó el equilibrio justo a tiempo. Aún no se había acostumbrado a sus nuevas piernas.

Puso una mano dentro del bolsillo de su vestido de lona para asegurarse de que Sebastián seguía dentro. Se alegraba mucho de que estuviera a su lado. Tenerlo cerca le hacía sentir como en casa.

—Muy bien, primero vamos a asearte —dijo la mujer—. Pronto será la hora de cenar.

Mientras la mujer iba de un lado para otro, Ariel aprovechó la oportunidad para echarle un vistazo a la habitación. En una pared había unos grandes ventanales, y una lámpara ricamente decorada colgaba del techo. También había una bañera enorme con forma de concha repleta de agua.

Ariel observó con curiosidad cómo la criada echaba unos polvos blanquecinos en la bañera. De repente, ¡el agua empezó a borbotear y se cubrió de burbujas! Ariel ahogó un grito de alegría al ver que algunas burbujas salían de la bañera flotando hasta el techo. Entonces corrió y se lanzó dentro de la bañera, derramando agua y burbujas por todas partes.

Olvidó que ya no podía respirar bajo el agua, pero, aun así, buceó por debajo de las burbujas. Salió tosiendo y se limpió el agua de los ojos.

—¡Ah! —balbuceó Sebastián, que salía nadando del bolsillo. Escupió unas cuantas burbujas—. ¿Qué hacen los humanos con el agua limpia y agradable?

La criada se alarmó.

—¡Ay, mi madre! He visto moverse algo ahí dentro.

Ariel sacudió la cabeza y metió de nuevo a Sebastián dentro del bolsillo.

—Bueno —dijo la criada—, no puedes bañarte con ese vestido. Lo colgaremos para que se seque.

Ariel estaba un poco preocupada por Sebastián, pero hizo caso a la criada. Así pues, colgaron el vestido de lona en un toallero.

«Qué le vamos a hacer —pensó Ariel—. «Estoy segura de que Sebastián sabe cuidar de sí mismo. Conociéndole, seguro que acaba encontrando la cocina. Me pregunto cómo será el cocinero. ¡Espero que no le guste el marisco!»

Octubre
1

Disney EL REY LEÓN

Pisándole los talones

—¡Aquí! —gritó Simba al olisquear la huella—. ¡Ha pasado por aquí!

—Sí, es verdad —asintió Nala mientras olisqueaba una rama—. Y no hace mucho.

—Yo he visto esa rama antes —dijo Simba. Nala era una buena rastreadora, pero Simba había aprendido de una experta: su madre. Ella era una de las mejores cazadoras de la manada.

—Ya veo —respondió Nala con un resoplido—, entonces, ¿qué estamos persiguiendo, gran rastreador? ¿Me lo puedes decir?

Simba enmudeció. Habían visto unas huellas, pero no estaban muy bien definidas y no podían leerlas. También habían visto algo de pelo áspero y oscuro en un tronco, pero podía pertenecer a cualquier animal.

—Algo no muy elegante —concluyó Simba. Habían visto hierba pisada y ramas rotas por doquier.

—Ajá… —asintió Nala con impaciencia.

—¡Un rinoceronte! —dijo Simba lleno de confianza.

—¿Un rinoceronte? —Nala se tumbó de espaldas y rio—. ¡Simba, me parto de risa contigo!

—¿Qué pasa? —Simba se sintió herido y no pudo esconderlo. ¡Podía tratarse de un rinoceronte!

—Las huellas no son lo suficientemente grandes —explicó Nala—. Son de Rafiki, el babuino.

Ahora era el momento para que Simba se riese.

—¡A Rafiki le gustan los árboles, no anda por los caminos como las hienas!

Simba dejó de reír al percatarse de que el pelo de su nuca se erizaba. Las hienas eran torpes y tenían el pelo áspero y oscuro…

Nala no dijo nada, pero su pelo también se erizó un poco.

Los dos leones anduvieron en silencio. Ante ellos oyeron ruidos, golpes y gruñidos.

—Oye, Simba —susurró Nala—, creo que deberíamos volver.

—Sólo un poco más —le respondió. ¡Ya casi habían llegado!

Los dos jóvenes leones se deslizaron por la hierba tan sigilosamente como pudieron. Los golpes y los gruñidos se oían cada vez más. Se levantó una nube de polvo, y Simba reprimió un rugido. El olor y el sonido le eran familiares, pero Simba no acababa de reconocerlos.

A medida que se acercaban, dos cuerpos aparecieron al lado de un termitero. ¡Simba se abalanzó sobre ellos!

—¡Pumba! ¡Timón! —gritó una vez aterrizó entre sus dos amigos.

—¡Simba! —dijo el facóquero sonriendo. Las termitas caían de su boca sucia—. ¿Quieres?

Timón le acercó a Nala un puñado de insectos escurridizos.

—Hay de sobra para todos.

—No, gracias —respondió Nala mientras salía de su escondite riendo. Lanzó una mirada a Simba—. Creo que esperaré a que el gran rastreador busque mi comida.

Octubre
2

Un regalo de agradecimiento

—No sé cómo podré agradecérselo —dijo Blancanieves a su nuevo marido, el príncipe. Los dos iban de camino a visitar a los enanitos para darles un regalo especial: ¡una comida digna de siete reyes!

Blancanieves miró los platos y las cestas repletos de comida deliciosa.

—No parece que sea suficiente —dijo en un suspiro—. ¡Me salvaron la vida!

—Estoy seguro de que les bastará con verte feliz —le respondió el príncipe a la vez que la rodeaba con su brazo—. Ellos no quieren riquezas, y parecen muy felices viviendo a su manera.

Blancanieves le dio la razón y, a medida que se acercaban a la acogedora casita de los enanitos, se animó. ¡No podía esperar para ver a sus pequeños amigos de nuevo!

—¡Hola! —gritó al salir del carruaje—. ¿Mocoso? ¿Feliz? ¿Tímido?

Blancanieves llamó a la puerta, pero no obtuvo respuesta.

—Aún no habrán llegado a casa —dijo al príncipe—. Tenemos tiempo de sobra para prepararlo todo.

Blancanieves entró y, canturreando, puso la mesa y limpió la casa. Tenía tantas ganas de ver a sus amigos que no podía evitar mirar por la ventana cada pocos minutos por si los veía. Al ponerse el sol, la princesa empezó a preocuparse.

—¡Es muy tarde! —dijo.

El príncipe estuvo de acuerdo. Ya estaba oscureciendo.

—Tal vez deberíamos ir a buscarlos.

El príncipe salió a grandes pasos y desenganchó del carruaje a uno de los caballos. Juntos, el príncipe y la princesa partieron en busca de los enanitos.

Finalmente llegaron a la mina. Sostuvieron unos faroles, y enseguida vieron cuál era el problema. Un árbol había caído delante de la entrada. ¡Los enanitos estaban atrapados!

—Blancanieves, ¿eres tú? —gritó Sabio a través de una pequeña grieta.

—¿Estáis bien? —preguntó Blancanieves.

—Estamos bien, querida. Muy bien —le respondió Sabio.

—¡No lo estamos! —replicó Gruñón, algo enfurruñado—. ¡Estamos atrapados!

Atando su caballo al enorme tronco, el príncipe logró apartarlo de la entrada para que los enanitos pudiesen salir.

Blancanieves abrazó a cada uno de los enanitos, llenos de polvo, a medida que éstos salían. ¡Incluso abrazó a Mudito dos veces!

—Ahora vayámonos a casa —les dijo.

Ya en casa, los enanitos se emocionaron al ver el gran banquete que estaba dispuesto en su mesa.

—¿Cómo podríamos agradecértelo? —dijo Sabio, estrujando su gorro—. Nos has salvado la vida.

—No seas tonto. —Blancanieves se sonrojó—. Me basta con veros felices.

Octubre
3

Disney Bambi

Siesta de invierno

Bambi olisqueó por debajo de las hojas quebradizas buscando hierba fresca, pero no tuvo suerte. Levantó la cabeza y miró los árboles, pero tampoco había hojas verdes. En el bosque, la comida estaba escaseando.

—No te preocupes, Bambi —le dijo Tambor al ver su mirada confusa—. Conseguiremos pasar el invierno. Papá dice que siempre lo conseguimos. Cogemos lo que podemos cuando se puede, y siempre llegamos a la primavera.

Bambi suspiró y asintió con la cabeza. El padre de Tambor era muy listo y sabía muchísimas cosas del bosque.

—Además, es mejor estar despierto que pasarse todo el invierno durmiendo. ¡Puf! —Tambor odiaba irse a la cama incluso a la hora de dormir.

—¿Durmiendo? —Bambi aún no sabía que algunos animales dormían durante los meses de invierno.

—Claro, como Flor, las ardillas y los osos. Se esconden durante meses. ¿No te has fijado en que las ardillas rayadas han estado guardando bellotas durante los últimos dos meses? —Tambor señaló un roble.

Bambi asintió.

—Ésa será su comida para el invierno. Tan pronto como empiece a hacer frío, se resguardarán en el tronco y dormirán —explicó Tambor.

—Y ¿cómo sabrán que ha llegado el momento de despertar? —Bambi no podía imaginar la vida en el bosque sin el resto de los animales.

Tambor golpeteó el suelo con la pata y se puso a pensar. Ésa era una buena pregunta, pero, como él nunca había dormido durante el invierno, no sabía la respuesta.

—Preguntémosle a Flor —dijo, y se dirigieron hacia la madriguera de la joven mofeta.

—Hola —exclamó Flor.

—Flor, tú duermes durante todo el invierno, ¿verdad? —preguntó Tambor.

—Se llama hibernación. —Flor bostezó con la boca muy abierta—. Disculpad —se excusó, ruborizado.

—Pues Bambi quiere saber quién te despierta al llegar la primavera —dijo Tambor.

—Vas a volver, ¿verdad, Flor? —le preguntó Bambi preocupado.

La pequeña mofeta soltó una risita.

—Siempre volvemos, como la hierba, las flores y las hojas —explicó Flor—. Nunca había pensado en qué nos hace despertar. Supongo que será el sol.

Bambi sonrió. ¡No sabía que la hierba y las hojas también volverían en primavera! Ahora se sentía mejor con la siesta que se echaba el bosque en invierno.

De repente, Tambor empezó a reírse. Rodó sobre su espalda y sacudió en el aire sus largas patas.

—¿Qué pasa? —preguntaron Bambi y Flor a la vez.

—¡Eres una flor de verdad, Flor! —rio Tambor—. ¡Incluso floreces en primavera!

Octubre
4

Tiana y el Sapo

El regalo de medianoche

¡Estaba a punto de llegar la medianoche a Nueva Orleans! Tiana, que se había convertido en rana, saltó rápidamente hasta la catedral de San Luis, donde su amiga Charlotte estaba a punto de casarse con un mayordomo disfrazado del apuesto príncipe Naveen.

Afortunadamente, al llegar a la catedral, la policía ya había arrestado al impostor, y el verdadero príncipe Naveen, aún convertido en sapo, estaba hablando con la chica.

—¿Entonces es como en los cuentos de hadas? —decía Charlotte—. Si te beso, ¿desaparecerá el hechizo del malvado brujo y te convertirás de nuevo en un apuesto príncipe?

Naveen asintió.

—Sí, porque hasta medianoche eres la princesa del carnaval —explicó—, y así Tiana también podrá volver a ser humana.

Charlotte aplaudió.

—¡Vaya! ¡Es demasiado bonito para ser cierto! Tengo que besar a un sapo, que se convertirá en un príncipe, y nos casaremos y viviremos felices para siempre. Y, por si fuera poco, salvaré a mi amiga y...

—Espera, Charlotte —la interrumpió Naveen de repente, con expresión seria y afligida—. Debes prometerme que mañana le entregarás a Tiana todo el dinero que necesita para comprar su restaurante. Porque la felicidad de Tiana es muy importante para mí.

Tiana había soñado toda su vida con abrir su propio restaurante. El príncipe Naveen se había enamorado de Tiana y quería ayudarla.

Charlotte estaba a punto de besar al príncipe Naveen cuando Tiana brincó ante ellos.

—¡No lo hagas, Naveen, te lo suplico!

—¿Cómo? Pero ¡si es la última oportunidad de cumplir tu sueño, Tiana!

Ella sacudió la cabeza y respondió:

—No tendría sentido cumplir mi sueño si no puedo compartirlo contigo a mi lado, Naveen... ¡porque te quiero tanto como tú me quieres a mí!

Ambos se lanzaron a los brazos del otro, y ¡Charlotte rompió a llorar!

—Es tan conmovedor. —Se sorbió la nariz—. Tiana..., toda mi vida he esperado una gran historia de amor de cuento de hadas, y ¡tú la has encontrado! Por supuesto que te besaré, Naveen, y así podrás casarte con Tiana.

Sin embargo, ya era demasiado tarde. ¡Sonaron las campanadas de medianoche! Urgentemente, Charlotte besó una, dos y diez veces al príncipe sapo en los labios, pero ¡ella ya no era una princesa!

Naveen y Tiana se miraron, locamente enamorados. Ahora podrían ser ranas para siempre. ¿Qué importaba eso? Estaban satisfechos sólo con tenerse el uno al otro.

Octubre
5

Disney Princesas
La Cenicienta

Los ratones perdidos

Una noche de invierno, el príncipe llevó a Cenicienta al balcón.

—Tengo una sorpresa para ti —le dijo, y le dio una caja. Dentro de ella había un hermoso abrigo nuevo.

—¡Vaya, es precioso! —exclamó Cenicienta.

A la mañana siguiente, la princesa le enseñó el abrigo a Suzy, una de sus queridas amigas ratonas.

Unos minutos más tarde, Jaq entró en la habitación de Cenicienta. Aquella noche, en el ático, hacía mucho frío.

—¡Cenicienta! —gritó Jaq.

Si le contaba a la princesa el frío que pasaban en el desván, seguro que los ayudaría. Sin embargo, Cenicienta estaba saliendo de la habitación y no le oyó. Jaq lanzó un suspiro. Estaba seguro de que no le importaría que todos se acomodaran frente a la chimenea de su habitación.

Poco después, la nueva ama de llaves entró. Al ver a los ratones, gritó alarmada. No sabía que los ratones eran amigos de Cenicienta, así que los persiguió con una escoba, y los ratones se toparon con el jardinero del castillo. Sin saber qué estaba ocurriendo, el jardinero los atrapó.

—¡Llévatelos fuera! —le dijo el ama de llaves.

Mientras tanto, Cenicienta y el príncipe habían salido a galopar. Mientras los caballos trotaban por la campiña, vieron al jardinero en uno de los campos.

—¡Hola! —saludó el príncipe, pero el jardinero no respondió. El príncipe se giró hacia Cenicienta—. Qué raro —le dijo—. ¿Por qué no ha respondido?

—Tal vez está absorto en sus pensamientos —respondió ella.

Cenicienta tenía razón. El jardinero le estaba dando vueltas al tema. El ama de llaves le había ordenado que soltara a los ratones, pero él estaba preocupado por ellos. Finalmente, los llevó a los establos.

—No se lo digáis al ama de llaves —les dijo a los mozos de cuadra—. Estos pobres ratones necesitan calor y algo para comer.

Los ratones le estaban muy agradecidos.

Más tarde, aquella noche, Cenicienta empezó a preocuparse, pues no había visto a los ratones en todo el día. Justo los estaba buscando cuando se topó con el príncipe.

—Estoy buscando a la nueva ama de llaves. Por lo visto, ¡hoy ha echado a los ratones del castillo! —le explicó el príncipe.

—¡Ay, no! —gritó Cenicienta—. Pobrecitos. ¡Fuera se congelarán!

—No te preocupes —le dijo el príncipe, y le explicó a Cenicienta lo que había hecho el jardinero.

Juntos, Cenicienta y el príncipe se dirigieron a los establos, y dieron las gracias al jardinero y a los mozos de cuadra. Cenicienta se sintió muy aliviada al ver a sus pequeños amigos sanos y salvos. Desde entonces, los ratones siempre tuvieron un lugar caliente para ellos solos, en una de las habitaciones principales del castillo.

Octubre
6

Disney Princesas La Bella Durmiente

Un dragón muy útil

La princesa Aurora fue a pasear montada en su caballo, Botón Dorado, con el príncipe Felipe detrás de ella. Al girar en un recodo, un pequeño dragón apareció de detrás de un árbol.

—¡Qué mono es! —exclamó Aurora.

Sin embargo, Felipe se preocupó.

—¡Los dragones pueden ser peligrosos!

El pequeño sacudió la cabeza y Aurora se rio.

—Llevémoslo a casa. ¡Lo llamaré Chispa!

—La verdad es que parece una criaturita inofensiva —afirmó Felipe.

Cuando Felipe y Aurora llegaron al patio, las tres hadas buenas estaban colgando estandartes para un baile. El rey Estéfano y la reina iban a acudir al castillo.

Flora ahogó un grito al ver a Chispa.

—¡Los dragones pueden ser peligrosos!

—¡Recuerda qué pasó con el último! —advirtió Fauna.

—Pues yo creo que es muy dulce —dijo Primavera.

Justo entonces, Chispa vio un gatito en una cesta, entre ovillos de lana, y lo escuchó ronronear. A su vez, intentó imitarlo.

—Rrr, rrr. —De su nariz y boca salieron nubes de humo.

Chispa pareció estar triste.

—Chispa —le dijo Aurora—, tú no eres un gatito, eres un dragón.

Aurora se dio cuenta del desánimo de Chispa, por lo que lo llevó dentro del castillo.

Sin embargo, el rey Huberto oyó al animal y entró corriendo en la habitación.

—¡Madre mía! ¡Madre mía! ¿Cómo ha entrado un dragón en el castillo? —gritó.

Asustado, Chispa salió corriendo al jardín. Aurora encontró al pequeño dragón junto a una fuente, observando un pez y... ¡chof! Chispa se lanzó al agua antes de que Aurora pudiese impedirlo.

—¡Tú no eres un pez! —exclamó Aurora—. Y tampoco eres un gatito. ¿Crees que, por ser un dragón, no le vas a gustar a nadie? —le preguntó.

Chispa asintió con la cabeza.

—No puedes cambiar lo que eres —dijo Aurora con dulzura—, pero puedes ser un dragón muy útil.

De repente, un trueno restalló y empezó a llover. Todos se reunieron en el gran vestíbulo y vieron la lluvia caer.

—Espero que el rey y la reina no se pierdan por el camino —dijo el príncipe Felipe.

Aurora miró a Chispa.

—Por favor, vuela hasta la cima de la torre y lanza las llamaradas más grandes y brillantes que puedas para guiar a mis padres hasta el castillo.

De pronto, el cielo se iluminó con llamaradas doradas y rojas. ¡Chispa lo había conseguido! Gracias a sus llamaradas, sus padres llegaron sanos y salvos a casa.

Octubre
7

Disney Princesa
Enredados

Operación de rescate

Los hermanos Stabbington ya habían sido antes cómplices de Flynn Rider en sus fechorías. Lo habían ayudado a robar la corona real, pero las cosas se volvieron turbias cuando Flynn se negó a compartirla con ellos. Luego Flynn cambió al conocer a Rapunzel e intentó devolver la corona a sus antiguos compinches.

Sin embargo, los Stabbington dejaron inconsciente a Flynn y lo ataron a un bote. Colocaron la corona robada sobre sus rodillas y empujaron la embarcación en dirección al castillo. Su plan había funcionado a la perfección, pues los guardias, al ver a Flynn con la corona, lo arrestaron y lo encerraron en las mazmorras.

—¡Rapunzel! —gimió Flynn al despertar—. ¡Debo rescatarla!

Por suerte, su caballo y compañero Máximus lo había visto todo. Sabía que Flynn había cambiado y no merecía estar en prisión. También sabía que la malvada Madre Gothel había encerrado a Rapunzel en la torre.

Así pues, Máximus galopó hasta la taberna de rufianes donde habían estado antes. ¡Necesitaba que ayudaran a Flynn a escapar!

Mientras tanto, Flynn se enteró de que los hermanos Stabbington también habían sido arrestados. ¡Madre Gothel los había traicionado! Habían llegado a un acuerdo con ella: ellos atraparían a Flynn y renunciarían a la corona a cambio del cabello mágico de Rapunzel.

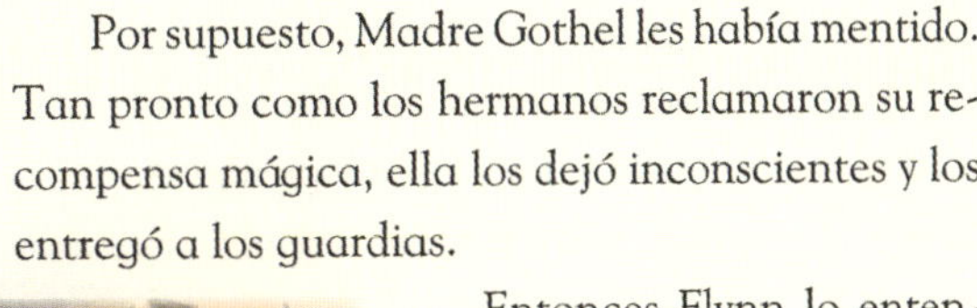

Por supuesto, Madre Gothel les había mentido. Tan pronto como los hermanos reclamaron su recompensa mágica, ella los dejó inconscientes y los entregó a los guardias.

Entonces Flynn lo entendió todo.

—¡Por favor, dejadme salir! —suplicó a los guardias—. ¡Rapunzel necesita ayuda!

Justo en aquel momento, la banda de rufianes de la taberna entró corriendo en la prisión. Lucharon con los guardias y sacaron a Flynn al patio principal. Allí, uno de ellos lo subió a un carromato inclinado.

—Agacha la cabeza —le dijo el bandido—, mantén los brazos pegados al cuerpo y abre las piernas.

¡Zas! El rufián saltó sobre el otro lado del carromato y Flynn salió volando por los aires.

Flynn saltó por encima de los muros de la prisión gritando a pleno pulmón y aterrizó en el lomo de Máximus. El caballo había estado esperándolo a las puertas de las mazmorras.

El joven se había quedado pasmado, ya que el caballo que una vez intentó capturarlo ahora estaba rescatándolo.

Los dos estaban muy preocupados por Rapunzel y querían salvarla de las malvadas garras de Madre Gothel.

Flynn acarició a Máximus, y el caballo se alejó al galope en dirección a la torre. ¿Llegarían a tiempo para salvar a Rapunzel?

Octubre
8

Winnie the Pooh

Un sueño delicioso

Winnie the Pooh entró en su casa y, al sentarse, lanzó un suspiro. Él y Piglet habían ido a dar un largo paseo por el bosque y ahora estaba cansado. Mucho más que eso, estaba hambriento.

—Mi tripita hace mucho ruidito —dijo en voz alta.

Pooh se puso en pie y se acercó a la alacena de la miel. Dentro sólo quedaba un tarro de miel.

—¡Ay, no! —exclamó Pooh.

Un tarro no era mucho. Se sentó y empezó a comer. Se comió hasta la última gota pegajosa, pero, al terminar, su tripita aún hacía un poco de ruidito.

—Bueno, supongo que no hay nada que hacer más que irse a dormir —dijo con tristeza.

Se puso el camisón y el gorro de dormir y se acostó en su cómoda cama. Un minuto después, los ronquidos de Pooh llenaron el aire, y los sueños empezaron a llenar su cabeza. Sueños melosos, claro está.

Pooh se encontró frente al árbol de la miel. ¡Había tanta que rezumaba del tronco!

—Qué rica —exclamó Pooh, y empezó a llenar sus tarros.

Entonces, de repente, un héffalump morado apareció a su lado.

—Mmm —musitó el héffalump, y se relamió los labios.

La criatura metió su larga trompa dentro de uno de los recipientes y se zampó toda la miel.

—¡Oye, que son míos! —gritó Pooh.

Intentó sonar valiente a pesar de estar algo asustado, pues el héffalump parecía enorme y muy hambriento.

El héffalump lo miró fijamente.

Pooh miró los tarros de miel. Había muchísimos. Algunos estaban llenos, pero muchos de ellos aún estaban vacíos. Entonces miró el árbol, que seguía rezumando miel.

—Tengo una idea —dijo Pooh—. Llenemos los tarros de miel juntos, y luego compartiremos un buen aperitivo.

El héffalump asintió muy emocionado. Cogió uno de los tarros con la trompa y lo llevó hasta el árbol. Pooh hizo lo mismo, y juntos fueron guardando la dulce y pegajosa miel.

Una vez los llenaron todos, Pooh y el héffalump se sentaron uno al lado del otro, y comieron y comieron hasta que los tarros volvieron a estar vacíos y sus tripitas llenas.

—Gracias, Pooh —dijo el héffalump al levantarse—. Ha sido divertido, deberíamos repetirlo pronto.

Pooh asintió con la cabeza y observó cómo el héffalump se alejaba. Se puso en pie y se dio una palmada en la tripita.

Cuando despertó a la mañana siguiente, descubrió, para su asombro, que su tripita ya no hacía ningún ruidito. Entonces recordó aquel extraño sueño, porque había sido un sueño, ¿verdad?

Octubre 9

ALICIA en el país de las MARAVILLAS

Una agradable taza de té

Lindo, lindo parpadean
estrellitas en el cielo
y allá arriba están volando
con alitas de murciélago.

La canción venía de detrás del gran árbol, aquél cuyas hojas tenían forma de guantes. Alicia sabía que sólo podía estar cantándola una persona: el Sombrerero Loco.

—¡Qué fastidio! —suspiró Alicia.

En realidad, el Sombrerero y sus amigos eran de las últimas criaturas con quien ella deseaba encontrarse. Al fin y al cabo, estaban tan... bueno, ¡tan locos!

—Aun así —siguió hablando Alicia para sí misma—, una buena taza de té sería de lo más agradable.

¿Acaso había por allí cerca algún otro sitio en el que tomar té?

Así, pues, encogiéndose de hombros, Alicia se acercó por la sombreada curva.

En el claro, el Sombrerero, la Liebre de Marzo y el Lirón estaban sentados, más o menos igual que la última vez que Alicia los había visto, alrededor de una ancha mesa, cantando, vociferando y durmiendo, respectivamente.

—Ejem —Alicia anunció su llegada aclarándose la garganta seca.

—¡Vaya, vaya! —exclamó el Sombrerero—. ¡Pero si es nuestra querida y vieja amiga! Esto... ¿cómo te llamabas, querida y vieja amiga?

—Alicia —respondió ella con paciencia.

—¡Bueno, pues toma asiento, querida Alicia!

—Gracias —respondió ella—, aunque, como sabréis, sólo puedo quedarme un rato. Pero podría tomarme una taza de té.

—Y ¿cómo la tomarás? —preguntó el Sombrerero—. Con gran cuidado, imagino.

—Con muchísimo cuidado —le aseguró Alicia.

—Vaya, es una buena noticia. Y también una mala.

—¿Una mala noticia? —se extrañó Alicia.

—¡Ya lo has oído! —dijo la Liebre de Marzo—. ¿No lo ves? ¡No tenemos té!

—¿Que no hay té? —dijo Alicia, y miró la mesa, que estaba llena de tazas y platillos vacíos.

—¿No hay té? —sollozó el Lirón, despertando de su sueño—. ¡No hay té!

—¡Lo has vuelto a alterar otra vez! —gritó la Liebre.

—Pero si yo no... —empezó a decir Alicia.

Entonces recordó lo inútil que resultaba discutir con una liebre loca. En su lugar, dejó a la Liebre de Marzo con sus gritos, al Lirón con sus sollozos y al Sombrerero con... lo que fuera que estuviese haciendo, y se acercó al fogón, donde había un hervidor silbando alegremente. Encontró una lata con fragantes hojas de té, puso una cuantas en una tetera vacía y la llenó de agua caliente. Luego, cogió la taza más limpia que pudo encontrar y la llenó.

Se sintió tentada de ofrecerles una taza a sus anfitriones pero, pensándolo mejor, decidió que tal vez lo mejor era... marcharse.

Octubre 10

En busca de Tristeza

Dos de las Emociones de Riley, Alegría y Tristeza, se habían perdido en el Mundo de la Mente y, ahora, se habían separado la una de la otra. Mientras intentaban recuperar los recuerdos esenciales y llevarlos de vuelta a la Central, Alegría cayó en el Vertedero de la Memoria y dejó a Tristeza completamente sola.

Abajo, en el Vertedero, Alegría y Bing Bong estaban rodeados de viejos recuerdos de Riley. Las esferas perdían su color y desaparecían entre volutas de niebla.

De repente, Alegría tuvo una idea: si podían encontrar el cohete perdido de Bing Bong, ¡podrían utilizarlo para escapar!

Alegría empezó a cantar la canción especial de Bing Bong, que era lo que ponía en marcha el cohete. Oyeron el ruido de una máquina y siguieron el sonido hasta que cada vez se oía más y más alto. ¡Al fin lo encontraron!

Los dos cantaron a pleno pulmón para hacerlo volar, pero, aunque conseguían despegar, ninguna de las veces lograron llegar a la cima del acantilado, pues no tenían la potencia suficiente. Alegría estaba a punto de rendirse cuando Bing Bong vio que su propia mano empezaba a desaparecer, así que animó a Alegría para intentarlo una vez más.

En su último intento, Bing Bong saltó del cohete antes de que éste emprendiera el vuelo. Como así era más ligero, el cohete se elevó y consiguió llevar a Alegría sana y salva hasta la cima del acantilado.

Cuando Alegría se dio cuenta de lo que Bing Bong había hecho, se asomó por el borde del acantilado y lo vio en la lejanía, bailando de felicidad.

—¡Lleva a Riley hasta la Luna por mí! —gritó.

—Lo intentaré, Bing Bong —respondió Alegría—. ¡Te lo prometo!

Entonces, Bing Bong hizo una última reverencia y desapareció. Riley ya no lo necesitaba. Alegría se sintió triste, pero Bing Bong había hecho algo muy valiente y heroico. Sabía que su última tarea era encontrar a Tristeza antes de volver a la Central. Al fin y al cabo, Riley las necesitaba a las dos.

Alegría cruzó el Mundo de la Mente hasta que, finalmente, encontró a Tristeza en la Memoria a Largo Plazo.

—¡Tristeza! —gritó Alegría.

—Sólo consigo que todo empeore —dijo Tristeza llorando mientras se dirigía a Ciudad Nube. Saltó sobre una nube y se alejó volando. Alegría intentó seguirla, pero la nube iba demasiado rápido.

En aquel momento, Alegría encontró el Generador de Novios Imaginarios y tuvo una idea. Lo encendió, y cientos de novios imaginarios salieron de la cinta transportadora. Apiló a todos los novios y construyó una torre bien alta. Se cogió de uno de ellos y agitó la torre hacia la nube de Tristeza.

—¿Qué haces, Alegría? —dijo Tristeza incrédula.

—¡Te tengo! —gritó Alegría cuando consiguió coger a Tristeza al vuelo—. ¡Ahora, agárrate!

Alegría agitó la torre una última vez y se soltó: volaron por los aires hacia la Central y, ¡plaf!, chocaron contra la ventana y resbalaron cristal abajo.

Octubre
11

Disney Campanilla y la Leyenda de la Bestia

La luz misteriosa

Una noche como cualquier otra en la Hondonada de las Hadas, Iridessa, un hada de luz, estaba recolectando rayos de luna. No se percató de la misteriosa estrella verde que brillaba en el cielo hasta que, de repente, empezó a moverse. Cruzó el cielo de la noche con una cola de luz verde tras de sí. ¡Se trataba de un cometa!

Scribble, un hombre gorrión amante de los libros, lo vio pasar con su telescopio. Sabía que, desde la última vez que había aparecido el cometa en la Hondonada de las Hadas, habían pasado casi mil años.

La luz del cometa también llamó la atención de Campanilla, un hada tintineadora.

Aquella luz siguió brillando, iluminando cada grieta y cada rincón oscuro, y, a medida que se esparcía por las profundidades de una cueva, algo empezó a moverse. Algo grande, peludo y con ojos de un verde brillante.

Al día siguiente, Fawn, un hada de los animales, empezó a hacer su trabajo, como era habitual. Rodaba por las colinas con los bichos, brincaba con los conejos y, en el cielo, remontaba el vuelo junto a los pájaros. De todas las hadas de los animales, Fawn era la que más devoción sentía por su trabajo.

Más tarde, aquel mismo día, Campanilla llevó a Fawn una carreta hecha a mano.

—Justo como la pediste —dijo Campanilla—. Pero ¿qué es lo que pretendes hacer?

Fawn cogió con fuerza a Campanilla del brazo y la llevó a su casa.

—Intenta no gritar —le dijo—. ¿De acuerdo?

Campanilla no sabía a qué se refería, pero se quedó estupefacta al echar un vistazo dentro de la casa y ver dos grandes ojos que parpadeaban. Era una cría de halcón.

—¡Los halcones comen hadas! —dijo Campanilla tras ahogar un grito.

Fawn le explicó que Hannah la halcón era inofensiva. Le había curado el ala rota y ya estaba lista para volver a la libertad.

—Debemos sacar a Hannah sin crear el pánico —dijo Fawn.

A regañadientes, Campanilla ayudó al ave a subir a la carreta y la cubrió de arándanos. Sin embargo, todas las hadas y todos los animales se las quedaban mirando al pasar.

—¿Qué hacéis con los arándanos? —preguntó Rosetta, un hada de jardín.

—Pues... sólo los llevamos al bosque —respondió Fawn con inocencia.

Rosetta sabía cómo transportar los arándanos con mucha más rapidez, así que, con un poco de polvo de hada, la fruta se levantó y se fue zumbando hacia el bosque. De este modo, Hannah quedó al descubierto, y chilló de alegría. Todos se asustaron al verla excepto tres halcones adultos que pasaban cerca, que oyeron el chillido de Hannah y pensaron que necesitaba su ayuda. Puede que Hannah fuera inofensiva, pero ¡estos halcones no lo eran en absoluto!

El espejo encantado

El pánico cundió entre las hermanas mágicas. Incluso ellas podían ver que Bella empezaba a ser amable con Bestia, y que Bestia... bueno, estaba experimentando algo realmente excepcional para él pero terriblemente fatal para las brujas. ¡Era más que evidente que ambos se estaban enamorando!

Las hermanas tenían que hacer algo.

—Esos sirvientes no son de mucha ayuda. ¡A cada ocasión se las ingenian para crear romanticismo! —gritó Ruby.

Seguro que Ruby, Martha y Lucinda tenían un aspecto horrible cuando Circe volvió de su visita al castillo de Morningstar, donde fue a devolverle la belleza a la princesa Tulip. Al oírla entrar, las tres se giraron a la vez.

—¡Vaya, hola! —dijeron al unísono, con apariencia cansada y aturdida de tanto observar, espiar y conspirar contra Bestia.

—¿Qué es todo esto? —preguntó Circe.

Las hermanas permanecieron en silencio. Por una vez no tenían nada que decir. Los rizos de Lucinda se habían enredado como un nido de pájaro, con pequeñas briznas de hierba seca y cera pegadas a sus cabellos. La falda roja de Ruby estaba manchada de ceniza, y las plumas de su pelo sobresalían formando extraños ángulos. El rostro de Martha se había manchado con algún tipo de polvo naranja.

—Por lo que veo, es algún tipo de conjuro —las regañó Circe.

Las hermanas se miraron entre ellas, y con un movimiento de cabeza de Lucinda, Ruby sacó un collar de su bolsillo.

—¡Te hemos hecho esto!

—Pensamos que te gustaría —dijo Martha—. ¡Pruébatelo!

Lucinda corrió hacia Circe como una niña alborotada y, tan pronto como ató el collar alrededor de su cuello, Circe se desplomó en los brazos de su hermana.

—¡Eso es, hermanita! ¡Duerme!

Acostaron a Circe en una mullida cama de plumas.

—Te despertaremos cuando todo acabe, y nos darás las gracias por haber vengado tu corazón roto.

Las hermanas se reunieron de nuevo frente al fuego y esta vez lanzaron un puñado de polvo plateado.

—Que Bella a su padre en falta eche y su mayor temor la aceche —recitaron las tres, y su risa viajó con el viento hasta el castillo encantado de Bestia.

Observaron cómo Bestia le preguntaba a Bella si era feliz. Y ¡sí lo era! Ella solamente quería ver a su padre, pues lo echaba muchísimo de menos.

—Existe un modo —dijo Bestia con ternura, y le entregó el espejo que Circe le había dado—. Te mostrará cualquier cosa que desees ver.

Las hermanas ahogaron sus gritos de alegría mientras Bella veía su mayor temor: a su padre enfermo, quizá incluso al borde de la muerte. ¡Debía acudir a su lado! Y, dado que Bestia la amaba, la dejó marchar.

Octubre
13

Disney Princesas Blancanieves y los Siete Enanitos

¡Al rescate!

Blancanieves y su príncipe pasaban casi todos los días juntos. Sin embargo, una mañana, el príncipe le dijo a Blancanieves que debía hacer un recado, así que ensilló su fiel corcel Astor y se despidió de ella.

Aquella tarde, Blancanieves avistó una nube de polvo en el camino. Un caballo se estaba acercando a gran velocidad. Se emocionó al pensar que el príncipe volvía pronto a casa, pero... ¡cuál fue su sorpresa al ver que Astor volvía solo!

—¿Por qué? ¿Dónde está el príncipe? —se preguntó, pero el caballo no le respondió.

Con el corazón en un puño, Blancanieves pensó: «Seguro que el príncipe está en apuros». Así que, con gran valentía, decidió ir en su búsqueda. Astor golpeó el suelo con sus cascos y señaló con la cabeza la silla de montar vacía.

—¿Quieres que me suba? —preguntó Blancanieves.

Astor asintió con la cabeza. «¡Qué bien! —pensó ella—. Astor podrá decirme dónde está el príncipe después de todo.» La princesa apenas tuvo tiempo de sentarse, pues el caballo empezó a correr a toda velocidad en dirección al bosque.

Astor se adentraba más y más entre los árboles mientras Blancanieves tiraba de las riendas en vano. ¡Si al menos supiera que el príncipe se encontraba bien! Y, de repente, vio un pedazo de tela roja enganchado en una afilada espina. ¿Podría ser...? ¡Lo era! ¡Era un trozo de la capa del príncipe! Pero eso no era todo. A medida que seguían su camino por el bosque, Blancanieves fue encontrando pétalos de la rosa que ella misma le había dado al príncipe. Luego encontró su sombrero colgado de un árbol.

Blancanieves agarró las riendas con una mano, se aferró al sombrero del príncipe e intentó ser optimista.

Finalmente, salieron a un soleado claro, y Astor disminuyó la marcha hasta detenerse. Blancanieves, al ver al príncipe tumbado en el suelo, bajó de la silla de montar y atravesó el prado corriendo. Ya sin aliento, llegó al lado de su amado justo cuando él se incorporaba y se estiraba.

—¡Menuda siesta! —dijo él—. Espero que tengas hambre.

Blancanieves se quedó perpleja. Al lado del príncipe había dispuesto un gran pícnic sobre una mullida manta, y él estaba tan sano y feliz como siempre.

—Sabía que Astor te traería enseguida —dijo él sonriente—. ¿Sorprendida?

Blancanieves se detuvo un momento para coger aire.

—Sí, muy sorprendida —respondió al fin, con una sonrisa. Cogió una manzana y se la ofreció a Astor—. Además —añadió—, me alegro mucho de que tengas un caballo tan amable y listo.

Octubre
14

Una decisión difícil

Carl Fredricksen y Russell habían volado hasta Sudamérica en la casa de Carl. Él era un anciano que soñaba con ser explorador desde que sólo era un niño, y su mejor amiga de la infancia, Ellie, compartía el mismo sueño. Los dos crecieron, se casaron, y Carl le prometió a Ellie que la llevaría a ver las Cataratas Paraíso, pero nunca consiguieron ahorrar el dinero suficiente, y, por desgracia, Ellie falleció.

Carl se veía forzado a abandonar su casa, así que decidió emprender el viaje que Ellie y él siempre habían soñado. Sin embargo, se llevó con él a Russell por accidente. Mientras caminaban hacia las Cataratas Paraíso con la casa flotante a cuestas, conocieron a un ave hembra muy rara llamada Kevin, y a un perro hablador llamado Dug. El can formaba parte de una jauría de perros que quería capturar a Kevin para su líder: ¡el gran explorador Charles Muntz!

No obstante, Charles pensaba que Carl y Russell intentaban robarle aquella ave, así que envió a su jauría tras ellos. Afortunadamente, Dug bloqueó el camino con algunas rocas, pero no pudo detener a la manada por mucho tiempo.

Uno de los perros, Alfa, lo lanzó con violencia a un lado y saltó por encima de las rocas. Más adelante, Carl, Russell y Kevin habían llegado al borde del acantilado. ¡Estaban atrapados!

Por suerte, Carl y Russell se agarraron a la casa con la manguera del jardín; justo entonces, el viento levantó la casa y se llevó a Carl y a sus amigos con ella. Alfa agarró la pata de Kevin, pero se le escapó.

Carl y sus amigos habían conseguido escapar, pero Kevin estaba malherida en una pata. Russell se dio cuenta de que el ave necesitaba ayuda para volver con sus crías.

Un foco de luz apareció de la nada y apuntó al ave. ¡Muntz los había seguido con el *Espíritu de la Aventura*! Antes de que Kevin pudiese huir, el dirigible disparó una red y la atrapó, pero Carl intentó liberarla.

—¡Aléjate de mi pájaro! —gruñó Muntz, y prendió fuego a la casa de Carl.

Carl no podía permitir que la casa se incendiara, ya que contenía todos los recuerdos de Ellie. Así que, rápidamente, tomó la decisión de entregar a Kevin. Los perros arrastraron el ave malherida hasta el dirigible y, mientras Muntz despegaba con su trofeo, Carl corrió hacia la casa y luchó contra las llamas.

—Has entregado a Kevin —dijo Russell.

Carl se sentía muy mal por ello, pero ¿qué podía hacer en esa situación?

—¡Yo no quería que ocurriera nada de esto! —exclamó—. Y ahora, con o sin tu ayuda, me marcho a las Cataratas Paraíso, aunque me cueste la vida.

Russell observó con tristeza cómo Carl se alejaba arrastrando la casa tras de sí.

Octubre
15

Algo que reparar para Félix

Rompe Ralph, el malo del videojuego *Repara Félix Júnior*, se encontraba en un juego de carreras llamado *Sugar Rush*, donde todo estaba hecho de chuches. Ralph había abandonado su propio juego para encontrar una medalla y demostrar que podía ser bueno, pero había acabado alejándose del lugar al que pertenecía.

Había aceptado ayudar a su nueva amiga Vanellope a construir un bólido nuevo, pues ella era piloto en *Sugar Rush* y quería ganar. Había prometido que, si lo conseguía, le devolvería la medalla a Ralph, la cual él había perdido contra ella en una carrera.

En otro lugar, Félix, del mismo juego que Ralph, y la sargento Calhoun, del videojuego *Hero's Duty*, estaban buscando a Ralph. Cuando Ralph se estrelló en *Sugar Rush*, ¡había liberado por accidente un peligroso ciberbicho! Félix buscaba a Ralph, y Calhoun, a su vez, buscaba al ciberbicho. Ella le preguntó a Félix por qué Ralph había abandonado su propio juego.

—Ojalá lo supiera —respondió él—. Nunca imaginé que haría como Turbo.

Años atrás, hubo en los recreativos un juego de carreras llamado *Turbo Time*. Su estrella, Turbo, era muy popular... hasta que llegó un nuevo juego de carreras. Cegado por los celos, Turbo abandonó su propio juego e intentó apoderarse del nuevo. Sin embargo, cuando Turbo apareció en el juego equivocado, ¡todos pensaron que estaba roto! Y, al final, desconectaron ambos juegos y se los llevaron.

—Debo arreglar este desastre y llevar a Ralph de vuelta a casa, o pasará lo mismo con mi juego —explicó Félix.

Juntos se adentraron en *Sugar Rush*. Calhoun estaba decidida a encontrar al ciberbicho antes de que tuviera la oportunidad de multiplicarse.

No muy lejos, Vanellope guio a Ralph hasta la pastelería de bólidos de *Sugar Rush*; se colaron y crearon un bólido de carreras. ¡A Vanellope le encantó el vehículo!

Entonces apareció el rey Candy, el soberano de *Sugar Rush*, y los dos huyeron. Vanellope condujo a Ralph a través de una entrada secreta hasta la montaña de Cola Light. Ella vivía allí dentro, cerca de unas termas de refresco burbujeante. De vez en cuando, algunos caramelos de menta caían en las termas y provocaban una explosión de burbujas ardientes.

Ralph rompió las rocas que circundaban el lago para crear una pista de carreras para practicar, y enseguida Vanellope se puso a correr por ella. Ralph pensó que Vanellope podría llegar a ser una corredora sobresaliente si conseguía dejar de parpadear.

Vanellope estaba muy emocionada. ¡Los dos iban a la gran carrera! Se alegró muchísimo de tener un amigo por fin. Los otros corredores pensaban que ella era sólo un fallo técnico del juego, pero ¡les demostraría a todos que se equivocaban!

Octubre
16

Enredados

La verdadera prisionera

Con gran pesar, Rapunzel había vuelto a la torre con Madre Gothel, la anciana mujer que ella conocía como su verdadera madre.

Sola en su habitación, la joven pensó con tristeza en Flynn, que la había ayudado a escapar de aquel lugar.

Incluso a Pascal, su camaleón mascota, le costaba animarla. Pero entonces, Pascal cambió de color para mimetizarse con la bandera que Rapunzel había traído del reino, una bandera con el emblema del sol dorado. Rapunzel miró al animal mientras trepaba por la pared y cruzaba todos los dibujos que ella había pintado, y se quedó atónita. ¡Cielo santo! Sin darse cuenta, había pintado el emblema del reino por todas partes y, sin embargo, ¡nunca lo había visto antes de salir de la torre!

—¿Cómo es posible, Pascal?

Rapunzel le estuvo dando vueltas. En alguna recóndita parte de su corazón, seguro que ya conocía dicho emblema, tan dorado como su propio cabello. Quizá ésa era la razón por la que deseaba tanto averiguar qué eran aquellos farolillos que aparecían en el cielo cada año por su cumpleaños. Flynn le había explicado que los ciudadanos del reino lanzaban aquellos faroles en memoria de la princesa perdida.

La joven también había visto un mosaico precioso en la ciudad, que mostraba al rey, a la reina y a su niña antes de que una malvada mujer se la llevara. «Fíjate, tengo los mismos ojos verdes que su madre», había pensado Rapunzel entonces.

—¡Dios mío, Pascal! Soy yo. ¡Yo soy la princesa! —gritó de repente—. Todo tiene sentido: la fecha de mi cumpleaños, el emblema dorado...

Rapunzel le contó a Madre Gothel de inmediato que lo sabía todo.

—¡Tú no eres mi madre! Me robaste para aprovecharte de mi pelo mágico. Me enseñaste que debía temer a aquellos que intentaban apoderarse de mi poder, pero de quien tendría que haber tenido miedo es de ti. —Rapunzel estaba muy enfadada—. ¡Me marcho! Perdonaré a Flynn y le pediré ayuda.

—Ya no tiene sentido, Rapunzel —farfulló Madre Gothel—. Flynn no puede hacer nada por ti. Él no te abandonó, yo me encargué de encerrarlo en prisión.

—Estás obsesionada con encerrar a la gente, pero ahora ya no soy una prisionera. Yo puedo escapar de esta torre, pero tú dependes de la magia de mi pelo para mantenerte joven. Pues, a partir de ahora, ya no te concederé ese privilegio. ¡La verdadera prisionera aquí eres tú!

Octubre 17

Disney Princesas La Sirenita

El nuevo paso de Ariel

—¡So, caballo!

El príncipe Eric detuvo el carruaje y, a su lado, Ariel intentó no resbalarse del asiento. Llevaba poco tiempo con forma humana, así que aún no estaba acostumbrada a sus nuevas piernas.

—¿Tienes hambre? —le preguntó Eric, que señaló un restaurante y miró a Ariel expectante.

Ella sonrió y asintió con la cabeza. No podía hablar y era algo cautelosa respecto a la comida. Los humanos comían pescado, y ella no podía más que pensar en su mejor amigo Flounder cada vez que veía algo con escamas en su plato. A pesar de ello, quería gustarle a Eric.

El restaurante estaba casi vacío. Eric y Ariel se sentaron en una mesa para dos mientras la propietaria se acercaba a ellos.

—¿Qué vais a tomar, chicos? —preguntó una mujer de cálidos ojos castaños y pelo blanquecino mientras miraba a Ariel.

—Ella tomará... ¿sopa? —Eric miró a Ariel para que lo confirmara. Ella asintió—. Y yo tomaré la especialidad de la casa.

Ariel se alegraba de que a Eric no le importara hablar por ella, aunque deseaba con locura poder expresarse por sí misma y decirle lo mucho que le gustaba estar junto a él.

Cuando la dueña del restaurante se alejó, el silencio inundó la estancia. Ariel intentó comunicarse mediante gestos, pero Eric no parecía entenderla y, tras unos minutos, la pobre chica empezó a parecer ridícula.

Con un suspiro de alivio, Ariel vio que la propietaria volvía con la comida. Eric también pareció aliviado. Después de colocar los platos en la mesa, la mujer de pelo canoso se dirigió a un mueble de madera que había cerca de la pared, se sentó frente a él y colocó las manos sobre las teclas blancas y negras.

Ariel nunca había visto antes un piano, ni tampoco lo había escuchado. Aquella música la embelesó, tanto, que dejó caer la cuchara dentro del cuenco de sopa. La canción era preciosa, triste y feliz al mismo tiempo. ¡Ariel deseaba cantar a coro! Pero, obviamente, no podía. Aun así, no era capaz de ignorarla, pues le recordaba el ritmo del océano. Se levantó y empezó a balancearse, pero sus nuevas piernas eran tan extrañas que se tropezó.

Rápidamente, el fuerte brazo de Eric rodeó su cintura. Con el otro brazo, tomó la mano de Ariel en la suya, y ella se sobresaltó.

—¿No has bailado nunca? —preguntó el príncipe.

Ariel, avergonzada, sacudió la cabeza.

—Yo te enseñaré —dijo él con una sonrisa.

Eric empezó a dar vueltas con Ariel. La sirenita parecía tener un talento natural para bailar. Sin dejar de girar, Ariel sonrió con alegría, pues los dos habían encontrado la manera de comunicarse sin palabras.

Octubre
18

Una pata amiga

La granja era cálida y confortable, y los noventa y nueve cachorros, exhaustos y hambrientos, hacían cola para beber la leche tibia de las maternales vacas.

—Casi habíamos perdido la esperanza de que llegarais —dijo el amable collie a Pongo y Perdita, que acababan de llegar con los cachorros.

—Muchísimas gracias por vuestra hospitalidad —susurró Perdita cansada.

—Fijaos en los pequeñines —dijo una de las vacas—. ¡Nunca había visto tantos cachorros en un mismo lugar!

Pongo, Perdita y los cachorros acababan de llegar de una larga caminata por la nieve. Ya era muy tarde, y los cachorros que esperaban su turno apenas podían mantener los ojos abiertos. Habían conseguido escapar del viejo y horrible caserón de Cruella de Vil, donde habían estado cautivos y vigilados por los malvados Horacio y Gaspar. Cruella planeaba utilizar la preciosa piel manchada de los perritos para hacerse un abrigo de piel. Por suerte, Pongo y Perdita los habían rescatado justo a tiempo.

Los cachorros tomaron su cena y se reunieron alrededor del collie, a quien agradecieron su amabilidad.

—No es nada, es un placer —respondió el collie.

—¿Aquí en el campo tomáis leche tibia para cenar todas las noches? —preguntó Rolly.

El collie soltó una risita.

—No, pero sí que tomamos comidas muy sencillas, seguro que mucho más que las que coméis en la ciudad, pero son abundantes, debido a las tareas que llevamos a cabo.

—Y ¿siempre hace tanto frío en el campo? —preguntó Patch.

—Vaya —respondió el collie—, supongo que muchos de vosotros venís de la ciudad. Pues no, no siempre hace tanto frío, pero hay muchas diferencias entre vivir en el campo y vivir en la ciudad. Por ejemplo, las correas. Aquí no atamos a las mascotas con correa como en la urbe, ya que tenemos grandes espacios abiertos por donde corretear. No hay tantos perros cerca, pero, en cambio, hay muchos otros tipos de animales que no suelen verse donde vivís. Vacas, por ejemplo, y también ovejas, caballos, gansos y...

De pronto, el collie dejó de hablar. Uno de los cachorros con los que hablaba soltó un pequeño ronquido. Miró a su alrededor y vio que todos ellos, al igual que Pongo y Perdita, habían caído en un profundo sueño.

—Pobrecillos —dijo en voz baja mientras salía a montar guardia—, lo han pasado muy mal. Espero que vuelvan a casa pronto sanos y salvos.

Octubre
19

¡ROMPE RALPH!

Más que una *glitch*

Rompe Ralph, del juego *Repara Félix Júnior*, había ayudado a su nueva amiga Vanellope a crear un bólido de carreras para así recuperar la Medalla del Héroe. Quería esa medalla para demostrar que podía ser bueno, y Vanellope, un avatar del juego *Sugar Rush*, deseaba ganar la gran carrera.

Cuando ya se dirigían hacia la pista, Vanellope pisó el freno.

—¡Me he olvidado algo! —dijo—. ¡Ahora vuelvo!

Entonces apareció el rey Candy, soberano de *Sugar Rush*. Le contó a Ralph que Vanellope estaba en peligro, pues ella no pertenecía al juego y, si los jugadores de los recreativos la veían parpadear, pensarían que el juego estaba roto y lo desenchufarían. Además, al ser Vanellope un fallo técnico, un *glitch*, no sería capaz de abandonar el juego y ¡la desenchufarían a ella también!

El rey Candy le devolvió la medalla a Ralph y le pidió su ayuda para conseguir que Vanellope no participara en la carrera.

Tras marcharse el rey, Vanellope volvió con una medalla hecha a mano sólo para Ralph. En una cara ponía «Para descerebrado» y, en la otra, «Eres mi héroe».

Al entregársela, Vanellope vio la Medalla del Héroe en el bolsillo de Ralph.

—¡Me has vendido! —gritó.

Ralph intentó explicarse. Le contó que, si participaba en las carreras, confundiría a los jugadores y, si finalmente desenchufaban el juego, ella estaría condenada. Vanellope no estaba de acuerdo con él, así que Ralph rompió su bólido de carreras para que no corriera y, de este modo, salvarla.

Embargado por la tristeza, Ralph volvió a su juego pero allí sólo encontró a uno de los personajes, llamado Gene. Todo el mundo había huido al pensar que desecharían el juego. Gene vio la medalla, pero ya no importaba. Le dijo que nada había cambiado, y que Ralph siempre sería el tipo que rompe cosas.

Abatido, Ralph se quitó la medalla y la lanzó contra la ventana frontal del juego. El cristal tembló y el cartel de «Fuera de servicio» resbaló. Desde allí pudo ver la consola de *Sugar Rush*... ¡con la imagen de Vanellope en ella! Ralph ahogó un grito. ¡En realidad Vanellope sí formaba parte del juego!

Ralph volvió deprisa a *Sugar Rush* para averiguar algunas cosas. Encontró al secuaz del rey Candy, Bill el Amargado, y éste le explicó que el rey había reprogramado el juego y había robado el código de Vanellope. Además, si ella conseguía cruzar la meta final, ¡volvería a ser una corredora oficial!

Ralph supo que debía ayudar a Vanellope a cruzar aquella meta, así que se largó a toda prisa a buscar a su amiguita.

Octubre 20

Disney Campanilla y la Leyenda de la Bestia

Fawn se mete en líos

En el bosque de la Hondonada de las Hadas, tres halcones adultos habían iniciado el ataque. Habían descendido del cielo al oír el llanto de la pequeña halcón Hannah, y estaban persiguiendo a las hadas y amenazando a todos los animales de la enfermería.

Fawn, el hada de los animales, fue detrás de Hannah. Ella misma le había curado un ala rota y se habían convertido en buenas amigas.

Campanilla guio al resto de los animales hasta un árbol hueco donde se refugiaron.

—¡Entrad! —les gritó.

Iridessa huyó tan rápido como pudo, pero ¡algo la agarró!

Era Nyx, la jefa de las hadas exploradoras. La llevó a un lugar seguro y luego volvió para enfrentarse a los halcones. Como protectoras de la Hondonada de las Hadas, las exploradoras utilizaron cuerdas, lanzas y su capacidad de volar a la velocidad de la luz para confundir a las aves y espantarlas.

En contra de las protestas de Fawn, las exploradoras lanzaron una red sobre Hannah.

—¿Estáis todos bien? —preguntó la reina Clarion cuando llegó al lugar.

Clarion, la líder de la Hondonada de las Hadas, miró a Fawn de manera inquisitiva. No era la primera vez que Fawn cuidaba a un animal peligroso y los ponía a todos en peligro.

—Siempre has dejado que tu corazón te guíe, pero...

—... también debo escuchar a mi cabeza —terminó Fawn—. Prometo que, la próxima vez, lo haré.

Fawn liberó a Hannah y vio como su amiga alzaba el vuelo.

Al día siguiente, Fawn empezó la mañana decidida a ser un hada de los animales modélica. Saludó a los conejos Calista, Nico y Paige.

—Buenos días, estudiantes —dijo—. ¡A ver cómo saltáis!

De repente, un fuerte y profundo gemido hizo vibrar el bosque entero.

—Creo que debería investigar eso —dijo Fawn.

Encontró un extraño mechón de pelo tras seguir un rastro de ramas rotas. Miró a su alrededor y se percató de que estaba sobre una huella de animal gigantesca.

Siguió las huellas hasta que llegó a un claro. Fawn nunca había visto nada parecido: los árboles no eran más que troncos chamuscados y, en lugar de hierba, había un manto de ceniza y rocas irregulares. Justo en el centro, había una cueva oscura.

—Vamos —se dijo a sí misma—, escucha a tu cabeza. El corazón siempre te mete en líos.

Aun así, Fawn no pudo detener su curiosidad.

Con precaución, voló hasta el fondo de la cueva. ¡Nunca habría imaginado que estaría cara a cara con el animal más extraordinario que jamás habría podido encontrar!

Disney · PIXAR
BRAVE

Octubre
21

¡Bienvenido, clan Macintosh!

La princesa Mérida estaba entusiasmada. Durante todo el invierno había estado esperando con impaciencia los Ritos del Verano, el festival que conmemoraba la fuerte amistad entre los clanes. Este año, los miembros del clan Macintosh eran los invitados de honor de los DunBroch. Sería un día de bailes, juegos y demostraciones de fuerza.

Los largos y pelirrojos rizos de Mérida saltaban de forma salvaje mientras entraba en el gran salón.

—Una princesa siempre debe comportarse con dignidad —le recordó la reina Elinor.

—Has estado calentando para las carreras de esta tarde, ¿verdad, muchacha? —le preguntó el rey Fergus, y le guiñó el ojo. Mérida y su padre empezaron a reírse, e incluso la reina Elinor sonrió.

—¿No es hora ya de empezar el desfile? —preguntó Mérida.

La reina Elinor miró su horario.

—El desfile empieza normalmente a las nueve y media... pero no veo por qué no podemos adelantarlo un poco este año.

Antes de que pudiera añadir una palabra más, Mérida ya estaba saliendo.

La familia de Mérida y el resto del clan se pusieron en sus sitios. Los gaiteros tocaron canciones alegres mientras las chicas de la aldea lanzaban pétalos al aire. Así, el desfile se abrió paso hasta el muelle.

A medida que la niebla se disipaba, Mérida pudo ver el barco principal del clan Macintosh, y saltó de un lado para otro con entusiasmo.

—¡Eh, DunBroch! —gritó una voz desde la cubierta. ¡Era lord Macintosh!

—¡Eh, Macintosh! —chilló a su vez el rey Fergus.

—¡A los Ritos! —exclamaron al unísono los dos líderes.

La princesa Mérida se reunió con el joven Macintosh, el alto y fornido hijo de lord Macintosh.

—Veo que vienes a impresionarnos de nuevo con tus demostraciones de fuerza —dijo ella.

—E impresionada te quedarás, te lo aseguro —respondió el joven Macintosh sacando pecho con orgullo. Entonces recordó la última vez que se habían reunido. Había sido en una competición de arco y Mérida había ganado con facilidad.

—¿Qué tal una carrera, entonces? —sugirió Mérida—. Hasta la cima... ¡de las Cataratas de Fuego!

El joven Macintosh la miró sorprendido.

—¡Nunca lo conseguirías!

—Claro que sí —respondió ella con seguridad—. Pero si no estás seguro de poder llegar, podemos hacer otra cosa.

—Soy un excelente escalador, el mejor de mi clan —fanfarroneó el joven Macintosh.

—¡Entonces te esperaré en la cima! —gritó Mérida. Se puso el arco en el hombro, se dirigió hacia su caballo Angus y empezó la carrera.

Octubre 22

Disney · PIXAR BUSCANDO A NEMO

Una historia ballenástica

—¡Subid a bordo, exploradores! —gritó el maestro Raya.

Nemo, Tad y el resto de la clase saltaron sobre la espalda de la gran manta raya. Era la semana del «invitado de honor» y se dirigían hacia el cantil.

Cuando llegaron al cantil del arrecife, un pez cirujano azul se reunió con ellos.

—Aquí está la invitada de honor de hoy —anunció el maestro Raya.

—Hola a todos —dijo la cirujano azul—. Soy Dory... espera... ¿lo soy? ¡Sí, soy Dory, y estoy muy feliz de estar aquí!

—Dory, ¿nos enseñas hoy algo sobre las ballenas? —preguntó el maestro Raya.

—Bueno, vamos a ver... Las ballenas son muy grandes, pero se alimentan de unas criaturas diminutas llamadas krill. Lo sé porque, una vez, casi me come una ballena...

—No es verdad —soltó Tad.

—¿Que no es verdad? —preguntó Dory.

—Pepe Plancton dijo que Nemo se había inventado la historia de que una ballena se había comido a su padre —respondió Tad.

—¡No me la inventé! —replicó Nemo.

—Bueno —dijo Dory—, técnicamente, Pepe Plancton tiene razón. La ballena no nos comió, en realidad.

Tad sonrió satisfecho hasta que Dory añadió:

—¡Simplemente estuvimos en su boca durante mucho tiempo!

—¡Vaya! —exclamó la clase impresionada. Tad frunció el ceño.

—Veréis, la ballena sólo nos estaba llevando a Sídney. Si hablas antes con ella, se pueden aclarar muchos temas de ingestión de antemano —explicó Dory.

—¡Una lección excelente! —dijo el maestro Raya—. Ahora enséñanos algunas palabras en balleno.

—De acuerdo —respondió Dory—. Repetid después de mí: ¡Teeeeeeeeeen uuuun buuueeeeeeeen díiiiaaaaaaaa!

—¡Teeeeeeeeeen uuuun buuueeeeeeeen díiiiaaaaaaaaaaaa! —repitió la clase.

—¡Muy bien! —exclamó Dory.

—Esto es una estupidez —farfulló Tad—. Tú no has...

De pronto, Tad dejó de hablar y todos miraron a Dory con expresión de pánico.

El pez cirujano se giró muy poco a poco. Justo detrás de ella, ¡había una ballena azul!

Dory se encogió de hombros y le dijo a la ballena:

—¡Sóoooolоооо praaaaacticáaaaaaaaabaaaaaamoooooooos!

Con un bramido, la ballena le deseó un buen día igualmente y se alejó nadando.

—Tad, ¿crees ahora a Dory?

—¡Increíble, ha sido genial! —gritó Tad—. Tengo muchas ganas de contarle a Pepe Plancton que casi me come una ballena.

Nemo y Dory se limitaron a lanzar un suspiro.

Octubre 23

Disney MICKEY y SUS AMIGOS

Una noche de terror

Minnie se quedó a dormir en casa de su mejor amiga Daisy.

—¡He planeado un montón de cosas! —le contó Daisy—. Primero, prepararemos *cupcakes.*

Las dos amigas se pusieron enseguida a batir, hornear y decorar.

—¡Deliciosos! —dijo Daisy.

A continuación, llegó la hora del pase de modelos. Minnie miró el elegante y brillante vestido que llevaba puesto.

—Parezco un árbol de Navidad —rio.

Luego, las dos se pusieron el pijama, pues era el momento de ver una película.

Escogieron una película de miedo titulada *El monstruo invisible de enormes garras.* Las amigas vieron como la actriz entraba en una terrorífica mansión y la puerta se cerraba de golpe tras ella.

—¡Nunca me atraparás, monstruo! —gritó la actriz. El monstruo la persiguió por toda la casa.

Ambas gritaron despavoridas, así que decidieron ver el resto de la película con las luces encendidas.

Cuando se acabó, las dos se fueron a dormir, pero, una hora más tarde, seguían despiertas.

—Esa película me ha dado mucho miedo —admitió Minnie.

—¡A mí también! —respondió Daisy.

Minnie sugirió que tomaran leche caliente para que les entrara el sueño, y, tras beber dos grandes tazas, volvieron a la cama... aún sin poder dormir.

—No funciona —refunfuñó Daisy.

—Intentemos contar ovejitas —propuso Minnie.

Cerraron los ojos y se imaginaron un prado lleno de ovejas.

Las chicas empezaron por fin a conciliar el sueño cuando, de repente, oyeron un fuerte chirrido.

—¿Qué ha sido eso? —gritó Daisy.

—Puede que sólo fuera una rama arañando la ventana —dijo Minnie, acurrucada bajo las sábanas.

—Sí, seguro que era eso —respondió Daisy.

Unos minutos más tarde, volvieron a escuchar chirridos, ¡además de un fuerte chillido! Las dos chicas gritaron.

—¿Y si es el monstruo? —preguntó Daisy.

Minnie respiró hondo.

—Debemos investigar —concluyó.

De puntillas, las amigas siguieron los chirridos, que provenían del exterior de la puerta de la entrada.

—Echemos un vistazo por la ventana —susurró Daisy.

Minnie apartó la cortina y ahogó un grito.

—¡Son gatitos! —exclamó mientras abría la puerta y los dejaba entrar.

—Se habrán perdido —dijo Daisy.

—Mañana preguntaremos por la ciudad, a ver si encontramos a su dueño. ¿Quién podía imaginar que nuestro monstruo sería tan adorable? —preguntó Minnie al volver a acurrucarse en la cama.

Y unos minutos después, Minnie, Daisy y los gatitos no tan aterradores se quedaron dormidos en un santiamén.

Octubre
24

Disney EL REY LEÓN

Hakuna matata

—¿Por qué estás tan triste? —le preguntó Pumba a Nala.

—No estoy triste —respondió ella—. Sólo soy un poco más seria que vosotros dos.

—Creo que podrías usar un poco de *hakuna matata* —dijo Pumba.

—*¿A kula manata?* —preguntó Nala.

—¿Crees que puede hacerlo? —le susurró Timón a Pumba por la comisura de los labios.

—¡Claro que puedo! —exclamó Nala, levantando la voz—. Pero primero necesito saber qué es.

—*Hakuna matata* —repitió Pumba con tono abstraído y soñador—. Es la manera de enfrentarse a las dificultades de la vida sin problemas.

—Significa «sin preocupaciones» —explicó Timón.

—Ya lo entiendo —dijo Nala—. En lugar de enfrentaros a vuestros problemas, preferís fingir que no existen.

—*Hakuna matata* te ayuda a relajarte —añadió Pumba.

—Me parece que vuestro *hakuna matata* es sólo otra forma de decir «vago y sin interés» —continuó Nala.

—Creo que nos acaba de insultar —le susurró Timón a Pumba.

—Conque estáis ahí. —Simba se acercó—. ¿Qué tramáis vosotros tres?

—Estaba aprendiendo el extraño concepto de *hakuna matata* —explicó Nala.

—¿A que es genial? —dijo Simba con una sonrisa.

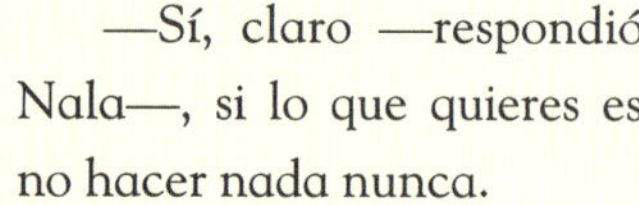

—Sí, claro —respondió Nala—, si lo que quieres es no hacer nada nunca.

Simba frunció el ceño.

—No es nada de eso. *Hakuna matata* te ayuda a superar las cosas.

—Ya —replicó Nala—. *Hakuna matata*, no te preocupes. No lo intentes.

—Ésa es una manera de verlo, supongo —explicó Simba—, pero, para mí significa «no te preocupes por eso ahora, no pasa nada». Me da la fuerza para superar los malos momentos.

—Vaya, no lo había visto así —dijo Nala.

—Entonces, ¿ya estás lista para unirte a nosotros? —preguntó Timón.

—¡Desde luego! —sonrió Nala.

—¡Traed los escarabajos crujientes! —gritó Pumba.

—¡Vayamos a molestar a los elefantes! —exclamó Timón.

—¡Vayamos al lodazal, a pelear en el barro! —chilló Simba, y los tres emprendieron la marcha.

—Ay, madre —murmuró Nala—, esto no es lo que tenía en mente.

Aun así, sonrió y corrió tras sus despreocupados amigos.

—¡El último en llegar al barrizal es un huevo podrido! —gritó.

Octubre 25

Disney · PIXAR

BRAVE

Una carrera hasta la cumbre

La princesa Mérida y el joven Macintosh corrieron hacia las Cataratas de Fuego montados en sus caballos. Mérida lo había desafiado a una carrera nada más llegar al castillo de DunBroch. El primero en llegar a la cima sería el ganador.

Llegaron a los pies de las cataratas al mismo tiempo.

—Será mejor que te quedes abajo —gritó el chico mientras trepaba—. ¡Alcanzaré la cima y volveré a bajar antes de que tú llegues a medio camino!

Mérida apretó los dientes, corrió para alcanzarlo y enseguida estuvieron a la misma altura.

En la cima de las cataratas, Mérida hizo un último esfuerzo para adelantarlo en un saliente rocoso.

—¡Lo conseguí! ¡Gané! —jadeó.

—¡En absoluto! ¡No es cierto! —replicó el joven Macintosh.

Mérida apoyó las manos en las caderas.

—Creo que te has mareado por la subida... —empezó a decir, pero se detuvo. Sabía que su madre no querría que ofendiera a uno de sus invitados en las celebraciones de los Ritos del Verano. En su lugar, se arrodilló al lado de la corriente y se echó agua fría en la cara. El joven Macintosh hizo lo mismo que ella.

—Tenéis una cascada magnífica —dijo el muchacho en tono amistoso—. Si viviera en DunBroch, treparía estas rocas a todas horas.

Mérida se preguntó si él también intentaba comportarse lo mejor que podía.

Miraron el castillo de DunBroch en la distancia, rodeado por las coloridas tiendas del clan Macintosh. Seguro que esperaban que volvieran pronto.

—¿De dónde crees que sale el agua? —preguntó Mérida al joven invitado mientras miraba la corriente.

—¿Es que tú no lo sabes? —dijo él sorprendido.

—No, no lo sé —respondió Mérida—, pero hoy lo averiguaré.

—¿Adónde vas? —gritó el joven Macintosh, que intentó seguirla.

A medida que seguían andando, los arbustos se volvían más espesos, y pronto los matorrales se volvieron tan densos que era difícil ver otra cosa que no fueran hojas.

Entonces Mérida se paró en seco. Estaba en la orilla de un lago que, a simple vista, parecía de lo más ordinario. Sin embargo, no se oía el canto de ningún pájaro, ni el zumbido de ningún escarabajo.

La voz del joven Macintosh rompió el silencio.

—Es sólo un lago, ¿no?

Mérida miró con detenimiento el agua. Estaba decepcionada. Se sentó sobre una roca y ¡desapareció por un agujero oscuro!

Octubre
26

Disney Princesas
La Bella Durmiente

La corona de diamantes

Era el decimoséptimo cumpleaños de Aurora, y muchas sorpresas la aguardaban.

Su madre, la reina, fue a felicitarla y la llevó frente a un enorme retrato.

—Madre, ¿eres tú? —exclamó Aurora señalando el cuadro. La reina llevaba una corona con un diamante rosa en forma de corazón en el centro.

—Sí, ahí tenía diecisiete años —respondió la reina—. Según la tradición, en el decimoséptimo cumpleaños de una princesa, la madre debe entregarle esta corona, y ella debe llevarla hasta que se convierta en reina. Sin embargo, antes debe responder a tres acertijos —explicó con una sonrisa.

Las tres hadas, Flora, Fauna y Primavera, llegaron volando.

—¡Feliz cumpleaños, princesa! —dijo Primavera—. Hemos venido a darte las pistas.

Flora recitó el primer acertijo:

—«Para la vista, es un placer; para el olfato, un deleite. Para el tacto, puede ser un sobresalto; y los pocos que deciden saborearla, confirman su dulzor.» La respuesta al primer acertijo es...

—Veamos —empezó Aurora—. «Para la vista, es un placer; para el olfato, un deleite», entonces es bonito y huele bien. «Para el tacto, puede ser un sobresalto», como una espina... en una rosa. ¡Eso es! —Corrió hasta el jardín y cogió la rosa más grande.

—¡Muy bien! —exclamó Fauna—. Y, ahora, el segundo: «Algunos lo plantan; otros, al aire lo lanzan. Unos lo dan varias veces al día, y los demás se ruborizan al acercarlo a la mejilla». ¿Lo adivinas?

—Es un beso, ¿verdad? —rio Aurora, y les dio un beso a las tres hadas, que enseguida se ruborizaron.

—¡Ahora es mi turno! —gritó Primavera—. «¿Qué se vuelve más fuerte cuanto más años vive? Unos dicen que es ciego, otros dicen que es verdadero, y el resto sólo dicen "por ti esto siento".»

Aurora pensó mucho, y justo entonces llegó el príncipe Felipe.

—¡Feliz cumpleaños, mi amor! —le dijo.

En ese instante, Aurora descubrió la respuesta, y salió corriendo hacia el cuarto de costura de su madre.

—¡He resuelto los acertijos! —exclamó Aurora. Le entregó la rosa y le dio un beso en la mejilla.

—¡Muy bien! —dijo su madre—. Y ¿cuál es la respuesta al tercer acertijo?

—El amor —respondió Aurora.

La reina, llena de orgullo, colocó la corona en la cabeza de Aurora.

Aquella tarde pintaron el retrato de Aurora para así colgarlo junto al de su madre.

—Feliz cumpleaños, Aurora —le dijo ella con cariño—. Y ¡que cumplas muchos más!

Octubre
27

Gastón se implica

Gastón estaba en la sala de banquetes cuando las hermanas mágicas aparecieron.

—Tenemos noticias que te pueden interesar, Gastón.

Él clavó su cuchillo en la mesa de madera.

—Primero enviáis a ese gato estúpido para que me vigile, y ¿ahora esto?

Martha voló en defensa de Pflanze.

—No está aquí para espiarte, sino para ayudarte.

Gastón se rio.

—¿Para ayudarme? ¿Por qué? ¡Soy el hombre más fuerte y atractivo de este pueblo!

—Sí, Gastón. Para ayudarte. Hemos encontrado a Bella, y ahora está volviendo con su padre.

Gastón miró fijamente a las brujas.

—¿Habéis encontrado a Bella?

—¡Sí, hemos encontrado a tu pichoncito! —exclamó Ruby—. No podrá resistirse a tus encantos.

Lucinda hizo una mueca.

—Pero, nada más puedas, nos gustaría que te reunieras con Monsieur D'Arque, del manicomio.

Martha lo explicó con más detalle.

—El padre de Bella ha estado delirando sobre una bestia, ¿verdad? Quizá el manicomio sea el lugar perfecto para él.

Ruby gritó de placer cuando añadió:

—Aunque estoy segura de que no haría falta internarlo si Bella decidiera casarse contigo.

Gastón entendió el significado de sus palabras al instante, y la brillantez de la idea lo dejó pasmado. D'Arque siempre estaba más que dispuesto a ayudar... a cambio de una pequeña suma.

Cuando tocaron a la puerta de Maurice, Bella fue quien respondió.

—He venido a llevarme a su padre —dijo D'Arque.

A lo lejos, Bella vio el carro de Monsieur D'Arque y comprendió que quería llevárselo al manicomio. El miedo la embargó.

—¡Mi padre no está loco! —gritó.

Mientras tanto, las brujas encontraron a Bestia dando vueltas por su estudio y le contaron con malicia que Bella estaba a punto de traicionarle.

—¡Ella nunca te amó! ¿Cómo iba a hacerlo?

—¡Era tu prisionera!

—¡Sólo fingía amarte para que la dejaras marchar!

Lucinda levantó un espejo donde se mostraba a Bella frente a una muchedumbre furiosa. Sostenía el espejo encantado de Bestia y, para salvar a su padre, gritó:

—¡Muestra a Bestia!

Su rostro apareció en el espejo, horrendo y terrible, aterrorizando a los lugareños con su rugido.

—¿Lo ves? Te ha traicionado —dijo Lucinda.

—Ella siempre ha amado a Gastón —añadió Martha.

—Te matará, y a la mañana siguiente se casarán —cantaron todas al unísono.

Bestia se quedó devastado.

Octubre 28

La Dama y el Vagabundo

De tal palo, tal astilla

Golfo tenía una vida nueva. Había pasado de ser un perro callejero a un miembro de la casa de los Querido y, ahora, Reina y él eran unos padres orgullosos.

Sin embargo, a Golfo le estaba costando mucho cambiar sus viejas costumbres.

—Golfo —dijo Reina con suavidad—, debes ser un ejemplo para los cachorros, especialmente para Golfillo.

Golfillo tenía un lado aventurero, justo igual que su padre. Por eso no era de extrañar que padre e hijo se dejaran llevar cada vez que jugaban juntos. No podían resistir el impulso de rodar por encima de un charco de barro... y luego perseguirse el uno al otro por el suelo limpio de la cocina.

La tía Sara y sus dos problemáticas gatas, Si y Am, iban a ir de visita pronto y Reina estaba intranquila.

—No te preocupes. Te prometo que mantendré a Golfillo alejado de esas alborotadoras.

—¿Y qué más? —preguntó Reina.

—Y yo también me mantendré alejado de ellas —añadió él.

Cuando llegó el gran día, Reina y Golfo llevaron a los cachorros a la habitación y les ordenaron que se quedaran allí. Aun así, Golfillo sentía curiosidad, así que se escapó del cuarto y se escondió detrás del sofá del salón. Luego se acercó sigilosamente por detrás de las gatas y golpeó sus colas, que no paraban de moverse de un lado para otro.

Las felinas se dieron la vuelta y persiguieron a Golfillo por el sofá, por debajo de la mesa e incluso por dentro de la alacena.

Golfo pensó: «Bueno, supongo que tendré que perseguir a esas gatas viejas y desagradables quiera o no».

Entró a toda prisa y con entusiasmo en la alacena y, unos segundos después, salió junto con Golfillo. Horrorizada, la tía Sara encontró más tarde a Si y Am dentro de la alacena, atadas con una bufanda. Sin que les viera nadie, Golfo y Golfillo compartieron un guiño de victoria.

Ambos salieron al jardín para seguir haciendo de las suyas. Aquella tarde, cuando Reina salió, descubrió que habían estado escarbando por todo el jardín en busca de huesos. Padre e hijo vieron la expresión disgustada de Reina y supieron que iban a recibir un buen sermón.

Golfo miró a Reina con inocencia.

—¿No quieres que el chico haga ejercicio? —le preguntó.

—¿Qué voy a hacer con vosotros dos? —dijo Reina riéndose.

Golfo y Golfillo sacaron un hueso gigante de detrás de la caseta.

—¿Cenas con nosotros? —sugirió Golfo.

—Bueno, de acuerdo —respondió Reina—. Pero nada más acabemos, limpiamos el jardín.

—¡Sí, señora! —dijeron a coro Golfo y Golfillo, muy satisfechos con ellos mismos.

Octubre
29

Disney Princesas
Enredados

Una familia de nuevo unida

Madre Gothel estaba furiosa. Rapunzel había descubierto toda la verdad: que ella era la princesa perdida y que Madre Gothel la había robado cuando sólo era un bebé. Ahora, Rapunzel no permitía que Madre Gothel sacara provecho de su magia para mantenerse joven.

—Ya no volveré a cantar. ¡Mi pelo no volverá a hacerte joven nunca más! —afirmó.

Madre Gothel la encadenó a una silla, pero no le sirvió de nada. Rapunzel prefería morir antes que obedecer sus órdenes.

Entonces, Flynn llegó a los pies de la torre. Aunque Madre Gothel lo había encerrado en prisión, había conseguido escapar gracias a la ayuda de Máximus y había salido corriendo para auxiliar a Rapunzel. Madre Gothel lanzó el largo cabello de Rapunzel y Flynn trepó por él. Sin embargo, cuando al fin entró por la ventana, fue Madre Gothel quien le recibió... ¡con una puñalada en la espalda!

—Si quieres que te deje cantar para curarle —le dijo a Rapunzel—, debes prometerme que vivirás conmigo para siempre en la torre. Si no, ¡será peor para él!

La joven, para poder salvar a Flynn, prometió hacer todo lo que Madre Gothel le pidiera, pero el chico no quería que Rapunzel se sacrificara por él. Así que, como ella no le hacía caso, cogió un pedazo de un espejo, que se había roto durante el forcejeo... y ¡cortó el cabello mágico de Rapunzel!

De inmediato, el precioso brillo de su pelo se desvaneció, y el color dorado se volvió castaño. Con un grito de horror, Madre Gothel se volvió cada vez más y más vieja hasta que se convirtió en una montaña de polvo y desapareció.

—Rapunzel, tú eras mi nuevo sueño —confesó el moribundo Flynn.

Rapunzel intentó cantar entre sollozos, pero su pelo había perdido todo su poder mágico. De repente, una de sus lágrimas cayó sobre el rostro de Flynn y empezó a brillar. Ante sus ojos, la herida de Flynn se curó milagrosamente. Por lo visto, aún quedaba una gota de magia dentro de Rapunzel.

Embargados por la alegría, por fin compartieron su primer beso. Después, Flynn no tardó ni un segundo más en llevar a Rapunzel al castillo, donde el rey y la reina aguardaban. ¡Qué regocijo! Su querida hija había vuelto a casa, y ¡la familia volvía a estar unida!

En cada rincón del reino, la gente celebró el retorno de su princesa perdida lanzando farolillos al cielo, los mismos farolillos que ayudaron a Rapunzel a encontrar el camino de vuelta a casa.

Octubre
30

Una boda de cuento de hadas

La emoción inundaba el ambiente en lo más profundo de los pantanos de Luisiana. Naveen y Tiana, dos ranas locamente enamoradas, estaban a punto de casarse, y todos sus amigos animales habían acudido para ayudarles con los preparativos.

Mamá Odie, una sabia mujer buena y poderosa, ofició la ceremonia. Naveen y Tiana habían acudido a ella cuando estaban desesperados por recuperar su forma humana, pero, ahora que estaban enamorados, ya no les importaba tanto ser ranas.

—Y por el poder que me ha sido otorgado, yo os declaro... ¡marido y rana! Naveen, puedes besar a tu preciosa novia —anunció Mamá Odie.

Naveen tomó a Tiana en sus brazos y le dio un tierno beso en los labios, un beso que ella devolvió sin vacilar.

Entonces, una nube multicolor chisporroteó llena de magia, empezó a dar vueltas a su alrededor... y ¡volvieron a ser humanos!

La pareja estaba espléndida: el príncipe Naveen llevaba un elegante traje y Tiana, un largo vestido verde. Sorprendidos y atónitos, se miraron el uno al otro.

Mamá Odie se rio.

—¡Te dije que la única forma de romper el malvado hechizo era besar a una princesa!

—¡Pues claro, Tiana! —exclamó el príncipe Naveen—. ¡Al casarte conmigo, te has convertido en una princesa!

—Y ¡nos hemos besado! ¡Acabas de besar a una princesa! —dijo Tiana.

—Y estoy a punto de volver a hacerlo —rio Naveen mientras sus amigos los aclamaban y vitoreaban.

Poco después, Naveen y Tiana se volvieron a casar, pero esta vez en la catedral de Nueva Orleans, con todos sus amigos y familiares en una ceremonia preciosa.

Tiana, tras salir de la catedral y subir al carruaje, lanzó su ramo a la multitud, y ¡fue su mejor amiga Charlotte quien lo cogió!

Charlotte rio, pues sabía que aquella era una buena señal. Significaba que la próxima boda sería la suya.

No hace falta decir que Tiana y Naveen vivieron felices y comieron perdices... y que pronto un restaurante nuevo abrió en la ciudad: el restaurante Tiana. La feliz pareja compró el viejo molino de azúcar y lo convirtió en el mejor lugar para comer bien, escuchar buena música y divertirse con los amigos y la familia.

Tiana había soñado durante toda su vida con ser la propietaria de un restaurante, un sueño que había compartido con su padre, y ahora tenía todo lo que podría haber deseado.

Octubre
31

TOY STORY 3

El círculo de amigos

Tras escapar de la guardería Sunnyside, ¡los juguetes de Andy acabaron en el vertedero! Habían caído en una cinta transportadora pero, por suerte, consiguieron evitar convertirse en pedacitos. Incluso Woody había salvado al malvado Lotso, a pesar de que el oso rosa les había tratado de una forma horrible.

Lo único que deseaban todos era volver a casa. Andy se marchaba pronto a la universidad y quería llevarse a Woody con él. El resto de los juguetes iban a quedarse sanos y salvos en el desván.

La cinta en la que se encontraban subía hacia una luz brillante. Al principio pensaron que se dirigían hacia la luz del amanecer, pero pronto se dieron cuenta de que se trataba del incinerador y todos empezaron a correr tan rápido como pudieron. Mientras tanto, Lotso se las había apañado para llegar al botón de parada de emergencia.

—¡Dale al botón! —gritaron Woody y Buzz.

Lotso estaba a punto de apretarlo y salvarlos a todos... pero se detuvo. Miró al resto de juguetes y, con una sonrisa malvada, echó a correr.

—¡No! —gritó Woody.

Los juguetes cayeron y rodaron hacia las ardientes llamas. Un rugido aterrador cruzó el aire, y todos intentaron abrirse camino hacia el exterior, pero la basura que caía de la cinta los acercaba cada vez más a su perdición.

Al final, todos los juguetes se cogieron de la mano y formaron un círculo de amigos. Estaban dispuestos a enfrentarse a su destino de la mejor manera que podían hacerlo: juntos.

De repente, una enorme sombra se cernió sobre ellos. Un gancho gigantesco descendía cada vez más y más en su dirección. ¡Las garras se abrieron y recogieron a Woody y todos los demás! Los juguetes se elevaron y se alejaron del fuego. Desde las alturas, vieron quién se encontraba en la cabina de grúa: ¡los marcianos la estaban controlando!

—¡El gaaaaanchooooo!

Los aliens los llevaron por encima de la montaña de basura y los depositaron con cuidado en el suelo. Sin embargo, no había tiempo para celebraciones.

—Vamos, Woody —dijo Jessie—. Debemos volver a casa.

—Y ¿qué pasa con vosotros, chicos? —preguntó Woody—. Quizá el desván no es la mejor opción.

—Estaremos allí para Andy —declaró Buzz.

Con todo, los juguetes se preguntaron si llegarían antes de que Andy se marchara. Afortunadamente, vieron al basurero de su vecindario cerca, subiendo a su camión. Así que los juguetes corrieron hacia él, preparados para hacer el viaje de vuelta a casa.

Lotso también se subió a uno... pero ¡no bajaría de él en mucho tiempo! Uno de los camioneros lo había atado al morro de su enorme vehículo.

Ahora, los juguetes de Andy sólo debían volver a casa.

Noviembre 1

Disney Campanilla y la Leyenda de la Bestia

La bestia de la cueva

—¿Qué eres tú? —susurró Fawn a la extraña criatura que se encontraba en el fondo de la cueva. Intentó mantener la calma, incluso cuando la enorme criatura se puso de pie.

Sin avisar, la bestia soltó un fuerte y sonoro rugido que hizo temblar el suelo. Para el hada, su boca parecía tan grande como la cueva misma, y estaba llena de dientes afilados.

El rugido se oyó en toda la Hondonada de las Hadas, lo que hizo que Nyx y el resto de las exploradoras se alarmaran. Preguntaron a las hadas de los animales qué tipo de animal podía emitir un sonido como ése, pero todas estuvieron de acuerdo en que sólo había un hada que lo supiera todo sobre ruidos fuertes y aterradores.

—Fawn —supuso Nyx.

Fawn salió de la cueva, volando hacia el sol de la mañana. La enorme criatura la siguió, y entonces fue capaz de verla con claridad desde una distancia segura. Nunca antes había visto algo parecido. Era gris y peluda, con unos dibujos extraños en el pelaje. También tenía unos ojos gigantescos de color verde esmeralda, y una boca amplia y dentuda. Su cola era larga y no tenía pelo. Sin embargo, la criatura no parecía terrorífica, sino más bien curiosa.

Fawn observó como la bestia empezaba a apilar rocas. Se fijó en que cojeaba, ya que tenía una espina clavada en una de las pezuñas delanteras. Con una cuerda, colgó una roca de un árbol y, mientras la bestia se ponía en pie para alcanzarla, Fawn le quitó la espina de la pata con rapidez.

La bestia aulló de dolor, pero, al apoyar la pata en el suelo, pareció entender lo que Fawn había hecho.

Con un gemido de agradecimiento, volvió a su trabajo. Ya no parecía importarle la presencia del hada.

Fawn corrió de vuelta a casa para coger sus herramientas de investigación. Quería tomar nota de todo lo que aprendiera de aquella bestia, pero Nyx la estaba esperando.

—¿Has oído el rugido de esta mañana? —le preguntó.

—¿Sonaba como un elefante? —preguntó Fawn inocentemente, mientras imitaba el sonido—. ¿O era un mono tal vez?

—Escucha, eso podría ser una amenaza —explicó Nyx—. Si averiguas quién ha hecho ese rugido, avísame.

—¿Qué harás si lo encuentras? —preguntó Fawn.

—Cumplir con mi deber —respondió Nyx.

Fawn sabía que el deber de Nyx era proteger la Hondonada de las Hadas, por lo que era probable que capturara a la bestia, y quién sabe qué ocurriría luego. No, Fawn decidió que quería estudiar a aquella criatura; era demasiado inusual e interesante. Además, no podía ser una amenaza para la Hondonada de las Hadas..., ¿verdad?

Noviembre
2

Disney · PIXAR

WALL·E

Al fin en casa

A bordo de la nave *Axiom*, donde todos los seres humanos vivían, la robot EVA le entregó al capitán una planta especial proveniente de la Tierra.

La encontró entre la colección de tesoros de un robot llamado Wall·E.

El capitán se emocionó mucho, porque aquella planta significaba que los humanos podían volver a la Tierra. Sin embargo, Auto, el piloto automático, no iba a permitírselo, así que le quitó la planta rápidamente y la tiró por el conducto de la basura.

La planta golpeó a Wall·E. ¡El pequeño robot estaba trepando por el conducto para llegar a EVA! Muy feliz por ello, el robot pudo devolverle la planta, pero Auto lo electrocutó y lo lanzó de nuevo por el conducto junto con EVA.

Los dos robots acabaron en el vertedero de la nave. EVA rescató al robot herido mientras éste intentaba entregarle la planta, pues aún pensaba que ella la deseaba más que a cualquier otra cosa, pero Wall·E se equivocaba. Ahora, EVA sólo deseaba ayudar a Wall·E.

EVA los sacó volando de inmediato del vertedero junto con la planta. La robot quería llevar a Wall·E de vuelta a su casa, la Tierra, para así encontrar la manera de repararlo.

Mientras tanto, el capitán estaba luchando contra Auto por el control de la nave. Envió un mensaje a EVA ordenándole que llevara la planta a una enorme máquina a la que llamaban holodetector. Aquella máquina haría que la nave se dirigiera hacia la Tierra.

El capitán consiguió apagar al malvado robot, y EVA luchó por llegar al holodetector. Al final, la robot introdujo la planta en la máquina y por fin se dirigieron todos hacia la Tierra.

Pero no todo iba bien. ¡La gigantesca máquina había aplastado a Wall·E! Aunque desconsolada, EVA quiso llevar al robot de vuelta a su camión con más determinación que nunca, ya que allí podría encontrar las piezas exactas para devolverle de nuevo a la vida. Tan pronto como la nave *Axiom* aterrizó en la Tierra, EVA se dirigió como un rayo hacia el hogar de Wall·E y lo reparó. El robot por fin consiguió encenderse... y se dispuso a recoger basura. Algo no iba bien. Era un robot compactador de basura cualquiera. Todo el amor había desaparecido. ¡Ni siquiera reconocía a EVA!

Embargada por la tristeza, EVA tomó la mano de Wall·E y se inclinó sobre él. Un arco voltaico apareció entre las dos cabezas: se trataba de un beso robótico; así quiso despedirse de él. Entonces... la mano de Wall·E empezó a moverse. EVA lo miró a los ojos. ¡Estaba volviendo a la vida! ¡La había reconocido!

—¿EEEVAAA? —dijo él. Tras perseguir a EVA por todo el universo, Wall·E acabó justo donde todo empezó, en casa, pero esta vez tenía lo único que realmente quería: la mano de EVA entrelazada con la suya.

Noviembre
3

Disney Princesas
Blancanieves y los Siete Enanitos

¡Espabila!

—¡Muy bien, enanitos! —dijo Sabio una mañana—. ¿Estáis todos listos para ir a trabajar? Vamos a ver. Está Feliz, Mudito, Mocoso, Tímido, Gruñón y Dormilón. —Sabio miró a su alrededor—. ¿Y Dormilón?

No hubo respuesta, pues Dormilón no estaba allí presente.

—No, otra vez no —se quejó Sabio, y llevó a los demás enanitos a la habitación, en el piso de arriba.

Allí encontraron a Dormilón, justo como Sabio había imaginado, durmiendo plácidamente en su cama. Sabio se le acercó y le levantó las sábanas.

—¡Vamos, Dormilón! ¡Espabila! —gritó Sabio, pero Dormilón se dio la vuelta y siguió durmiendo.

—¡Esto es ridículo! —exclamó Gruñón—. Todas las mañanas tenemos que sacarlo de la cama, y ya estoy harto.

—¡Yo también! —dijo Tímido.

—¡Y yo tanmal! —añadió Mocoso—. ¡Achús!

Los enanitos rodearon la cama de Dormilón y se quedaron mirándolo, pensando qué hacer con él.

—¡Tengo una idea! —dijo Sabio—. Tendremos que tomarnos un día libre en la mina de diamantes y quedarnos aquí para preparar el plan, pero creo que solucionará el problema... ¡de una vez por todas!

Los enanitos se reunieron en tropel alrededor de Sabio mientras él explicaba los detalles. Luego, cogieron las herramientas y comenzaron a trabajar. La habitación se llenó enseguida de ruidos de martillo, sierra y otros utensilios de metal. Toda la actividad se centraba en la cama de Dormilón y, a pesar del ruido infernal, el enanito siguió durmiendo como si nada.

Durmió toda la mañana, todo el mediodía y toda la tarde, e incluso toda la noche, y, bien temprano al día siguiente, un despertador situado en su mesita de noche empezó a sonar. La campana sonó de una manera tan estridente que hizo temblar el reloj.

Con una cuerda atada a su asa, el reloj rebotó por toda la mesita hasta que cayó al suelo. Al caer tensó la cuerda, que tiró de una escoba enganchada en el otro extremo. Al moverse la escoba, el gran peso que estaba aguantando cayó y activó una polea que elevó el cabezal de la cama de Dormilón con brusquedad. El cabezal se levantó del suelo, y Dormilón se escurrió por los pies de la cama hasta llegar a una rampa de madera, que lo sacó por la ventana y... ¡chof! Lo lanzó a una bañera de madera llena de agua fría.

Ya despierto del todo, Dormilón se sentó en la bañera parpadeando sin parar y preguntándose qué había ocurrido.

Los otros enanitos se asomaron por la ventana de la habitación y se rieron de buena gana (excepto Gruñón, por supuesto).

—¡Buenos días, Dormilón! —gritó Sabio—. ¿Te gusta tu nuevo despertador?

Noviembre
4

Disney Princesas La Sirenita

¡Ariel al rescate!

—¡Eric, esto es maravilloso! —dijo Ariel con entusiasmo mientras daba vueltas por todo el salón de baile con su príncipe—. ¡Puedo bailar contigo y ver el océano!

—¿Echas de menos a tus amigos del mar? —preguntó él.

—A veces —respondió ella—, pero me encanta estar contigo.

Unas semanas más tarde, Eric llevó a Ariel al lago, y allí la joven se percató de que ahora el lago estaba rodeado por un gran muro. Este muro mantenía alejadas a las criaturas peligrosas del mar, pero también tenía una puerta por la que podían entrar los amigos de Ariel. De hecho, Flounder, Scuttle y Sebastián estaban allí para recibirla.

Ariel estaba tan emocionada que se metió en el lago para reunirse con sus amigos y, entonces, vio algo en el agua.

—¡Mirad! —exclamó. Todos vieron saltar fuera del agua a un pequeño delfín.

—Es sólo una cría. Me pregunto dónde estará su madre —dijo Flounder, y cruzó el lago a nado, pero la cría de delfín se alejó de él—. Pobrecillo —añadió—, parece que le doy miedo.

Aun así, la princesa no se quiso rendir, y consiguió que la cría nadara hacia ella.

—Ojalá pudiésemos hacer algo —dijo Ariel.

—Estoy seguro de que su madre está al otro lado del muro —afirmó Flounder—. ¡Vamos a buscarla!

Sin embargo, unos días más tarde, Sebastián y Flounder seguían sin encontrarla. Ariel decidió que al día siguiente les pediría a más amigos del mar que la ayudaran en su búsqueda.

Más tarde, el sonido de los truenos despertó a Ariel. Cuando Eric y ella llegaron al lago, Flounder estaba intentando calmar al pequeño mamífero acuático.

Ariel trepó por el muro y, desde arriba, llamó a las criaturas marinas.

—¡Ayudadme, por favor! Soy Ariel, princesa de los mares, y necesito a mi padre, el rey Tritón.

Bajo la superficie del agua, las criaturas marinas nadaron a toda prisa en busca del rey Tritón y, de repente, apareció un rayo de luz. ¡Su padre había llegado!

La tormenta se calmó. La madre del pequeño delfín apareció frente a la puerta del lago e intentó entrar con todas sus fuerzas.

—¡Ay, no! —exclamó Ariel—. ¡La puerta no se abre y no puede entrar!

Eric miró al rey Tritón, que levantó su tridente y derrumbó el muro. Los delfines nadaron uno hacia el otro, y el pequeño dio las gracias a Tritón.

Aquella noche, la luna se elevó en el cielo, pero no hubo ningún baile real en palacio. En su lugar, Ariel y Eric volvieron al lago y disfrutaron de una maravillosa noche con todos los amigos del mar.

Noviembre
5

Bambi

La primera helada

Bambi abrió los ojos poco a poco. Estaba muy calentito en la espesura, acurrucado junto a su madre. Parpadeó aún adormilado y miró más allá de las zarzas. Algo había cambiado, porque el bosque no parecía el mismo. El aire era frío, y todo estaba cubierto por una brillante capa de escarcha.

—Jack Escarcha ha estado aquí —explicó la madre de Bambi—. Ha pintado todo el bosque con cristales de hielo.

Bambi estuvo a punto de preguntarle a su madre quién era Jack Escarcha y cómo podía pintar con hielo, pero llegó a sus oídos otra voz, una muy impaciente.

—¡Levántate, levántate! ¡Ven a ver la escarcha! —Era Tambor, que golpeaba el suelo con su pata nerviosa—. ¡No tenemos todo el día!

El cervatillo se levantó y miró a su madre. Con un movimiento de cabeza ella le dio su aprobación, y el pequeño salió corriendo de la espesura. Miró con atención las hojas multicolores del suelo. Todas y cada una de ellas estaban cubiertas de hielo blanquecino. Bambi tocó con la nariz una gran hoja de roble naranja.

—¡Está fría! —gritó.

—¡Claro que lo está! —rio Tambor.

—Yo creo que es preciosa —dijo Faline al acercarse al claro.

—Yo también —afirmó Bambi.

—¡Pues mirad esto! —Tambor se alejó saltando y los dos jóvenes ciervos lo siguieron, admirando la forma en la que el sol brillaba sobre la escarcha que cubría los árboles y la hierba.

Tambor desapareció bajo un arbusto, y luego Bambi oyó un nuevo sonido, una especie de crujido.

Faline se abrió paso a través de los arbustos, con Bambi justo detrás de ella. Allí encontraron a Tambor, rompiendo la fina capa de hielo de un charco con su pata.

Bambi no había visto hielo nunca, así que pisó con su pezuña la fina capa de hielo que cubría el charco. Parecía doblarse... ¡hasta que se rompió!

Los tres amigos se pusieron enseguida a pisotear los charcos cubiertos de hielo, y, cuando rompieron todo el hielo, Faline tuvo una idea.

—¡Vamos a la pradera!

Bambi pensó que era una idea genial. ¡La hierba estaría brillando! Salieron de inmediato hacia allí, saltando y corriendo juntos por el bosque, pero cuando llegaron a la linde de la pradera, se detuvieron.

Observaron, olisquearon y escucharon con atención. No sentían ningún tipo de peligro... porque el verdadero problema era que, en el prado, nada había cambiado. Allí no había escarcha.

—¿Qué ha pasado? —preguntó Bambi.

—La escarcha no dura mucho tiempo —explicó Tambor—. Se derrite tan pronto como aparece el sol. Pero no te preocupes, porque se acerca el invierno y pronto habrá algo mucho mejor que la escarcha. ¡Habrá nieve!

Búho el hablador

Una tarde fría y ventosa de otoño, volviendo a casa de una excursión para recoger hojas, Pooh, Conejo, Piglet e Ígor pasaron por delante de la casa de Búho. No pudieron evitar fijarse en la alegre luz que brillaba a través de todas las ventanas, una luz, tan atrayente que parecía deshacer el frío que todos sentían con nada más mirarla.

Y así fue cómo todos acabaron en el cálido y confortable salón de Búho.

—Gracias por dejarnos entrar en calor aquí, Búho —dijo Pooh—. Fuera hace mucho viento y frío.

—Bueno, se está acercando el invierno —respondió Búho—. Obviamente, eso significa que, antes de que llegue el calor, hará mucho más frío.

Búho empezó a explicar la diferencia entre el frío ventoso del otoño que ellos habían experimentado y el frío invernal que estaba a punto de llegar. Lo explicó con un montón de detalles y utilizando palabras como «escarcha», «escarchado» y «escarchadamente». Acabó siendo una explicación bastante larga. Se disponía a explicarles el tema de la congelación cuando Conejo lo interrumpió, para darles a los demás una oportunidad de hablar.

—Sí, Búho —dijo—. Sé que Piglet está muy contento de llevar hoy su bufanda, ¿verdad, Piglet?

—Desde luego —respondió Piglet—. Cangu me la tejió.

Búho se aclaró la garganta.

—Sí, claro —dijo Búho—. Tejer es un pasatiempo admirable. ¿Sabíais que se utilizan agujas de tejer para tejer? Pero no son nada afiladas, como uno pudiera pensar. No son tan afiladas como, por ejemplo, las agujas de coser o las agujas de un reloj...

Búho continuó comparando un montón de tipos diferentes de agujas y, una hora más tarde, cuando estaba a punto de empezar una discusión sobre alfileres, Conejo intentó cambiar de tema una vez más.

—Hablando de alfileres —empezó—, ¿cómo está tu cola hoy, Ígor? ¿Perfectamente enganchada y bien sujeta?

—Parece bien sujeta —respondió Ígor encogiéndose de hombros—, pero siempre se cae cuando menos me lo espero. Sin duda alguna no quisiera que se me cayera ahora, cuando parece estar tan bien sujeta, así que supongo que está a punto de caerse.

Conejo vio a Búho sentarse en su silla y tomar aire profundamente. Aquella era la señal de que se disponía a empezar un nuevo discurso sobre colas, o expectativas, o quién sabe qué, así que Conejo decidió que ya era hora de marcharse.

Todos se despidieron, dieron las gracias a Búho, y los cuatro visitantes salieron enseguida para volver a casa a través de los remolinos de hojas.

Ya de vuelta en casa, Conejo intentó decidir qué era más largo: un día ventoso de otoño... ¡o los discursos de Búho!

¡Desaparece la maldición!

En el gran caserón de techo puntiagudo, similar a un sombrero de bruja, las hermanas observaban los hechos que acontecían en el castillo.

Gastón y una multitud llegaron al castillo, y sólo los sirvientes opusieron resistencia. Bestia no hizo nada cuando Gastón lo encontró en el tejado, pues su deseo era morir. Sin Bella, ya no tenía nada por lo que vivir.

—¡Mata a Bestia! —gritaron las hermanas, pero Bestia vio que Bella lo llamaba, lo cual le infundió el deseo de luchar.

Bestia dominó la situación al momento.

—¡Que Bestia recuerde sus tiempos de juventud! —exclamaron las hermanas. Su hechizo funcionó, y Bestia dejó marchar a Gastón, pero él le clavó el cuchillo en un costado.

Gastón dio un traspiés, perdió el equilibrio y encontró la muerte en el abismo. Sin embargo, esto no importó a las brujas, pues Bestia, con el corazón roto, estaba perdiendo la vida en brazos de su amada.

—¡Circe debe ver esto!

Lucinda quitó el collar que rodeaba el cuello de su hermana y Circe abrió los ojos.

—Tenemos algo que mostrarte —dijo Lucinda, y la llevó a su habitación, repleta de espejos encantados.

En el espejo más grande, Circe vio a Bestia.

—¿Qué es esto? —preguntó mientras corría hacia el espejo—. ¿Está muerto?

Sus tres hermanas permanecieron de pie, sonrientes, con las manos entrelazadas, como si fueran unas niñas esperando con ansia que las alabaran.

—¿Cómo habéis podido pensar que quiero esto? —preguntó Circe.

—Te amo —susurró Bella a Bestia, con el rostro lleno de lágrimas.

Circe también estaba llorando.

—¡Nunca quise que esto sucediera! ¡Mirad! ¡Ella le ama! Voy a recuperarlo, voy a darle una oportunidad para que rompa la maldición.

Las hermanas mágicas empezaron a quejarse, pero la furia de Circe las espantó. Los poderes de su hermana eran mucho más grandes que los suyos.

—¡Una palabra más y le entrego vuestra voz a la bruja del mar!

Circe lanzó un hechizo. Unos rayos de luz iluminaron a la pareja, elevaron a Bestia en el aire y volvió a ser un príncipe otra vez. La ira, la vanidad y la crueldad ya no deformaban su rostro y su cuerpo. Bella pudo ver que su alma había cambiado de verdad.

La magia inundó el castillo y transformó de nuevo a todos los que allí se encontraban.

—¡Lumiere! ¡Din Don! ¡Señora Potts! —exclamó el príncipe al ver a sus mejores amigos por primera vez en años.

Echando un último vistazo, Circe borró la imagen del espejo encantado y dejó que todos vivieran felices para siempre.

Noviembre

8

La boda real de Tiana

Tras muchas aventuras y una ceremonia en los pantanos, Tiana y Naveen por fin iban a casarse como era debido. Para la boda dieron la bienvenida a los padres de Naveen, el rey y la reina.

Los ayudantes reales acorralaron a Tiana de inmediato y le anunciaron sus planes para la boda.

—Haremos esto... y esto —le estuvieron explicando. ¡La cabeza de Tiana daba vueltas sin parar!

—No quiero ofender al rey y a la reina, pero los planes de sus ayudantes para la boda no van conmigo —le explicó Tiana a su amiga Charlotte.

—¡Es tu boda! Deberías hacer lo que quisieras —dijo Charlotte, así que Tiana tomó su primera decisión para la boda: ¡le pidió a su amiga que fuera su dama de honor!

Justo entonces, la madre de Tiana llegó.

—Tiana, me gustaría hacer tu vestido de boda —le confesó.

—¡Mamá, es perfecto! —exclamó Tiana al ver el diseño de su madre.

Una vez todos se fueron a la cama, Tiana se coló en la cocina de los La Bouff para preparar el menú con Charlotte.

—Quiero un sabor muy de Nueva Orleans —explicó Tiana—. Empecemos por el gumbo.

Más tarde, Charlotte le comentó:

—Tiana, una novia necesita algo viejo, algo nuevo, algo prestado y algo azul, así que aquí tienes tu «algo azul».

Entonces le entregó un precioso collar azul.

Al día siguiente, Tiana les dijo a los ayudantes reales que ya tenía todo lo que necesitaba y, aunque sorprendidos, todos estuvieron de acuerdo. ¡Tiana debía tener su boda de ensueño!

Entonces la madre de Naveen, la reina de Maldonia, entró en la habitación. ¿Estaría disgustada?

—Tiana, querida, me alegra que estés preparando la boda que deseas, pero ¿me harías el honor de llevar la tiara que yo llevé cuando me casé con el rey?

Todo parecía ser perfecto, sólo que Tiana echaba de menos a su padre. Sin embargo, la noche antes de la boda, mientras observaba la estrella de la tarde, Tiana comprendió que su padre siempre formaría parte de ella.

Así, pues, el día de la boda, Tiana llevó la vieja cuchara favorita de su padre dentro del ramo, se puso el vestido nuevo que hizo su madre, la tiara prestada de la reina y, bajo el velo, el collar azul de Charlotte.

Al besar a Naveen, Tiana supo que el amor era lo que hacía perfecta tanto su boda como su vida entera.

A los invitados de la boda les encantó la cocina de Tiana. Cuando ella y Naveen dieron el primer bocado a la tarta, compartieron la dulzura de su nueva vida juntos.

Noviembre
9

Disney Princesas
La Bella Durmiente

Pequeñas hadas en grandes cajas

La boda de la princesa Aurora con el príncipe Felipe iba a tener lugar en pocos días y las tres hadas buenas, Flora, Fauna y Primavera, querían hacerle a Aurora el regalo perfecto. De pie frente a una enorme caja, intentaron decidir qué poner dentro.

—¿Qué tal un vestido bonito para que la princesa Aurora lo lleve en su luna de miel? ¡Algo rosa! —dijo Flora con decisión.

—¿Qué tal un suntuoso carruaje? —sugirió Fauna con una sonrisa.

Flora sacudió la cabeza.

—El rey Estéfano ya les está preparando un carruaje. Mejor démosle un vestido.

—¡Ya sé! —gritó Fauna—. Una bandada de palomas que soltaremos justo cuando Aurora y Felipe salgan de la iglesia. ¡Es perfecto!

—Lo que Aurora necesita es una tiara para llevarla con el vestido de novia —dijo de sopetón Primavera—. Con tres joyas: una roja de Flora, una verde de Fauna y una azul mía. Eso le hará recordar a nuestra Rosa lo mucho que la queremos.

—Un vestido es mucho más práctico que una bandada de palomas, querida —expuso Flora con firmeza.

—Pero una bandada de palomas es mucho más romántica que un vestido —insistió Fauna.

Primavera puso los brazos en jarras.

—¡Una tiara! ¿Qué tiene de malo una tiara?

Pero ni Flora ni Fauna la miraron, lo cual hizo enfadar a Primavera.

—Decidido, le daremos un vestido —dijo Flora.

—Palomas —repitió Fauna.

—¿Por qué no le podemos dar una...? —empezó a decir Primavera, pero, mientras movía los brazos para captar la atención de las otras hadas, perdió el equilibrio y cayó dentro de la enorme caja. Flora y Fauna ni se dieron cuenta.

—¡Le daremos las dos cosas! —concluyó Flora.

Apuntaron a la caja con sus varitas y la rociaron con destellos mágicos. Hicieron aparecer una gran cinta de satén, que envolvió la caja y se anudó sola formando un lazo gigante.

Flora y Fauna se pusieron las capas y se prepararon para entregarle el regalo a Aurora, pero... ¿dónde estaba Primavera?

—Quizá se ha adelantado —dijo Flora—. Vamos para allá.

En el palacio, Flora y Fauna depositaron la caja frente a la princesa, y cuando Aurora quitó la cinta, Primavera salió disparada de la caja. Se presentó frente a la princesa con una preciosa tiara formada por tres joyas: una roja, una verde y otra azul.

—¡Gracias, queridas mías! ¡Es perfecta! —exclamó Aurora con la boca abierta.

Primavera sonrió y dijo:

—Justo lo que yo pensaba.

Noviembre
10

Disney Campanilla y la Leyenda de la Bestia

Fawn hace un amigo

En la Hondonada de las Hadas, Fawn empezó a estudiar la extraña criatura que había descubierto en lo más profundo de una cueva. La dibujó desde todos los ángulos, le tomó medidas e intentó jugar con ella, pero la criatura la ignoraba por completo. Lo único que quería era apilar piedras.

A la puesta de sol, la estela de polvo de hada que Fawn dejaba tras de sí captó la atención de la bestia y le dio un empujoncito al hada, con una expresión mucho más agradable en el rostro. ¡Por fin encontraron un modo de llevarse bien!

Fawn espolvoreó un poco de polvo de hada sobre una roca y la hizo flotar mágicamente hasta la torre de piedras, lo que satisfizo a la criatura.

Al caer la noche, Fawn se acurrucó bajo una hoja y se fue a dormir. Sabía que la bestia no le haría daño.

Fue al amanecer cuando el gigantesco animal la despertó.

—Vaya, parece que a alguien le gusta trasnochar —dijo mientras observaba con atención la torre de rocas con forma de cuerno que había detrás de la criatura. Era tan alta que se elevaba hacia el cielo.

De repente, la bestia cogió al hada, la soltó sobre su cabeza y, juntas, emprendieron la marcha hacia el bosque.

—¿Adónde vamos? —preguntó Fawn.

La criatura se limitó a gruñir.

—Está bien, no hace falta que hagas «gruf» todo el tiempo —se quejó Fawn, y entonces se le ocurrió una cosa—. ¡Ya lo sé! ¡Te llamaré Gruff!

Entonces Gruff se detuvo de repente en un claro del Bosque de Verano. Allí, sacó otra roca y volvió a empezar a construir otra torre. Sin embargo, Fawn decidió convertirlo esta vez en un juego. Espolvoreó una roca con polvo de hada y Gruff la golpeó para ponerla en su sitio.

—¡Eso es! —exclamó Fawn mientras alineaba unas cuantas rocas. Por desgracia, Gruff las golpeó con demasiada fuerza por accidente y se fueron flotando más allá de la torre de rocas, ¡hacia el Prado de los Girasoles! Fawn gritó para avisar a las hadas que había allí y éstas se dispersaron veloces.

Las exploradoras acudieron de inmediato al prado del accidente.

—¿Estáis todas bien? —preguntó Nyx.

—Sí, gracias a Fawn —respondió un hada de jardín—. Si no hubiese dado la voz de alarma, ¡estaríamos más planas que una semilla de calabaza!

—¿Fawn? —se extrañó Nyx.

Mientras tanto, Fawn miraba por el borde del risco y vio a las exploradoras abajo en el prado.

Dio algunas vueltas frente a Gruff, esparciendo polvo de hada por todas partes.

—Vale, otro juego —le dijo a Gruff—. ¡Se llama «persigue al hada»!

A medida que Fawn brincaba en el aire, Gruff seguía su estela, y así se adentraron en el bosque. Quería mantener escondida a la bestia durante un poco más de tiempo... el suficiente para averiguar qué hacer con ella.

Noviembre 11

Disney EL LIBRO DE LA SELVA

La patrulla de la selva

Un día Mowgli fue a la selva a visitar a su viejo amigo el oso, Baloo.

—¿Por qué estás tan triste, Mowgli? —le preguntó.

—Es la estación seca y el caudal del río está bajando —explicó Mowgli—. Mis amigos de la aldea tienen miedo de que nos quedemos sin agua.

—Vaya —dijo Baloo, y se rascó la cabeza—. ¿Y si usáis el manantial de la selva? Nunca se seca.

Mowgli sacudió la cabeza.

—Está demasiado lejos. Tardaríamos un día entero en ir y volver.

Entonces, la sigilosa pantera Bagheera se acercó.

—Tengo una idea, Mowgli: la patrulla de la selva.

A la mañana siguiente, Bagheera, Baloo y Mowgli esperaron junto al manantial. No pasó mucho tiempo hasta que el suelo empezó a temblar y el coronel Hathi y sus elefantes aparecieron.

—Un, dos, tres, cuatro. Con el un, dos... —gritaba el coronel, con el pelotón marchando tras él.

—Aquí viene —dijo Bagheera—. La patrulla de la selva.

Los tres se apresuraron a esconderse entre los arbustos y esperaron a que los elefantes pararan en el manantial a dar un buen trago.

—¿Preparado para poner en marcha mi plan? —susurró Bagheera a Mowgli. El chico asintió y los dos saltaron de los arbustos gritando—. ¡Al río, rápido! ¡Todos al río!

Los elefantes los miraron alarmados.

—¿Qué... qué es lo... lo... lo que pasa? —tartamudeó el coronel.

—¡Shere Khan se acerca! ¡Corred hacia el río! —gritó Mowgli.

—Compañía... ¡corran! —vociferó el coronel, y los elefantes marcharon en estampida por la selva.

Bagheera y Mowgli vieron como la manada derribaba todos los árboles que se encontraban entre el manantial y el río. Cuando Mowgli llegó a la orilla, se dio la vuelta y vio un camino despejado hacia el gran manantial.

Ahora era el turno de Baloo.

—¡Escuchad! —gritó Baloo mientras corría hacia la manada—. ¡Falsa alarma!

—¿Cómo que falsa? —preguntó Hathi.

—Shere Khan no se está acercando —dijo Baloo—. Unos cazadores humanos lo están persiguiendo, así que ha huido lejos. ¡Estamos a salvo!

Todos los elefantes suspiraron aliviados. Entonces el coronel Hathi gritó:

—¡De frente! ¡Marchen!

Mowgli sonrió mientras los elefantes se alejaban.

—Con este nuevo camino al manantial, mis amigos nunca se quedarán sin agua.

Bagheera asintió.

—Buen trabajo —dijo.

—Y tanto —añadió Baloo con una carcajada—. Y ¿sabes qué ha sido lo mejor? ¡Que otros lo han hecho por nosotros!

Noviembre
12

Un amigo para Philippe

Bella disfrutaba de la vida en el castillo con su príncipe, y quería muchísimo a su fiel corcel Philippe. Sin embargo, durante los últimos días, el caballo había estado comportándose de forma extraña. Una mañana, Bella decidió intentar animarlo, así que les pidió ayuda a sus amigos.

En primer lugar, Lumiere ayudó a Bella a alegrar el establo de Philippe. Cubrieron las paredes con papel pintado y las adornaron con oro. Colocaron cojines en las esquinas y colgaron una gran lámpara de araña en el techo.

—¡*Voilà!* —exclamó Lumiere—. ¿Qué más puede pedir un caballo?

Sin embargo, Philippe se limitó a mirar por la ventana con melancolía.

—Ojalá lo supiera —dijo Bella.

A continuación, Bella se aseguró de que le dieran al caballo un buen baño de burbujas digno de un rey.

—Si esto no le hace feliz —comentó a Chip—, ¡no sé qué lo hará!

Pero al final, aunque su pelaje estaba brillante y olía de maravilla, Philippe seguía igual de cabizbajo. A su vez, Bella seguía igual de desconcertada, así que le preguntó al príncipe si tenía alguna sugerencia.

—Un buen paseo siempre me solía animar —dijo el príncipe.

Bella pensó que era una idea magnífica, así que llevó a Philippe a dar una vuelta por una extensa y amplia pradera, pero el caballo no tenía ganas de galopar.

—Philippe —le dijo Bella desesperada—, ¡ya no sé qué más hacer!

Entonces, de repente, Philippe levantó las orejas con atención. Bella apenas tuvo tiempo de sentarse bien antes de que el caballo saliera corriendo.

Pronto llegaron a un claro... ¡lleno de preciosos caballos salvajes! Philippe relinchó y varios caballos le respondieron. Por fin Bella entendió lo que quería: ¡estar con otros caballos!

Bella observó como Philippe corría y jugaba toda la tarde, y pronto hacía un amigo. Los dos caballos pastaron, se persiguieron por el prado y dormitaron juntos bajo el cálido sol.

El día pasó volando y el sol empezó a ponerse. Bella ensilló a Philippe y emprendieron el camino de vuelta al castillo.

Entonces Bella oyó el sonido de unos cascos detrás de ellos. ¡El nuevo amigo de Philippe los estaba siguiendo a casa!

—¡Bienvenido a nuestro castillo! —dijo Bella al nuevo caballo nada más llegaron, y se dio prisa en arreglar el otro establo, al lado del de Philippe—. Ahí lo tienes —exclamó al acabar—. Ahora sí que es un establo donde puede vivir feliz para siempre un caballo, o dos.

Y eso fue exactamente lo que hicieron.

Noviembre
13

Disney
Campanilla
y la Leyenda de la
Bestia

Las hadas conocen a la bestia

Nyx y las exploradoras de la Hondonada de las Hadas llegaron a la cima del risco después de que Fawn y Gruff desaparecieran en el interior del bosque. Examinaron las pistas que allí se encontraron: la torre de rocas, las huellas de pezuñas y un poco de polvo de hada.

Las exploradoras siguieron las pisadas que se adentraban en el bosque. Delante, los árboles temblaban, y oyeron el chasquido de algunas ramas al romperse.

Las exploradoras volaron veloces en posición hacia el origen del ruido. Lanzaron bolsas de polvo de belladona y las reventaron en el aire. La nube de belladona caía hacia Gruff, pero Fawn cambió de dirección con brusquedad para evitarla y la bestia la siguió. De ese modo, esquivaron el polvo durmiente.

Nyx voló a toda prisa sorteando los árboles y se detuvo al borde de un acantilado. Fuera lo que fuese lo que había estado persiguiendo, ¡había desaparecido!

Bajo el acantilado, escondidos entre las raíces de un árbol, Gruff le dedicó una amplia sonrisa a Fawn. ¡Ese juego le gustaba mucho!

De vuelta al Rincón del Libro, Nyx estaba decidida a averiguar a qué se enfrentaba. Scribble, el duende lector, le prestó un libro tras otro, pero Nyx no encontró nada que la ayudara. Entonces, se fijó en un viejo pedazo de pergamino que colgaba del tablón de anuncios de Scribble.

Nyx lo cogió y sonrió.

—Cuéntame todo lo que sabes sobre esto —le pidió a Scribble—. Absolutamente todo.

Mientras tanto, Fawn fue a buscar a sus amigas. Decidió que había llegado el momento de presentarles a Gruff, pero primero se acordó de la promesa que le había hecho a la reina Clarion: utilizar tanto su corazón como su cabeza para pensar. Quería asegurarles a sus amigas que sabía muy bien lo que estaba haciendo.

Todo esto preocupó a Campanilla.

—Fawn —le dijo—, ¿qué está pasando?

—Chicas, ¡os presento a Gruff! —Fawn las instó a que miraran hacia arriba. Colgado del árbol estaba Gruff, sonriendo de oreja a oreja.

¡Iridessa se desmayó! Mientras, las otras se quedaron mirándolo asombradas.

—¿Qué es eso? —preguntó Rosetta tragando saliva y mirando a la enorme criatura.

—En realidad no lo sé —admitió Fawn—. Voy a llevárselo a la reina y a mostrarle que es inofensivo.

Después de que Fawn y Gruff las convencieran de que la bestia era amistosa, las chicas lo ayudaron a volar espolvoreándole polvo de hada por encima y la guiaron hasta la casa de la reina Clarion.

—Vosotras vigiladlo aquí fuera mientras yo empleo mis encantos con la reina y la preparo para la presentación —explicó Fawn.

Noviembre
14

Disney Princesas
Enredados

Las joyas de la princesa

Liberada por fin de la torre y de Madre Gothel, Rapunzel y sus amigos volvieron al reino. Pronto conocería a sus verdaderos padres, el rey y la reina.

—No puedo creer que sea la princesa perdida —dijo Rapunzel.

Flynn sonrió.

—Serás una princesa genial. Lo único que tienes que hacer es llevar una enorme y pesada corona...

—¡Ay, madre! —exclamó Rapunzel.

—Deja que vuelva a empezar —dijo Flynn—. ¿Recuerdas la tiara que llevaba en mi alforja? Bueno, pues te voy a contar una historia. De pequeño, en el orfanato, leí un libro sobre una princesa que afirmaba que una tiara simbolizaba todo lo que una princesa debía ser. Los cristales blancos simbolizaban el espíritu aventurero; los verdes representaban la bondad; los rojos, el coraje; y la corona dorada en sí simbolizaba el liderazgo. Durante años pensé en esa tiara y, un día, conocí a una chica que podía llevarla. Era muy aventurera, sin duda, y trataba con bondad a todo el mundo, tenía coraje y espíritu de liderazgo, por supuesto. ¡Convertía los malos momentos en algo maravilloso!

—Flynn, ¿estás hablando de...? —empezó a decir Rapunzel.

—¡De ti! —exclamó—. Estoy hablando de todas las cosas emocionantes que hiciste cuando saliste de la torre en busca de las luces flotantes.

—Pero hice todas esas cosas cuando mi pelo era largo y mágico —explicó Rapunzel—. Ya no sé cómo ayudar a la gente sin magia.

De repente, oyeron un ruido tras ellos.

—¡Que nadie se mueva! —gritó una voz—. Entregad al caballo.

—¡Rapunzel! —exclamó Flynn—. ¡Corre!

Sin embargo, Rapunzel no corrió, sino que fue directamente a rescatar a Máximus. En cuanto todo acabó, Rapunzel echó un sermón a los bandidos.

—La culpa es sólo mía —confesó uno de ellos—. Necesito tu caballo para llevar a mi hijo al médico.

—¡Dios mío! ¿Dónde está? —preguntó Rapunzel.

En cuestión de minutos, Rapunzel atendió las heridas del niño, que sonrió cuando lo subieron a lomos de Máximus para llevarlo al médico del reino.

—¿Cómo podríamos agradecérselo? —le preguntaron los hombres.

Rapunzel pensó en la tiara y en lo que representaba: aventura, bondad, coraje y liderazgo. De pronto, se dio cuenta de que no necesitaba su pelo mágico en absoluto.

—Venid conmigo —dijo.

En el reino, Rapunzel recibió su corona de princesa; pero, mientras saludaba a la multitud, sabía que nadie la estaba apoyando tanto como sus nuevos amigos.

Y ellos siempre la estarían apoyando.

Noviembre
15

Disney Princesas La Sirenita

La boda real de Ariel

Ariel quería al príncipe Eric desde el primer momento en que lo vio, y el príncipe Eric quería a Ariel desde el primer instante en que la oyó cantar. Ahora, ¡por fin se iban a casar!

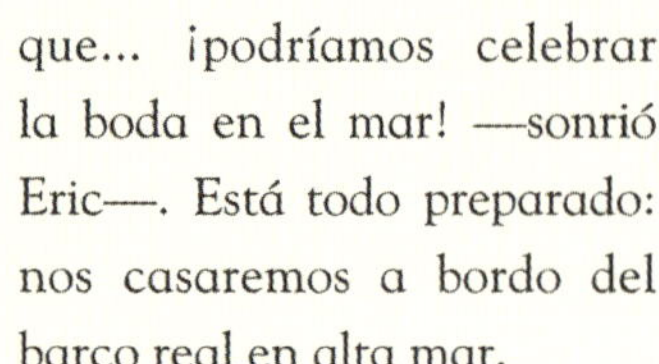

En el castillo, Ariel se dio cuenta de que había muchísimo trabajo por hacer. Los empleados reales empezaron a mostrarle a Ariel un sinfín de listas, libros y planes, y comenzó a ponerse nerviosa.

«Nunca he asistido a una boda humana —pensó—, ¿por dónde empezar?». Ariel sabía que necesitaría un montón de ayuda.

Le pidió a Carlotta, la amable criada, que la ayudara a hacer su vestido, y trabajaron durante toda la noche para tener listo el vestido de ensueño de Ariel.

—Es tan bonito —exclamó Ariel—. Ojalá mis hermanas pudieran verlo.

A la mañana siguiente, el chef Louis le dibujó un boceto de la maravillosa tarta nupcial que iba a preparar.

—¡Es perfecta! —dijo Ariel—. Ojalá mi padre pudiese verla acabada.

Cada vez que Ariel pensaba en todos los grandes planes de la boda, no podía evitar acordarse de su familia. El sueño de Ariel era pasar el resto de su vida como humana al lado del príncipe Eric, como su esposa, pero quería a su familia cerca el día de la boda. Empezó a sentirse muy triste.

Más tarde, el príncipe Eric vio una lágrima en los ojos de Ariel.

—¿Qué ocurre? —le preguntó.

—Ojalá... ojalá mi familia pudiese venir a la boda —respondió Ariel.

—Imaginé que querrías eso, y he pensado que... ¡podríamos celebrar la boda en el mar! —sonrió Eric—. Está todo preparado: nos casaremos a bordo del barco real en alta mar.

—¡Es perfecto! —gritó Ariel—. ¡Gracias!

Ariel se reunió enseguida con sus hermanas cerca de la orilla y les pidió a todas que fueran sus damas de honor. También le pidió a Sebastián que llevara los anillos, y a su padre, el rey Tritón, que la acompañara hasta el altar.

Por fin llegó el día de la boda. El barco estaba cubierto de preciosas flores rosas y blancas, y los invitados humanos estaban sentados en cubierta. El padre de Ariel utilizó su tridente para elevarse a sí mismo y a sus hijas hasta el lateral del barco. El resto de sus amigos marinos miraron desde el agua.

El rey Tritón acompañó a su hija hasta su apuesto príncipe; los novios leyeron los votos y se entregaron los anillos.

—¡Bésala! —gritó Sebastián, y ¡el príncipe y la princesa se casaron al fin!

El príncipe Eric y la princesa Ariel sabían que sus vidas simbolizaban la unión entre el mar y la tierra, y aquél era el principio de una vida llena de alegría y risas junto a familiares y amigos de todo tipo.

Noviembre
16

Entrega especial

Ahora que la familia había aumentado tan drásticamente, Roger, Anita, Nanny y los dálmatas tuvieron que mudarse al campo, o a la «plantación de dálmatas», como a Roger le gustaba llamarlo. Desde la ciudad les hacían llegar comida de perro una vez a la semana. Llegaba todos los jueves a las tres de la tarde, y Rolly la esperaba con gran expectación.

Un jueves, Rolly y Pepper se percataron de que habían dejado abierta la parte trasera de la camioneta.

—¿Estás pensando lo mismo que yo? —le preguntó Pepper a Rolly, y éste asintió.

—¡Hora del aperitivo!

Los dos perritos corrieron hacia la camioneta y saltaron por detrás. Pepper trepó por encima del montón de bolsas y las olisqueó de arriba abajo. Debía de haber comida suelta por alguna parte...

—¡Bingo! —gritó Pepper—. ¡Rolly, por aquí!

Rolly acudió en un santiamén y los hermanos empezaron a comer. Estaban tan ocupados comiendo que no vieron salir de la casa al conductor de la camioneta.

¡Blam! El conductor cerró la puerta trasera de la camioneta y, un segundo después, ésta se marchaba traqueteando camino abajo.

—Ay, no —susurró Pepper.

Al final, tras lo que pareció ser una eternidad, el vehículo se detuvo con una sacudida, la puerta trasera se abrió y el conductor empezó a descargar bolsas de comida.

Pepper y Rolly salieron de la camioneta aprovechando que él no estaba mirando y corrieron a esconderse detrás de la casa.

—¿Qué creéis que estáis haciendo? —gruñó una voz.

Los cachorros se dieron la vuelta y se encontraron con un enorme bulldog que los miraba con gravedad.

—Ésta es mi propiedad —dijo—. Ya va siendo hora de que os larguéis.

Los dos perritos lo miraron fijamente.

—¡Ahora! —ladró.

—No me da miedo —dijo Pepper con descaro—. No es ni la mitad de malo que Cruella.

El bulldog se quedó con la boca abierta.

—¿Te refieres a Cruella de Vil? —preguntó—. ¡Debéis de ser los cachorros de Pongo y Perdita! He oído vuestras aventuras por el Aullido Nocturno. Vivís en la plantación de dálmatas, ¿verdad?

—¡Sí! —exclamó Rolly—. ¿Nos puede llevar allí?

—¡Pues claro! —dijo el bulldog—. ¡Vamos!

Por suerte, Pongo y Perdita habían salido ese día y no supieron en qué berenjenal se habían metido, pero en el jardín había 97 cachorros que esperaban la llegada de ellos dos y su escolta.

—¡Vaya! —dijo Lucky tras escuchar su historia—. ¿Tuvisteis miedo de ese bulldog gigantesco y malo?

—¡Qué va! —respondió Pepper—. ¡Ese bulldog era ladrador y poco mordedor!

Noviembre 17

Disney Princesa

La Cenicienta

El anillo de zafiro

Ya había pasado un año desde la boda del príncipe y Cenicienta. Para celebrarlo, el príncipe iba a organizar un baile, y le entregó a Cenicienta un anillo de oro con un zafiro azul, su piedra favorita.

Sin embargo, el anillo era demasiado grande y, de algún modo, cayó de su dedo.

—¡Ay, no! —gritó Cenicienta—. ¡Mi anillo! ¿Dónde está?

Buscó dentro de sus guantes, pero no lo encontró.

—No te preocupes —le dijeron sus amigos ratones, Jaq y Gus—. ¡Te ayudaremos a buscarlo!

—¿Dónde has estado hoy? —preguntó Jaq.

Tras pensarlo, Cenicienta respondió:

—Lo primero que he hecho hoy ha sido entrar en mi habitación para escribir en mi diario.

Corrieron hacia el cuarto de Cenicienta.

—No está —dijo Jaq con un suspiro.

—Busquemos en la cocina —dijo Cenicienta—. Después fui allí para preparar té.

No obstante, lo más parecido a un anillo allí era una rosquilla del día anterior.

—Quizá deberíamos ir a la biblioteca. Esta tarde he estado leyendo allí —dijo Cenicienta.

Buscaron por todas partes, pero no pudieron encontrar su anillo de zafiro.

—También he ido a los establos para dar de comer a Frou. Quizá lo haya perdido allí.

Los tres amigos rebuscaron por los montones de paja, en vano. Cenicienta se rascó la cabeza.

—Aún queda un sitio más por mirar —dijo—. ¡El jardín!

Los ratoncitos buscaron entre las flores hasta que Gus exclamó:

—¡Cenicienta, lo he visto! —El ratón había cogido un objeto azul y brillante—. ¿Es un zafiro? —preguntó.

Cenicienta negó con la cabeza, pues sólo se trataba de una canica.

—Espera un momento —dijo ella al pasar junto al pozo—. Me di cuenta de que había perdido el anillo después de sacar agua del pozo. ¿Se habrá caído ahí dentro?

—Espero que no —respondió Gus temblando.

Jaq puso los ojos en blanco.

—No seas cobardica. ¡Métete en el cubo!

Cenicienta los ayudó a bajar por el pozo.

—¿Veis algo? —les preguntó desde arriba.

Un grito rebotó por todo el pozo, por lo que Cenicienta tiró de la cuerda tan rápido como pudo para subir el cubo.

—¿Qué habéis visto? —preguntó alarmada.

—Pues nada —dijo Gus con picardía—. Nada más que... ¡el anillo de Cenicienta!

—¡Sois mis héroes! —exclamó Cenicienta—. ¡Ya veréis cuando le cuente al príncipe cómo habéis salvado nuestro día especial!

En el baile, Cenicienta y el príncipe levantaron sus copas para homenajear a Gus y Jaq, sus invitados de honor, y pensaron en lo afortunados que eran de tener unos amigos tan maravillosos.

Noviembre 18

Winnie the Pooh

La nueva casa vieja de Ígor

Un frío día de noviembre, en el Bosque de los Cien Acres, un vendaval típico de ese mes soplaba con tanta fuerza que acabó derribando la casa de Ígor hasta los cimientos.

Así, pues, Ígor fue a casa de Pooh.

—Bueno, Pooh —dijo—, parece ser que a noviembre no le gusto, o no le gusta mi casa. Me temo que tendré que quedarme aquí contigo, si no te importa, claro.

Pooh le aseguró que no le importaba y le ofreció un poco de miel.

—Preferiría cardos, si es que tienes, que probablemente no —comentó Ígor—. Lástima. Tal vez Conejo tenga unos pocos.

En efecto, Conejo tenía unos cuantos cardos, así que Ígor decidió quedarse con él. Sin embargo, la casa de Conejo estaba tan llena de verduras y herramientas de jardinería (rastrillos y palas, canastos y cordeles) que apenas había espacio en la madriguera para el burrito.

—Es posible que Piglet tenga más espacio, aunque lo dudo —dijo Ígor.

Piglet le dijo que era bienvenido e incluso le preparó una camita cerca de la despensa, que estaba repleta de bellotas. Lamentablemente, Ígor era alérgico a ellas, y pronto empezó a estornudar tan fuerte que casi echó abajo la casa de Piglet.

—Una casa derribada es más que... ¡achús!... suficiente por hoy —dijo Ígor—. Tendré que intentarlo con Cangu y Rito.

Cangu y Rito se alegraron de acoger a Ígor en su hogar. Rito estaba tan emocionado de tener un invitado que no podía parar de dar brincos. Sólo de mirarlo, Ígor empezó a marearse de inmediato. Entonces, cuando estaba a punto de intentarlo en casa de Búho, Piglet, Conejo y Pooh llegaron a su encuentro.

—Ígor, hemos encontrado la casa perfecta para ti —exclamó Piglet.

—Lo dudo —respondió Ígor mientras lo guiaban por el bosque—. La casa perfecta tendría cardos, mucho espacio, y no habría bellotas ni brincos. ¿Dónde voy a encontrar una casa así?

Enseguida llegaron a una acogedora casita hecha de madera con un montón de cardos.

—¡Aquí está, Ígor! —dijo Piglet.

—Es mi casa —exclamó Ígor, sin poder creer lo que veían sus ojos—. Pero si se había derrumbado.

—Piglet y yo la volvimos a levantar —explicó Pooh—, y Conejo ha donado los cardos, así que ya tienes una casa con cardos y mucho espacio, libre de bellotas y, sobre todo, de brincos.

Ígor miró la casa y luego a sus amigos.

—Después de todo, parece que a noviembre no le desagrado tanto como pensaba —concluyó—. Quizá sea eso.

Noviembre
19

Disney·PIXAR
BRAVE

En busca de las esmeraldas

La princesa Mérida y el joven Macintosh habían estado buscando el origen de las Cataratas de Fuego justo cuando la princesa desapareció por un agujero oscuro.

—¡Mérida! —gritó el joven Macintosh preocupado—. ¿Dónde estás?

—¡Estoy aquí! —La voz de Mérida resonó—. Hay una cueva bajo las enredaderas. ¡No te vas a creer lo que he encontrado!

El muchacho no tuvo más remedio que seguirla. Con cuidado, entró en la cueva y encontró a Mérida arrodillada frente a un estanque. Sus manos rodeaban un objeto brillante, una luz dorada le iluminaba la cara.

—Mira esto —susurró Mérida—. ¿Has visto algo parecido en tu vida?

El joven miembro de los Macintosh se agachó a su lado para verlo mejor. Vio una piedra que sobresalía en medio de un estanque poco profundo, en la que alguien había tallado un motivo decorativo en el borde.

Mérida movió las manos e inundó la cueva con una preciosa luz. El joven Macintosh parpadeó sorprendido al ver dos esmeraldas enormes y brillantes sobre aquella piedra, frente a ellos.

—Alguien debió de ponerlas aquí —dijo Mérida, y, con precaución, estiró el brazo para tocar las esmeraldas—. Nunca había visto una de éstas brillar de este modo. Deben de tener mucha suerte.

—¿Suerte? ¿Por qué?

—Porque las esmeraldas dan buena suerte, obviamente —respondió Mérida.

El joven Macintosh se rio a carcajadas.

—No —dijo con seguridad—. Mi padre me dijo que las esmeraldas son un símbolo de poder.

—Pues tu padre se equivoca —replicó Mérida con firmeza—. Estas piedras siempre han sido un objeto de buena suerte para nuestro pueblo.

Entonces, para sorpresa de Mérida, el muchacho cogió una de las esmeraldas y la guardó en el bolso de su falda escocesa.

—¡Déjala donde estaba! —le ordenó Mérida.

—Se la voy a llevar a mi padre. ¡El clan Macintosh será más fuerte que nunca! —exclamó el joven.

Los ojos de Mérida destellaron de ira y decidió coger la otra esmeralda.

—¡Ya verás la buena suerte que traerá a la gente de DunBroch!

Salieron de la cueva y discutieron sin parar durante todo el camino de vuelta al castillo de DunBroch.

Al llegar, la ceremonia de bienvenida de los Ritos de Verano estaba a punto de comenzar. La reina Elinor hablaba con lord Macintosh, pero suspiró de alivio al ver entrar en el gran salón a su hija y al joven Macintosh. Las esmeraldas estaban bien guardadas dentro de sus bolsas, pero ninguno de los dos se fijó en que las gemas habían dejado de brillar.

Noviembre
20

DISNEY MICKEY Y SUS AMIGOS

La receta perdida de Minnie

Un día, Mickey le abrió la puerta a Minnie, que parecía muy preocupada.

—¿Qué ocurre? —le preguntó.

—Es el concurso anual de tartas y... ¡no encuentro la receta de mi bizcocho de canela! —gritó Minnie.

Pluto dejó un papel enrollado a los pies de Mickey.

—Gracias, Pluto —le dijo—, pero ahora no tengo tiempo para leer el periódico. Tenemos que ayudar a Minnie. ¡Vamos!

Mickey buscó por toda la cocina de Minnie y vio una postal que yacía en el suelo.

—¿Qué es esto?

—Donald ha venido esta mañana y me ha enseñado su colección de postales. Estaba tan emocionado que se le cayeron todas al suelo —se rio Minnie.

Entonces Mickey tuvo una idea.

—¿Es posible que Donald haya cogido tu receta junto con sus postales? ¡Vamos a averiguarlo!

Cuando Mickey, Minnie y Pluto llegaron a casa de Donald, lo encontraron muy triste.

—¿Qué ha pasado, Donald? —le preguntó Minnie.

—Se trata de mis postales nuevas —contó a Mickey y Minnie—. ¡Cinco han desaparecido!

—¡Mi receta también! —dijo Minnie.

—Pensamos que quizá la habías cogido sin querer esta mañana en casa de Minnie —explicó Mickey.

Pluto dejó el papel enrollado sobre la mesa, pero Donald estaba demasiado disgustado y no lo vio.

—¿Dónde viste las postales por última vez? —preguntó Mickey.

—Estaba mirándolas cuando entré por la puerta... y tropecé con Juanito —contó Donald—. Los chicos estaban en la entrada haciendo un *collage*.

—Quizá hayan utilizado algunas para hacer el *collage* —planteó Minnie.

Pluto dejó el papel enrollado a los pies de Minnie.

—Espera, Pluto, debemos resolver este misterio.

—¿Habéis utilizado mis postales para el *collage*? —preguntó Donald a sus sobrinos cuando llegaron a casa.

—Tal vez... —dijo Jorgito.

—Y ¿dónde está el *collage*? —preguntó Minnie.

—Lo enrollé y lo guardé en mi mochila esta mañana —respondió Jaimito.

—Pero cuando subimos al autobús, había desaparecido —añadió Jorgito.

—Seguro que se cayó entre la casa de Donald y la parada de autobús —concluyó Minnie.

Todos buscaron en ese tramo, pero no encontraron el *collage* por ninguna parte. Pluto ladró y dejó el papel enrollado a los pies de Juanito.

—¡Es éste! Se nos caería en el jardín de Mickey —gritó Juanito.

Los chicos desenrollaron el *collage*, con las postales... y ¡la receta perdida de Minnie!

—¡Pluto, nos estabas ayudando! —exclamó Minnie—. Voy a preparar dos bizcochos de canela: uno para el concurso y otro para ti.

Noviembre 21

La verdadera aventura

Russell era un explorador intrépido júnior, y aquel día había llamado a la puerta de Carl Fredricksen para ver si necesitaba su ayuda. El anciano estaba de muy mal humor, pues lo habían forzado a abandonar su casa, y, con tal de deshacerse de él, le pidió a Russell que buscara un pájaro imaginario llamado gamusino.

Carl y su esposa, Ellie, habían compartido el sueño de ser exploradores, y Carl le había prometido que algún día visitarían las Cataratas Paraíso en Sudamérica. Sin embargo, nunca habían conseguido ahorrar el dinero suficiente para ir y, cuando falleció Ellie, Carl la echó muchísimo de menos.

Fue entonces cuando Carl decidió cumplir su promesa y viajar a las Cataratas Paraíso. Ató miles y miles de globos a su casa, y ésta se elevó hacia el cielo, pero no se dio cuenta de que Russell aún estaba en el porche, ¡buscando al gamusino!

La pareja aterrizó al cabo de poco en Sudamérica y tiraron de la casa en dirección a las Cataratas Paraíso. Allí conocieron a un extraño pájaro llamado Kevin (que en realidad era hembra) y a un perro hablador llamado Dug. También se encontraron con una manada de perros al servicio del gran explorador Charles Muntz, cuyo objetivo era capturar a Kevin.

Russell y Carl consiguieron escapar con Kevin, pero ¡Charles prendió fuego a la casa de Carl! Como no podía permitir que todos los recuerdos de Ellie desaparecieran entre las llamas, decidió entregar al enorme pájaro.

Russell estaba muy afligido por lo ocurrido, pues Carl había prometido que protegería a Kevin. Los dos querían ayudarla a volver con sus crías.

Carl le dijo a Russell que ya no necesitaba su ayuda y remolcó la casa solo hasta llegar a las Cataratas Paraíso. Allí colocó la casa, exactamente en el mismo lugar que en uno de los dibujos de Ellie.

Russell seguía enfadado con el hombre mayor.

—Tenga —le dijo, y lanzó su banda de explorador intrépido al suelo—. Ya no lo quiero.

Con un suspiro, Carl recogió la banda del niño y entró en la casa, donde encontró el libro de aventuras de Ellie. Había cumplido su promesa, pero aún se sentía triste. Ojalá Ellie hubiese estado allí para verlo.

Carl iba a cerrar el libro, pero algo le llamó la atención: la foto del día de su boda. Entonces giró la página. Nunca había mirado el libro entero y, para su asombro, estaba repleto de fotografías en las que aparecían Ellie y él a través de los años. En la última página, había un mensaje de Ellie:

«Gracias por la aventura. Ahora ve y vive la tuya.»

Carl sonrió, pues acababa de darse cuenta de que, después de todo, su querida esposa había cumplido su sueño. Su vida juntos había sido una verdadera aventura.

Noviembre 22

Disney · PIXAR BUSCANDO A NEMO

¡Menudo muermo!

—Es hora de dormir, Nemo —dijo Marlin—. Mañana tienes colegio, así que necesitas descansar.

—De acuerdo —respondió Nemo—, pero ¿puedes contarme una historia? ¿Qué tal una de cuando eras joven?

—Muy bien, pero sólo una —concluyó Marlin, y volvió nadando hacia su hijo. Estuvo un rato pensando y luego sonrió—. ¿Sabías que cuando era joven... de hecho, muchísimo más joven que ahora... quería ser humorista?

Nemo abrió los ojos sorprendido.

—¿Tú? ¿Humorista? ¿No se supone que los humoristas son... graciosos?

—Verás, hijo —explicó Marlin—, la vida de un pez payaso no es fácil, debes de haberte dado cuenta ya. Mira, al ser un pez payaso, todo el mundo presupone que eres gracioso, pero es un error muy común. De todos modos, hace algunos años pensé que, si todos esperaban que fuera gracioso, podía intentar serlo para ganarme la vida.

—Pero, papá —interrumpió Nemo—, no eres gracioso para nada.

—¡Oye, espera un momento! —dijo Marlin malhumorado—. En mis tiempos era conocido por ser muy bueno. Deja que piense un momento, a ver si recuerdo alguno de mis viejos monólogos. —Pensó durante un rato—. ¡Vale, ya me acuerdo! —Se aclaró la garganta—. ¡Buenas noches, damas y caballas! El océano está la mar de bien esta noche. ¿Quieren que les haga un informe coral sobre los últimos acontecimientos en el arrecife? ¿Lo pillas? —le preguntó a Nemo—. Mira, hay algo llamado informe oral, y las palabras oral y coral suenan casi igual.

Nemo miró a su padre algo contrariado.

—Pues el otro día tenía el apéndice a punto de estallar —prosiguió Marlin—, así que decidí visitar al pez cirujano.

Nemo parpadeó.

—Papá, no es tan divertido como piensas —dijo bostezando.

—¿Lo pillas? Al pez cirujano, porque se supone que es su oficio. —Marlin suspiró y siguió con su monólogo—. Me ha pasado algo muy gracioso mientras venía hacia aquí. He conocido a un pez muy majo, pero parecía estar pasando por una mala racha. Le pregunté qué solía hacer normalmente y me dijo que nada.

Los ojos de Nemo empezaron a cerrarse, le estaba entrando el sueño.

—¿Sabes por qué la ballena no cruzó el océano? —continuó Marlin—. No intentes adivinarlo, ya te lo digo yo: la ballena no cruzó el océano porque iba llena. Iba... llena.

Nemo cerró los ojos por completo y se le escapó un pequeño ronquido. Marlin miró a su hijo y, con una sonrisa, dijo:

—Siempre funciona.

Noviembre 23

DUMBO

Un ratón con talento

—Mira, Dumbo —dijo el ratón Timoteo, señalando el periódico—. Aquí hay otro artículo sobre nosotros.

No era algo inusual. Desde que Dumbo se había hecho famoso por ser capaz de volar, todo el mundo sentía interés por él.

La señora Jumbo, su madre, miró por encima del hombro de Timoteo.

—Qué bonita historia —susurró—. Lástima que la imagen no sea muy buena. Apenas se te ve, Timoteo.

El ratón se fijó en la foto.

—Oye —exclamó tras revisar la historia—, ¡en el artículo no me nombran siquiera!

—No pasa nada —le tranquilizó la señora Jumbo—. Todos saben lo importante que eres.

Timoteo sacó pecho, con orgullo. Al fin y al cabo, ¡él fue quien enseñó a volar a Dumbo! Pero entonces volvió a derrumbarse.

—¿De verdad soy tan importante? —dijo—. Es Dumbo quien tiene talento, no yo.

La señora Jumbo y Dumbo intentaron animarlo, pero se alejó alicaído. ¡Era tan listo y tenía tanto talento que también debería ser famoso!

—Tengo que pensar en la forma de hacerme famoso por mi cuenta —murmuró—, pero... ¿cómo?

De repente, chasqueó los dedos.

—¡Ya lo tengo! —gritó—. ¡Yo también aprenderé a volar! Y así podremos ser famosos los dos.

Trepó rápidamente hasta la cima de la carpa más alta del circo. Dumbo había aprendido a volar por sí solo saltando desde diferentes sitios, y Timoteo confió en que también funcionaría con él.

—De perdidos al río —susurró.

Saltó desde lo más alto y abrió los ojos. El suelo parecía estar muy lejos.

—Oh, no —se lamentó, y tragó saliva.

¿Qué es lo que había hecho? El suelo se acercaba cada vez más y más. Timoteo cerró los ojos con fuerza...

Entonces sintió que tiraban de él hacia arriba y, al abrir los ojos de nuevo, ¡vio que Dumbo lo había atrapado con la trompa!

—¡Menos mal! ¡Gracias, chico! —Suspiró aliviado.

Dumbo sonrió y lo depositó en su gorrito.

Timoteo se acomodó en su lugar habitual. Volar era mucho más divertido cuando las orejas de Dumbo hacían todo el trabajo.

No tardaron mucho en aterrizar al lado de la señora Jumbo.

—¡Timoteo, estás a salvo! —gritó—. Cuando te vi caer me asusté muchísimo. ¿Qué haríamos Dumbo y yo sin ti?

Timoteo parpadeó asombrado.

—Nunca lo había visto de ese modo —musitó—. Puede que no salga en las portadas de los periódicos todos los días, pero ¿a quién le importa? Sé que soy importante, y mis amigos también lo saben. Eso es lo único que importa.

Sonrió con alegría. Tenía mucho talento propio, y eso era suficiente para él.

Noviembre 24

Disney · PIXAR

BRAVE

Lucha entre clanes

—Mamá, tengo una pregunta —dijo Mérida al acercarse a la reina Elinor y a lord Macintosh en la ceremonia de bienvenida que se estaba celebrando en el gran salón—. ¿Qué significado tiene una esmeralda?

—Ay, chiquilla, eso te lo puedo decir yo —respondió lord Macintosh—. La esmeralda siempre ha sido un símbolo de poder y fuerza para todos los clanes de nuestra gran tierra.

Los ojos del joven Macintosh brillaron.

—¡Ya te lo dije! —se burló.

El jefe del clan cogió a su hijo por la barbilla.

—No debes ser grosero con nuestros anfitriones en un día tan especial como éste —le regañó.

La reina Elinor intentó apaciguarlo.

—La esmeralda tiene muchísimos significados, pero alguien podría alegar que hemos olvidado su significado más importante: la lealtad —explicó—. La leyenda de las esmeraldas es una de las razones por las que hoy estamos reunidos aquí.

—¿En los Ritos del Verano? —preguntó Mérida.

La reina Elinor asintió.

—Antes de que la paz uniera a nuestros clanes, había luchas continuas. Dos grandes reyes entendieron que la amistad era la única forma de que nuestros clanes hicieran las paces. Ambos depositaron una esmeralda en el nacimiento de las Cataratas de Fuego, pues suponía un sacrificio muy valioso que demostraba su lealtad mutua. Desde aquel día en adelante, las Cataratas de Fuego han brillado cada atardecer para recordar la promesa que hicieron aquellos dos reyes.

Sin embargo, justo cuando la fiesta estaba a punto de dar comienzo, las puertas del salón se abrieron de par en par y un hombre del clan DunBroch entró corriendo, alterado.

—Las Cataratas de Fuego —jadeó sin aliento—. ¡Se han apagado!

Todos los presentes en el gran salón ahogaron un grito. El rey Fergus llevó al clan DunBroch y al clan Macintosh al exterior, pues algo no iba bien en la majestuosa catarata.

—¿Quién ha hecho esto? —gritó el rey Fergus encolerizado—. ¿Quién ha perturbado la paz entre nuestros clanes?

—Coincido con su majestad —anunció lord Macintosh—. Cuando averigüe quién de sus hombres ha sido el causante de esto, tendrá nuestro apoyo total.

El rey Fergus se giró hacia el lord con el entrecejo fruncido. ¿Acaso presuponía que la culpa había sido del clan DunBroch? Los dos hombres empezaron a discutir, y pronto llegaron los insultos.

—¡Desmontad las tiendas! —gritó lord Macintosh—. Zarparemos antes de que anochezca.

—¡No podéis iros! —exclamó la reina Elinor—. Nuestros clanes aún son amigos.

—Ya no —concluyó el líder de los Macintosh alejándose a grandes zancadas.

Mérida y el joven Macintosh se miraron.

—Debemos volver a poner las esmeraldas en su sitio —susurró Mérida.

Disney Campanilla y la Leyenda de la Bestia

La leyenda de la bestia

En el exterior de la casa árbol de la reina Clarion, las hadas vigilaban a Gruff mientras Fawn, el hada de los animales, entró para explicar a la reina todo lo que sabía sobre la criatura.

Sin embargo, Nyx, el hada exploradora, había llegado antes. Su deber era proteger la Hondonada de las Hadas y sabía muy bien que una bestia andaba suelta. Encontró un pedazo de pergamino en el Rincón del Libro que lo explicaba todo: un cometa había aparecido 972 años antes, y, con él, la bestia. Esta criatura había construido torres en cada una de las estaciones de la Hondonada de las Hadas; al terminar, se habían formado nubes verdes de tormenta. De este modo, ¡el monstruo lo destruyó todo con sus rayos!

Fawn sabía que Nyx hablaba de Gruff.

—Los animales no controlan el clima —protestó ella.

—Los animales corrientes no —respondió Nyx.

Fuera, en la ventana, el polvo de hada hizo cosquillas a Gruff en la nariz y... ¡achús! Estornudó de tal forma que esparció babas por todas partes.

La reina Clarion miró afuera. Por suerte, no vio a Gruff ni a las chicas, que estaban pegadas al árbol gracias a las babas de Gruff. La criatura sonrió; estaba claro que se sentía culpable.

La reina se giró hacia Fawn y Nyx y les pidió que escucharan con el corazón y con la cabeza.

—Confío en que las dos haréis lo correcto por la Hondonada de las Hadas.

Fawn y las chicas volaron de vuelta con Gruff al Bosque del Verano, donde Fawn les explicó lo que había sucedido.

—Nyx piensa que Gruff es un monstruo. Es una locura, ¿verdad? —preguntó, pero sus amigas se echaron atrás. Ellas no estaban tan seguras—. Venga, chicas. Sé que no es lo que ellas piensan que es.

—Aunque tengas razón —dijo Campanilla—, éste no es un lugar seguro para él.

Gruff volvió a emprender su tarea de construir torres mientras Fawn intentaba averiguaba qué hacer a continuación. Una vez acabada la segunda torre, él y Fawn miraron las estrellas juntos.

—Descansa, porque mañana a primera hora vamos a buscar un sitio perfecto sólo para ti —le dijo Fawn—. Al menos hasta que las cosas se calmen.

Fawn se acurrucó entre el pelo de la nariz de Gruff y se quedó dormida, pero Gruff se quedó mirando cómo se formaban las nubes verdes.

Por la mañana, unas densas nubes verdes cubrían el cielo. Mientras Campanilla las observaba, vio un grupo de hadas exploradoras volar hacia el bosque con una gran red. El hada ahogó un grito. ¡Iban a por Gruff!

Campanilla corrió al encuentro de Fawn y le contó lo que había visto.

—Por favor, dime que ya te lo has llevado —le preguntó.

Pero Fawn tenía noticias preocupantes.

—Gruff ha desaparecido.

Noviembre 26

Winnie the Pooh

La llegada del invierno

Había llegado a oídos de Pooh que el invierno se presentaría pronto y tenía muchas ganas de tener un invitado. Piglet y él decidieron celebrar una fiesta para darle la bienvenida al Bosque de los Cien Acres, y salieron para anunciárselo a todos.

Fuera estaba nevando. Encontraron a Tigger por el camino, y juntos fueron a casa de Cangu y Rito. Acordaron asistir a la fiesta en trineo, y entonces Búho aterrizó en una rama sobre ellos.

—¡Ha llegado Invierno! —exclamó—. Se lo he oído decir a Christopher Robin.

Pooh le contó a Búho lo de la fiesta, luego todos se subieron al trineo y se deslizaron colina abajo, en dirección a la casa de Christopher Robin.

—¡Aquí está Invierno! —gritó Tigger—. Los tiggers sabemos distinguir a Invierno cuando lo vemos. Esa enorme cara blanca, esa nariz de zanahoria... ¿Quién más podría ser?

—Bueno —dijo Pooh—, parece un poco tímido. Debemos ser más simpáticos de lo habitual —Se dirigió hacia Invierno—. ¿Cómo estás? Vamos a celebrar una fiesta en tu honor.

Invierno no dijo ni una palabra.

—¡Ay, cielo santo! —exclamó Piglet—. ¡Está congelado!

—¡Rápido! —gritó Tigger—. Tenemos que llevarlo a la fiesta y hacer que entre en calor.

Todos montaron a Invierno en el trineo; cuando llegaron a casa de Pooh, el resto de los invitados ya estaban allí. Búho había colgado una gran pancarta sobre la puerta que decía: «Bienvenido, Invierno». Pooh y Tigger se las apañaron para bajar a Invierno del trineo.

—Cededle la silla más cómoda junto al fuego —dijo Conejo.

Con todo, Invierno seguía sin decir una sola palabra, y su nariz de zanahoria se torció hacia abajo.

Justo entonces, Christopher Robin llegó a la puerta con sus enormes botas.

—¿Alguien ha visto mi muñeco de nieve? —preguntó.

—No —dijo Pooh—, aunque hemos traído a Invierno para darle una fiesta muy especial, pero parece que no le gusta mucho.

—¡Oso tontorrón! —Christopher Robin le explicó a Pooh que el invierno no era una persona, sino una estación. Era una época del año en la que había nieve, muérdago, fuego en la chimenea y buenos amigos.

Pooh se rascó la nariz pensativo.

—Sí, ya veo —dijo—. Desde luego soy un oso con muy poco cerebro.

—Eres el mejor oso del mundo mundial —aclaró Christopher Robin—. Vamos, será mejor que saquemos al muñeco de nieve antes de que se derrita por completo.

Le volvieron a colocar bien la nariz y le pusieron las manos de nuevo. Decidieron dar la fiesta de todos modos, para celebrar el invierno, así que cantaron canciones y bailaron alrededor del muñeco de nieve hasta quedar agotados.

Noviembre
27

Disney Princesas
Enredados

La boda real de Rapunzel

La primavera había llegado, y Flynn tenía una sorpresa preparada para Rapunzel. Max acudió para hacer guardia y Pascal fue a jugar, pero Flynn quería estar a solas con ella.

Cuando al fin anocheció, Flynn aprovechó la oportunidad para subirse a un bote con Rapunzel. Aquella noche tan agradable les hacía recordar viejos tiempos. ¡Lo que quería Flynn era proponerle matrimonio! Metió la mano en el bolsillo, pero... ¡ay, no! Después de todo, necesitaba a Max y a Pascal: ellos tenían el anillo.

—¿Quieres casarte conmigo? —le preguntó Flynn a Rapunzel.

—Sí —respondió ella con alegría.

En el camino de vuelta a casa, Rapunzel quería contarle la noticia a todo el mundo.

Los rufianes de la taberna estaban encantados. Por lo visto, ¡todos llevaban años queriendo organizar una boda! Por supuesto, Attila ayudó a Rapunzel a diseñar la tarta, y todos hornearon y decoraron su pastel de ensueño.

Rapunzel echó un vistazo a un montón de flores diferentes, aunque al final necesitaron un campo entero de flores silvestres para contentar a la princesa.

Los encargados de llevar los anillos estaban clarísimos: Máximus y Pascal no podrían haber estado más orgullosos de aceptar la proposición.

Cuando llegó el momento de escoger el vestido, Rapunzel tenía claro que iba a diseñarlo ella misma. Dibujó una infinidad de bocetos... pero ¡no podía decidirse por ninguno!

Los rufianes intentaron ayudarla, pero sus vestidos tampoco parecían ser los adecuados. Por suerte, la reina acudió en su ayuda.

—Cariño —le dijo—, quiero ayudarte a encontrar el vestido perfecto.

Y ¡así lo hizo!

Las campanas resonaron por todo el reino la mañana de la boda. Todos estaban ansiosos por ver como los reyes iban felizmente montados en el carruaje real. Max y Pascal estaban entusiasmados... hasta que Max estornudó y los anillos salieron volando por los aires.

Ambos salieron de la iglesia tras los anillos, calle arriba y calle abajo. Al final consiguieron recuperarlos... pero ¡acabaron cayendo en un pozo de alquitrán!

Los dos volvieron a la boda a tiempo para intercambiar los anillos, pero se les veía un poco raros... pringados de negro.

Afortunadamente, a Rapunzel y a Flynn no les importó en absoluto.

Todos colaboraron para que la fiesta fuera tan perfecta como Rapunzel había planeado. Los recién casados bailaron su primer baile y le dieron el primer bocado a la tarta de boda.

Y, mientras se alejaban montados en el carruaje nupcial, Rapunzel gritó de alegría:

—¡El mejor... día... de mi vida!

El padre de los inventos

En el castillo de Bella y el príncipe no existía el aburrimiento. Los amigos iban y venían, la señora Potts y el resto del personal no paraban de ir de un lado para otro, y Maurice, el padre de Bella, siempre tenía las manos ocupadas con un nuevo invento.

Una mañana, Maurice empujó un complicado armatoste hasta la cocina y se lo enseñó a la señora Potts.

—Sólo es una cosita para hacer tu vida más fácil —explicó orgulloso.

—Gracias, querido Maurice, pero... ¿qué es? —se preguntó el ama de llaves.

—Yo lo llamo «el lanzaplatos» —respondió él.

Cogió una pila de platos limpios y los colocó sobre un brazo mecánico. Luego, puso la máquina frente a la alacena de la vajilla abierta, apretó un botón y se apartó con orgullo. Tras un par de ruidos estridentes, la máquina cobró vida.

El lanzaplatos empezó a arrojar platos por todas partes. Algunos chocaron contra las paredes y otros cayeron al suelo.

—¡Cuidado, señora Potts! —gritó Maurice al ver que un plato pasaba zumbando muy cerca de su cabeza. Se arrastró por el suelo hasta llegar a la máquina, se levantó y la apagó—. Tendré que solucionar algunos problemillas —dijo, y sacó la máquina de la habitación.

Al día siguiente, tenía otra sorpresa preparada.

—Sirve para limpiar las alfombras —explicó mientras señalaba una gran caja metálica con una enorme manguera que salía de ella—. ¡Se acabaron los días de golpear alfombras pesadísimas!

—Bueno, parece inofensiva —dijo la señora Potts—. ¿Cómo funciona?

—Te lo mostraré —exclamó Maurice.

Cogió la manguera y le dio al interruptor. En un instante, la manguera se tragó las cortinas, los cojines y las lámparas... ¡incluso casi estuvo a punto de tragarse a Maurice! Por suerte, la señora Potts fue en su ayuda y apagó el cacharro.

—La he hecho demasiado potente —admitió Maurice.

Al otro día, Maurice había preparado otro aparato milagroso para la señora Potts. Esta vez se trataba de una lavadora que inundó el suelo del castillo con agua y jabón.

—Maurice —le dijo la señora Potts con gentileza—, es un detalle por tu parte que quieras hacer mi trabajo más fácil, pero... este trabajo me gusta mucho. Cuando cuido del castillo, también estoy cuidando a la gente que quiero. —Pensó un momento y siguió hablando—. Confieso que lo que más me gustaría sería algo que preparara una buena taza de té caliente al final del día.

—¡Tengo justo lo que necesitas! —respondió Maurice en un santiamén.

La señora Potts se mostró algo preocupada.

—¿De verdad? —preguntó.

—Sí —respondió Maurice—. ¡A mí!

Disney Princesas Tiana y el Sapo

El *gourmet* secreto

Cuando el sol brilla en Nueva Orleans, toda la ciudad canta y baila al mismo son, y ésa es razón suficiente para que el padre de Charlotte desee compartir una comida con los amigos.

—Charlotte, querida —dijo a su hija una tarde soleada—, ¿qué te parece si vamos a cenar al restaurante de Tiana?

—¡Fantástico! —dijo Charlotte entusiasmada—. ¡Voy a ponerme el vestido de seda rosa!

La joven nunca perdía la oportunidad de ir a visitar a Tiana. Ambas se tenían muchísimo cariño, y, ahora que Tiana se había casado con el príncipe Naveen y habían abierto un restaurante juntos, era mucho más divertido ir a visitarla.

—¡Espero que los padres de Naveen estén allí! —exclamó Charlotte nada más subir al coche con su padre—. Me encanta charlar con un rey y una reina.

Bajaron la calle, pero nadie reparó en Stella, la perra de Charlotte, que iba durmiendo en el asiento trasero.

Stella se despertó en cuanto el coche frenó frente al restaurante. Normalmente a Stella no le gustaba salir de casa y estaba a punto de ladrar... cuando reconoció el delicioso aroma de la comida de Tiana.

De pronto, la perra ya no quería volver a la mansión y, con mucho sigilo, se coló por la parte trasera del edificio en la cocina del restaurante.

Mientras tanto, Charlotte y su padre se sentaron con Eudora, la madre de Tiana, que estaba cenando con los padres de Naveen.

—Os serviré el nuevo gumbo de la casa —les sugirió Tiana.

Al fondo de la sala, el caimán Louis y su banda tocaban música jazz. La atmósfera era fantástica, y Charlotte aplaudió con emoción.

—¡Esta noche será una pasada! La única que falta es Stella. Es una lástima que no le guste salir de casa.

¡Pobre Charlotte! No tenía ni idea de lo que estaba pasando en la cocina...

Stella estaba tan contenta de estar allí; sonreía y pedía tanto que el chef le dio montones y montones de comida.

—Tenemos una sibarita secreta en la cocina —rio el chef—. ¡Su apetito me hace sentir orgulloso! Sírvele tanto como quiera, que es mi invitada.

Stella ladró de alegría. Una pasajera secreta en el coche, una sibarita secreta en la cocina... No estaba mal salir por ahí de vez en cuando... ¡sobre todo si eras una invitada secreta!

Noviembre

30

Disney EL LIBRO DE LA SELVA

¡Somos los buitres!

—Nunca pasa nada emocionante por aquí —se quejó Despeinao a sus compañeros buitres del grupo.

—Eso no es verdad —repuso Oxigenao—. ¿Y ese enfrentamiento que tuvimos con el tigre Shere Khan la semana pasada?

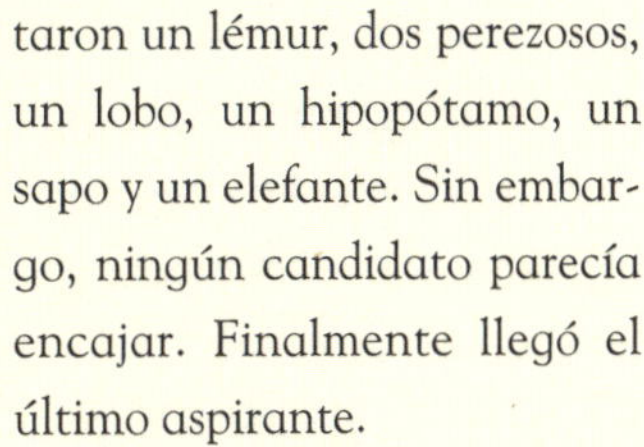

—¡Caray, es verdad! —exclamó Ziggy—. Eso fue bastante emocionante.

Despeinao suspiró.

—Y ¿qué vamos a hacer ahora?

—Pues podríamos cantar —sugirió Ziggy.

—¡Oye, qué buena idea! —exclamaron los otros tres.

—Pero hay un problema —dijo Dizzy—. Necesitamos un tenor.

—Vaya, es cierto —contestó Ziggy—. Aquel cachorro humano, Mowgli, habría sido un buen tenor. Lástima que abandonara la selva.

—Y ¿qué vamos a hacer? —preguntó Despeinao.

—¿Convocamos una audición? —sugirió Ziggy.

—Bien pensado —respondió Oxigenao.

Así pues, los buitres extendieron la noticia por toda la selva y, una semana más tarde, se formó una fila de animales que querían entrar en el grupo.

—¿Nombre? —preguntó Despeinao al primer aspirante.

—Coco —respondió el mono.

—De acuerdo, Coco, a ver cómo cantas —dijo Oxigenao.

Coco chilló durante unos minutos y los cuatro buitres se reunieron.

—No es muy bueno —dijo Despeinao.

—Y es un mono —añadió Oxigenao.

—¡Siguiente! —gritó Dizzy.

Los buitres siguieron con la prueba. Se presentaron un lémur, dos perezosos, un lobo, un hipopótamo, un sapo y un elefante. Sin embargo, ningún candidato parecía encajar. Finalmente llegó el último aspirante.

—¿Nombre?

—Afortunao —dijo el buitre—. Oye, ¿no sois vosotros los cuatro tipos que ayudaron al cachorro humano a ahuyentar al tigre ese, Shere Khan?

—Sí —respondió Despeinao—. Somos nosotros.

—¡Pues tendríais que llamaros vosotros «afortunaos»! —exclamó, y se rio de su propio chiste.

—Venga, canta —dijo Ziggy, poniendo los ojos en blanco.

Afortunao cantó durante unos minutos y los cuatro buitres se reunieron una vez más.

—No está mal —dijo Dizzy.

—Y, además, es un buitre —añadió Ziggy.

—Y es el único que queda —puntualizó Oxigenao, y así se decidieron.

—¡Contratado! —cantaron los buitres.

—¿Veis? Os dije que era Afortunao —exclamó el buitre.

—Pero sólo en la audición —le aclaró Dizzy.

—Exacto —dijo Despeinao—. Cuando volvamos a encontrarnos con Shere Khan, ya veremos si de veras eres «afortunao».

Diciembre

1

Nuevos amigos

En Sudamérica, Carl estaba sentado dentro de su casa, con la que había volado hasta allí gracias a miles y miles de globos. Le había prometido a su esposa, Ellie, que algún día la llevaría a las Cataratas Paraíso, pero, por desgracia, había fallecido. Carl al fin cumplió su promesa, pero se sentía muy triste. Al menos, hasta que miró el libro de aventuras de Ellie. Estaba lleno de fotografías de su vida juntos, y Carl se dio cuenta de que su vida había sido la verdadera aventura.

Un niño llamado Russell lo había acompañado al viaje por accidente. Habían conocido a un enorme y extraño pájaro llamado Kevin y a un perro parlante llamado Dug. Una manada de perros intentó quitarles a Kevin, pues su líder, el explorador Charles Muntz, deseaba con toda su alma atrapar aquel ave. Russell estaba disgustado con Carl porque le había prometido que protegería a Kevin, pero la había abandonado para poder salvar su casa de las llamas.

De pronto, Carl oyó un ruido. Se apresuró a salir de la casa y vio a Russell sosteniendo un puñado de globos.

—¡Voy a ayudar a Kevin, con o sin su ayuda! —dijo el chico.

—¡No! —gritó Carl.

Tenía que ir tras Russell, pero la casa no se movía: los globos estaban muy desinflados. Entonces tuvo una idea. Empezó a sacar todos los objetos de la casa para aligerarla. Carl se dio cuenta de que ya no necesitaba aquellas cosas. ¡Russell era mucho más importante!

Ya de camino, oyó que llamaban a la puerta. Era Dug, y juntos zarparon para salvar a Russell. Ya cerca vieron al niño bajando de la nave de Charles, así que Carl cogió la manguera del jardín y, usándola como cuerda, salvó al muchacho.

Una vez el chico estuvo a salvo, Carl y Dug volvieron a por Kevin. Liberaron al pájaro, pero ¡Muntz apareció con una espada! Carl luchó contra él y escaparon. Consiguió volver a la casa cuando, de pronto, los globos empezaron a explotar.

La casa empezó a caer y aterrizó sobre la nave de Charles. Aprovechando que Carl había salido de la casa, Charles entró y capturó a Kevin. Carl sabía que debía salvar a sus amigos: ¡la casita estaba a punto de caer por uno de los lados de la nave! Dijo a Russell y a Dug que se agarraran bien a Kevin y él le mostró una gran chocolatina. A Kevin le encantaba el chocolate. El enorme pájaro saltó sobre la nave y todos consiguieron salvarse. Sin embargo, el pie de Muntz quedó atrapado en un manojo de globos y cayó al vacío.

—Siento lo de su casa —le comentó Russell a Carl mientras observaban cómo desaparecía entre las nubes.

—¿Sabes qué? —dijo Carl—. Sólo es una casa.

Ahora que tenía amigos, ya no le parecía tan importante. Así que todos entraron en la nave, pues ya era hora de volver a casa.

Diciembre
2

Disney Princesas
La Sirenita

El misterioso collar

Era una bonita mañana, perfecta para dar una vuelta por la orilla del mar. Con el corazón henchido de alegría, Ariel fue a pasear por la playa y enseguida se encontró muy lejos del castillo.

De pronto, tropezó con algo duro que estaba enterrado en la arena.

—¡Qué daño! —exclamó, y vio un objeto brillante que no tardó en desenterrar.

—Parece una de esas cosas tan deliciosas que a los humanos les gusta tanto —dijo su amigo Scuttle tras lamerlo.

—¿Te refieres a una «golosina»? —se rio Ariel—. No, ¡es una joya! Scuttle, ve a buscar a Sebastián y dile que llame a mi padre.

Un rato después, el padre de Ariel, el rey Tritón, emergió del mar.

—Padre —dijo Ariel—, acabo de encontrar esta maravillosa joya y...

—¿Dónde la has encontrado? —preguntó el rey Tritón asombrado.

—En la playa —explicó Ariel—. ¿Sabes acaso de dónde proviene?

—Voy a mostrarte una cosa —dijo su padre con solemnidad antes de transformarla en sirena.

Con la joya en la mano, Ariel se adentró en el agua con su padre, y al cabo de poco llegaron al salón del trono.

—Un maremoto se llevó el tesoro de Atlántica —explicó el rey—. Mucho me temo que esa joya es lo único que queda de él.

—¡Te ayudaré a encontrar el resto! —dijo Ariel.

Primero, la princesa buscó en los restos de un barco hundido y recogió casi una docena de joyas.

Luego, con la ayuda de Flounder y sus amigos, encontró muchísimas más en el arrecife de coral.

Escondidas entre las algas, de colores muy diversos, las joyas también habían pasado inadvertidas.

El cofre del tesoro de Atlántica volvió a estar rebosante gracias a la colaboración de Ariel.

—Ariel, en nombre del reino, gracias —dijo el rey Tritón, y abrió el cofre para coger la maravillosa gema que su hija había encontrado en la playa aquella mañana.

Plantándole un beso en la frente, el rey le colgó el collar.

Ya era hora de que Ariel volviera a ser humana y regresara a su castillo, donde Eric la estaba esperando.

Aquella noche, Ariel observó el océano mientras acariciaba la joya que pendía de su cuello. Su familia nunca había estado realmente lejos, pero le tranquilizaba tener un pedacito de Atlántica con ella, para siempre.

Diciembre
3

Bambi

El rastro del invierno

Una mañana de invierno, Bambi estaba dormitando en el bosque cuando oyó un estruendo que se acercaba.

—¡Vamos, Bambi! —gritó su amigo conejo Tambor—. ¡Es un día perfecto para jugar!

Bambi siguió a Tambor a través del bosque. El cielo era azul y el suelo estaba cubierto por un manto de nieve nueva.

—¡Mira ese rastro! —dijo Tambor emocionado, señalando una hilera de huellas sobre la nieve—. ¿De quién crees que son?

Bambi no lo sabía, así que decidieron seguir el rastro y enseguida llegaron a un árbol.

—¡Despierte, señor Búho! —lo llamó Tambor.

—¿Ha estado paseando por aquí? —preguntó Bambi.

—¿Para qué querría yo pasear? —repuso el señor Búho—. Mis alas me llevan a todas partes.

Bambi y Tambor siguieron su camino. Al siguiente que encontraron fue a un mapache sentado junto a un árbol con la boca llena de bayas rojas.

—Hola, señor Mapache —dijo Bambi con timidez—. ¿Es posible que haya sido usted quien ha dejado estas huellas en la nieve?

El mapache sacudió la cabeza y empezó a golpear el árbol.

—¡Ya sé! —gritó Tambor—. Piensa que deberíamos preguntarle a los pájaros carpinteros.

Los amigos encontraron enseguida a la familia de pájaros carpinteros.

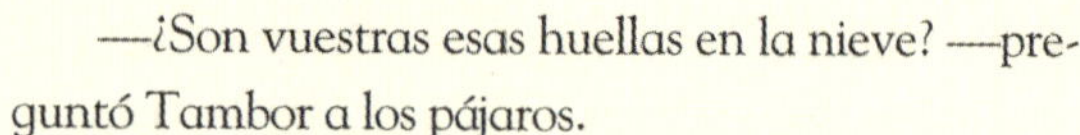

—¿Son vuestras esas huellas en la nieve? —preguntó Tambor a los pájaros.

—No, hemos estado aquí todo el día —respondió la madre.

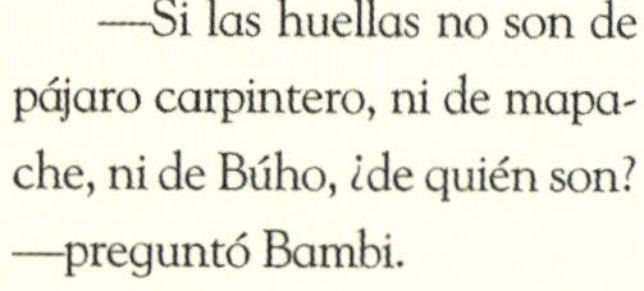

—Si las huellas no son de pájaro carpintero, ni de mapache, ni de Búho, ¿de quién son? —preguntó Bambi.

—No lo sé —dijo Tambor.

Muy pronto llegaron al final del rastro. Las huellas desaparecían dentro de un arbusto cubierto de nieve donde descansaba una familia de codornices.

—¿Son vuestras estas huellas? —preguntó Tambor.

—Sí, claro —respondió la señora Codorniz—. El señor Búho me habló de este maravilloso arbusto, así que esta mañana mis crías y yo hemos venido directas hacia aquí.

Tambor y Bambi se unieron con mucho gusto a la familia de codornices para tomar un aperitivo, y al poco llegó la hora de volver a casa. Habían estado todo el día siguiendo aquel rastro y, cuando se dieron la vuelta para marcharse, una sorpresa les aguardaba: ¡sus madres! Bambi fue brincando hacia su madre y estiró la nariz para darle un beso.

—¿Cómo nos habéis encontrado? —preguntó Tambor.

Su madre señaló las huellas que había en la nieve.

—¡Habéis seguido nuestro rastro! —gritó Bambi.

Su madre asintió con la cabeza.

—Ahora, sigámoslo de vuelta a casa —dijo ella, y eso fue exactamente lo que hicieron.

Disney Princesas
La Bella y la Bestia

La boda real de Bella

Sólo faltaban unos días para la boda de Bella, y todo el personal del castillo estaba ocupado preparándolo todo para la gran celebración.

—El príncipe ha hecho mucho por mí —contó Bella a la señora Potts—. Tenemos que mostrarle lo mucho que lo apreciamos, y también cuánto lo queremos.

Bella recordó la primera vez que había llegado al castillo. Era espeluznante, pues todos se encontraban bajo un hechizo. El príncipe se había convertido en una bestia malhumorada y los sirvientes eran objetos encantados. Sin embargo, con el paso del tiempo, Bella había trabado amistad con todos, y luego Bestia y ella se habían enamorado el uno del otro.

A su vez, el príncipe se estaba preparando para la boda.

—¡Soy el hombre más feliz del mundo! —dijo a Lumiere y Din Don—. Y también quiero que Bella sea la mujer más feliz.

La primera vez que se vieron, el príncipe pensó que Bella nunca podría enamorarse de una bestia tan espantosa, pero pasó mucho tiempo con él para conocerlo mejor. Cuando ella le declaró su amor, ¡el hechizo se rompió!

—¿Cómo puedo demostrarle a Bella lo mucho que la quiero? —preguntó el príncipe—. ¡Ya sé! Busquémosle un regalo especial en la aldea.

Lumiere y la señora Potts también se preguntaron cómo podían mostrar su amor y aprecio a la joven pareja...

Y ¡al fin llegó el día de la boda!

Durante la ceremonia, el príncipe entregó a Bella su regalo: un diario en blanco.

—Podrás llenar las hojas con todas las aventuras que viviremos juntos —le dijo.

Al finalizar la ceremonia, los recién casados entraron en el salón de baile. El personal del castillo había preparado un generoso banquete.

—¡Gracias! —dijo Bella—. Pero ¡hay tantas cosas que no sé si el personal podrá acabarse toda la comida! —bromeó.

La señora Potts y el resto de sirvientes sonrieron y llevaron a la pareja al jardín... donde toda la aldea los esperaba para darles una sorpresa.

—Me tomé la libertad de invitarlos en nombre del servicio —dijo Lumiere. Aquél era el regalo de los sirvientes para Bella y el príncipe.

—Es un regalo magnífico —exclamó el príncipe—. ¡Gracias por venir! —repitió una y otra vez.

El príncipe no podía dejar de sonreír. Él y Bella estaban muy emocionados de poder darles la bienvenida a su castillo.

Cuando la pareja compartió su primer baile, se oyó un grito entre la multitud.

—¡Felicidades!

Unos fuegos artificiales iluminaron el cielo nocturno, y entonces Bella y el príncipe supieron que su boda había sido perfecta. Para todos. Con tantos amigos a su lado, aquél había sido el día más mágico de todos.

Diciembre
5

Disney Princesas
Blancanieves y los Siete Enanitos

La visita al castillo

—¡Cielos! —exclamó Tímido con timidez—. ¿Creéis que la princesa se alegrará de vernos?

—¡Claro que sí! —dijo Feliz.

—Bien, chicos —dijo Sabio—, ya estamos aquí. Ahora sólo tenemos que subir y montar la tuerca. Digo... ¡tocar a la puerta!

Los siete enanitos acababan de llegar al castillo donde vivía Blancanieves. Habían estado tan ocupados en la mina que era la primera vez que tenían la oportunidad de visitar a Blancanieves después de su boda con el príncipe.

Mocoso miró el precioso castillo.

—¡Achús! —estornudó—. Es bonito de veras.

—Estamos perdiendo el tiempo —murmuró Gruñón.

Golpeó con firmeza la gran puerta de madera y, poco después, un guardia la abrió.

—Esto... buenos días —dijo el guardia del castillo—. Los nuevos sirvientes entran por detrás.

—No somos huevos hirvientes —explicó Sabio—. Digo... no somos nuevos sirvientes. ¡Hemos venido a ver a la princesa!

—¡Sí, la princesa! —repitieron los otros enanitos. Mudito asintió con la cabeza, entusiasmado.

El guardia los miró dubitativo.

—¿Vosotros? ¿A ver a la princesa?

Los examinó de arriba abajo. Los enanitos permanecieron bien erguidos, contentos de haberse acordado de lavarse aquella mañana.

Finalmente el guardia sacudió la cabeza.

—Lo siento —dijo—. No parecéis la clase de visitantes que puedan interesar a la princesa.

—Pero... ¡lo somos! —bostezó Dormilón—. Se interesará por nosotros.

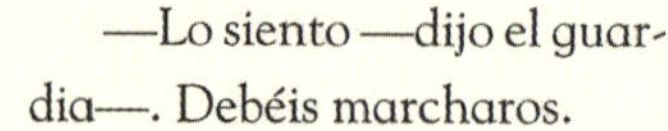

—Lo siento —dijo el guardia—. Debéis marcharos.

Aun así, Gruñón mantuvo la puerta abierta.

—Te lo advierto —gruñó—, si no le dices a la princesa que estamos aquí, tendrás problemas.

—¿Quién es? —dijo una dulce voz desde dentro del castillo—. ¿Quién hay en la puerta?

—¡Nadie, princesa! —gritó el guardia—. Sólo son unos hombrecitos raros que afirman conocerla.

—¿Hombrecitos? —exclamó Blancanieves, y se apresuró a asomarse a la puerta, con el rostro iluminado por la alegría—. Pero ¡si son Sabio... Gruñón... Dormilón... Mudito... Feliz... Mocoso... e incluso Tímido!

Tímido se volvió rojo como un tomate.

—Cielos... —dijo—. Hola, princesa.

El guardia se sorprendió.

—¿Acaso los conoce? —le preguntó a la princesa—. Pensé que sólo eran gentuza.

—¿Gentuza? —se alarmó Blancanieves—. Para nada. Puede que sean un poco diferentes, pero para mí son como de la realeza. ¡Son mis mejores amigos!

El guardia se disculpó con los enanitos, y entonces Blancanieves invitó a sus amigos a una larga y agradable visita por el castillo.

La boda real de Aurora

La princesa Aurora había soñado muchas veces que un apuesto príncipe la encontraría, y ¡así ocurrió! Aunque sus padres habían decidido su matrimonio muchos años atrás, Felipe y Aurora se habían enamorado no como príncipe y princesa, sino como un chico sencillo del bosque y una chica del valle.

Felipe pidió matrimonio a Aurora y ella aceptó. La boda se iba a celebrar pronto, y ¡había muchísimo que preparar!

—Todo parece estar bajo control, su majestad —dijo el hada Flora

La reina sonrió.

—Sí, así es, y no podría estar más contenta. Aurora, dejaré que disfrutes escogiendo el vestido.

—Gracias, madre —respondió Aurora, pero estaba algo nerviosa, pues aún no había tomado ninguna decisión real por sí misma.

Justo entonces, las costureras entraron con espléndidos vestidos, todos muy suntuosos, pero Aurora parecía preocupada.

—¿Qué ocurre, querida? —preguntó Fauna.

Aurora lanzó un suspiro.

—No sé comportarme como una princesa. ¿Y si no soy lo bastante buena?

—Tonterías —dijo Primavera—. Serás la mejor princesa que este reino haya visto jamás.

Más tarde, el príncipe Felipe llegó y tuvo una idea excelente.

—¿Quieres que vayamos a pasear y así olvidamos un ratito la planificación de la boda?

—Eso sería estupendo —respondió Aurora.

Mientras paseaban, la joven se sinceró con Felipe.

—No sé si sabré comportarme como una princesa. ¡Ni siquiera soy capaz de elegir un vestido!

Felipe la miró con ternura.

—Mi amor, serás una princesa maravillosa. Pero si aún estás nerviosa, conozco a alguien que puede ayudarte.

De vuelta en el palacio, Felipe habló con la reina.

—Su majestad —dijo—, creo que Aurora necesita un poco de ayuda por su parte, como madre.

Las hadas lo oyeron por casualidad y sonrieron. Felipe era el marido perfecto para su Rosa. Así, pues, las tres llevaron a la reina hasta Aurora.

—Querida hija, comprendo que estés preocupada, pero ser una princesa no depende de lo que hagas, sino de cómo seas. Una princesa debe ser honesta, amable, inteligente y cariñosa, y no hay ninguna duda de que tú eres todas esas cosas.

—¡Gracias, madre! —dijo Aurora—. Acabo de tener una idea sobre el vestido de boda. ¿Podría llevar el tuyo?

La reina sonrió.

—Me casé con tu padre con un vestido muy sencillo, pero precioso. Creo que te quedará muy bien.

El día de la boda, Aurora parecía una princesa de verdad con el vestido de su madre... y también empezaba a sentirse como una.

Diciembre

7

¡Un equipo de nuevo!

Rompe Ralph, el malo del videojuego *Repara Félix Júnior*, acababa de enterarse de que su amiga Vanellope, del juego *Sugar Rush*, sí formaba parte del juego. Vanellope se había convertido en un fallo técnico, y el resto de los pilotos le habían dicho que la razón por la que parpadeaba era que no pertenecía al juego.

Sin embargo, Ralph descubrió que el soberano de *Sugar Rush*, el rey Candy, había reprogramado el juego y había robado el código de Vanellope; por eso mismo no dejaba de parpadear. También descubrió que, si Vanellope conseguía cruzar la línea de meta, ¡volvería a ser una piloto oficial!

Ralph había abandonado su propio juego porque estaba cansado de ser el malo y, en realidad, él no era así. Lo único que quería era demostrar que también podía ser un héroe.

Por desgracia, al abandonar su juego, Ralph lo puso en peligro. ¡El dueño de los recreativos pensaría que estaba roto y lo desenchufaría! Así que Repara Félix, el bueno del juego, salió en su búsqueda para llevarlo de vuelta.

Ralph se enteró enseguida de que Félix y Vanellope estaban prisioneros en el calabozo del castillo del rey Candy. Así, pues, se abrió paso a golpes hasta la celda de Félix, le contó todo lo que ocurría con Vanellope, y Félix aceptó reparar su bólido de carreras de inmediato. A continuación, Ralph fue a buscar a la pequeña y ¡volvieron a ser un equipo!

La carrera ya había empezado, pero Ralph empujó a Vanellope hacia la pista de todos modos. Enseguida alcanzó al resto de los pilotos, y con su parpadeo los adelantó a casi todos. Finalmente, se colocó detrás del malvado rey Candy.

—¡Éste es mi reino! —gruñó él.

—¡Pues corre por él! —respondió Vanellope.

El rey Candy se lanzó sobre el bólido de Vanellope para obligarla a que chocara, pero ella se concentró y parpadeó justo a tiempo para salvarse y alejarse.

Una vez Vanellope parpadeó... ¡también lo hizo el rey Candy! Los espectadores vieron en la pantalla cómo el rey parpadeaba sin parar hasta que de pronto... ¡se convirtió en Turbo!

Tiempo atrás, Turbo había sido un piloto muy popular hasta que llegó un juego de carreras nuevo. Lleno de celos, abandonó su juego e intentó hacerse con el nuevo, pero al aparecer en el juego equivocado, ¡todos pensaron que estaba roto! Al final, desenchufaron los dos juegos y se los llevaron.

Los espectadores ahogaron un grito.

—¡Lo has arruinado todo! —gritó Turbo a Vanellope.

Pero ella siguió adelante.

—¡Lo vas a conseguir! —la animaba Ralph al ver que su amiga se acercaba a la línea de meta. Por fin, Ralph se sintió como si fuera el bueno.

Diciembre

8

Disney Campanilla y la Leyenda de la Bestia

¡Caen los rayos!

Mientras las nubes verdes cubrían el cielo de la Hondonada de las Hadas, Fawn y Campanilla se miraron la una a la otra. Gruff había desaparecido y no sabían dónde podía estar. ¡Ni siquiera sabían lo que era!

—Según la leyenda, va a construir dos torres más —dijo Fawn.

—Dijiste que la leyenda no era cierta —exclamó Campanilla.

—Campanilla, en mi corazón sé que no es un monstruo —respondió Fawn.

Campanilla confió en Fawn. Las dos sabían que Gruff había construido torres con rocas en Primavera y en Verano, así que Campanilla se dirigió al Invierno mientras Fawn volaba hacia el Otoño.

En el Bosque del Otoño, Fawn encontró una torre ya acabada, así que Gruff debía de estar en el Invierno. Al ver llegar a Nyx y las hadas exploradoras, Fawn se escondió corriendo. El deber de aquellas hadas era proteger la Hondonada, y, en aquel momento, Gruff parecía ser una grave amenaza. Debían capturarlo antes de que terminara la cuarta torre y trajera los terribles rayos a la Hondonada.

Nyx observó la torre de rocas.

—Justo como las otras dos —dijo, sacudiendo la cabeza.

De pronto, las exploradoras oyeron quebrarse algunas ramas. El ruido parecía provenir del Bosque del Verano.

—¡Vamos! —gritó Chase.

Sin embargo, Nyx no se dejó engañar por aquel truco. Fawn quiso alejar a las exploradoras de Gruff enviándolas en la dirección equivocada, pero Nyx sabía que Gruff no estaría en el Verano, pues ya habían encontrado una torre allí. ¡La última torre estaría en el Invierno!

Campanilla ya había llegado al Bosque del Invierno, y se acercó a Gruff mientras los truenos retumbaban y los relámpagos resplandecían.

—¡Gruff! —gritó Campanilla—. ¡Las exploradoras vienen a por ti! Tienes que esconderte.

Gruff parecía diferente. Ahora era más grande y parecía más feroz. ¿Acaso la reconocía?

—Soy yo, Campanilla —dijo ella—. La amiga de Fawn.

Un rayo dentado cruzó el cielo. Gruff embistió al hada y la golpeó con la cola.

Cuando Fawn llegó, vio a Campanilla en el suelo y, sobre ella, a Gruff con gesto amenazante.

—¿Qué has hecho, Gruff?

En aquel preciso instante, los rayos golpearon la torre. Fawn vio como le crecían a Gruff unos cuernos gigantescos en la cabeza y le salía joroba. ¡Era igual que el monstruo del pergamino!

—¡No! —gritó Fawn.

¿Se había equivocado con él? ¿Había intentado hacerle daño a su amiga? ¿Era el monstruo que Nyx decía que era? ¿Intentaba destruir la Hondonada de las Hadas?

Diciembre 9

La Dama y el Vagabundo

¡A deslizarse!

Reina permanecía en el porche mientras Jaime Querido y Linda se acercaban por el camino de la entrada. Jaime tiraba de un trineo y Linda sostenía a su hijo. Los dos estaban cubiertos de nieve, con las mejillas sonrosadas y una gran expresión de felicidad.

—Ha sido divertido, ¿verdad, Linda? —preguntó Jaime.

—No recuerdo cuándo fue la última vez que me lo pasé tan bien —asintió Linda, y acarició la cabeza de Reina.

—Pero deberíamos quitarnos esta ropa mojada antes de coger un resfriado —dijo Jaime mientras apoyaba el trineo contra la pared.

—Estoy de acuerdo —concluyó Linda, y los tres entraron enseguida.

Justo entonces, Golfo llegó por el camino de la entrada.

—Oye, bombón —le dijo a Reina—, ¿qué tal si cogemos este trasto y damos una vuelta?

—Pero ¿qué es? —inquirió Reina.

—¡Un trineo! —le dijo Golfo.

—Y ¿para qué sirve? —preguntó ella.

—Para bajar por las colinas —explicó Golfo.

—Suena peligroso —dijo Reina, vacilando.

—¡Qué va, es divertido! —exclamó él—. ¿Qué me dices?

—Ahí fuera hace muchísimo frío —comentó Reina. La idea no acababa de convencerle.

—Venga, vamos —la animó Golfo—. ¡Será genial! ¿Has visto lo bien que se lo han pasado Jaime y Linda? —Golfo cogió la cuerda con los dientes, arrastró el trineo por el porche y bajó las escaleras.

Reina lo siguió.

—¡Espérame! —gritó nerviosa.

—¡Vamos, bombón! —exclamó Golfo—. ¡Súbete!

Reina saltó sobre el trineo. Golfo la arrastró por la nieve calle abajo y luego la subió hasta la cima de una colina cercana.

—Bonitas vistas, ¿verdad? —dijo.

—Sí que son bonitas —asintió Reina—. Y ¿ahora qué?

—Ahora nos montamos —respondió Golfo.

Empujó el trineo hacia adelante y saltó rápidamente sobre él antes de que se deslizara colina abajo.

—¡Cielos! —chilló Reina mientras bajaban la pendiente y el viento empujaba sus orejas hacia atrás.

—¡Agárrate bien! —gritó Golfo.

Reina cerró los ojos con fuerza y Golfo ladró de emoción, pero entonces se toparon con una placa de hielo. El trineo dio varias vueltas, y salieron disparados por los aires... y aterrizaron en un banco de nieve.

Golfo saltó sobre sus patas.

—¿Estás bien, bombón? —preguntó nervioso.

—¿Bien? —respondió Reina, que ya empujaba el trineo colina arriba—. ¡Vamos, Golfo! ¡Otra vez!

Diciembre 10

Winnie the Pooh

Una amistad muy saltona

Tigger estaba teniendo un día muy saltón en el Bosque de los Cien Acres y decidió botar hasta la casa de Winnie the Pooh. Allí, Pooh estaba limpiando las alacenas y sacando fuera los tarros de miel. Mientras depositaba un tarro en el suelo, Tigger brincó justo encima de él. Pooh perdió el equilibrio... y ¡la miel se derramó!

Tigger contempló aquel estropicio.

—¿Quieres que te ayude? Salir de situaciones pegajosas es lo que mejor saben hacer los tiggers.

Pooh pensó que sería mejor limpiar el estropicio él solo, así que Tigger se marchó dando saltos.

A continuación, Tigger botó hasta la madriguera de Conejo, que en aquel momento se encontraba muy ocupado en el jardín. Tigger no se dio cuenta del rastrillo que tenía delante... ¡hasta que saltó sobre él y cayó sobre las plantas de Conejo!

Luego, Tigger botó directamente sobre Piglet y lo tiró al suelo... ¡al igual que todas las bellotas que había recogido! A continuación saltó hasta la casa de Búho y acabó tirando su tetera al suelo.

Después, Tigger se marchó dando botes para ir a visitar a Ígor, pero saltó tan repentinamente y provocó semejante estruendo que Ígor cayó sobre un lado de la casa.

Tigger ayudó al burrito a levantarse, y justo entonces llegaron Conejo, Pooh y Piglet.

—¡Tigger, tus saltos están fuera de control! —gritó Conejo.

—Pero los tiggers son muy saltones cuando se alegran de ver a sus amigos —explicó Tigger.

Conejo sabía que aquello era verdad, pero, aun así, seguía molesto.

—Deberías ir con más cuidado con los demás y sus cosas.

Tigger miró a sus amigos. No podía entender la idea de que sus botes pudieran hacerlos infelices, así que se marchó andando para pensar en ello.

Se encontró de pronto con Christopher Robin y le contó todo lo que había pasado.

—Estoy seguro de que puedes arreglar todo lo que haga falta arreglar —dijo Christopher Robin.

Entonces Tigger pegó un salto.

—¡Eso es! ¡Voy a arreglarlo todo!

Tigger le dio a Pooh un nuevo tarro repleto de miel, recogió una cesta de bellotas para Piglet y plantó semillas nuevas para Conejo. También pegó con mucho cuidado la tetera de Búho y reconstruyó la casa de Ígor él solito.

—¡Reconozco que me siento muy tiggeroso! —dijo Tigger al ver las caras felices de sus amigos.

—Entonces, ¿por qué no saltas? —exclamó Christopher Robin.

—¿Quieres que bote? —preguntó Tigger.

—No serías tú si no botaras —respondió Ígor.

Y, así, Tigger botó y botó. Por lo visto, dar saltos e ir con cuidado es lo que mejor saben hacer los tiggers.

Diciembre
11

Disney Campanilla y la Leyenda de la Bestia

Campanilla cuenta la verdad

Nyx llegó al Bosque del Invierno en el mismo momento en que Gruff huía. Lo mirara por donde lo mirara, parecía un monstruo: con feroces ojos verdes, cuernos gigantescos y relámpagos chisporroteando a su alrededor. Nyx levantó su lanza, pero Gruff saltó por encima de ella. El hada se giró para darle caza, pero al oír a Fawn se detuvo en seco.

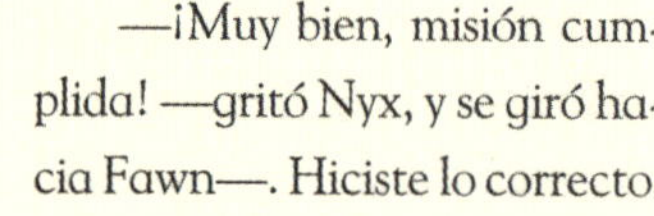

—¡Ayuda!

Nyx corrió hacia Fawn y Campanilla mientras Gruff escapaba hacia el bosque.

Campanilla estaba tumbada en el suelo, pálida y sin dar señales de vida, así que la cogieron y la llevaron deprisa al hospital de las hadas.

Mientras cuidaban de Campanilla, Fawn esperaba sentada fuera. Se sentía contrariada y muy triste. Una vez más había escuchado a su corazón y no a su cabeza, y, por ello, habían herido a su mejor amiga.

—Necesita descansar unos días, pero se pondrá bien —dijo el hada sanadora a Fawn y sus amigas, que se habían reunido allí para echar una mano.

Todas lanzaron un suspiro de alivio.

—¿Ves, Fawn? —dijo Rosetta, en un intento de animar a su amiga, pero Fawn ya se había marchado.

Fawn fue en busca de Gruff. Lo encontró sentado sobre un saliente, con apariencia triste y con necesidad de un amigo.

—Ven aquí —lo llamó Fawn, sintiéndose culpable por lo que estaba a punto de suceder.

Tan pronto como Gruff se acercó, las hadas exploradoras lanzaron una red sobre él.

—¡Polvo de belladona! —ordenó Nyx, la líder.

Hicieron explotar cinco bolsas sobre Gruff, que se resistió pero finalmente cayó cuando el polvo somnífero hizo efecto.

—¡Muy bien, misión cumplida! —gritó Nyx, y se giró hacia Fawn—. Hiciste lo correcto.

Al pensar que Gruff le había hecho daño a Campanilla, ¡ideó un plan para capturarlo junto con las exploradoras!

Fawn dejó a Gruff atrás y volvió al hospital para ver a Campanilla, que, al llegar, ya estaba despierta.

—Lo siento mucho —dijo Fawn.

—No hay nada de qué disculparse —respondió Campanilla.

El hada tintineadora le explicó lo que había sucedido. Le contó que un rayo había partido un árbol por la mitad y Gruff la había empujado para salvarle la vida.

Fawn no podía creer lo que oía.

—¡Le he traicionado! —exclamó. Tal y como había pensado, Gruff no era un monstruo. En lugar de herir a Campanilla, ¡la había salvado! Así que decidió volver para ayudarlo.

Fawn reunió a sus amigas y volaron todas juntas para liberar a Gruff. Utilizaron polvo de hada para quitarle la red y Gruff se tambaleó. Su visión estaba borrosa, pero podía ver la luz que desprendía el polvo de hada de Fawn.

—No te preocupes, Gruff —dijo ella—. Te voy a sacar de aquí.

Diciembre
12

Tan malo no podía ser

Rompe Ralph era el malo del juego *Repara Félix Júnior*, pero estaba harto de ser siempre el malo. ¡Lo que él quería era ser un héroe! Así que abandonó su juego y consiguió la Medalla del Héroe en el juego *Hero's Duty*. Sin embargo, había liberado un ciberbicho por accidente, que acabó multiplicándose.

Los ciberbichos estaban atacando el juego *Sugar Rush*, donde la nueva amiga de Ralph, Vanellope, estaba atrapada. No podía abandonar el juego porque era una *glitch*, un fallo técnico. Un viejo personaje de videojuegos llamado Turbo había robado su código, y la única forma de que Vanellope volviera a ser un avatar oficial de *Sugar Rush* era cruzando la línea de meta. Por desgracia, los ciberbichos habían atacado momentos antes de que lo consiguiera.

En *Sugar Rush*, todo estaba hecho de chucherías. Ralph sabía que necesitaba una luz muy brillante para poder derrotar a los terribles insectos, pues ésa era la forma de derrotarlos en *Hero's Duty*. ¡Ralph tuvo una idea! Se fue directo hacia la montaña de Cola Light, pero, por el camino, un ciberbicho lo atacó.

Ralph cayó pesadamente sobre la montaña. Bajo sus pies, una estalactita de Mentos se rompió y cayó en la cola ardiente que había abajo… junto con Ralph. Por suerte, alguien apareció y lo rescató a tiempo. ¡Vanellope!

Los caramelos de la montaña cayeron dentro de la cola y… ¡bum! Un chorro brillante de cola salió disparado de la montaña. Los ciberbichos lo vieron y volaron directos hacia la luz. Ni siquiera Turbo pudo resistirse, y… ¡zas! Todos los bichos fueron destruidos.

Una vez que las bestias desaparecieron, Repara Félix, el bueno del juego *Repara Félix Júnior*, reparó la pista rota de *Sugar Rush* y Ralph empujó con suavidad a Vanellope hacia la meta. Todo el juego parpadeó y volvió a la normalidad, pero una cosa había cambiado: ¡Vanellope se había convertido en una princesa!

Todos recordaron la verdad por fin. Turbo había robado la identidad real de Vanellope, pero ahora la había recuperado.

La mañana se acercaba, y los recreativos estaban a punto de abrir. Todos necesitaban volver a sus respectivos juegos, pero antes Vanellope le dio un abrazo a Ralph.

—Podrías quedarte aquí y vivir en el castillo —le dijo.

—Ya soy feliz —respondió Ralph—, porque tengo la amiga más guay del mundo.

En los recreativos, el señor Litwak estaba a punto de desenchufar *Repara Félix Júnior* cuando, de pronto, una niña gritó que el juego volvía a funcionar y los niños hicieron cola para jugar. Ahora que Ralph había vuelto, ¡el juego estaba a salvo! Ralph siguió siendo el malo, pero ahora sabía que ya no necesitaba una medalla para ser bueno. Si le caía bien a una pequeñaja como Vanellope… tan malo no podía ser.

Diciembre 13

Disney Princesas
La Cenicienta

La boda real de Cenicienta

El príncipe encantador había encontrado a la mujer que amaba y quería casarse con ella. Le preguntó:

—¿Quieres casarte conmigo?

Y esperó la respuesta. Por supuesto, ¡Cenicienta dijo que sí!

El rey estaba emocionado. En el salón, señaló el retrato de una bella mujer.

—Ésta era mi esposa el día de nuestra boda, y Cenicienta debería llevar el mismo vestido. Es la tradición de la familia real —explicó el rey—. ¡No hay nada más importante que las tradiciones familiares!

Cenicienta miró el retrato de la reina en silencio. No quería decepcionar a su futuro suegro, pero ¡seguir la tradición familiar no era fácil! El gran duque le entregó una pila enorme de libros sobre tradiciones reales. Ella los leyó hasta que se quedó dormida y empezó a soñar.

En el sueño, la madre de Cenicienta le entregó un regalo especial.

—Cenicienta, mi amor, este collar te recordará que, siempre que tengas un problema, si escuchas a tu corazón te llevará a la respuesta.

Cuando Cenicienta despertó, empezó a buscar dentro de algunos de sus viejos baúles. Pronto encontró lo que estaba buscando: un retrato de su madre el día de su boda.

Cenicienta se lo mostró a la costurera real.

—¿Podrías hacerme un vestido como éste?

La costurera agachó la cabeza como reverencia con solemnidad.

—Sería un honor.

Después, Cenicienta fue a visitar al joyero real.

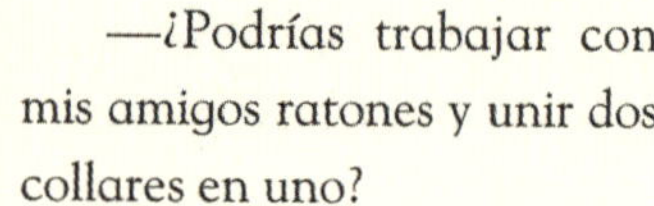

—¿Podrías trabajar con mis amigos ratones y unir dos collares en uno?

—Por usted crearé el mejor collar del reino —respondió.

El día de la boda real llegó y el rey fue a ver a Cenicienta.

—Espero que no le importe. Es una copia del vestido de boda de mi madre —explicó Cenicienta—. Honrará la tradición de mi familia y, con este collar y este velo, honraré la tradición de la suya, su majestad.

El hombre vio que habían utilizado las perlas de la reina para crear un collar y un velo nupcial.

—Mi querida niña, me siento muy honrado. Has unido los tesoros de dos familias y has creado una nueva tradición para la nuestra.

El rey acompañó a Cenicienta con orgullo por el pasillo central. Los invitados estaban entusiasmados, y el príncipe totalmente embelesado. Incluso el gran duque se secó una lágrima.

El príncipe y la princesa respondieron a la pregunta que todos los novios y las novias deben responder.

—¡Sí quieren, sí quieren! —gritó Gus.

Y, así, siguiendo la tradición, y su corazón, ¡Cenicienta tuvo la boda de sus sueños!

Diciembre 14

Disney Princesa Enredados

Los héroes de Rapunzel

Recuerdo que el día empezó con buen pie. Era la mañana de mi decimoctavo cumpleaños y los pájaros cantaban. Justo el día anterior había dado un paso de gigante al abandonar la alta torre en la que había vivido toda mi vida. Muy pronto, si todo iba bien, llegaría al reino por primera vez para ver los farolillos que lanzaban cada año el mismo día... En mi cumpleaños.

Debería haber sido una mañana agradable. Sin embargo, ahí estaba yo, ¡intentando salvar a mi guía de un caballo!

Conocía a Flynn desde hacía poco tiempo, pero ya sabía que era algo problemático.

Tras liberar a Flynn, me puse enfrente del caballo y le acaricié el hocico. En la placa que llevaba en el pecho ponía «Máximus».

Máximus sabía que Flynn era un ladrón, pero yo tenía la esperanza de que, a pesar de ello, no lo entregara a los guardias.

—Puede que hoy sea el día más importante de mi vida —expliqué—. Y, además, es mi cumpleaños, para que lo sepas.

Así que marchamos hacia el reino todos juntos. Máximus no permitía que Flynn se montara en su lomo. ¡Incluso lo tiró a un charco en una ocasión!

—No me gusta este caballo —dijo Flynn—. Y yo tampoco le gusto a él.

Mientras caminábamos, Máximus y Flynn no paraban de molestarse el uno al otro.

Suspiré. Si aquellos dos no se llevaban bien, mi día especial se iría al traste. Por suerte, tuve una idea.

—¡Ya sé! —le dije a Flynn—. Te voy a enseñar a llevarte bien con Máximus.

Flynn se quejó, pero observó cómo yo le rascaba la barbilla al caballo.

—¿Lo ves? —dije mientras acariciaba la cara de Máximus—. Ahora tú.

—¡Puaj! ¡Ni en broma! —se opuso Flynn, pero yo insistí.

Entrar en el reino fue un poco complicado porque Flynn estaba en búsqueda y captura. Aun así, él y el caballo se las ingeniaron para entrar trabajando juntos. ¡Ambos estaban progresando!

Creo que Máximus se sorprendió un poco al ver a Flynn tan amable y gentil aquel día. Tal vez se dio cuenta de que no era tan malo en realidad.

Aquella tarde, Flynn le dio una bolsa de manzanas a Máximus. Estaba muy orgullosa de ellos por haber hecho el esfuerzo de ser amigos.

Por la noche, ¡encerraron a Flynn en prisión y la malvada Madre Gothel me capturó! Máximus se apresuró para liberar a Flynn y, luego, los dos acudieron en mi ayuda. Supieron formar un buen equipo.

Tras salvarme, les dije lo agradecida que estaba. Los dos eran unos héroes, pero, más importante aún: eran amigos.

Diciembre
15

Disney 101 DÁLMATAS

Pasándolo en grande

—¡Faltan diez días para que llegue Papá Noel! —ladraron los cachorros, saltando unos encima de otros mientras corrían por el pasillo.

—¡Diez días para los regalos! —gritó Penny.

—¡Diez días para la cena de Navidad! —añadió Rolly.

—Diez días para no meteros en problemas —dijo Pongo con una sonrisa.

—¿Sabéis lo que viene antes de Papá Noel, la cena y los regalos? —preguntó Perdita.

—¿Los calcetines en la chimenea? —respondió Lucky.

—No, antes que eso —dijo Perdita.

Patch no estaba seguro y se sentó a pensar en la alfombra.

—Tenemos que decorarlo todo y cantar villancicos —explicó Perdita moviendo la cola.

Justo en ese momento, Roger y Anita abrieron la puerta del estudio e invitaron a todos los perros a entrar.

Patch parpadeó varias veces, pues no podía creer lo que veían sus ojos.

—¿Qué hace un árbol dentro de casa?

—Tú mira. —Perdita le dio un lametón rápido.

Mientras los perros miraban, Roger y Anita empezaron a decorar el árbol con luces, ángeles, muñecos de nieve y tiras de espumillón. Lo que más le gustó a Patch fueron las brillantes bolas de cristal. Las pelotas eran una de sus cosas favoritas, y ¡no podía apartar la mirada de ellas!

Una vez acabaron con el árbol, Anita trajo chocolate y galletitas para perros. Mientras mordía una galleta frente al fuego, Patch no podía imaginar que la noche fuera a ir mejor. Entonces Roger se sentó frente al piano y todos empezaron a cantar.

Patch aulló junto con los demás, pero no podía dejar de mirar las bolas del árbol. Había una roja enorme muy cerca del suelo.

Patch se acercó y tocó la bola con una de las patitas delanteras. La bola se balanceó alegremente sobre él. Entonces vio su reflejo y empezó a reírse. ¡Su nariz parecía enorme!

—¿Qué haces? —preguntó Penny, que paró de cantar para averiguar qué era tan divertido.

Freckles se unió a ellos, y luego Lucky. Todos los cachorros hicieron turnos para golpear la bola y ver cómo se balanceaba, hasta que... ¡crac!, se cayó al suelo y se rompió en mil pedazos.

La música se detuvo. El pobre Patch sabía que había arruinado aquella noche especial.

—Ay, cielos —exclamó Anita mientras apartaba a los perritos de debajo del árbol—. Id con cuidado. Estas bolas no son para jugar.

Roger recogió los pedazos de cristal y Patch se encogió de miedo, pues sabía que se había metido en problemas.

—Tal vez debería daros un regalo anticipado —dijo Anita con una sonrisa.

Patch no podía creer la suerte que había tenido. En lugar de recibir un sermón, cada cachorro recibió un paquete pequeño. Patch rompió el papel de envolver, y ¡dentro vio una pelota de goma nueva!

Diciembre 16

Disney · PIXAR INSIDE OUT

Juntos de nuevo

Alegría y Tristeza consiguieron volver por fin a la Central después de un largo y difícil viaje por el Mundo de la Mente de Riley. ¡El problema era que no podían entrar!

Las otras Emociones de Riley, Ira, Miedo y Asco, corrieron hacia la ventana. Asco tuvo una idea: empezó a burlarse de Ira hasta que se enfadó tanto que le salió fuego por la cabeza. Entonces lo cogió y utilizó sus llamas para hacer un agujero en la ventana; ¡así, Alegría y Tristeza pudieron entrar!

—¡Habéis vuelto! —exclamó Miedo, lleno de alivio.

Durante la ausencia de Alegría y Tristeza, muchísimas cosas habían ido mal, e Ira había decidido que Riley debía volver a Minnesota, donde todo había sido perfecto.

—Alegría, tienes que arreglar esto —le pidió Asco—. ¡Venga, vamos!

—¡Ay, no! —exclamó Alegría al mirar la pantalla y ver que Riley había subido a un autobús para escaparse. Entonces miró a Tristeza—. Todo depende de ti.

—¿De mí? —preguntó Tristeza—. ¡No puedo, Alegría!

—Sí que puedes —le respondió—. Riley te necesita.

Tristeza respiró hondo y se acercó a la Consola Emocional. Alegría, Ira, Miedo y Asco miraron la pantalla y esperaron.

En el autobús, la cara indiferente de Riley cambió y se volvió triste. Se levantó y le gritó al conductor:

—¡Espere! ¡Quiero bajar!

Los frenos del autobús chirriaron; Riley bajó y empezó a correr.

Papá y mamá estaban muy preocupados hasta que, de repente, la puerta de entrada se abrió y Riley apareció.

—¡Riley! —gritó su madre.

En la Central, Alegría entregó los recuerdos esenciales a Tristeza. Las esferas se volvieron azules y la mente de Riley se llenó de recuerdos de su antigua vida.

Riley se puso a llorar.

—Echo de menos Minnesota —le dijo a sus padres—. Quiero a mis antiguas amigas, y a mi equipo de hockey... Quiero volver a casa. Por favor, no os enfadéis.

—No nos enfadamos —dijo Papá, y le explicaron que también echaban de menos Minnesota.

Se unieron en un cálido abrazo familiar y, en la Central, surgió un nuevo recuerdo esencial multicolor.

Un tiempo después, Riley volvió a la normalidad, y también el Mundo de la Mente. Las islas de la personalidad aparecieron otra vez junto con otras nuevas. Las Emociones, de pie en la Central, contemplaban aquel paisaje por la ventana.

—¡Vaya! —exclamaron todas con emoción.

—Hemos pasado por muchas cosas últimamente, sin duda —dijo Alegría—, pero aún queremos a nuestra chica. Tiene amigos nuevos geniales, una casa nueva genial... Las cosas no podrían ir mejor. Al fin y al cabo, Riley tiene doce años. ¿Qué podría pasar?

Diciembre 17

Disney MICKEY Y SUS AMIGOS

¿Quién se ha comido los *brownies*?

Minnie acababa de preparar una hornada de *brownies* de caramelo porque Daisy iba a celebrar una fiesta.

—La pandilla los devorará enseguida —dijo mientras envolvía los *brownies* con papel de aluminio y los guardaba en una bolsa.

Llegó a casa de Daisy, y el resto de la panda ya estaba allí. Daisy estaba sacando comida de la nevera mientras Donald lo miraba todo con ansia. Goofy, que llevaba los dos pulgares vendados, estaba acariciando a Pluto con mucho cuidado.

—He intentado colgar unos cuadros —explicó.

—Minnie, ¿te apetece bailar? —le preguntó Mickey.

—¡Por supuesto! —respondió Minnie. Dejó la bolsa sobre la mesa y siguió a Mickey hasta la sala de estar.

Una hora más tarde, Minnie y Mickey seguían bailando cuando, de repente, ella se acordó de los *brownies*.

—¡Los *brownies* de caramelo! —exclamó—. He olvidado desenvolverlos.

—¡Genial! ¡Vamos a comer! —gritó Goofy.

Minnie corrió hasta la cocina y encontró la bolsa vacía sobre la mesa. ¡Los *brownies* de caramelo ya no estaban allí!

Minnie volvió a la sala de estar.

—¡Mis *brownies* han desaparecido! —gritó.

—Yo no los he visto —dijeron Daisy, Donald, Goofy y Mickey, uno detrás del otro.

—A ver, cuando he llegado estaban en esta bolsa —explicó Minnie—. Uno de vosotros se ha colado en la cocina y se los ha comido.

—A mí no me gusta el caramelo —dijo Daisy—.

—¿De verdad? —preguntó Minnie.

—Daisy prefiere las espinacas al caramelo. Y yo no he sido, hemos estado bailando todo el rato —dijo Mickey.

—Es verdad —murmuró Minnie.

Goofy tragó saliva.

—Bueno, yo me he colado en la cocina y he picado algo, pero no he tocado la bolsa.

—Tú no has podido ser, Goofy. —Se dio cuenta Minnie—. Con los pulgares vendados no podrías haber quitado el papel de aluminio.

Cuando Minnie se giró hacia Donald, éste dio un graznido.

—¡Yo no he sido! Puede que haya abierto el papel de aluminio para echar una ojeada, pero no los he probado, ni siquiera una miguita.

—¡Vamos! Busquemos pistas en la cocina —propuso Minnie, que confió en Donald.

—¡He encontrado unas huellas! —gritó Mickey, y señaló el suelo de debajo de la mesa.

Siguieron el rastro hasta la habitación de Daisy, y luego desapareció debajo de la cama.

Pluto gruñó. Tenía el morro lleno de migas con caramelo y Minnie sonrió.

—No seamos duros con él —dijo—. Parece que ya lo está pagando... ¡con un dolor de barriga!

Diciembre 18

DUMBO

El espectáculo debe continuar

El viento silbaba en la carpa principal y empujaba la tela que Dumbo intentaba agarrar con su pequeña trompa.

—Yo lo cogeré —dijo su madre mientras la carpa se agitaba sobre sus cabezas.

Dumbo pensó que, si el tiempo no hubiese sido tan malo, podría haber volado para coger el otro extremo de la carpa, pero el viento soplaba con demasiada fuerza para las orejas voladoras de Dumbo.

Al final, de pie sobre sus patas traseras, la señora Jumbo cogió la tela con la trompa. Tiró con firmeza y dejó que los peones del circo la ataran, pero Dumbo vio que la tela se había rasgado de nuevo.

—¡Dejad de hacer tonterías! —gritó el jefe de pista a los payasos. Él también había visto los desgarros y les ordenó que los cosieran—. ¡Debéis reparar la carpa antes de que empiece el espectáculo!

Dumbo se sintió fatal. Todos los artistas, animales y peones del circo estaban trabajando muchísimo bajo la tormenta y, para colmo, él no había evitado que la carpa se rompiera. Además, el jefe de pista estaba tan de mal humor como el tiempo.

Entonces, el elefante vio que una ráfaga de viento frío le quitaba el sombrero de copa negro al director.

—¡Se acabó! —gritó él—. ¡Ya no habrá espectáculo esta noche!

Dumbo no podía creer lo que había oído. Aquel anuncio fue suficiente para despertar al ratón Timoteo de la siesta que estaba echando en un fardo de heno cercano.

—¿Que no hay espectáculo? ¡No me lo puedo creer! —dijo Timoteo.

El resto del circo tampoco podía creérselo, pero siguieron con sus tareas en silencio.

—Cuánto alboroto por un sombrero. —Timoteo sacudió la cabeza—. El espectáculo debe continuar.

Dumbo asintió, y entonces algo llamó su atención. El sombrero en cuestión se había enganchado en el mástil de la carpa principal. ¿Sería capaz de recuperarlo?

Con valentía, Dumbo despegó. El viento era muy violento, pero agachó la cabeza y batió las orejas con fuerza. El viento se calmó durante unos instantes, así que el pequeño elefante aprovechó la oportunidad, cogió el sombrero de copa y volvió deprisa al suelo.

Dumbo le entregó el sombrero al jefe de pista con timidez.

—Gracias, Dumbo —dijo él, que cogió agradecido el sombrero.

Miró a todas las personas y a todos los animales que aún seguían trabajando a su alrededor, y se avergonzó de su actitud. Entonces, volvió a ponerse el sombrero y gritó:

—¡El espectáculo debe continuar!

Todo el mundo se alegró por la noticia.

—¿Qué te había dicho? —preguntó Timoteo, y le guiñó un ojo.

Diciembre 19

Disney · PIXAR BUSCANDO A NEMO

El viejo Pulpo

—¡Tú la llevas! —Nemo encontró a Sheldon, que estaba escondido cerca de un molusco.

—¡Jopé! —Sheldon agitó la cola—. A la próxima voy a ir a por ti, Nemo.

—A ver si consigues encontrarme —se burló Nemo. Luego, habló en voz alta—. ¡Chicos, ya podéis salir!

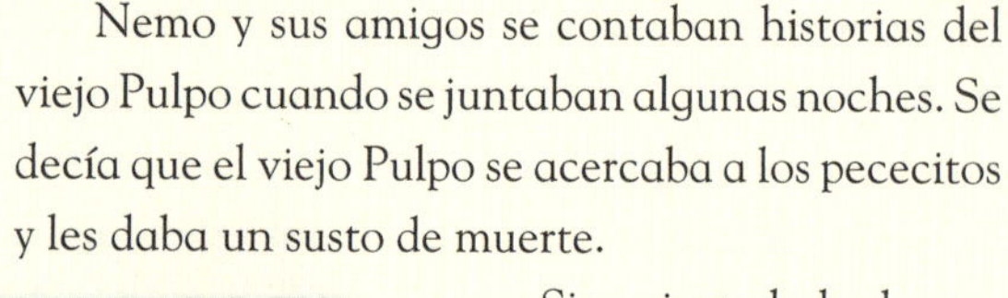

El resto de los peces que jugaban al escondite volvieron al percebe gigante que usaban como base. Una vez se reunieron todos, Sheldon empezó a contar de nuevo.

Nemo se alejó nadando y buscó por todo el arrecife un buen escondite, porque Sheldon se la tenía jurada. Nadó y encontró una concha de abulón vacía.

—Demasiado fácil —murmuró.

Entró rápidamente en una anémona.

—Demasiado obvio.

Finalmente, se topó con una cueva oscura entre el coral.

—Demasiado oscura. —Le dio un escalofrío al ver la espeluznante entrada—. Es perfecta.

Armándose de valor, Nemo entró en la cueva. Al principio no podía ver nada, pero, a medida que sus ojos iban acostumbrándose a la oscuridad, vio un gran ojo abierto en la pared. ¿Qué podía ser?

Otro ojo se abrió, y, entonces, la pared entera empezó a moverse.

—¡E... e... el viejo Pulpo! —tartamudeó Nemo al ver que ocho largos tentáculos sobresalían de la pared de la cueva.

Nemo y sus amigos se contaban historias del viejo Pulpo cuando se juntaban algunas noches. Se decía que el viejo Pulpo se acercaba a los pececitos y les daba un susto de muerte.

—Sie... siento haberle molestado, señor.

Nemo nadó hacia la salida, pero entonces vio algo asombroso. ¡Los tentáculos del pulpo estaban cambiando de color y textura! En vez de mimetizarse con el color marrón de las paredes desiguales, tenían un tono rojizo, parecido al coral que había al fondo de la cueva.

—No me has molestado, chico. ¿Qué te trae a este rincón del arrecife? —Su voz era pausada y amable, y Nemo ya no tuvo miedo.

—Juego al escondite, señor —respondió con cortesía—. Si pudiese camuflarme como usted, ganaría siempre.

El viejo Pulpo se rio.

—El escondite, ¿eh? Me encanta ese juego. Camuflarse es muy útil, pero no hay nada como una nube de tinta cuando quieres correr hasta la base.

—¿También puede disparar nubes de tinta? —Nemo estaba tan emocionado que alzó la voz.

—¡Te he oído, Nemo! —gritó Sheldon.

—¿Preparado para nadar hasta la base? —susurró el viejo Pulpo, que le guiñó un ojo.

Nemo asintió con la cabeza. Chocó la aleta con uno de los tentáculos del viejo Pulpo y, entre una nube de tinta negra, salió disparado, adelantó a Sheldon y llegó a la base. ¡Salvado!

La magia de la amistad

Un día, los siete enanitos fueron a visitar a Blancanieves y el príncipe a su palacio, y celebraron un pícnic.

—Servíos, por favor —dijo Blancanieves mientras pasaba los platos de porcelana—. Uno para ti... otro para ti... y para ti... ¡Cielo santo! ¿Dónde está Mudito?

Blancanieves, el príncipe y los otros seis enanitos buscaron a Mudito por todas partes. Finalmente, Blancanieves lo vio, y se dio cuenta de que había encontrado una oruga. Todos acudieron a verla.

—Ya es suficiente —resopló Gruñón—. La princesa nos ha preparado un pícnic. Además, en mi opinión, las orugas sólo dan problemas.

—Gruñón —dijo Blancanieves con dulzura—, no creo que esta oruga vaya a darnos problemas. Venga —les dijo a los enanitos—. Volvamos al pícnic. Y, Mudito, ¿por qué no traes a tu nueva amiga con nosotros?

Todos disfrutaron del pícnic; comieron y comieron hasta que ya no quedó ni una sola migaja. Entonces, llegó la hora de que los enanitos volvieran a casa y Mudito se llevó a su nueva amiga con él.

No pasó mucho tiempo hasta que Blancanieves fue de visita a la casa de los enanitos. ¡Allí encontró al pobre Mudito hecho un mar de lágrimas! Alicaído, Mudito cogió a Blancanieves de la mano, la llevó fuera y señaló una crisálida dura y brillante que colgaba de una rama.

—Esa vieja oruga se metió ahí dentro hace unos días —explicó Sabio—, pero no quiere salir.

Blancanieves sacudió la cabeza y abrazó al enanito.

—Ay, Mudito —dijo con cariño—. ¿No lo sabes? ¡La oruga va a convertirse en otra cosa!

—Esto... —empezó a decir Sabio—. ¿A convertirse en qué?

Blancanieves vio un par de alas multicolor. Señaló la mariposa y sonrió.

—¡En eso!

Los enanitos se giraron y miraron justo a tiempo para ver como se rompía y se abría la crisálida. Una criatura, que antes fue la oruga de Mudito, salió a empujones y, poco a poco, fue abriendo aquellas diminutas alas.

—¡Es una mariposa! —exclamó Feliz.

Mudito sonrió de oreja a oreja y extendió un dedo hacia su amiga oruga, ahora convertida en una preciosa mariposa. Sin embargo, en lugar de posarse sobre su dedo, ¡la mariposa salió volando!

Blancanieves intentó animarlo un poco.

—No te preocupes —le aseguró—. Recuerda que yo también me marché, pero aún sigo viniendo a visitaros. A veces, un buen amigo debe dejar que sus amigos se marchen...

—... y ¡dejar que vuelvan para hacerte montones de visitas!

Justo entonces, la mariposa volvió y se posó sobre la nariz de Mudito.

Diciembre 21

Disney EL REY LEÓN

Empapados

Timón hinchó su pequeño pecho y soltó un grito atronador mientras se balanceaba sobre la laguna. Se soltó de una enredadera y extendió los brazos tanto como pudo hasta que golpeó el agua, sin mucha violencia pero de una forma satisfactoria. Salió a la superficie y gritó:

—¡Tachán!

Pumba fue el siguiente.

—¡Cuidado allí abajo! —avisó.

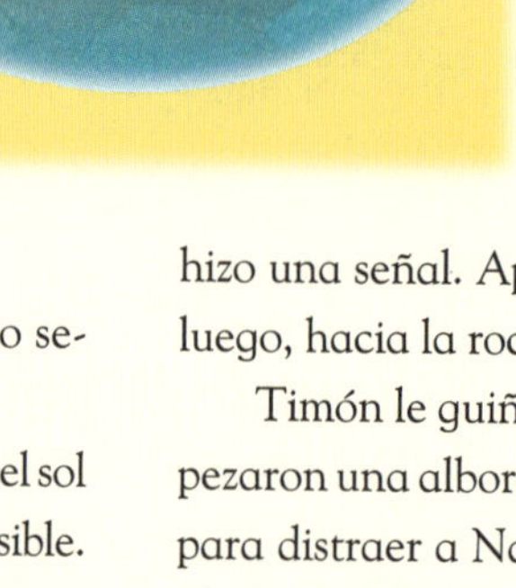

Sobre el saliente rocoso, cogió un poco de carrerilla y se lanzó. Al caer, el facóquero salpicó de agua todo lo que había alrededor de la laguna. Cuando salió a la superficie, el agua aún ondeaba.

—No ha estado mal —dijo Simba—, pero seguro que Nala puede hacerlo mejor.

El rey león miró a Nala, que estaba tomando el sol sobre una roca, tan lejos del agua como era posible.

—¡Ya! —rio Nala—. Sabes que no me gusta mojarme.

—Venga, Nala. Inténtalo. ¡El agua está muy buena! —intentó animarla Simba.

—El agua está buena —replicó Nala muy despacio, dándose la vuelta y lamiéndose la pata—... para beber.

Timón y Pumba se rieron como tontos mientras Simba fruncía el ceño. Nala lo estaba dejando en ridículo delante de sus amigos. ¿Acaso no era él el soberano de las Tierras del Reino?

Con su tono de voz más autoritario, Simba le dio una orden a Nala.

—¡Ven a nadar con nosotros ahora mismo! Si no...

Nala ni siquiera levantó la cabeza, se limitó a cerrar los ojos.

—Si no... ¿qué, alteza?

A Simba no se le ocurrió nada, así que la discusión se acabó y, como siempre, había ganado Nala.

Simba aceptó su derrota y corrió hasta el borde del saliente rocoso, saltó tan alto como pudo y se acurrucó para hacer una bomba real.

Pumba y Timón se mojaron hasta las orejas. Simba salió del agua poco a poco y les hizo una señal. Apuntó hacia su melena mojada y, luego, hacia la roca de Nala.

Timón le guiñó un ojo y, entre él y Pumba, empezaron una alborotada batalla de agua de mentira para distraer a Nala. Mientras, Simba trepó hasta el sitio donde Nala estaba tomando el sol. Se acercó veloz y sigiloso y se agazapó con las patas listas para saltar. Mientras tanto, Nala no se enteró de nada.

Entonces, con un rugido triunfal, Simba saltó sobre la roca de Nala y sacudió con vigor la melena mojada, dejando a Nala hecha una sopa.

Nala se levantó sobre sus patas con un gruñido. Simba rodó sobre su espalda y se tronchó de risa.

—¡Estás toda mojada, Nala! —rio Timón. Pumba se reía tanto que casi no podía respirar.

Nala intentó lanzarle una mirada feroz a Simba, pero no podía más que reírse también.

—El rey de las bromas pesadas —dijo ella.

Diciembre 22

Disney Bambi

Aventura nocturna

La luna se elevaba sobre el bosque, y Bambi se acurrucó al lado de su madre, que ya dormía. ¡Menudo día! Había explorado lugares nuevos, había aprendido palabras nuevas, y había hecho amigos nuevos. Bambi bostezó y cerró los ojos.

—¡Bambi! ¡Bambi!

Bambi abrió los ojos muy despacio.

—¿Tambor? —susurró—. ¿Por qué no estás durmiendo?

—¿Durmiendo? ¡Venga ya! —gritó Tambor—. ¡Dormir es para los pájaros! ¿Cómo puedes dormir cuando hay tanto que ver y hacer por la noche?

—Pero todo el mundo sabe que la noche es para dormir —dijo Bambi.

—Ay, hermano —respondió Tambor—. ¡Tienes tanto que aprender! Sígueme y te mostraré que la noche es como un nuevo día.

De pronto, ante la idea de una nueva aventura, a Bambi se le quitó el sueño. En silencio, se levantó y dejó que su amigo le guiara.

Tambor tenía razón. El bosque estaba tan concurrido de noche como de día, pero con un grupo de animales nuevo: lechuzas, zarigüeyas, mapaches y tejones. Todos aquellos animales que parecían pasarse la vida durmiendo estaban ahora tan despiertos como uno podía imaginarse.

—¿Qué es esto? —exclamó Bambi al ver un punto de luz sobre su hocico.

—No te preocupes, sólo es una luciérnaga —explicó Tambor con una risilla.

—Luciérnaga —repitió Bambi, y, de repente, la luz desapareció—. ¿Adónde se ha ido?

—¡Ahí está! —gritó Tambor, y señaló la cola de Bambi—. No, espera. Está por allí.

Tan alegres como unas castañuelas, Tambor y Bambi persiguieron a la luciérnaga mientras ésta iba de un amigo a otro.

—¡Creo que le hemos gustado! —exclamó Tambor.

Sin embargo, su juego se vio interrumpido por una ruidosa ráfaga. Miles de alas batientes pasaron por encima de sus cabezas.

—¡Agáchate, Bambi! —gritó Tambor justo cuando aquel grupo revoloteaba alrededor de sus cabezas—. Nos hemos librado por poco.

—¿También eran luciérnagas? —preguntó Bambi.

—No —rio Tambor—. ¡No tenían luz! Eran murciélagos.

—Murciélagos —repitió Bambi—. Están muy ocupados de noche.

—Puedes apostar a que sí —dijo Tambor intentando contener un bostezo. Como los bostezos se pegan muy fácilmente, Bambi también acabó bostezando.

—Ha sido divertido —le dijo Bambi a su amigo—, pero ¿qué te parece si volvemos a casa a dormir?

No hubo respuesta alguna... pues Tambor ya se había quedado frito.

Diciembre 23

Disney Princesas Tiana y el Sapo

La joya del pantano

Una mañana, Tiana, Naveen, Eudora y Charlotte estaban discutiendo sobre la fiesta de cumpleaños de Tiana. El príncipe Naveen estaba preocupado porque aún no había encontrado el regalo perfecto para su princesa.

Nada parecía ser lo suficientemente especial para Tiana, pero, por fortuna, Naveen oyó por casualidad una conversación entre Charlotte y ella en la cocina.

—Cuando mi padre y yo íbamos a pescar al pantano, solíamos encontrar pedazos de ámbar —dijo Tiana—. ¡Era la cosa más bonita del mundo!

—¡Eso es! —susurró Naveen, así que se reunió con el caimán amante del jazz, Louis, y decidieron ir juntos a buscar ámbar para Tiana.

La fiesta de cumpleaños estaba a punto de empezar, pero Tiana no encontraba a Naveen por ninguna parte. Un invitado le dijo que había visto al príncipe cerca del viejo y musgoso árbol del pantano. Tiana tenía miedo de que Naveen se hubiese metido en algún lío.

Corrió hasta el río y se subió a un bote de remos. Al fin pudo divisar a Naveen en la distancia, que estaba zambulléndose en el agua al lado del viejo árbol.

—¡Naveen! —lo llamó Tiana. Cuando vio que no volvía a salir, ¡se metió ella también!

Encontró a Naveen enganchado entre las raíces del árbol; le cogió de la mano y tiró de él hasta sacarlo a la superficie.

Naveen le aseguró que todo iba bien y le dio un abrazo. Abrió la mano y le mostró una piedra sencilla llena de barro.

—Esperaba que fuera una joya brillante, pero sólo es...

—¡Ámbar! —exclamó Tiana—. ¡Qué sorpresa más maravillosa!

Más tarde, cuando Charlotte vio el regalo de cumpleaños, gritó histérica, pero Tiana le explicó que la piedra le traía muy buenos recuerdos de su padre.

—Es el regalo más preciado de todos —dijo Tiana.

Mamá Odie tomó el ámbar entre sus manos.

—No le vendría mal un poco de chispa —comentó, y lanzó la roca dentro de una olla de gumbo—. Gumbo que en la olla estás, necesitamos chispa, ¿qué nos das?

Y, entre el humo mágico, el ámbar se había convertido en una joya dorada deslumbrante prendida de un elegante collar.

—¡Mamá Odie! —exclamó Naveen—. ¿Cómo lo has hecho?

Mamá Odie le guiñó un ojo a Tiana.

—Es sólo un truquito que tenemos en el pantano. Nos gusta coger cosas un poco viscosas y toscas para convertirlas en algo maravilloso.

—¡Como convertir a un sapo en príncipe! —asintió Naveen, y él y Tiana bailaron durante toda la noche.

Diciembre 24

Disney Campanilla y la Leyenda de la Bestia

¡Hay que salvar la Hondonada!

De repente, cayó un rayo. Gruff empujó a Fawn a un lado para que el rayo no la alcanzara, y recibió la descarga en su lugar. Fawn y sus amigas miraron asombradas como a Gruff le salían dos enormes alas del lomo.

Entonces Fawn comprendió el objetivo de Gruff.

—Las torres... recogen los rayos... para que él pueda absorberlos. ¡Él sabía que los rayos se estaban acercando y ha estado preparándose todo este tiempo! —explicó Fawn—. No intentaba destruir la Hondonada de las Hadas, ¡sino salvarla!

—Vayamos hacia las torres —gritó Fawn a Gruff—. ¡Muy bien, chico! ¡Sigue mi estela!

Fawn guio a Gruff hasta la torre del Otoño, que brillaba por la cantidad de rayos que la estaban alcanzando. Gruff se acercó a ella y los rayos pasaron de la torre a sus cuernos. La torre se derrumbó y los rayos desaparecieron de aquella zona.

Las hadas que estaban en el suelo vieron asombradas como Fawn guiaba a Gruff.

En la torre del Invierno, la bestia se retorcía y daba vueltas mientras absorbía rayos de nuevo.

—¡Una más! —exclamó Fawn.

Una vez llegaron a la última torre, Nyx la golpeó y la derribó, lo que provocó que Gruff también cayera al suelo. Los rayos que ya no podían contener ni la torre ni los cuernos de Gruff se esparcieron por todas partes.

—¡Nyx! —gritó Fawn—. ¿Qué estás haciendo?

—Salvar la Hondonada de las Hadas —respondió el hada.

Sin embargo, los rayos se habían desperdigado por todas lados, y prendieron fuego a los árboles sobre los que caían.

Entonces, un rayo fue directo hacia Nyx, pero Gruff se interpuso y lo absorbió.

—¿No lo entiendes, Nyx? —preguntó Fawn—. ¡Él estaba salvando la Hondonada de las Hadas!

Gruff intentó reconstruir la torre desesperadamente.

—Ya es demasiado tarde —dijo Fawn—. ¿Cómo los absorbemos ahora?

Mirando al cielo, Fawn se dio cuenta de que los rayos provenían del ojo de la tormenta. En aquel instante, Gruff y ella supieron que debían llegar hasta su origen para poder detenerlos.

—Sígueme —gritó Fawn.

Gruff siguió la estela de Fawn, que se acercaba cada vez más al centro de la tormenta. Se estaban aproximando al torbellino, y Gruff empujó a Fawn detrás de él. Con sus cuernos, la bestia reunió toda la energía de la tormenta hasta que las nubes se quedaron vacías.

Hubo una explosión enorme. Gruff se deshizo de las ondas de energía y las envió lejos, hacia las profundidades del mar.

La tormenta terminó. Fawn y Gruff lo habían conseguido, pero ahora estaban cayendo del cielo y necesitaban la ayuda de sus amigas.

Diciembre
25

Disney Princesas
Enredados

El nuevo amigo de Rapunzel

Mucho antes de que Rapunzel supiera que era una princesa, y antes de que abandonara la torre para empezar su aventura por el reino, era una niña muy solitaria.

Madre Gothel la dejaba sola muy a menudo, y las únicas criaturas con las que se cruzaba eran mariposas, abejas y algún que otro pajarillo.

Sin embargo, las mariposas se asustaban con facilidad, a las abejas no les gustaban los abrazos y, sin importar cuántas semillas les diera, los pájaros nunca se quedaban por mucho tiempo.

Así pues, a falta de amigos, Rapunzel hizo lo mejor que podía hacer: llenar cada día con una nueva y emocionante actividad.

Probó con la pintura, pero sus dibujos nunca eran tan buenos como ella los imaginaba.

Probó con la pastelería, pero los pasteles siempre se le quemaban y salían negros como el carbón.

Finalmente probó con la jardinería, pero las semillas nunca llegaban a brotar.

—¡Se acabó! —gritó Rapunzel—. No puedo pintar, ni hacer un pastel ni soy capaz de hacer crecer una fresa. ¡Me rindo!

Justo cuando estaba a punto de deshacerse de los guantes de jardinería, Rapunzel vio un extraño dibujo en la tierra. Se acercó para verlo mejor y se dio cuenta de que eran unas huellas.

Unos días más tarde, ¡las mismas huellas aparecieron en la pintura!

Cuando aquellas huellas aparecieron en la harina, Rapunzel sabía que algo pasaba.

—Es un misterio —dijo—. ¡Me encantan los misterios!

Así que, desde entonces, cada vez que pintaba algo, derramaba un poco de pintura a propósito.

Cada vez que preparaba una tarta, extendía un poco de harina, y cuando se ocupaba del jardín, esparcía un poco de tierra.

Quería comprobar si las huellas volvían a aparecer... y ¡siempre lo hacían! Pero Rapunzel seguía sin saber quién era el responsable.

Durante ese tiempo, se volvió una gran pintora, una pastelera excelente y una jardinera sin igual.

Un día, mientras recogía fresas, vio una con una forma extraña y, cuando se acercó para cogerla, ¡cambió de color! Ante ella apareció un pequeño camaleón, acurrucado y temblando de miedo.

—Así que eres tú quien ha ido dejando esas huellitas tan raras —dijo Rapunzel.

El camaleón pareció asentir con la cabeza. Después de todo, nunca había estado sola en la torre, pero... ¿cómo iba a convencerlo ahora para que se quedara?

—Me llamo Rapunzel —dijo—. A ti te llamaré Pascal. ¿Te apetece un poco de tarta?

Rapunzel aprendió que Pascal nunca rechazaba una tarta, y Pascal aprendió que Rapunzel era la mejor amiga que un camaleón podía desear.

Diciembre
26

Disney · PIXAR TOY STORY 3

Un nuevo hogar

Los juguetes iban montados en un camión de basura y se dirigían a casa de Andy. Aquellos días habían sido muy ajetreados: después de que la madre de Andy los tirara por accidente, habían acabado en una guardería y un malvado oso llamado Lotso los había hecho prisioneros. Consiguieron escapar y estuvieron a punto de ser destruidos en un vertedero de basuras, pero los marcianos los rescataron a tiempo.

Andy se iba pronto a la universidad y quería llevarse a Woody con él, mientras que el resto de los juguetes acabarían guardados en el desván. Los juguetes llegaron a casa justo cuando Andy estaba metiendo sus cosas en el coche. Se colaron en su habitación y entraron en la caja donde ponía «Desván»; Woody, en cambio, fue hacia la caja donde ponía «Universidad».

—Esto no es una despedida —dijo Woody.

—Sabes dónde encontrarnos, vaquero —respondió Buzz, y se metió en la caja.

Woody esperó dentro de la caja, cuando Andy y su madre entraron en el dormitorio.

—Ojalá pudiese estar contigo siempre —dijo la madre de Andy con tristeza.

—Lo estarás, mamá —le aseguró Andy.

Woody miró la foto en la que Andy salía rodeado de sus juguetes. Sabía que ellos siempre recordarían aquel tiempo especial juntos. Entonces, supo qué debía hacer. Cruzó la habitación con sigilo, escribió una nota y la pegó sobre la caja

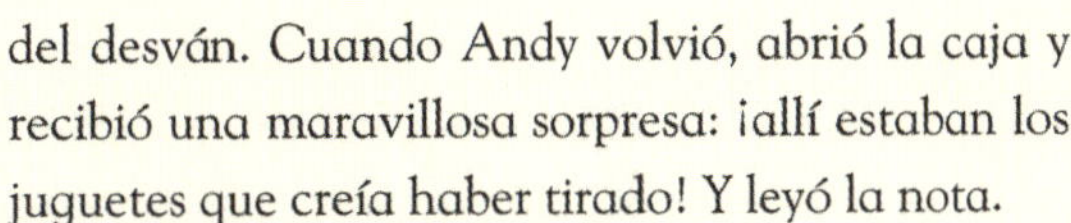

del desván. Cuando Andy volvió, abrió la caja y recibió una maravillosa sorpresa: ¡allí estaban los juguetes que creía haber tirado! Y leyó la nota.

—Oye, mamá —gritó—. ¿De verdad crees que debería donarlos?

—Es tu elección, cariño —respondió.

Más tarde, Andy paró frente a una casa, en el jardín de la cual estaba jugando una niña pequeña. La nota le había guiado hasta la casa de una niña llamada Bonnie.

—Alguien me ha dicho que cuidas muy bien de tus juguetes —le dijo Andy a Bonnie—. Éstos son los míos, pero tengo que marcharme, así que necesito a alguien muy especial para que cuide de ellos.

Andy los sacó de uno en uno de la caja para presentárselos a Bonnie y, al llegar al fondo, encontró a Woody. Andy se sorprendió, pues Woody no debía estar allí. Sin embargo, Bonnie reconoció a Woody porque ya había jugado antes con él. Aunque fue una dura decisión, Andy dejó a Woody también con Bonnie, pues vio que ella ya lo quería.

De vuelta en el coche, Andy miró por última vez a sus juguetes.

—Adiós, chicos —dijo antes de marcharse.

La niña entró en la casa, y los juguetes vieron cómo Andy desaparecía calle abajo.

—Hasta luego, compañero —contestó Woody.

Los demás se reunieron a su alrededor. Su vida con Andy ya había terminado, pero sus aventuras con Bonnie no hacían más que empezar.

Diciembre
27

Disney · PIXAR

BRAVE

¡Que empiecen los Ritos del Verano!

La princesa Mérida y el joven Macintosh tenían que devolver las esmeraldas al nacimiento de las Cataratas de Fuego para volver a reunir a los clanes. Para ello, debían escalar otra vez la cascada, pero ¡las rocas eran muy resbaladizas!

Así que trabajaron juntos. Mérida lanzó la flecha más fuerte de su carcaj y el joven Macintosh ató su cuerda a la flecha. Incluso Mérida llegó a salvar al joven Macintosh cuando en una ocasión estuvo a punto de caer, aunque, por desgracia, perdió una de las esmeraldas.

—Puede que ésta sea suficiente para arreglar las Cataratas de Fuego, aunque falte una —dijo el joven Macintosh esperanzado.

Al llegar a la cueva, el muchacho colocó la piedra preciosa en el sitio al que pertenecía, pero no hacía más que caerse, pues faltaba la otra para mantener el equilibrio.

Mérida se devanó los sesos para encontrar una solución. Cogió su amuleto con forma de cardo, pues nunca antes había necesitado tanta suerte. De repente, se le iluminó el rostro.

—¡Debemos seguir la leyenda! —exclamó—. Dos líderes... un símbolo de lealtad... un sacrificio digno...

Ambos debían sacrificar algún objeto que fuera realmente importante para ellos.

Mérida colocó su amuleto sobre la roca y el joven Macintosh depositó al otro lado de la esmeralda el escudo de armas de su familia, que llevaba prendido en la banda de su falda escocesa.

La luz que desprendió la esmeralda era tan brillante y cegadora que Mérida y el joven Macintosh tuvieron que protegerse los ojos. Empezó a salir agua cristalina alrededor de la esmeralda, y la luz dorada hizo que el agua brillara tanto como las estrellas fugaces.

—¡Funciona! —gritó Mérida.

—¡Rápido, al embarcadero! —dijo el otro.

El clan Macintosh aún estaba cargando sus barcos cuando Mérida y el joven Macintosh llegaron. El rey Fergus y Lord Macintosh se estaban gritando el uno al otro.

—¡Esperad! —gritaron los jóvenes mientras desmontaban sus caballos.

—Las Cataratas de Fuego vuelven a brillar —dijo Mérida.

La gente ahogó un grito de sorpresa. Los dos explicaron todo lo ocurrido, ya que querían que sus clanes volvieran a ser amigos.

El rey Fergus y Lord Macintosh intercambiaron una mirada.

—Está claro que nuestros clanes son grandes amigos —habló finalmente el rey Fergus—. Sería una lástima perder la amistad del clan Macintosh.

—Desde luego, pero sería una pérdida mucho mayor para nuestro clan —respondió Lord Macintosh.

—Lo celebraremos esta noche —anunció el rey Fergus—, y mañana ¡que empiecen los Ritos del Verano!

Mérida y el joven Macintosh se sonrieron el uno al otro: aquel año había muchas más cosas que celebrar.

Diciembre 28

Winnie the Pooh

El nuevo canguro de Rito

—¡No quiero un canguro! —gritó Rito.

La mamá de Rito, Cangu, se iba de compras y Pooh fue a cuidar de él.

—¡Yo también quiero ir a comprar! —insistió el pequeño.

Tenía una bolsa muy grande, y estaba llenándola cuando Pooh llegó.

—Hola, Pooh —saludó Rito—. ¡Estoy comprando!

Puso más latas en la bolsa, en parte porque quería que su mamá viera lo mucho que le molestaba que lo dejara atrás.

Rito y Pooh se despidieron de Cangu. Entonces Pooh le dio un abrazo a Rito e intentó animarle con un poco de miel.

—Quiero ir a comprar —chilló Rito—. No quiero comer.

—A ver... —dijo Pooh—. Y ¿ahora qué hago?

—¿No sabes hacer de canguro? —le preguntó Rito—. Yo sí sé, te diré cómo se hace. Lo primero que debes hacer es saltar a un árbol.

Pooh pensó que saltar era bastante propio de los canguros, así que, si él debía hacer de canguro, aquello parecía ser lo más adecuado para hacer bien su trabajo.

—De acuerdo, busquemos un buen árbol al que podamos saltar.

Consiguieron saltar sobre un viejo manzano que había en el jardín trasero. Rito brincó de rama en rama con facilidad, y Pooh le siguió.

—Mira esas manzanas —dijo Rito—. Los canguros siempre recogen manzanas para la cena.

Así, pues, Pooh saltó hasta la rama más alta, cogió cuatro manzanas de un brillante color rojo y volvió a bajar con un solo brazo. Se sentaron uno al lado del otro, con los pies colgando de la rama, y se comieron las dulces manzanas.

—¡Ésta es la mejor cena de todas! —exclamó Rito.

A continuación, Rito le explicó a Pooh que, para hacer bien de canguro, debía echar una botella entera de jabón en el agua de la bañera. Rito desapareció bajo las burbujas, y Pooh sopló y sopló para quitarlas, pero ¡no podía ver a Rito!

—¡Mira cómo salto! —gritó luego Rito, dando brincos encima de la cama empapado.

Pooh lo secó y le ayudó a ponerse el pijama.

—Es la hora de tu medicina tonificante —indicó Pooh con mucha más seriedad de la que suelen utilizar los poohs en esas ocasiones.

Pero Rito no quería tomarla y se cruzó de brazos.

—Muy bien —dijo Pooh, desplomándose en una silla—. ¿Por qué no me das tú una cucharada? Creo que podré aguantarlo.

—Pooh, aquí tienes tu medicina —dijo Rito con una voz muy alegre y similar a la de un adulto.

Pooh abrió la boca de par en par y se la tomó:

—Gracias, Rito. Tú sí que sabes hacer de canguro.

Justo entonces, Cangu abrió la puerta y los vio acurrucados en la silla.

—¡Mira, mamá! ¡Estoy cuidando a Pooh!

—Claro que sí, cielo —respondió Cangu.

Diciembre 29

Disney Campanilla y la Leyenda de la Bestia

Buenas noches, Gruff

Hadas de todas partes de la Hondonada volaron hacia Fawn y Gruff para cogerlos mientras caían del cielo. Gruff había soportado toda la energía de la tormenta y había absorbido los rayos para poder mantener a salvo a las hadas. No fue él quien creó la tormenta, simplemente despertó de su letargo para salvar la Hondonada.

Con el pelaje quemado y los cuernos rotos, Gruff estaba débil pero bien. Sin embargo, Fawn no se movía. La bestia acarició su mejilla con el hocico y, al hacerlo, un último y diminuto rayo de energía chisporroteó dentro de Fawn.

Ella abrió los ojos y sonrió.

—Aquí está mi enorme monstruo peludo —dijo al ver a Gruff.

¡Todo el mundo aplaudió y vitoreó!

Ambos consiguieron recuperarse muy pronto. Para las hadas, Gruff era un héroe y, además, pudo ayudar a sus nuevos amigos a reparar el daño que causó la tormenta, utilizando su tamaño y su fuerza para arreglar los árboles y demás. Las hadas ya no le tenían miedo.

No obstante, no pasó mucho tiempo cuando Gruff empezó a sentirse cansado. Fawn escuchó los latidos de su corazón y descubrió que su velocidad se estaba reduciendo. Se dio cuenta de que había llegado el momento de que Gruff volviera a su cueva para hibernar de nuevo.

—¿De cuánto tiempo estamos hablando? —preguntó Rosetta.

Fawn reprimió las lágrimas.

—De unos mil años —respondió.

Las chicas lo entendieron perfectamente.

—Entonces, no lo volveremos a ver —dijo Campanilla.

Fawn y las demás acompañaron a Gruff a su cueva. Cientos de hadas se alinearon a lo largo del camino para desearle lo mejor e iluminar la senda con lámparas y polvo de hada. Fue una despedida preciosa para un buen amigo.

Dentro de la cueva, Campanilla le hizo una cama especial, Rosetta le dio una almohada muy blandita, Silvermist depositó un cuenco con agua de manantial, Iridessa le entregó una luz para iluminarse de noche y Vidia creó una suave brisa.

Nyx también tenía una cosa para Gruff.

—El eterno respeto de una exploradora agradecida —dijo.

Entonces llegó el turno de Fawn.

—Grandullón —dijo—, no voy a volver a verte, pero sé que siempre estarás ahí cuando te necesitemos.

Gruff se acomodó en la cama y sonrió. Fawn le dio un beso en la nariz.

—Voy a echarte muchísimo de menos —susurró mientras él se quedaba dormido—. Te quiero, Gruff.

Y, así, la leyenda de la bestia cambió para siempre.

Diciembre 30

Disney Princesas
La Bella y la Bestia

Un paseo invernal

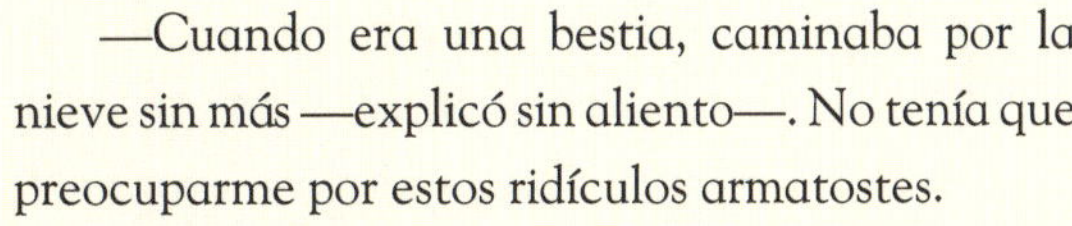

—Es tan bonito —murmuró Bella mientras miraba por la ventana del castillo. Había estado nevando durante horas y horas, y estaba todo cubierto por un grueso manto blanco—. ¿Sabes qué estaría bien? Un pa...

De repente, una pesada capa roja cayó sobre sus hombros.

—¿Te apetece dar un paseo? —preguntó el príncipe.

Bella sonrió al ver sus ojos azules.

—Precisamente estaba pensando en eso —respondió.

—Ya veo —dijo él con picardía—, pero ¿estabas pensando en ir a pasear con esto?

Sacó un par de raquetas de nieve de detrás de una silla.

—¡Raquetas de nieve! —exclamó Bella, y juntó las manos emocionada.

Ella y su padre solían pasear por los bosques con raquetas de nieve cuando era muy pequeña, y a Bella le encantaba. No importaba cuánta nieve hubiera, pues aquellos zapatos especiales permitían andar sobre gruesos tramos de nieve.

Unos minutos más tarde, la pareja salió al jardín del castillo y se ató las raquetas a las botas. Bella caminó con mucha gracia en dirección a la verja que daba al bosque, lanzando por el camino semillas para los pájaros de los alrededores.

Sin embargo, el príncipe tenía problemas con las raquetas, pues tropezaba con ellas a cada paso que daba.

—Cuando era una bestia, caminaba por la nieve sin más —explicó sin aliento—. No tenía que preocuparme por estos ridículos armatostes.

Dio un paso y cayó de cabeza sobre un banco de nieve. Bella se rio y, aunque el príncipe frunció el ceño al principio, acabó riéndose.

—Te preocupas demasiado —dijo Bella—. Es como andar con zapatos normales. Sólo tienes que mantener los pies un poco apartados para que no tropiecen uno con el otro.

—Entiendo —respondió el príncipe.

Dio otro paso adelante, pero, al levantar el otro pie, se enganchó en la capa de hielo superior y cayó de nuevo.

Bella reprimió una risita mientras le ayudaba a levantarse otra vez.

—Camina con suavidad —le sugirió.

—Ya —gruñó el príncipe.

Anduvo con paso ligero y pudo moverse con más suavidad sobre la nieve. Enseguida alcanzó a Bella, que lo guiaba a través del bosque. Cuando volvieron al castillo, frente a la chimenea les esperaban una taza de chocolate caliente y unas galletas.

—¡Genial! —exclamó el príncipe—. Comer se me da muy bien.

Cogió una galleta, pero se rompió y cayó dentro de su taza con un sonoro ¡plop!

—Vaya... —dijo alicaído.

—¿Sabes qué? —le preguntó Bella con una sonrisa burlona—. No eres tan diferente de aquella bestia torpe de la que me enamoré.

Diciembre
31

Lilo & Stitch

La cuenta atrás

—¡Despiertos hasta medianoche! —gritaron Lilo y Stitch mientras saltaban sobre la cama de Lilo. Como era el día de Año Nuevo, Nani dejó que se quedaran despiertos hasta tarde.

—Vale, ya basta. —Nani extendió las manos—. Sólo son las cinco, así que no os agotéis mucho, que aún quedan siete horas para medianoche.

Lilo y Stitch se miraron el uno al otro. ¿Agotarse? ¡Eso era imposible!

—Oye, Stitch —dijo Lilo—. Sólo tenemos siete horas. ¿Qué quieres hacer primero?

—¡Surfear! —gritó Stitch.

—Muy bien, surf al atardecer. —Lilo le chocó la mano al alienígena antes de volverse hacia Nani—. ¿Te parece bien? —preguntó con dulzura.

Nani sacudió la cabeza de nuevo. «Debo de haber perdido la cabeza», pensó.

—Voy a por el traje —dijo en un suspiro.

Los tres surfearon hasta el anochecer y luego volvieron a casa.

—Y ¿ahora qué? —preguntó Lilo a Stitch.

Stitch se relamió.

—¡Cena!

—No te preocupes —dijo Lilo—. Nosotros cocinaremos.

—Y yo limpiaré —murmuró Nani.

Una vez llegaron a casa, Nani se tumbó en el sofá y se tapó los ojos con un brazo. Aún faltaban cinco horas para acostarse, así que encendió el televisor e intentó ignorar los ruidos que salían de la cocina.

—¡Tachán! —exclamó Lilo al salir con un plato enorme con algo humeante cubierto de queso.

—¿Qué es eso? —preguntó Nani con prudencia.

—Pizza al estilo Stitch —respondió Lilo—. Lleva anchoas, mantequilla de cacahuete y macedonia de frutas.

Nani hizo una mueca.

—No te preocupes, Nani —dijo Lilo—. Esta vez hemos dejado a un lado la pasta de dientes. Además, ¡de postre hay batido!

Los tres se comieron aquella porquería pegajosa, mientras Lilo y Stitch discutían qué hacer a continuación.

—¿Y si nos tomamos el batido? —sugirió Nani antes de que a Lilo se le ocurriera una idea más ruidosa, sucia o peligrosa.

Stitch cogió la batidora y se tiró el batido sobre la cabeza. Nani los echó de la cocina y empezó a limpiar aquel desastre.

La limpieza tardó una eternidad. Nani no entendía cómo podían haber utilizado tantos cazos y sartenes. Con jabón hasta los codos, abrió los ojos de par en par, alarmada. Algo iba mal. ¡Había demasiada tranquilidad! Corrió al salón... y vio a Lilo y a Stitch durmiendo profundamente. Nani miró el reloj.

—Cinco, cuatro, tres, dos, uno —contó hacia atrás—. Feliz Año Nuevo —dijo suavemente, y los tapó con una manta.

Sonrió al ver la hora. ¡No eran más que las diez!